司徒尚纪 ● 著

你好，岭南人

NIHAO
LINGNAN
REN

广府人　　GUANGFU REN
客家人　　KEJIA REN
潮汕人　　CHAOSHAN REN
雷州人　　LEIZHOU REN

广东旅游出版社
GUANGDONG TRAVEL & TOURISM PRESS
悦读书·悦旅行·悦享人生

中国·广州

图书在版编目（CIP）数据

你好，岭南人：广府人·客家人·潮汕人·雷州人 / 司徒尚纪著．— 广州：广东旅游出版社，2024.4

ISBN 978-7-5570-3081-0

Ⅰ.①你… Ⅱ.①司… Ⅲ.①汉族—民族地理—历史地理—研究—广东 Ⅳ.①K281.1

中国国家版本馆CIP数据核字（2023）第107747号

出 版 人：刘志松
策划编辑：官 顺 蔡 璇
责任编辑：贾小娇
封面设计：邓传志
责任技编：冼志良
责任校对：李瑞苑
封面石狗像供图：蔡龙盈

你好，岭南人：广府人·客家人·潮汕人·雷州人
NIHAO, LINGNANREN: GUANGFUREN · KEJIAREN · CHAOSHANREN · LEIZHOUREN

广东旅游出版社出版发行

（广东省广州市荔湾区沙面北街71号首层、二层）
邮编：510130
电话：020-87347732（总编室）020-87348887（销售热线）
投稿邮箱：2026542779@qq.com
印刷：深圳市希望印务有限公司
地址：深圳市龙岗区坪地街道六联社区鹤鸣东路88号101
开本：787毫米×1092毫米 16开
字数：390千字
印张：19
版次：2024年4月第1版
印次：2024年4月第1次印刷
定价：68.00元

[版权所有侵权必究]

本书如有错页倒装等质量问题，请直接与印刷厂联系换书。

序

1992年秋，司徒尚纪博士所著《广东文化地理》作为《岭南文库》的一种刊行，我曾为之作序，指出此乃我国第一部区域文化地理研究著作，质量上乘，堪为巨著。果然不出数年，该书即告售罄。闻最近正在出版增订本，自属必要，亦岭南地理学界一盛事也。可喜之余，又悉司徒博士《岭南历史人文地理——广府、客家、福佬民系比较研究》杀青，并获国家自然科学基金研究成果专著出版委员会资助，指定由中山大学出版社负责出版，使这项历时三年精心研究的国家自然科学基金项目成果得以面世流传，非常值得庆贺。司徒博士再索序于我，乃欣然命笔焉。

我国民系历史地理研究尚属空白，已有成果很分散或仅为片段，而对岭南民系历史地理更缺乏系统、全面、深入的研究，至今未有大作问世。《岭南历史人文地理》一书运用历史地理、文化地理等理论与方法，复原了岭南各民系历史人文地理面目，反映了各民系历史发展、开发利用资源、创造民系文化的过程、特点与规律，并结合现实，提出很多有益建议，甚为难得。作者为此付出大量辛勤劳动，殊应嘉许。该书开启我国民系历史地理研究先河，具有重要的学术意义。其对岭南民系历史地理的研究，立论有据，见解精到，论说有力，考证周详，材料翔实，有不少是作者野外考察所得的第一手材料，更增加了该书的科学性和说服力。我认为，该书是我国第一部民系历史地理著作，达到国际学术水平，因为在国外也未见如此系统、全面的对岭南民系的历史地理研究成果。从这个意义上说，该书也为同类研究提供了良好范例。当前，岭南各省区尤其广东社会经济有很大发展，纷纷在制定区域发展战略或规划，但很少或没有考虑地区文化背景，忽视了民系差异在其中的作用，这是一个很大的不足。该书对这些规划或决策将起良好参考作用，其应用价值是无可置疑的。另外，该书结构严谨，篇章安排得当，纵横结合论述方法尤可称道，又是一部不可多得的佳作也。如果说《广东文化地理》对广东文化分区算是个开端的话，那么，该书以民系为载体，对比他们历史人文地域差异，不但难度大，而且在文化深层结构上揭示了各个民系区域的本质特征，较之前书又前进了一大步。所以，两书作为我国文化地理著作的双璧，诚不为过也。

我国幅员辽阔，民族民系众多，历史悠久，文化差异大，历史人文地理肩负着艰巨的研究任务。特别是在当今全球经济一体化潮流冲击下，如何保持和发扬民族文化传统，让世界文化更加丰富多彩，这也是历史人文地理学所面临的一个迫切问题。我以为，全球经济一体化不会也不可能湮没民族文化的界线，它在使各民族和地区经济差异日渐缩小的同时，文化差异和冲突将变得更为鲜明和尖锐，历史人文地理学将由此获得大好的发展机遇，其光明的前景是可预见的。司徒博士这部著作作为这种研究的嚆矢，其借镜作用也是不言而喻的。

历史地理在岭南有着悠久历史和重大建树。中华人民共和国成立之初，中国社会科学院（当时尚未设立，其前身机构设在中国科学院内）在总结我国历史地理发展时，指出历史地理有六大名家，即侯仁之、谭其骧、史念海、王成组、徐俊鸣等①。广州作为我国历史地理研究的中心之一，有着深厚根基和重要影响，其成果是全国瞩目的。可惜的是，在导师徐俊鸣先生之后，虽然司徒博士矢志不移，刻苦攻关，成果源源而出，但终究是单丝不线，孤掌难鸣，历史地理学科群体始终建立不起；又闻历史地理硕士研究生培养在广东已中断多年，后继乏人，实令人倍感苍凉和叹息。但愿我有生之年，能看到历史地理在岭南振兴，而不是仅见当前广东经济步步高涨，但像历史地理这样一些传统学科反而萎缩。这不仅有悖于当代文化发展潮流，也愧对全国同仁和先辈也。亦望司徒博士能本博士生导师职责要求，多培养博士人才，使我国社会科学亦能适应当前国际社会科学已进入"高、精、深"要求阶段的需要而努力也。

曾昭璇
2001 年 4 月 25 日
于华南师范大学寓所，时年八十

---

① 还有一位名家是曾昭璇教授。——著者注

前言（一）

中国是一个伟大的文明古国。几千年来，我们的祖先创造了光辉灿烂的丰富的文化，这是我们民族的宝贵遗产。历史人文地理的研究成果就是其中一部分。从《禹贡》《史记·货殖列传》《汉书·地理志》以来到各朝代方志，都记载了许多当时人文地理现象的珍贵资料，有关学者在人文地理多个领域的观察和研究上已达到相当高的水平。实际上，人文地理的研究成果甚有益于国家经济文化建设和进步，故在西方国家一直受到重视。而在苏联，人文地理学被视为反动东西加以打倒。我国在20世纪50年代初全盘引进苏联地理学，历史人文地理学作为人文地理学的一部分也罹致同样的命运。除历代疆域政区不能不研究以外，其他方面绝少有人肯花力气研究，甚至无人问津。改革开放以后，人文地理学在我国复兴，并已取得令人瞩目的成果，在社会主义物质文明和精神文明建设中发挥重要作用，显示出这门学科的巨大生命力。但是，当代人文地理都植根于历史人文地理，是后者进一步发展的结果；所以，不了解历史人文地理，也就弄不清当代人文地理。正因为如此，近年在全国掀起的"文化热"研究中，历史人文地理得到高度重视，许多新成果源源而出，展示了这门既古老又年轻的学科的光辉前景。

在这种新形势下，民族历史人文地理研究方兴未艾，特别是对边疆和少数民族的历史人文地理研究花繁果硕；对汉族地区，这种研究也渐见兴旺，包括汉族地区历史经济、城市、人口、交通、文化等历史人文地理各个领域都有所成就。但问题在于，汉族也是由多个民族融合而成的，其内部还分很多民系（族群），仅研究一个民族而忽视其组分即民系的差异是不够的。深入剖析民系的形成、相互差异和联系，才有可能在更深层次上了解一个民族形成、发展、演变的历史、特点和规律，把握它未来的发展方向。随着我国民族历史人文地理研究的深入，民系历史人文地理的研究也被提到议事日程，受到历史地理工作者的关注。只是由于这种趋势出现的时间短浅，有关研究成果至今仍甚为寥落。在这种情况下，笔者选择岭南汉民系为研究对象，获国家自然科学基金的资助，历时三年而完成的项目研究成果，即现今奉献给读者的这部作品。

岭南（含粤、琼、桂）是我国汉民系分布最广、情况最复杂的地区，包括广府系全部、客家系、潮汕系和雷州系，都以岭南为主要居住地。这些民系与北方中原和岭南土著有着浓厚的族缘、血缘和文化渊源关系，在历史发展长河中，创造了独具一格的岭南文化和它的各个组分，即广府文化、客家文化、潮汕文化和雷州文化。它们在我国多元一体的民族和文化结构中占有重要的地位，产生过深远的影响。时至今日，这些民系仍保留了相当多的区域文化特色和风格，在经济生活、建筑、语言、习俗、观念形态、社区结构和行为方式等方面都有强烈的地区差异，并产生不同的社会经济后果。例如广府人重商、开拓，以商业文化著称；客家人耕山、刻苦、重教，以山地文化闻名遐迩；潮汕人亲海、冒险，以海洋文化为其特色等；雷州人亲海、性格刚烈、务实：这些成为他们各自的文化潜质和优势，也是现在和将来他们所进一步发展的基础。民系的存在虽然使岭南文化更加多姿多彩，但同时也产生了一定的负面效应。例如由于各民系语言、风俗等差异，过去常在土客之间发生械斗，内耗了双方的资源和力量，成为历代治粤者的一个棘手问题。即使在今日，这些差异也是一种心理隔膜，妨碍了彼此间各种社会交往，使许多经济文化活动常只在同一个民系内部开展。这对整个民族以及各个民系所在地区的社会进步都是不利的，特别是随着全球经济一体化和信息时代的到来，任何人为的封闭和隔膜都不利于自身的发展和创新。因此，揭示这些民系的历史渊源、民族和文化融合过程、特点和规律，复原它们在各时代的分布面貌和变迁，总结它们适应、利用和改造自然环境与资源的经验教训，寻求它们在经济、文化各个领域里的共同特点与差异，以求得各民系地区的协调、持续发展，这不但有着重要的科学价值，开辟了民系历史人文地理研究的一个新方向，而且对当地的社会主义物质文明和精神文明建设也提供决策上不可或缺的参考。近年不断有学者指出，许多地区所制定的社会经济发展战略或规划，因忽视了区域文化背景和特色而缺乏应有的深度或有失完善，建议有关地区和部门采纳区域文化的研究成果加以改进。至少对广东，这些建议非常中肯和有用，这也是本项目研究的一个出发点。

岭南，尤其是广东正处在我国改革开放的前沿地区，目前社会经济发展水平呈明显的从沿海向内地降低的梯度格局，与民系的地区分布有很多相似之处。除了自然地理环境差异以外，这与民系文化特点有很大关系。有人认为，在当今社会，区域发展水平的差异归根到底是文化的差异，区域的竞争也是文化的竞争、人才的竞争。既然如此，岭南民系历史人文地理研究成果对加深民系地区省情市情县情的认识，制定科学合理的区域发展战略或规划，改善投资环境和生态环境，密切与华侨、港澳台同胞的血肉关系，增强中华民族和民系的凝聚力，促进祖国统一大业，都有重要意义。

民族和民系虽然是两个概念，但两者又有紧密联系。按照斯大林的界定，民族是一个具有共同语言、共同地域、共同经济生活，以及表现在共同文化上的共同心理素质的稳定的共同体。民系是民族一部分，可以比照斯大林关于民族的概念加以界定和开展研究。当然，现在学术界对上述民族概念还有不少争议，可以继续讨论，但不应妨碍民族或民系历史人文地理的研究。本项目即是按以上关于民族民系概念的内涵开展对岭南广府、客家、潮汕、雷州四大民系的历史人文地理研究的。全书分八章。首先阐述各民系形成、发展的历史地理基础，分述和比较各民系的形成、发展与变迁，各民系所在地区的历史生态环境及他们对资源开发利用方式和效应的差异，各民系地区城镇体系的兴衰、交通网络的建立及其分布，各民系的聚落形式、布局与环境的关系及其建筑文化异同。在完成各民系物质文化的特质与风格比较以后，继而对比他们在语言、风俗、宗教等精神、制度文化层面上的异同。但能否达到目标，有待实践验证，并敬请读者鉴别。

民系历史人文地理研究是个崭新的课题，特别是民系之间横向比较尤为困难，加之本项研究涉及一个比较大的地理区域，时间跨越上下几千年，人文范围很宽广，又是在没有先例可援的情况下完成的，故其中错误、失实或可议之处一定很多，敬请有关专家和读者批评指正，是所欣幸。

最后，对资助本项研究的国家自然科学基金委员会，资助本项研究成果出版的国家自然科学基金研究成果专著出版委员会及广东省新闻出版局专著出版基金委员会，对本书提出宝贵意见的北京大学地理系胡兆量教授、华南师范大学地理系曾昭璇教授、中山大学人类学系陈运飘副教授（项目组成员，参加考察），清绘本书地图的中山大学地球与环境科学学院方佩娟工程师，提供资料或服务的潮汕历史文化研究中心、潮州市方志办公室、政协潮州市委员会文史组、梅州市方志办公室、政协梅州市文史资料委员会、嘉应大学客家研究所、汕尾市方志办公室、政协汕尾市文史资料工作委员会、惠州市方志办公室、政协惠州市文史资料研究委员会、政协南雄县文史资料研究委员会，潮州市博物馆曾楚楠副研究员、广东省博物馆杨豪研究员、政协肇庆市委员会刘伟铿副研究员、汕尾市档案局王向京局长、中山大学博士生李燕等有关单位和个人，特致感激之忱。

作　者

初写于 2001 年春节于英国朴次茅斯市

2020 年 6 月 22 日定稿于中山大学望江斋

前言（二）

本书是原国家自然科学基金项目研究专著《岭南历史人文地理——广府、客家、福佬民系比较研究》，2001年由中山大学出版社出版发行，至今已十余年，原书早已告罄。但基于它的价值，在学术界和其他社会各界仍拥有相当一部分读者。这对认识岭南地情和区域社会经济发展，参与"一带一路"建设，将提供重要决策参考和文化软实力支持。

在这个背景下，广东旅游出版社将原书重新付梓，将继续裨益于岭南民系文化地理的研究和应用，是一件值得称道的事情。近年，随着岭南民系文化研究的深入和扩大，原书将岭南分为广府、客家、福佬文化和民系，以及相应文化区，有悖于岭南民系和区域文化的实际。特别是将雷州半岛和海南岛汉族归入福佬系，明显地模糊了潮汕、雷州、海南民系和相应的文化界限。实际上，雷州文化与潮汕文化的差异性大于其共同性，且随着时代的推移各朝着自己的方向发展，不宜将它们笼统地划分为福佬文化和福佬系，而应各自分类。即雷州文化和潮汕文化是两种相对独立的文化，雷州人和潮汕人也是两个相对独立的民系，将他们通称为福佬文化和福佬系有失科学，更不符合事实。这个研究新成果近年已得到有关部门和社会认同。2010年广东省委和省政府颁布《广东省建设文化强省规划纲要（2011–2020年）》，已将雷州文化与广府文化、客家文化和潮汕文化并列为广东省四大区域文化，雷州文化自此得到正名。雷州文化的载体雷州人也顺理成章地成为一个独立民系。笔者据此2014年由广东人民出版社出版发行了《雷州文化概论》一书，颇多好评。这些评论文章，2015年收入广东人民出版社出版的《岭南文化版图新视野——〈雷州文化概论〉评论集》中。笔者由此更改了原书关于岭南分为三大文化和三大民系的传统划分，而将四大文化和四大民系并列，并将雷州文化和雷州系内容嵌入原书相应位置，并改用今名，这就是现在奉献给广大读者的这部作品。原书对海南文化并未独立成章，仅做了一定程度的阐述。为了保持原书基本风貌，这次修改版仍维持海南文化地位。此外，为了突出各民系文化自身特点，删除了原书有关民系文化接触、交流和建立岭南新人文地理网络新格局的内容。此举是否恰当，敬请读者批评指正。

华南师范大学曾昭璇教授曾为原书欣然作序，笔者无限感激。岂料2007年，曾先生以 87 岁高龄作古，至今又已十年，实有不胜今昔之感。在拙作更名出修正版之际，对曾先生谨致深切怀念；对热情关注，高质、高速完成拙作出版的广东旅游出版社刘志松社长、官顺副总编辑，以及编辑部工作人员一并致感谢之忱。

司徒尚纪
2016 年 11 月 20 日
于中山大学望江斋
2020 年 6 月 22 日
定稿于中山大学望江斋

目录

001　第一章　岭南汉民系形成、发展的地理基础
002　　　　　一、地理区位
005　　　　　二、丰富多彩的自然环境与资源
006　　　　　三、土著居民
007　　　　　四、宽松环境
008　　　　　五、移民方式及其分布

011　第二章　岭南汉民系的演变
011　　　第一节　汉民系地理分布
014　　　第二节　汉民系形成溯源
014　　　　　一、广府、客家、潮汕、雷州系族源
018　　　　　二、广府系定型于唐宋
023　　　　　三、客家系形成于宋元
027　　　　　四、潮汕系形成于唐宋
030　　　第三节　汉民系演变
030　　　　　一、明清时期鼎盛的广府系
033　　　　　二、明清客家系大迁移
037　　　　　三、宋元以来闽人迁移琼雷及海外
042　　　　　四、雷州民系产生于明清

046　第三章　岭南汉民系的历史生态环境及资源
046　　　第一节　历史生态环境比较
046　　　　　一、广府系生态环境变迁
049　　　　　二、客家系生态环境变迁
052　　　　　三、潮汕、雷州系临海生态环境变迁

057	第二节 资源开发利用方式比较
057	一、广府系农垦、海洋资源的开发利用
075	二、客家系梯田、矿产的开发利用
087	三、潮汕系精耕细作农业的形成和发展
094	四、雷州系海洋资源开发利用

115　第四章　岭南汉民系城镇与交通的历史发展

115	第一节 汉民系城镇比较
115	一、广府系中心型城镇的发展
138	二、传统的客家系城镇
141	三、潮汕、雷州地区港市型城镇
150	第二节 交通网络和分布格局比较
150	一、广府、客家系树枝状交通线的开辟
155	二、广府、潮汕、雷州系的海上交通
158	三、以广州为中心和河运发展
160	四、广府、潮汕系近代兴起的新式交通

165　第五章　岭南汉民系聚落与建筑文化

165	第一节 聚落选址与布局
165	一、广府系历史建筑与聚落
175	二、山区客家系聚落与风水选址
177	三、临海环境下的潮汕系、雷州系聚落
179	第二节 建筑文化地理比较
179	一、广府系风格多样的建筑文化
182	二、风格独特的客家屋式
185	三、精巧的潮汕民居
187	四、热带临海的雷琼地区建筑文化

190　第六章　岭南汉民系方言

190	第一节 方言形成历史比较
190	一、粤方言形成于唐，定型于宋
191	二、客家方言形成于宋末元初
192	三、闽南方言形成于唐宋

193	第二节　方言文化内涵比较
193	一、粤方言文化与经济发展关系密切
194	二、客家方言的突出特色
195	三、闽南方言的文化内涵
196	第三节　方言地名特色比较
196	一、古越语与粤方言
198	二、粤方言的蓝色地名文化
199	三、广府系的商业文化地名
200	四、客家方言特色
201	五、潮汕系移民文化
202	六、闽南方言文化的海洋性
203	七、雷州地名文化内涵丰富

209　第七章　岭南汉民系风俗文化比较

209	第一节　风俗历史渊源比较
209	一、广府系古越人的古风遗俗
212	二、客家系中原风俗的演变
213	三、潮汕、雷州系与闽风俗溯根同源
213	第二节　岭南汉民系的风俗文化
213	一、神灵崇拜
229	二、饮食风俗
237	三、丧葬风俗
243	四、社会风气

252　第八章　岭南汉民系宗教地理比较

252	第一节　宗教在各民系的传播历史
252	一、广府系地区为外来宗教首途之区
257	二、宗教传入客家系地区相对较晚
259	三、宗教在潮汕、雷州系地区传播历史悠久
263	第二节　宗教在各民系地区分布比较
263	一、广府系地区为各类宗教在岭南荟萃之区
272	二、港澳是中西宗教在中国最大的中心城市
276	三、西方宗教在客家系地区后来居上

278	四、潮汕、雷州系地区发展为宗教在岭南分布最集中之地
280	第三节 宗教文化特色在各民系区域比较
280	一、佛乐在广府系和潮汕、雷州系地区差异
281	二、潮州成为佛教在岭南的教育基地
282	三、诸神空间共存在潮汕比其他地区明显
283	四、佛教在客家系地区从神圣空间到世俗空间

285 后记

第一章　岭南汉民系形成、发展的地理基础

民系（a branch of the nationality）也称族群，是同一个民族内部由于文化特质的差异而划分的群体。而关于民族的概念，虽然时下见仁见智，但斯大林早年关于民族的定义仍不失其科学价值，即"民族是人们在历史上形成的一个有共同语言、共同地域、共同经济生活以及表现在共同文化上的共同心理素质的稳定的共同体"。斯大林同时强调"把上述任何一个特征单独拿来作为民族的定义都是不够的。不仅如此，这些特征只要缺少一个，民族就不成为其民族。"① 按照斯大林这一概念，结合我国民族识别的实践，我国民族学者通常以构成民族的最主要特征——共同文化特点和民族自我意识作为识别民族的标准。民系既为民族的一部分，当然可以比照这一标准加以区分。但民系毕竟有其形成特点，按照客家学研究开拓者罗香林教授首创的"民系"一词含义，是指一个民族中各个支派。一个庞大的民族，随着环境和时代变迁而逐渐分化，各个局部成为若干个不同系派、各个微有分别的民系。民系的乱离迁徙，途径不同，栖止殊异，到达目的地以后，容易受当地各种环境的影响，原有属性便发生变化，结果便是民系的形成。② 这个定义将民系形成放在历史过程和地理环境的综合作用中加以考察，是很有见地，也是符合民系形成实际的。鉴于时代，民系划分的原则尚未具体化。近年按照华东师范大学王东先生意见，衡量一个民系的形成，有以下几个原则：第一，在某一时空背景中，生活着一支稳定的居民共同体，其人口数量一般不低于同一时空背景下的土著居民；第二，这一稳定的居民共同体，必须形成一种独特的心理素质和文化范式，以及自我认同意识；第三，这一稳定的居民共同体，必须形成一种有别于周边其他民系的方言系统。③ 本文也是参考这些原则探讨岭南汉民系的形成和划分的。其中共同的文化，无论对于民族或民系，都是他们赖以形成的基础和区分的最根本的原则。而共同的文化形成和发展是深受地理环境影响的，是以此为基础的历史产物。恩格斯在研究爱尔兰历史时，就从爱尔兰的地理环境、地理区位、土壤性质、矿产、气候等开始，再进入经济和社会历史

---

① 斯大林：《马克思主义与民族问题》[M].《斯大林选集》（上），人民出版社，1979年，第64页。
② 罗香林：《民族与民族的研究》[J].《中山大学文史学研究所月刊》，1932年第1卷第1期。
③ 王东：《论客家民系之形成》，谢剑、郑赤琰：《国际客家学研讨会论文集》[C].香港中文大学，香港亚太研究所海外华人研究社，1994年，第37页。

的考察。① 人文地理学奠基人拉采尔（F. Ratzel）认为，自然对个人以及通过个人对整个民族的体质和精神的影响是起决定作用的。他在《人类地理学》一书中，特别强调地理环境决定人的生理、心理及人类的分布、社会现象及其发展过程。这虽然有可议之处，但不管怎样，地理环境对民系及其文化特点的影响有非常巨大的作用，有时甚至是决定性的。《礼记·王制》说："广谷大川异制，民生其间者异俗"；《汉书·地理志》曰："凡民函有五常之性，而其刚柔缓急，声音不同，系水土之风气，故谓之风；好恶取舍，动静之常，随君上之情欲，故谓之俗"。司马迁《史记》更将不同文化区的文化特质与地理环境关系做过生动描述，指出关中丰镐一带民有"先王之风，好稼穑，殖五谷，地重，重为邪"；中山一带地薄人众，"丈夫相聚游戏，悲歌慷慨"，"女子则鼓鸣瑟，跕躧，游媚富贵"；邹鲁俗"好儒，备于礼"，"地少人众，俭啬，畏罪远邪"：提供了汉代文化地域差异的风景线。明王夫之谈中国文化中心转移指出："三代以上，淑气聚于北，而南为蛮夷……故三代以上，华夷之分在燕山；三代以后在大河，非其地而阑入之，地之所不宜，天之所不佑，人之所不服也"②；而到"洪（武）永（乐）以来，学术、节义、事功、文章皆出荆、扬之产，而贪忍无良，弑君卖国，结宫禁，附宦寺，事仇雠者，北人为尤酷焉。……今且两粤、滇、黔渐向文明，而徐、豫以北，风俗人心益不忍问"③。文化地域差异又随时代而转移，所以探讨岭南民系的形成和发展，不能割断历史，更不能离开特定的历史地理背景。

一、地理区位

岭南介于山海之间，北枕五岭，南临大海，含今广东、海南两省全部，广西东部，以及越南北部（本文不涉及），是一个相对独立的地理单元，在相对封闭和开放的地理区位下，极利于民族和民系的生存发展，以及富有地域特色的文化形成。

横亘两广北部的南岭山地，在交通落后的古代，极大地限制了岭南与中原、北方的交通，从而在这里保持较多的土著文化，成为后来与外来文化交流、整合为民系文化的基础，例如客家文化即在畲瑶文化本底上由中原文化发展而成。但南岭不是一条山脉而是一群山地，中间可供往来的通道颇多，又便利岭外居民南迁，带来中原文化、荆楚文化、巴蜀文化、吴越文化等地域文化，与岭南土著文化交流、整合，不仅发展为具有共同特质的岭南文化，而且由于交通线分布不同，岭外居民来源不一，以及土著文化差异等，对民系形成和岭南文化区域分异作用较大，这都成为岭南民系和文化复杂多样的地理基础。

岭南大部分地域又被南海包围，使之与周边乃至大洋彼岸世界隔离开来，从这个意

---

① 中共中央马克思恩格斯列宁斯大林著作编译局：《马克思恩格斯全集》[M].人民出版社，1972年，第16卷，第525-549页。
② 王夫之：《读通鉴论》第12卷。
③ 王夫之：《思问录·外篇》。

义上说又增加了自己的封闭性。加上南岭阻隔，由此形成岭南居民独特的人文特性，并保留多种社会经济形态及其缓慢发展过程。例如一部分未被汉化的土著越人，后来演变为壮、黎、瑶等少数民族，直到近代仍保留许多原始生产生活方式，即与他们所处封闭地理环境有关。然而岭南又恰处于南海航运枢纽位置上，生活在当地的古越人很早就开发利用海洋。后来岭北移民更在这个方向上迈开了坚实的步伐，走出国门，踏上与世界各地交往的道路，从而不断削弱自己的封闭性，增加开放性，并最终使海洋文化成为岭南文化的一个最大优势。故元代陈大震在《南海志》中总结了广东这个地理区位形势特点，指出"广东南边大海，控引诸蕃，西通牂牁，接连巴蜀，北限庾岭，东界闽瓯；或产于风土之宜，或来自异国之远；皆聚于广州"①。在这种地理环境基础上，岭南历史发展特有的矛盾统一性造就了特殊的民系和文化。

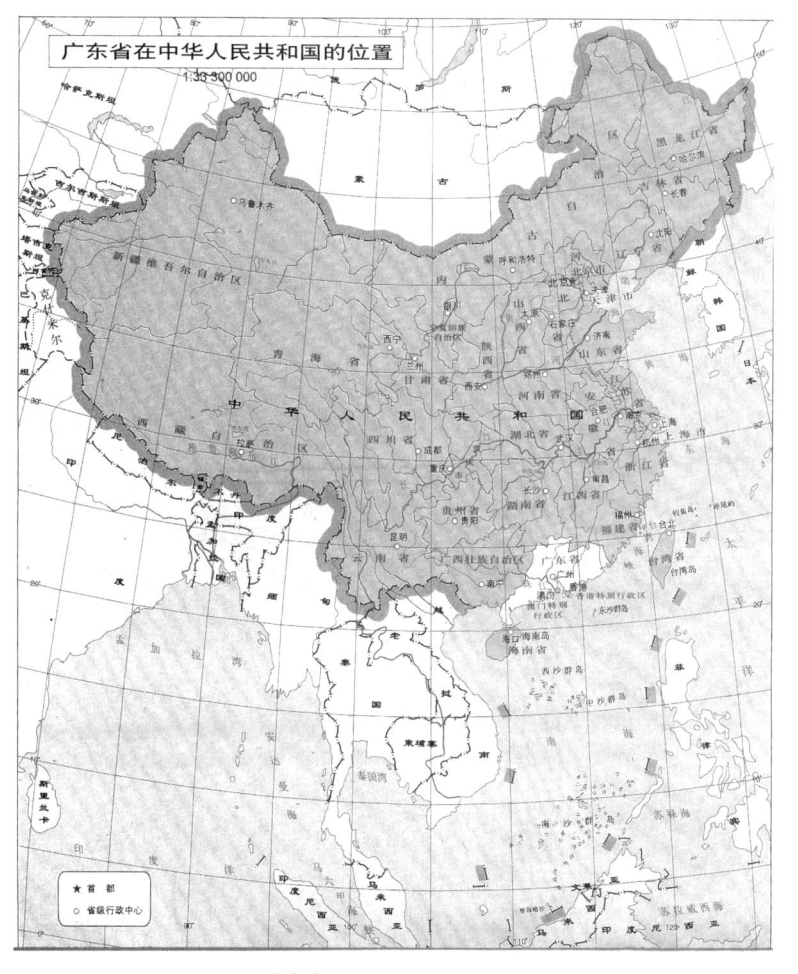

图1-1 广东省在中华人民共和国的位置示意图

（资料来源：《广东省地图集》，广东省地图出版社，2003年。）

① 陈大震：《南海志》第七卷。

岭南大致可分为三大地理区域：北部为山地丘陵，含广东北部和东北部、广西东北部；中部为河网密布的冲积平原和三角洲平原，镶嵌部分山地丘陵，含北江中下游、东江下游、西江中下游等；南部为沿海平原台地，间有少量山地丘陵，以及近岸海岛，潮汕平原、粤东沿海平原、珠江三角洲、漠阳江河谷平原、鉴江河谷平原、雷州半岛、广西北部湾沿岸、海南岛沿海等都属这一地理区域。这三个不同的地理区域，使当地初民一开始就面临不同的生态环境，奠定了他们创造不同文化类型的基础。北部居民以耕山为主，梯田文化占优势。那里"民户不多，而俚獠猥杂"，民风"强悍，好勇斗狠"。①

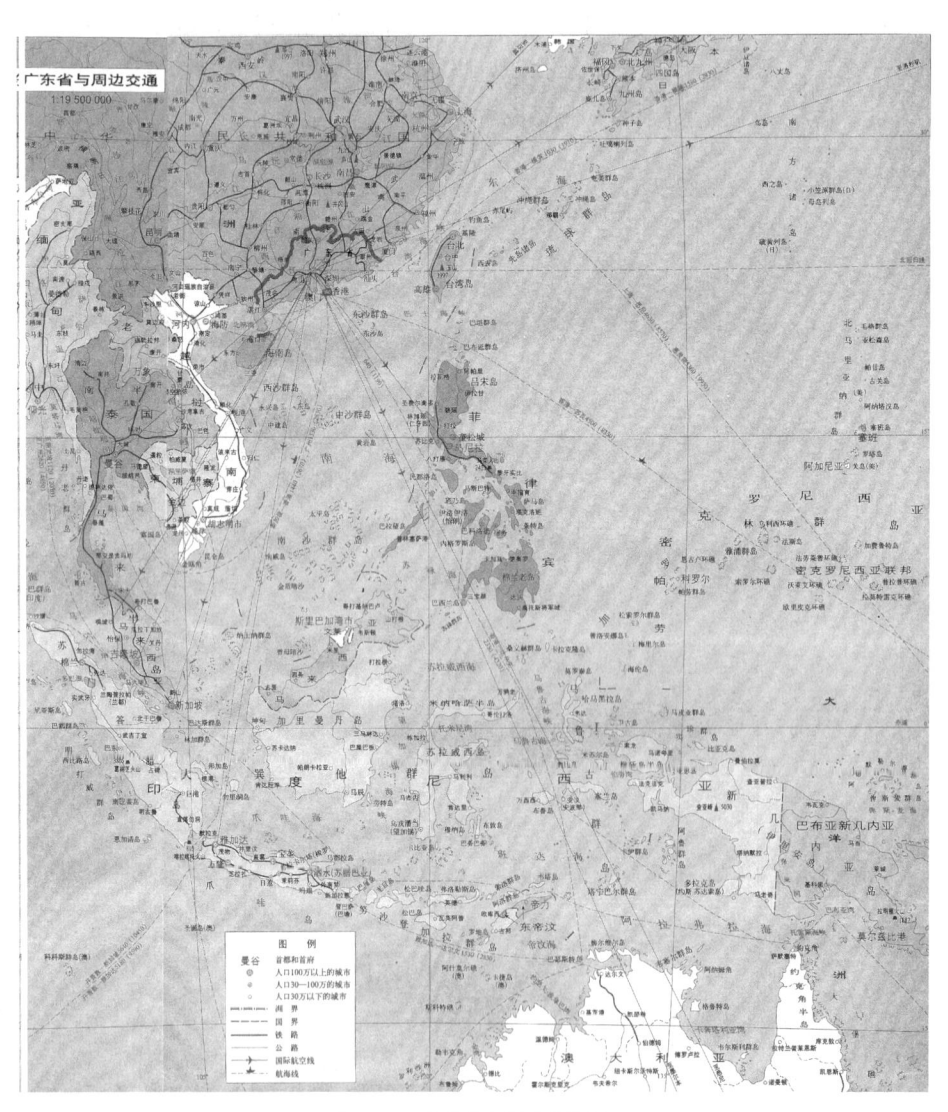

图1-2 广东省与周边交通图

（资料来源：《广东省地图集》，广东省地图出版社，2003年。）

---

① 郭嵩焘：《郭嵩焘奏稿》，岳麓书社，1983年，第13页。

后来中原移民入居，在封闭山区环境里发展的那一部分移民形成客家民系。中部的地理环境则既利于农耕，也方便贸易，故稻作文化发达，"人多务贾与时逐"①，形成商业文化优势。又古越人洞落很密集，土著文化掺杂在汉文化中，秦汉以来入居的汉人有相当大一部分集中在这一地带，他们成为广府系历史最早、文化成分也复杂于其他民系。南部沿海地区，"人多以舟楫为食"，"逐海洋之利"，其人"习海竞渡角胜"，②"粤东滨海地区，耕三渔七"③。大海的波涛造就了当地居民敢于和善于向外开拓的进取精神，成为潮汕系、雷州系和广府系共有的海洋文化特色。正如19世纪初一位西方传教士施莱格尔（Schlegel）指出的，"西江流域的民族和一些别的民族一样，因为靠近海洋，很自然地就成为中国许多次巨大起义或暴动的策源地"（包括太平天国、百日维新、辛亥革命）；另一位中国问题专家梅多斯（T. T. Meadows）把广东人（广州人）比作"中国的盎格鲁撒克逊人"④，即认定要做的事非常专心，不容妨碍，不达目标绝不罢休，这也可视作岭南人共有的民性。当然，由于岭南地理环境复杂多样，不少地区长期封闭，各自为政，互不统属，各民系及其文化发展不平稳，形成汉文化与土著文化、本地文化与外来文化长期并存的局面。故清王士禛在《池北偶谈》中说："粤东（广东）人才最盛，正以僻处岭海，不为中原江左习气熏染，故尚存古风耳。"岭南地理环境总体特征及其内部差异对这种文化格局的形成是起了重要作用的。

二、丰富多彩的自然环境与资源

岭南跨热带、亚热带和赤道带，加上地形影响，又兼具寒带、温带、亚热带和热带等垂直地带性特点，形成水平和垂直两个方向上复杂的地理环境，水、土、光、热、生物等资源极其丰富，为人类驯化生物、捕捞水产，创造物质文明提供强大的基础，也为外来居民对环境感知、适应提供多种选择余地。因为民系的形成深受所处环境影响。同样是外来居民，进入平原沼泽或河流三角洲地区的群体，后来创造的主要是稻作文化，住干栏，嗜食水产，以龙、蛇为图腾，以及流行以水为主题的风俗神话传说等，广府系即属这一群体；比较迟来的那部分居民，深入交通闭塞的山区，那里山多田少，气候较为干爽，与土著居民时有冲突，为适应这一环境，他们以耕山为主，种植稻、麦、杂粮，形成以梯田为代表的土地利用方式，以肉类和豆制品为主的饮食习惯，聚族而居的村落和以大屋为主的建筑形式，此即客家系及其文化特色；定居于沿海平原或三角洲的那部分居民，在人多地少、粮食不足的情况下，一方面在有限的土地上精耕细作，尽可能养活更多人口，另一方面注重开发海洋，捕捞、养殖水产，发展海上运输和贸易，形

---

① 屈大均：《广东新语》，《食语》第七卷。
② 胡朴安：《中华全国风俗志》（上篇第八卷），中州古籍出版社，1991年。
③ 萧令裕：《小方壶舆地丛钞》，《粤东市舶论》第九帙。
④ 《中华归主——中国基督教事业统计（1901～1920年）》，中国社会科学出版社，1987年，第13页。

成以亲海冒险为特色的海洋文化，粤东潮汕系和雷州半岛的雷州系，即为这种文化的载体之一。

图1-3 粤北金鸡岭

图1-4 三水思贤滘

三、土著居民

从民族关系上说，岭南民系主要是南来华夏族与土著越族血缘交流的产物；从文化关系来看，则主要是汉文化与越文化交流、整合的结果：故土著居民成分及其分布格局对后来各民系形成及其文化特点都留下了清楚的印记。先秦时期，在岭南生活着被统称为"百越"的土著居民，臣瓒注《汉书·地理志》曰："自交趾至会稽七八千里，百越杂处，各有种姓。"这是一个人数众多的群体，广泛分布在我国南方各地，其中在岭南的主要有南越、西瓯、骆越、闽越等。这些土著越人建立的实为部落形式的土邦小国，如在今清远的阳禺国、博罗的符（傅）娄国、两广交界地区的苍梧国和西呕国、琼雷地区的儋耳国和雕题国等，后来成为汉越血缘交流和文化融合的基地。大抵到唐宋时代，这些越人先后融合于汉族，成为不同民系的一部分。如在珠江三角洲、西江、北江和桂江流域的越人发展为广府系，在粤东内地和粤东北的越人被融合为客家系，在粤东沿海和琼雷沿海的越人演变为潮汕系、雷州系和海南系。未被汉化的那部分越人，则发展为壮、黎、瑶、畲等少数民族，顾炎武《天下郡国利病书》广东条云："壮则旧越人也"；清光绪《嘉应州志》曰："梅地古为畲瑶所居"。这些土著居民由于种类多、分布广、存在时间长，在后来与汉人血缘交往中，仍保存自己在血缘上的优势和遗传基因。如广西壮族经体质人类学测定，与海南黎族体质特征最接近，同是从骆越发展而来。① 又如珠江口疍民，今为广府系一部分，其体质特征既不似于海南黎族，也不似于湖南江华瑶族，而类于广西壮族，他们作为古越人后裔，与壮族有同源不同流的关系。② 故今日岭南人的体质特征仍与岭北人有一定差异，血缘上也更加丰富多彩，这些土著民族在这方面功不可没。另外，更重要的是土著文化作为底层文化保存下来，大量融入岭南各民系文化中。如广府文化中的壮语词义，水田曰"那"，水沟曰"涌"，村落曰"古""云""都""思""板"等；倒装语法和构词法，如"我走先""鸡公""人客"等，以及二次葬、迷信、嗜食蛇等。客家文化中大量以"畲"字为首尾的地名，仅在客家系大本营梅州市范围即达100多处。"畲"本为族名，后为地名，有时被写作"畲"，意为梯田，源于刀耕火种，客家人到来后以耕山为业，"畲"即被融入客家文化中。潮汕地区与福建地理上本为一体，明人王士性说，潮州"而与汀、漳平壤相接，又无山川之限，其俗之繁华既与漳同，而其语言又与漳、泉二郡通"。闽越作为福建土著之一，先秦时期已开始进入粤东沿海，后成为当地居民主体，宋以后又大量迁居雷州半岛和海南岛。闽越文化的许多特征，如海神崇拜、以"厝"命名村落等也成为潮汕文化的基本构件，闽南语不但覆盖潮汕，也延及琼雷沿海。潮汕、雷州人即闽越人子孙。

四、宽松环境

岭南远离中原政治中心，封建王朝大有鞭长莫及之感，形成它政治上的相对独立性和稳定性。故司马迁说："番禺（实泛指岭南）负山险，阻南海……可以立国。"③ 南汉时黄损对南汉主刘䶮说："陛下之国，盖五岭而表之，所谓金城汤池，用武之地也。"④ 岭南历史上除建立过南越国和南汉国以外，东晋卢循、南梁萧勃、南陈欧阳纥、隋末萧

---

① 张振标、张进军：《广西壮族体质特征》[J].《人类学学报》，1983年第二卷第三期。
② 黄新美：《珠江口水上居民（疍民）的研究》[M].中山大学出版社，1990年，第19页。
③ 司马迁：《史记·南越列传》第一一三卷。
④ 梁廷枏：《南汉书·黄损传》。

铣、唐末黄巢等都想利用岭南割据一方，无疑是看中了岭南政治地理上的优势。也由于岭南地处僻远，历史上战乱少，社会相对安定，与中原地区形成鲜明对照。所以我国历次移民运动，其基本方向自北向南，多以岭南为归宿。这些移民少受地方政局干扰，能按照自己的意向分赴岭南各地，后发展成为不同民系。客家系在粤东的形成发展即为一典型事例。另外，岭南政治上远远落后于中原，加上土著和地方势力强大，中央王朝每每在岭南实行特殊政策与措施，形成多元政治格局，利于移民休养生息和形成地方文化风貌，有助于各民系按照自己的特点和规律发展。例如秦汉时已在岭南建立封建制度，但南越人的氏族制度仍被保留下来，甚至到唐代岭南仍盛行奴隶买卖制度，粤西冯冼家族即拥有大批奴隶，所以古代经略岭南，多以地方酋豪和渠帅为刺史。这些氏族左右地方政局，在社会动乱时起到安定地方作用，实际上也保护了地方文化。如隋唐时冼夫人势力把持的粤西即为俚人根据地，俚文化至为兴盛，至今仍有浓厚遗风，狗崇拜很盛行，屋顶、村口、树下狗雕像非常触目，形成独具一格的石狗文化区。这类特殊政策，还包括汉武帝严行抑商政策，但没有在岭南推行，这里"以其故俗治，毋赋税"①，免除了政治经济制度对文化的冲击。唐政府在岭南实行科举选拔人才和任命土人为官员的"南选"制度，也有利于保持土著文化。举凡这些照顾地方特殊性、保护地方势力的政策和措施，客观上有助于民系及其文化的产生和发展。所以费孝通先生在谈到汉文化在岭南的传播时指出："汉族文化越岭入粤尚在汉代，当时的南越王事实上还是一个强大的地方政权。但是南岭山脉以南地区要成为以汉人为主的聚居区，还需要近千年时间"②，这大抵出现在宋代以后。可见，岭南民族和政治格局的多元性无疑为后来汉族与土著结合以及文化融合提供了多种取向与发展余地。因为外来移民如果单独或分散到来，很容易与土著相结合，深受强大的土著文化影响，甚至连自己的文化也被吞没。例如，汉初南越国几代君主，慑于南越人势力和文化强大，不得不任用南越人吕嘉为相，尊重南越人的风俗，连赵佗也"弃冠带"，自称"蛮夷大长"。南越文化在以广州为中心的珠江三角洲和交通沿线占强大优势。后来广府系以及广府文化比其他民系文化更富于南越文化特质，无疑与南越国政治经济中心在以上地区有关。同样由于土著居民存在和政治制度的差异，有些移民也不得不采取大群体迁移，自成社区，形成相对封闭的社会结构，文化保守性较大，也利于民系发育。如客家系即由此形成。

五、移民方式及其分布

人类迁移不仅仅是单纯的空间位移，也不仅仅是一种简单的地域与环境的适应，而且是一种文化转移，甚至进一步发展为新文化的形成过程，还可能与民系的形成同步发

---

① 司马迁：《史记·平准书》第十卷。
② 费孝通：《中华民族多元一体格局》[M].中央民族大学出版社，1989年，第24页。

展。历史表明，移民是人类文化发生突变、飞跃，产生新文化体系的重要力量。岭南民系主要是由来自岭外的移民进入岭南特定自然和社会环境中演变而成。这一方面受源地文化特点制约，另一方面受入居地文化浸染，后者往往起重要作用。故移民方式及其分布对民系形成同样不可忽视。

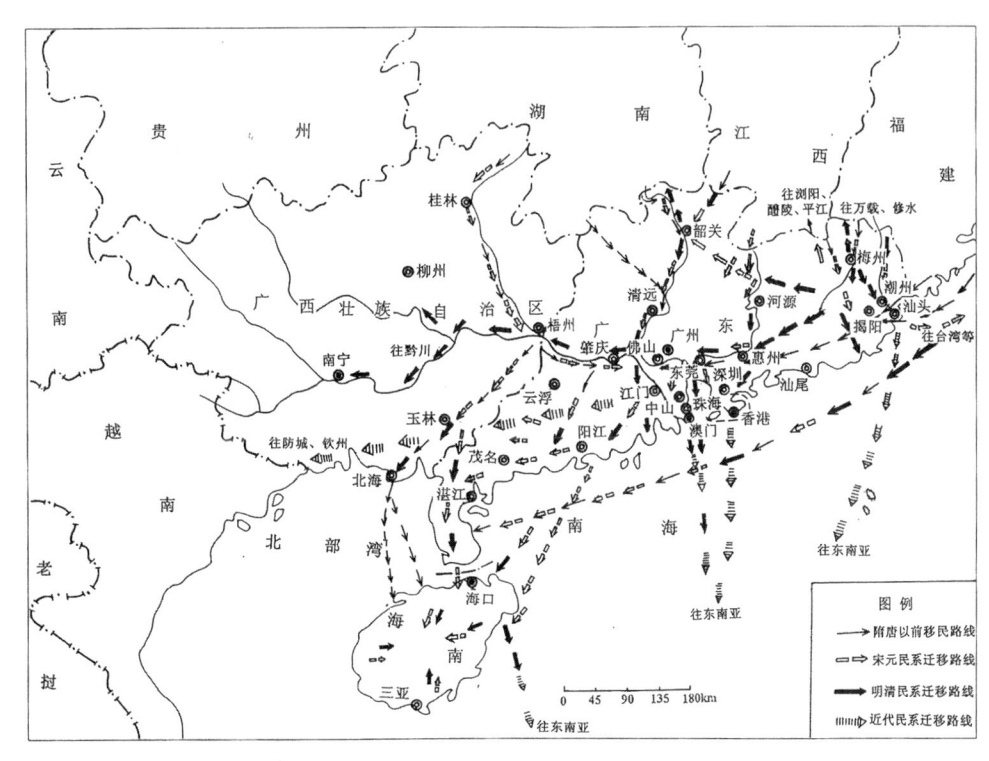

图1-5 岭南汉民系历史迁移路线分布示意图

岭南移民有墨渍式、蛙跳式（板块转移式）、闭锁式、占据式等多种方式，对民系与文化形成的作用各不相同。墨渍式即南下汉人所拥有的政治、经济、文化优势缓慢地向周边地区发生影响，就像白纸上滴下墨汁后向附近浸润一样，移民与土著居民相互交流、融合，并最终形成新民系。例如，唐代以前汉人主要沿北江、西江水系交通线南下，并分布在河流沿岸及珠江三角洲部分高地，不但数量少，也相对集中，而周边仍是土著南越、西瓯人的天下。在这种情况下，汉文化未能取代土著文化，只能影响它，并吸收它不少成分。到宋代经南雄珠玑巷南下的汉人大量增加，并多定居于三角洲平原和沿海低地；土著居民经唐代汉化，剩下那部分退居山区，其原居地为新来的汉移民占领。土著文化一部分随其载体转移，一部分作为底层文化积淀下来，为汉移民吸收，加速了汉文化的变异。加上宋王朝大力推行强干弱枝政策，中央集权加强，地方势力有所削弱，使汉移民有可能更多地与剩下来的土著接触，并吸收他们的文化成分。大抵到宋代，广府系及其主要文化特色即粤方言已经形成，并由于吸收的土著文化成分甚为复

杂，广府文化特色比其他民系文化也要复杂得多。

客家先人南迁，除小股分散方式以外，最常见的是采取板块转移方式，也称蛙跳式，即长途跋涉，离开祖辈世居的大本营，转移到与原居地不相邻接之地的大迁移。秦汉以降，客家先民已开始迁移，但大规模入居岭南，并发展为一个民系，则主要在宋代以后。因为客家系在南方相对集中，其社会结构和文化体系未受到重大冲击，而其原居地文化也随时间推移而变异，客家系及其文化即在这种背景下形成。相反，历史上也有许多小股、相对分散的汉移民被岭南土著融合而消失。客家人由于以上移民特点，即使在明清时也有过两次迁移，但仍能保持其固有的文化特色，这不能不归结为板块转移方式的结果。

闭锁式移民与蛙跳式移民有类似之处，但规模较小，移民抵达新居地以后，基本上处于闭锁状态，绝少有扩散可能，形成散布在其他民系中的移民小区，在语言分布上称为方言岛。这种方言岛是民系文化重要的指征，明清时期一些客家人、潮汕人迁移中山五桂山、海南西北等地，即属这种移民方式。例如，海南儋州那大、南丰、洛基一带客家人"皆于数十年前由惠潮梅各地移入者，风俗语言，毫无改变"①。秦汉以来，历次进军岭南，事后部分军队留在当地，成为新移民，保持特有方言，形成方言岛，增加了岭南民系和语言文化的复杂性。例如，广东现在被称为"军话"的方言即为这类移民的证据。海陆丰、惠东一带流行属于闽方言的"军话"，海南儋州流行属于北方方言的"军话"，都有资料显示它们是来自福建和广西驻守当地军队使用的方言。粤北还流行多种归属不明的方言，统称"韶州土语"，这与粤北位处五岭南北交通要道、军旅活动频繁有关。

占据式移民即外地居民大量入居，占据新居地，其文化也覆盖并取代土著文化。潮汕地区与闽南在地理和文化上本为一体，宋代闽南人大量迁入潮汕，并成为当地居民主体，标志着潮汕民系在广东的最后形成，闽南语也成为当地主要方言。从宋代开始，闽南移民又沿粤东沿海跳跃式前进，绕过粤语区进入雷州半岛和海南岛沿海，同样成为当地居民主体，并使两地纳入闽南方言区范围。

在一些交通方便和不同民系接触地带，各路移民与当地居民杂处，各种文化也相互交流、掺杂，此即杂居式移民，并形成你中有我、我中有你的复杂的民系和文化交错地带。惠阳、丰顺、揭西、饶平等县市为客家系与潮汕系交错地带，今广花平原外围清远、花都、从化及广州东部的增城等即为广府系与客家系交错地带。近现代随着交通线延伸和城市发展，民系在市镇杂居现象日益增多。这种杂居式移民城市近世有粤北重镇韶关、海南儋州（那大），现有深圳、珠海等，皆为多元文化荟萃之地。

---

① 陈铭枢：《海南岛志》[M]．上海神州国光社，1933年，第52页。

第二章 岭南汉民系的演变

第一节 汉民系地理分布

　　一个民族形成固然是历史发展的结果,而区分一个民族内部民系的文化,也是人们在长期的共同生活中形成的。在民系文化发展的长河中,不断加入新的因素,抛弃旧的因素,使民系和文化整体发生变化,最终形成相对稳定的群体和文化特质。对于一个民族而言,共同的文化是其本质特征。对一个民族内部各民系来说,其文化的个性或相异性是他们相互区分的依据,即民系内部的文化也是相对一致的,且世代相传,保持自己的传统,能够稳定、持久地发展。特别是那些比较稳定的文化因素,如语言、家庭制度、宗教信仰、风俗、生活方式、行为规范、文学艺术、历史传统等,都表现了一个民系有代表性的文化特征,也是划分民系的最重要标准。另外,人们的自我认同意识,即"名从主人"原则也是划分民系不可或缺的。岭南各民系在这方面的意识是很强烈的。如广府人即具有强烈的个性、冒险精神和变革、创新意识,粤方言成为连接他们的纽带,商业上昔有著名的"广州帮""佛山帮",即为他们自我认同的一种形式。在一些人中形成的狭隘的排外心理,也是他们强烈的自我认同感的表现。客家人来自中原,作为一个独立的移民集团,具有更强大的内聚力,自强自信,否则难以图存,其"宁卖祖宗田,莫忘祖宗言"之谚即自我认同感的一种写照。闽南人在岭南主要称潮汕人,远祖来自吴越,近祖来自福建,方言自成一体系。语言和心理的认同较其他民系都强烈,尤以宗族观念为甚。一个潮汕人到外地做的第一件事便是投亲靠友,再谋求发展,而后者也会不加区别地予以接纳,形成关系很密切的团体。这种高度凝聚力和向心力是潮汕系形成的强大动因。

　　在文化诸要素中,方言被视为民系文化最重要的标志,其分布区也被认定为民系分布区。岭南民系分布区的划分同样以此为主要依据,并在此基础上追溯他们的历史变迁和空间演替。按照中国方言区划分,粤方言使用人数约4000万,广东占70%,广西占30%。在广东,纯粤语或以粤语为主的地区在粤中和粤西南,包括广州、佛山、肇庆、江门、深圳、珠海、中山、东莞、清远、茂名、云浮、阳江等地级市所辖47个县市,以及香港、澳门两个特别行政区;粤语在部分地区流行的有惠州、韶关、湛江等地级市

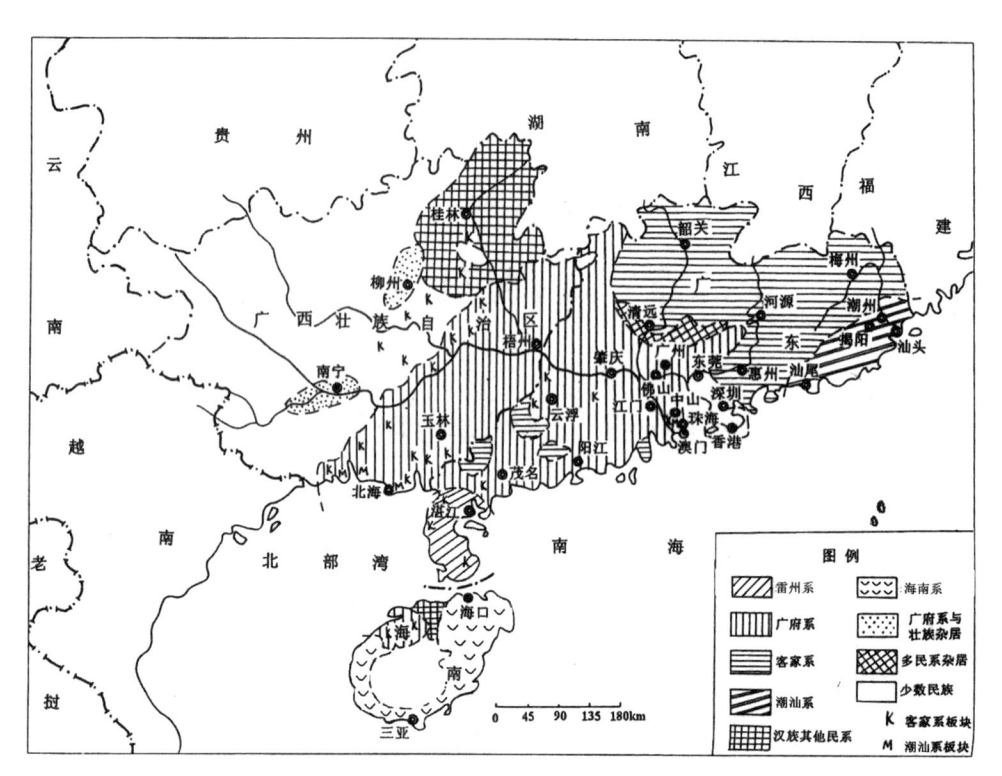

图 2-1 岭南汉民系分布示意图

所辖 16 个县市。在广西,粤语主要流行于桂东和桂南及个别城市,包括梧州、北海、钦州、玉林、南宁、柳州地区所辖 25 个县市。在海南岛的儋县、昌江、白沙、东方、乐东、三亚等流行"儋州话",与粤语接近,可纳入粤方言区,使用人数有几十万人。此外,海外华侨华人中使用粤语的有 1500 万~2000 万人。全世界使用粤语的人数约 7000 万[1],两广是最主要的分布区。

客家方言广泛分布在我国南方,使用人数约 3700 万人,其中在广东和海南约有 1150 万人,主要分布在粤东和粤东北 20 多个县市,也散见于其他地区,尤以山区为甚。在广东有 79 个县市有客家话分布,其中纯客家话或以客家话为主的有梅州、韶关、惠州、河源等地级市所辖 30 个县市,部分讲客家话的地区有 49 个县市。广东是全国客家话流行地域最广、使用人数最多的省份,亦为客家系最大集群所在。客家系散布在广西 64 个县市,客家话使用人数约 350 万人,比较集中在桂东南、桂东北和桂中南三大片,使用人数约占全区客家人的 70%。

闽南语作为闽语一支,在广东(含海南)使用人数约 1810 万,是广东第二大方言。分布地区包括潮汕地区、雷州半岛和海南岛沿海三片,加上华侨华人及港澳同胞,使用

---

[1] 李新魁:《广东的方言》,广东人民出版社,1994 年,第 27 页。

闽南方言的人数也相当可观。

按照以上方言分布，则各民系在岭南有以下分布格局（表2-1）：

表2-1 汉民系在岭南的分布

民系	人口		覆盖面积	
	数量/万人	比重/%	面积/万平方公里	比重/%
广府	4000	54.7	16.09	59.2
客家	1500	20.5	7.37	27.1
潮汕	410	19.2	2.93	7.9
雷州	400	5.6	0.78	5.8
总计	7310	100.00	27.17	100.00

说明：人口为1982年数字；未含港澳人口、面积。

资料来源：（1）司徒尚纪：《广东文化地理》，广东人民出版社1993年版，第182页。

（2）李新魁：《广东的方言》，广东人民出版社1994年版，第27，449页。

（3）中国行政区划研究会编：《中国行政区划手册》，中国大百科全书出版社1995年版，第106页。

（4）司徒尚纪：《雷州文化概论》，广东人民出版社2014年版，第156页。

以1982年人口比较，广东、客家、潮汕、雷州四个民系人口约占两广（含海南）总人口的76%，覆盖面积占两广总面积的60%左右。可以说，四个民系是岭南居民的主体，占据岭南大部分地区，与少数民族一起，共同创造了开发岭南的历史。

由于历史地理基础和历史进程的差异，各民系分布格局各具特色。广府系拥有广东中部、西部、西南部和广西东部，地域上连成一片，呈地带性和板块性或两者相结合分布态势，占据广大面积和最多人口，是各个民系中的"大哥大"。广府系分布区内有多种地形，人对环境感知、开发利用自然资源方式以及由此产生的精神文化有较多差异，加之水陆交通方便，深受外来文化影响，其文化特色较之其他民系更为丰富多彩。潮汕系主要沿海岸线走向分布，但不连续，中间为珠江三角洲隔开，呈板块状格局。因面临大海，海洋文化为其主要文化类型。在各板块特定地理背景和历史进程作用下，潮汕系各板块文化特质有明显差别，如潮汕和海南都属这一民系地区，但文化景观就差异颇大，当然这种差异还没有大到使它们成为两种文化类型。客家系深处内陆山区，仅有少数客家板块和方言岛在沿海，在封闭和半封闭环境里发育的客家文化的特质比较均一，山地文化或小流域文化是它的主要类型。如上述，岭南地理区位的相对封闭性和开放性，尤其直接或间接面向海洋，赋予各民系都在不同程度上分享海洋所带来的文明，并假道海洋，迈出国门，散布世界各地，使汉族在岭南成为一个共同群体——岭南人及其特有的岭南文化。

第二节　汉民系形成溯源

古人类学研究显示，岭南也是古人类的故乡。中华人民共和国成立以来发掘的封开"垌中岩人"（距今14.8万年）、曲江"马坝人"（距今13万年）和广西"柳江人"（距今5万年）等都属蒙古人种南亚类型，与近现代岭南人接近，而与华北人和南太平洋波利尼西亚人有一定差异，说明这些古人类与近现代岭南人有一定渊源关系。进入历史时期，岭南除了泛称为百越的土著居民以外，还有来自海外的小黑人、黑奴、昆仑奴、古波斯人、阿拉伯人（大食人）、印度人和统称为"番鬼"的其他异国人等。他们以通婚或其他形式，在岭南人中留下自己的血统。当然进入岭南的更多的是华夏族人，包括商人、秦人和汉人，以及三苗人（含楚蛮、荆蛮等）等①，所以岭南人实际上是个多人种、多民族融合的群体。以后主要由于文化发展的差异，才分化成广府、客家、潮汕、雷州四个民系，同时形成自己的文化特质和风格，成为他们形成比较研究的基础。

图 2-2　曲江马坝人复原图

一、广府、客家、潮汕、雷州系族源

根据西江、北江和桂江流域考古和先秦文献记载，通常认为今广府系居地，先秦时期主要生活着南越、西瓯（呕）和骆越人，这些土著后来发展为广府系居民。

南越（粤）在西周已作为一个族体形成。据《越绝书》说，越人呼"海"为"夷"。"夷"既指"海"，"越"亦与"夷"同义，有论者认为，"越"字指水亦指海，越人就是水上人或水漂人家之义。②考古发掘比较说明，南越人主要分布在今广东中部和南部，具有住干栏、拔牙、鸡卜、猎头、二次葬等风俗。这些风俗虽不一定为南越人所独有，但至少是南越文化的特质之一。先秦文献《逸周书·王会解》说："正南瓯邓、桂国、产里、百濮、九菌，请令以珠玑、玳瑁、象齿、文犀、翡翠、菌鹤、短狗为献。"在商朝疆域正南方向上的这些部落诸国，与今广府系分布地域吻合。

广府系居民使用的粤方言主要是汉语与壮语相结合的产物。顾炎武《天下郡国利病书》"广东条"云："壮则旧越人也。"有专家认为，现代粤方言有20%的古百越语即当今

---
① 杨豪：《岭南民族源流考》，珠海出版社，1999年，第25页。
② 徐松石：《徐松石民族学研究著作五种》，广东人民出版社，1995年，第474页。

壮侗语族仍在普遍使用的词汇。① 原居广东的这部分越人迁广西后，仍在广东留下大量古越语即壮语地名，如以"六"（禄、陆）、"罗"表示山谷，"那"表示水田，"古""思""云"表示村落，"瞽"表示水潭等。这些地名主要分布在广东北江以西的西江流域、雷州半岛和海南岛，今肇庆市境内即有这类地名400多个，约占当地地名总数的20%。② 而这些地名在粤东几乎绝迹或很个别，可见壮语地名分布区有相当一部分为广府人据有。

广府人（男、女）　　客家人（男、女）

潮汕人（男、女）　　雷州人（男、女）

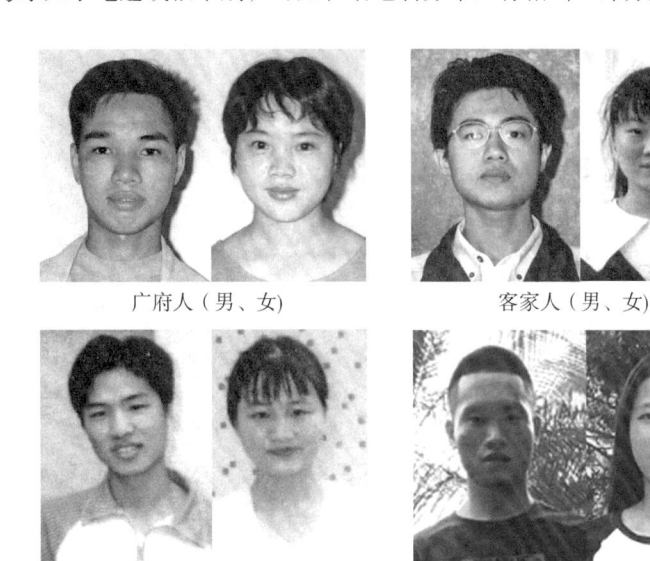

图2-3　广府人、客家人、潮汕人、雷州人对比

（图片来源：黄淑娉：《广东族群与区域文化研究》，广东高等教育出版社，1999年，封底。）

"西瓯"作为族称始见于秦。《汉书·西南夷两粤朝鲜传》称："蛮夷中，西有西瓯，其众半羸，南面称王，东有闽粤，其众数千人，亦称王。"即西瓯与闽粤是两个相对的族群。晋郭璞注《山海经》谓"郁林郡为西瓯"，属今粤方言分布区。近人刘师培《古代南方建国考》认为："故凡山林险阻之地，均谓之瓯，南方多林木，故古人均谓之瓯，因名其人为瓯人，瓯是因地多山林险阻而得名。"③ 明欧大任《百越先贤传·自序》指出："泽吁宋旧壤，湘漓而南，故西瓯也。"据此，西瓯人分布地望在桂江和浔江流域，即今两广交界地区，也是广府人居地。西瓯人以龙、蛇、猪、牛等为图腾，与水网环境分不开。《逸周书·王会解》说"瓯人蝉蛇"。不少论者据此认为瓯人即崇拜龙蛇之人。后世龙母庙遍布西江流域大小河川，这位龙母实为母系氏族首领的化身，龙母的原型为鳄。从对地理环境的认识来说，这是西瓯人水文化的一种折射。又据《山海经·

---

① 李敬忠：《粤语是汉语族群中的独立语言》，《语言建设通讯》（香港），总27期，1990年3月。
② 司徒尚纪：《肇庆市地名志》，广东省地图出版社，1999年。
③ 黄现璠、黄增庆等：《壮族通史》，广西民族出版社，1988年，第36页。

海内经》记有"封豕"，《淮南子·本经篇》写作"封豨"，有人认为封豨即今封开，是以猪为图腾的氏族。西江两广交界地区上古还生活着苍梧族人，古写作"仓吾"，是以苍黑的独角牛和猪混合作图腾的部族。过去两广地区多牛王庙，奉祀这种独角牛。这说明西瓯人与苍梧人共同生活在西江地区。① 故到战国时赵武灵王说："夫剪发文身，错臂左衽，瓯越之民也。"② 这"瓯越"即百越一支。

《逸周书·王会解》曰"路人大竹"，后人认为"路"音"骆"，"路人"即骆越人，是生活在岭南的一个部族。汉初多种文献都有关于骆越的记载。赵佗称王，"以兵威边，财物赂遗闽越、西瓯、骆役属焉"。后又出现"瓯、骆相攻，南越动摇"局面。贾捐之对汉武帝说，"骆越之人，父子同川而浴，相习以鼻饮"③，说明骆越为水居民族。晋《交州外域记》说："交趾昔未有郡县之时，土地有雒田，其田从潮水上下，民垦食其田，因名为骆民。"后"骆""雒""落"通用。按汉代交州刺史部含今两广大部和越南北部，到《旧唐书·地理志》仍说贵州（广西贵港）郁平县为"古西瓯、骆越所居"，直到明末清初顾炎武《天下郡国利病书》也指出"今邕州与思明府凭祥县接界，入交趾海（北部湾），皆骆越地也"，说明骆越分布在西江流域、桂南、雷州半岛和海南岛，以及越南北部等。骆越人种稻，生活地区也留下很多壮语地名，分布地域与西瓯人相互交错。如汉代扬雄《方言》已指出："西瓯，骆越之别种也"，即皆为古越人。

图2-4 德庆悦城龙母祖庙

孙中山曾谈到民族形成有血缘、生活、语言、宗教、风俗习惯五种力量。以上这些部族在这些方面都有共同性，为广府系先民从氏族或部落联盟向民族发展奠定了基础。随着中原封建势力南下，大抵到秦汉时代开始了广府系形成过程。

客家系作为一个有特定内涵的族群，自然是相对于土著居民而言，如果将秦汉进入岭南的"中县（原）人"看作客家先民，那么他们与土著的融合也应开始。这些分布在今客家地区的土著应为先秦时建立的部落或部落联盟，以土邦小国称之，实际也是越族人，其中在东江中下游的有缚（傅）娄国，在粤北连江今清远一带有阳禺国等。这些土邦小国后在战争中消失，其故地即为秦汉设置郡县的基础，如秦立傅罗县（今博罗）、汉立浈江县（中宿）即分别为缚娄国、阳禺国地盘，而生活在当地的古越人也分化为不同支系。客家地区主要为畲、瑶、疍人所居。谭其骧先生指出："秦汉时即或以'越'

---

① 刘伟铿：《西瓯史考》，《岭南文史》，1996年第4期，第47页、48页。
② 司马迁：《史记·赵世家》。
③ 司马迁：《史记·南越尉佗列传》。

指称粤东种族者，亦不得便以粤东初民为'越族'也。蛋族最初见于巴中，常璩《华阳国志》述之，六朝以来，始辗转移入粤东。瑶族于汉晋时称盘瓠种。《后汉书》及南朝诸史《南蛮传》言之甚详，唐宋之际始度岭南。二者并属迁来客族，亦非粤东土著"，"汉人之移殖粤东，唐宋以来始盛"。① 若此，则在瑶族以前，客家地区土著应为畲族。畲族是一个很古老的民族，历史上广泛分布在粤东。宋刘克庄《漳州谕畲》曰："南畲隶漳浦，其地西通梅、潮，北通汀、赣……畲民不役，畲田不税，其来久矣。"② 清光绪《嘉应州志》更明确地指出，"梅地古为畲、瑶所居"。畲人迁徙无常，刀耕火种，所迁之地留下许多"畲"字地名，在今梅州市境内就有100多处，如畲坑、孔畲、桥畲、叶畲等，与客家人分布地域相吻合。畲人与客家人接触，对客家血缘和文化有很大影响，是客家系形成的一个强大因素。

瑶与畲同源异流，隋唐时始从湖南迁居粤北，后流徙各地山区，刀耕火种，与后来客家人发生血缘、文化交流。瑶人分布地域每与客家人相符，在共处空间中参与客家系的形成。

今江浙一带先秦亦为百越族居地，建立过吴国、越国。公元前334年，楚灭越，部分越人从海上进入福建。秦并天下，在福建置闽中郡，地跨粤东，故今潮汕一带当有吴越人子孙。福建周代为"七闽"居地，即臣服于周的七个土邦小国，也是以蛇为图腾的百越一种。秦末被废为君长的越人首领无诸、王摇率领越人助汉有功，先后被封为闽越王和东海王，其民即闽越人，据有闽、潮地区。唐杜佑《通典》云："潮州亦古闽越地。"到宋欧阳忞仍曰："潮州春秋为七闽地，战国为越人所居"。③ 1974年以来粤东地区发掘"浮滨类型"文化内涵，与闽南地区一样，而明显区别于以珠江三角洲为中心的南越文化。东晋南朝以降，闽越人开始更多地入居粤东，成为潮汕系先民。闽越人笃信蛇神，潮汕地区到处有"青龙帝君庙"，小青蛇被奉为活图腾而受到隆重祭祀。又闽越人同其他越族一样，也有断发文身、习于水斗、善用舟楫、嗜食海产等习俗。今居粤东潮汕人为死者入殓，犹保留为死者剃头，送葬家人也须剪发或象征性剪之俗。有论者认为这是闽越人断发风俗的残余，显示粤东潮汕人与闽越人有很深的族源关系。

关于广东畲族来源虽有不同说法，但畲族坚信潮州凤凰山是他们最早的发祥地，自称"凤凰自家人"，他称则有"山哈""山越""輋人"等，过去又与瑶族混成为畲瑶。姑且勿论畲族是否为粤东土著，但既为当地最早居民之一，必然与后来汉人在血统和文化上有广泛交流，对粤东潮汕系形成不无影响。如潮州昔有"斗畲歌"即为吸收畲族歌谣而成，顺治《潮州府志》记潮俗上元节儿童"斗畲歌焉，善者为胜"。

---

① 谭其骧：《粤东初民考》，《长水集》，人民出版社，1987年，第258、259页。
② 刘克庄：《后村先生全集》卷九十三。
③ 欧阳忞：《广南东路》，《舆地广记》卷三十五。

雷州半岛和海南岛本为骆越人居地，隋唐时骆越人演化为俚或俚僚，并出现黎的称呼，至宋才大量发展为今日黎族。也在此时，闽潮人大量移居琼雷，宋代好些著作都指出"熟黎多潮广福建之奸民也"。① 这些"闽楚之亡命，视（海南）为逋逃薮，开险阻，置村峒，以先入者为峒首，同入共力者为头目，外连居民，慕化服役，因名熟黎"。② 由此上溯，雷州系与黎族及其先民骆越也有相当深厚的族源关系。

二、广府系定型于唐宋

秦始皇三十三年（前214年），秦统一岭南，主要在西江、东江、北江地区建立郡县和实行封建统治，同时这也是一次有组织的移民，除了军人，还有"逋亡人、赘婿、贾人"，以及秦始皇特许1.5万名未婚女子等。他们是广府系最早的一批外来先民。秦在岭南推行的一系列政治、经济制度也主要影响着建置郡县的地区，如南海郡属下番禺、傅罗（博罗）、四会、龙川，桂林郡属下布山、中留，象郡属下临尘等。它们以后主要是广府系分布区。

汉承秦制。汉初赵佗割据岭南建立的南越国，其疆域虽东西万余里，但重心仍在南越人集中的珠江三角洲和西江地区。广州作为南越国都城，成为岭南最大的政治、经济和文化中心，也是地域性人群形成的依托和核心。近年发掘南越王墓大批文物，在多个文化层面上展示了汉越文化融合的辉煌成就，这也是广府文化风格的雏形。汉武帝元鼎五年（前112年）平南越国，10万大军基本按秦军路线南下，再一次推动了汉越血缘和文化交流融合。后人评论秦汉进军岭南事件曰："而任嚣、尉佗所将率楼船士十余万，其后皆家于越，生长子孙。……今粤人大抵皆中国（原）种，自秦汉以来日滋月盛，不失中州清淑之气"，又云："盖越至始皇而一变，至汉武而再变。中国（原）之人得蒙寓教于兹土，以至今日"。③ 不但越人接受汉文化，汉人也接受越文化，如赵佗委用越人吕嘉为相，其弟为将军，尊重越人风俗习惯，"同其风俗"，赵佗本人也"魋结箕踞"，不同于中原束发戴冠，甚至自称"蛮夷大长"，鼓励汉越通婚，吕嘉家族中"男尽尚王女，女尽嫁王子弟宗室"。④ 其结果是进一步促进汉越文化在南越国中心地区的融合，这一地区的方言接受更多的汉语成分，商业、教育、学术文化发展水平也较周边地区为高，显示这一地区民系文化明显地朝着相对独立的方向发展。

东晋南朝掀起中国历史上第一次移民高潮，中原移民一部分定居粤北和粤东北，但更多的人移入西江和北江中下游地区。如这一时期的墓砖，即有"永嘉世，九州荒，余广州，平且康"铭文，这种相对安定的环境自然成为移民求生落籍之地。《交广记》也

---

① 周去非：《岭外代答》，《海外黎蛮》卷二。
② 雍正《广东通志·岭蛮志》卷五十七。
③ 屈大均：《广东新语》卷七，《人语》。
④ 班固：《汉书·两粤传》。

说："西晋建兴三年（315年）江扬二州经石冰、陈敏之乱，民多流入广州，诏加存恤。"[1] 南朝统治者为了夺取与北朝抗衡所需兵源和财富，同时招抚深居溪洞间的俚人，在今粤西大量设置郡县。最多的是萧梁时期今广东多达13州39郡146县，达历史空前水平。这在某种程度上收到民族融合的效果，如原先土著居民名称这时已多不见，而泛称为"夷"或"俚"，反映各族群间沟通在增加，文化差异渐渐消失，群体共性进一步加强。作为这种文化融合的标志，是语言的分化。道光《广东通志·舆地》指出："古称缺舌者，为南蛮、瑶歧诸种是也。自秦以中土人与赵佗，风俗已变。东晋、南宋衣冠望族向南而趋，占籍各郡，于是言语不同。"所谓"言语不同"，一是指南来移民与原地语言颇有不同，二是指岭南原来汉语方言与北方汉语有较大差异。[2] 故当今语言学者认为，南朝时粤语已经"长大成人"，成为一支独立方言而与后世粤语没有多大差异。如晋嵇含《南方草木状》记"五敛子（即阳桃）大如木瓜、黄色，皮肉脆软，味极酸，上有五棱，如刻出。南人呼棱为敛，故以为名"。今广州至阳江一带仍保持对阳桃的这个称谓，与嵇含所记相同，显示粤方言的很多词汇此时已经形成。

唐张九龄开通大庾岭道（约716—719年之间）后，极大地方便了岭南与海内外交通，北人入粤者日渐增加。中唐安史之乱后，移民逐渐以珠江三角洲地区为落户目的地。广州作为世界性贸易大港、"广州通海夷道"起点，中外商贾云集，进一步加强了它作为区域经济和文化中心对民系形成的凝聚力。随着俚僚等少数民族进一步汉化或他迁，珠江三角洲和西江地区遂为以汉人为主的居地，同时也仍有很多少数民族杂居其间。这一方面使汉族据有更多人群，另也吸收土语成分，推动粤方言发展和趋于成熟。

五代时期岭南为南汉刘龑政权割据，保持一个相对安定的社会环境，吸引了为避北方战乱而南下的移民入居。苏东坡指出："自汉末至五代，中原避乱之人，多家于此。"[3] 在这半个多世纪里，岭南走上独立发展道路，以都城广州为中心的区域经济文化无疑比其他地区为优。如南汉王室在广州大兴土木，营造宫室园林、寺院、陵寝等，即塑造了广州的城市形象，现保留下来的建筑遗存遗址，如流花桥、清海军楼、游台、药洲等，使广州成为岭南古代建筑文化荟萃之所。

北宋末和南宋末，金人和元人相继南侵，又有大量灾民流落岭南。这两次移民人数多，规模大，时间长，分布广，对岭南各民系形成影响最为直接和深远。据王存《元丰九域志》统计，北宋后期今广东（含海南）户口中，主户占61%，客户占39%，广西主户占67%，客户占33%。而据乐史《太平寰宇记》载，北宋初广东客户仅占13%，广西占34.6%。显见宋代岭南户口增加主要是岭外人口南迁。宋代主客户虽以是否占有

---

[1] 嘉靖《广东通志》卷三十一。
[2] 李新魁：《广东的方言》，广东人民出版社，1994年，第69页。
[3] 《苏东坡全集·后集》卷十五。

土地划分，即地主或自耕农为主户，无土地者为客户，但外来移民初来几乎是没有土地的，可视为客户。按照民系划分的一条原则，即在一定时空背景下某一稳定居民共同体其人口数量一般不低于同一时空背景下土著居民即当地原来人口数量。北宋元丰初岭南客户地区分布有如下格局（表2-2）：

表2-2 北宋客户地区分布

客户组别	广南东路	广南西路
≥50%	广州、端州、南恩州、梅州、惠州、雷州	浔州、融州
30%-50%	循州、封州、新州、化州、万安军	象州、梧州、龚州、贵州、宾州、郁林州
≤30%	韶州、潮州、连州、康州、南雄州、英州、高州、琼州、昌化军、朱崖军	桂州、容州、邕州、昭州、滕州、柳州、宜州、横州、白州、钦州、廉州

资料来源：梁方仲：《中国历代户口、田地、田赋统计》上海人民出版社，1980年版，第147，148页，表36。

显然可见，外来人口超过当地人口的地区，主要在珠江三角洲、西江和漠阳江流域，它们成为广府系地区的主体；梅州和惠州也属客户超过当地人口地区，奠定了它们成为客家系地区的人口基础。

大量历史文献、族谱、家乘等记载了宋代这两次人口迁移。据黄慈博《珠玑巷民族南迁记》载，宋室南渡时取道大庾岭下珠玑巷集体逃亡首批"逃窜荔枝山下者万余人，乃结筏顺水漂流南徙；第二批集体南迁就是罗贵等二十三姓九十七家人口；第三批集体南迁为元兵扰攘，逼迫南雄，众避兵燹，仓皇登程"。① 据该书统计，主要定居于珠江三角洲地区的这些移民共有73姓165族。而据曾昭璇教授考证有141姓，遍布28个县市668个乡镇，其中南海76姓，顺德53姓，广州28姓，花县5姓，从化6姓，中山67姓，珠海10姓，新会92姓，江门8姓，台山20姓，开平32姓，恩平7姓，鹤山57姓，番禺24姓，东莞78姓，增城55姓，龙门10姓，宝安6姓，深圳1姓，博罗11姓，惠阳2姓。② 这虽然不可能包括移民的全部，但反映宋代移民在珠江三角洲地区分布概貌。近年有人对珠玑巷移民后裔做了调查，得出"珠江三角洲宋代以后成陆的地区是分布的高密区，约占80%以上，其他的地区则在40%以上"。③ 如据民国《新会乡土志》称："综查各谱，其始迁境之祖，皆唐以后人，至宋度宗咸淳九年（1273年）由南雄珠玑巷迁至者约占全邑氏族之六七焉。"这样高的外来人口比例对当地族群社会机构有举足轻重的意义，特别是这些移民聚族而居，结成村落，这种以血缘关系组合起来的族群，只

---

① 黄慈博：《珠玑巷民族南迁记》，南雄县地方志编纂委员会办公室，1985年，第9页。
② 曾昭璇：《宋代珠玑巷迁民与珠江三角洲农业发展》，暨南大学出版社，1995年。
③ 曾祥委、曾汉祥：《南雄珠玑巷移民的历史与文化》，暨南大学出版社，1995年，第74-82页。

要有某个共同因素把他们联合起来，即可在地域上连成一片，构成与其他族群相区别的群体。事实上珠江三角洲村落大部分始建于宋，人们都把南雄珠玑巷作为自己祖先发祥地，在族谱上记载自珠玑巷迁来。珠玑巷由此成为南迁居民情结所在，近年掀起一次又一次寻根问祖热，包括侨居海外的大批广府人为此倾注的极大热情，这显示出以珠玑巷为纽带的广府系巨大的凝聚力。而宋代作为这个民系形成的关键时期，还可从这个民系迁移时代和地域分布中得到验证（表2-3）：

表2-3 广府系部分移民迁移时代分布① 单位：个，%

项目	五代以前		宋代		元代		不明		总计	
	数量	比重	数量	比重	数量	比重	数量	比重	数量	比重
氏族数	8	12.3	49	75.4	1	1.5	7	10.8	65	100.00

这65个氏族中大部分是宋代迁入的，据此似可得到广府系移民主要是宋代迁入这一结论。而这些移民迁出迁入地区分布，也可从有关实例中看出其格局（表2-4）：

表2-4 广府系部分移民迁移地区分布② 单位：个

项目	迁出地区				迁入地区			
	北方	南方	不明	合计	珠江三角洲	粤北	不明	合计
氏族数	22	30	13	65	14	50	1	65

宋代从南方迁来移民比北方多，更容易适应岭南地理环境，其中粤北主要指南雄。事实上这些迁民在南雄停留一段时间以后大部分再度南迁，最终多以珠江三角洲为归宿。

秦开灵渠以来，湘桂走廊长期为南北交通要道，中原移民也大批经此落籍于西江地区。唐开大庾岭道后，五岭交通重心东移，但西江水量大，通航条件好，仍不失其交通地位。宋代经湘桂走廊迁入桂东、桂南的岭外移民也不在少数。由此加重了广西财政负担。静江（今桂林）知府许中上奏朝廷，"本路（广南西路）诸州赋入微薄，请禁案寄居官毋得居沿边十三郡，见寓止者皆徙之，仍毋给其禄。上恶之，乃是有命"。③ 许中因上言企图禁止并迁走已寓居桂林的移民而获罪，想见移民数量相当可观。在桂东南，"容县介桂、广间，渡江以来，避地留寓者众"。④ 博白县在"靖康岁丙午（1126年）迁博白时，虎未始伤人，村落间独窃人家羊豕。……十年之后，北方流寓者日众，风声

---

① 吴松弟：《中国移民史》，第四卷，福建人民出版社，1997年，第177页，略有改动。
② 吴松弟：《中国移民史》，第四卷，福建人民出版社，1997年，第177页，略有改动。
③ 李心传：《建炎以来系年要录》卷十三。
④ 王象之：《舆地纪胜》卷一〇四。

日益变，加百物涌贵，而虎伤人。今则与内地勿殊，啖人略不遗毛发"。① 博白因迁民太多，影响到老虎习性，从不伤人到啖人。这些地区后都是广府系居地。

宋代经珠玑巷南下迁民，多为有组织的群体，并得到官府支持、帮助。如番禺市桥《蒲氏族谱》记迁民组成"签名团词赴（保昌）县陈告，准立文案、文引，乃赴府告准案结引，立号编甲，陆续向南而行"。对上述贡生罗贵一行南迁，保昌县、南雄州都给文引，特别指明："凡经关津岸陆，此照同行，毋得停留阻禁"。他们抵达冈州（新会），知县李丛芳批示："准迁移安插广州、冈州、大良都等处，方可准案增立图甲，以定户籍，观辟处以结庐，辟地以种食，合应赋税办役差粮毋违，仍取具供结册，连路引缴赴冈州。"② 这种集体迁移方式不但利于人口集中和聚落建设，而且对加强居民内聚力、认同感也大有裨益。故后世有"顺德祠堂南海庙"现象，为珠江三角洲地区宗族势力强盛的表现，如迁到番禺市桥的谢氏，"众相开辟基壤，共结婚姻，朝夕相见，仍如今日之故乡"。③ 另外，这些迁民多有资财，部分人后入广州、佛山等城镇经商，对珠江三角洲商业文化建立和繁荣做出贡献，这也是广府文化的一个特质和优势。

唐宋时期，广州作为贸易大港，外商纷至沓来。据《唐大和上东征传》记载，唐天宝年间（742—755年），广州即有"白蛮（阿拉伯、波斯等国白种人）、赤蛮（南海周边诸国黑种人）等往来居住，种类极多"，仅居住在专设"蕃坊"里的外侨即达13万人。宋代在广州外侨数量更多，仅广州城外便有"蕃汉数万家"。④ 这样一个庞大异族人群，难免与当地人通婚，卢钧任广州刺史曾"强令俾华蛮异处"，"蕃华不得通婚"，⑤ 收到一定效果。到五代蕃汉通婚比唐代多。南汉主刘铁非常宠幸波斯女子，史称"波斯女子年破瓜，黑脂而慧艳，铁嬖之，赐号'媚猪'"。⑥ 宋代土蕃通婚禁之不绝。朱彧《萍洲可谈》记载，那时蕃客不但娶广州女子为妻妾，而且广置田宅，所生混血儿称"土生蕃客"或"五世蕃客"。这个混血人种或群体，使广府系居民注入更多外来基因。

唐宋大量移民入岭南，使中原汉语对粤方言产生更进一步的影响，特别是一些贬官逐臣、名流学者的到来，以及兴教办学等，使粤方言在唐代就日趋成熟。宋代在中央王朝强干弱枝政策作用下，粤方言朝着与中原汉语距离越来越大的方向发展，不但不再或很少接受中原汉语，而且大量吸收当地少数民族语言，以及阿拉伯语等外来语，不断丰富自己的词汇，使之更具方言特色，从而完成了作为方言定型、成熟的过程，成为一种有别于中原汉语的方言。这同是广府系定型成熟的最主要标志。在宋人著作中已清楚地

---

① 蔡绦：《铁山围丛谈》卷六，中华书局，1983年。
② 曾昭璇：《宋代珠玑巷迁民与珠江三角洲农业发展》，暨南大学出版社，1995年，第221页。
③ 番禺《市桥谢氏族谱》。
④ 《续资治通鉴长编》卷二三七。
⑤ 《新唐书·卢钧传》。
⑥ 吴兰修：《南汉记》卷五引《清异录》。

记述粤方言与中原汉语很不相同。周去非《岭外代答》说到粤方言在广西钦州即有土人讲的蒌语、北人所用语音平直而杂以南音的语言、语音不可晓的俚人土语、福建移民使用的闽语、水上居民使用的蜑家语等五种。同书又说广西"城郭居民，语乃平易，自福建、湖湘，皆不及也。其间所言，意义颇善，有非中州所可及也。早曰朝时，晚曰晡时，以竹器盛饭如箧曰箪，以瓦盛水曰罂，相交曰契交，自称曰寒贱，长于我称之曰老兄，少于我称之曰老弟，丈人行呼其少曰老侄，呼至少者曰孙，泛称孩提曰细仔"等。按这些词语与今日粤语意义甚为相近或一致，而与当时中原汉语读音个个不同，显见粤方言在广西已经形成。在广东也有同样情况。苏东坡有诗曰"倦看涩勒暗蛮村"，今日粤语称有刺的竹木为"勒"，与苏东坡诗义一致。语言学者研究了宋代广东方言，认为广州话很多读音与现代粤语相同，如将"厉"念成"赖"。[①] 粤语和壮语有不可分割的联系，很多壮语用词广见于西江地区。而粤北唐代还是以少数民族语言为主，到宋代成为客家方言地区。至此，宋代由于以一姓一族为单位人群从岭外大量入居，少数民族汉化或他迁，形成汉移民地域集中分布格局。以地缘为基础的民系代替原先以血缘为基础的氏族，最终导致民系形成，在珠江三角洲和西江地区地域上联成一片的即为广府系。至于"广府"一词，其"府"见《隋书·地理志》谓南朝梁、陈时"并置都督府"；于"府"前冠"广"为唐武德四年（621年）在岭南置广州、桂州、容州、邕州、安南五个都督府，皆隶于广州总管府，简称"广府"。其时阿拉伯人则称广州为"广府"（khanfu）。也有人认为"广府"始见于《明史·地理志》："广州府，元广州路，属广东道宣慰司，洪武元年（1368年）为府"。"广府"一词出现以后，才成为民系名称。

三、客家系形成于宋元

前述客家地区先民主要为畲、瑶人。东晋南朝以后，进入岭南的移民日渐增多，特别是唐末黄巢起义，粤东北未受波及，成为移民乐土，但人数不会很多。唐开大庾岭道后，无疑有利于客家先民入居粤北南雄、始兴、曲江一带。据统计，唐代广东各州人口增加最快的是韶州，由贞观十三年（639年）6960户、40416口到天宝元年（742年）的31000户、168948口，分别增加了3.5倍和3.2倍。[②] 粤北成为客家先民居住的重要地区。但只有到宋元时期，客家系才作为一个独立民系形成，理由如下：

1. 外来人口在当地占优势。如果把主、客户理解为入居时间早晚，则两者比例关系反映外来人口对当地人口强弱。上述广府系形成过程中，曾表列北宋元丰初年主客户比例在各州分布情况，其中广东梅州、惠州和广西融州、浔州的这个比例都在50%以上，表明外来人口在当地占优势，奠定了客户成为一个共同体的人口基础。后来，梅州、惠

---

① 李新魁：《广东的方言》，广东人民出版社，1994年，第62-66页。
② 刘昫：《旧唐书》卷四十一，《地理志》。

州成为客家人在广东的大本营。宋末元初，进入闽、赣、粤交界地区的汉人更多，大量地方文献和谱牒记载了这个移民盛况。据罗香林《客家源流考》统计，南宋从江西、福建，以及安徽、江苏南迁广东龙川、五华、和平、梅县、大埔、蕉岭、河源、始兴、南雄、兴宁、惠阳、平远、翁源、丰顺、揭阳等地的有魏、曾、徐、谢、饶、丘、华、邓、刘、巫、何、张、温、吴、罗、黄、廖、陈等18姓。如《五华魏氏族谱》云："时值宋末，天下混乱……我祖兄弟，惊恐流涕，商议只得移别处逃生。……至公至惠州长乐（五华）为一世开基祖。"《兴宁黄陂曾氏族谱》记："宋政和壬辰年（1112年）由南丰徙福建宁化石壁卜居焉。因宋元兵扰，不能定居，由宁化徙广东长乐县家焉。现居兴宁、梅县、平远、镇平、五华、龙川、惠州、河源、和平、广州、新宁（台山）等县之曾姓，皆为此祖之后。"刘士骥《梅州丘氏创兆堂记》云："谨按梅州丘氏……先世由中州迁闽。……少与乡人谢翱善，信国勤王师起，与翱同杖策入幕府。信国既北行，复与翱同归闽，道梅州北，今镇平之文福乡，喜其山水，因卜居焉。"又南雄《南阳堂邓氏联修族谱》曰："名世之孙升，南宋建炎四年（1130年）已升为散骑郎。……越三世坤钟，避宋季乱，徙居南雄象湖。"王象之《舆地纪胜》引《梅州图经》（已佚）："（南宋时）郡土旷民惰，而业农者鲜，悉汀、赣侨寓者耕焉，故人不患无田，而田每以人力不给废。……然由其说可知南宋以前土著之少，而汀、赣客民侨寓之多。故《太平寰宇记》载梅州户，主一千二百一，客三百六十七，而《元丰九域志》载梅州主五千八百二十四，客六千五百四十八，则是宋初至元丰不及百年而客户顿增数倍，而较之于主（户），且浮（高）出十之一二矣。"① 近年有人对209个客家氏族入居广东的时代分布做了调查，得到以下结果（表2-5）②：

表2-5　209个客家氏族迁广东时代分布

时代	迁广东的客家氏族		时代	迁广东的客家氏族	
	个数/个	比重/%		个数/个	比重/%
唐以前	2	1.0	元代	38	18.1
唐代	4	1.9	明代	27	12.8
五代	8	3.8	清代	2	1.0
宋代	47	22.4	时代不明	75	35.7
宋元间	7	3.3	合计	210	100.0

除时代不明的氏族之外，宋元入居广东氏族占有明确时代记载氏族135个的68%。这些氏族入居对客家系在广东形成起了重要作用。同一项研究结果，还展示这些氏族地域分

---

① 光绪《嘉应州志》卷二。
② 吴松弟：《中国移民史》，第四卷，福建人民出版社，1997年，第188页。

布的集中现象（表2-6）①：

表2-6　宋元62个氏族迁广东地区分布　　　　　　　　　　单位：个

州县	氏族数	州县	氏族数	州县	氏族数
梅县	17	大埔	2	河源	2
镇平（蕉岭）	3	潮州	1	东莞	2
平远	2	揭阳	2	乐昌	1
兴宁	7	南雄	2	广西	1
长乐（五华）	6	归善（惠州）	1	不明	1
龙川	2	海丰	5		

这些县除潮州、揭阳、海丰、东莞以外，都为客家人主要迁入地。1986年南雄地方志编纂委员会对境内2400多个村落142姓做过来源调查，其中刘、叶、陈、黄、李、张、邓、何、钟、王十大姓族谱记载，他们主要自宋元从福建、湖南等地度岭迁入南雄，再辗转南迁，而留在当地的有八成左右成为客家人。②道光《直隶南雄州志》云："稽户口于南雄，昔也往来无定，今也安止不迁。周末越人徙此。晋迁江左，而西北缙绅随以南焉。宋南渡而仕宦之族，徙涞水者尤众，是岭表之首，亦远人之所萃也。然仙城鉴海间，自北而来者不少，望南以去者亦多。而今殊不尔矣，烟村鳞栉，考其先世来自岭北者十之九。"光绪《嘉应州志》也指出："其后屡经丧乱，主愈强，至元初大抵无虑皆客矣。"③这里特别提到元代"客家"专称已经形成，说明客家作为一个独立民系至少在人口结构上已占压倒优势。

2. 主客民族地位变迁。原先与客家先民共存于粤东的畲族在宋元及其后陆续他迁，向闽南、闽东、闽北等地转移。原因除了封建王朝对畲族强化统治、滥征赋税以外，恐与客家先民的到来有联系。一方面是客家先民难免与畲族有摩擦或冲突，如兴宁邓氏在《请神文式·请天神文》称"春瘟夏瘟，秋瘟冬瘟，时瘟瘴气，远隔千里，上来隔山。下来隔海，斩碛五姓贼人（即畲族）"④，将畲族人与瘟疫等量齐观，想见矛盾很尖锐。另一方面是随着客家先民人口增加，对山多田少的山区环境压力日益加重，人地矛盾愈加突出，而畲族人以土著身份从事刀耕火种的游耕农业对生态环境造成破坏，"番（畲）人自斫，番火自烧"⑤也引起外来客家先民的不满。甚至兴宁客家先民婚嫁，也须向畲人纳钱⑥。但后来客家乡民势力越来越大，而畲族人口单薄，文化又处于劣势，自难继

---

① 吴松弟：《中国移民史》，第四卷，福建人民出版社，1997年，第188页。
② 魏家琼：《史志文存》，广东高等教育出版社，1996年，第56页。
③ 魏家琼：《方言》，《史志文存》卷七。
④ 罗香林：《客家研究导论》，希山书藏，1933年。
⑤ 罗香林：《客家研究导论》，希山书藏，1933年。
⑥ 胡曦：《枌榆碎事》卷二，《竹枝杂咏》。

续与客家先民争雄。为了保全自己，畲人只好他迁，向条件更为艰苦、人口相对稀疏的地方转移。这就使得客家先民有可能反客为主，发展为一个独立民系。

3. 共同经济模式形成。宋以前，迁居岭南的客家先民人数不多，他们虽然也开山辟地，耕耘荒野，但毕竟未能形成自己的经济模式，当地仍广泛流行刀耕火种，即烧畲。宋代以来，大批进入岭南山区的客家先民，必须选择适应新地理环境的生产生活方式，包括从平原到山区，从种植小麦、稷为主的旱作转到开垦梯田或盆地水田为主的稻作，从大地主庄园式生产转到以家庭或家族为单位的生产等，可以说是一种热带亚热带山区经济模式，也是一种文化形态。北宋仁宗时，广南（两广）已有"溪洞人户争论田土"① 纠纷，这些人户当然也包括山区客家先民和畲、瑶等族人。南宋时，仅梅州、潮州就发生多宗田户诉讼案，其中梅州有一宗案20年仍未能了结，这些显然是为争夺土地而产生的官司，可以想见土地开发规模比较大，否则不会牵动官府。由此推断，土地利用已成为客家地区经济活动的中心。

客家先民与畲、瑶族人杂处，也深受他们影响，在经济生活中注入有益成分，构成自己经济特色。畲、瑶族人在山岭上遍植"畲米"，客家先民也在山坡和秋地上普遍种植"畲禾"；畲、瑶族人喜种薯蓣（后为番薯）、芋头，并作主粮，客家先民也同样种植这些作物，后有"半年番薯半年粮"习俗。畲、瑶族人普遍以草木灰为肥料，客家先民也用这些肥料；畲、瑶族人采薪卖炭为一项重要副业收入，客家先民也同样如此。这说明畲、瑶族经济对客家农耕经济的建立和发展起了借鉴和启示作用。客家梯田农业即为畲、瑶游耕农业的改造和发展，并为客家地区主要农业景观。这种梯田农业一经形成历久不衰，随着客家人迁移流布各地，成为这个民系最显著的经济特色。

4. 共同心理素质的形成。岭南汉族虽来自岭外，但因入居地环境差异，他们共同心理素质也仍有不同。复旦大学吴松弟博士总结了广府系211族迁广东记载，其中明确由外省迁来的仅65族，占总数30.8%；而客家系209族迁广东记载中，有206族记从外省入广，占总数98.6%②，说明客家系的地域观念和宗族观念更强更深。这与客家人由中原或江淮转入岭南山区环境有很大关系。在居住方面，客家人从原来民族和文化比较均一的地区转到多民族多文化杂处山区，为了避免矛盾、减少冲突、保护自我，往往聚族而居，形成新社区并采取富有的中原特色的建筑形式，即客家大屋或围龙屋。这种群体屋式可容十户甚至数百户居住，内部有严格功能分工和布局，充分体现客家人以宗族为核心的社会结构。据报道，这种屋式在梅县松源（何岭）、宝坑、隆文等地已发现建于唐代遗存遗址，但更多的是建于宋元，兴建于明清，与客家南迁历史相符合。在服饰方面，为适应山区环境和艰苦劳动需要，客家人无论贵贱都放弃原来长袍马褂，换上适于农

---

① 徐松：《宋会要辑稿·食货》。
② 吴松弟：《中国移民史》，第四卷，福建人民出版社，1997年，第192页。

耕的短衣短裤。同样，客家妇女后来不像其他民族系妇女那样缠足束胸，而一个个天足宽胸，自然健美，承担起家庭、田间等一切繁重劳动，成为客家妇女特有的精神风貌。在教育文化方面，客家先民许多人是中原衣冠望族，来到蛮荒的岭南山区，可供谋生的门路不多，于是发挥自己固有的文化优势，以读书作为求出路的一种手段，故读书求学成为当地一种社会风气。光绪《嘉应州志·礼俗》引南宋王象之《舆地纪胜》云，"梅（州）有无植产，恃以为生者，读书一事耳。可见州之士喜读书，自宋已然。"此风一经形成，长盛不衰。乾隆《嘉应州志》说："士喜读书，多舌耕，虽困穷至老不肯辍业。近年应童子试者至万有余人。前制府请改州治，疏称文风极盛，盖其验也。"梅州地区成为广东文化之乡乃宋代奠定的基础，发达的教育文化成为客家民系的一个重要特色。

5. 客家话成为独立的一种方言。客家先民原使用中原语言，东晋南朝以降历经社会变动而在不同地区停留，一方面其语言与母语隔离，另一方面又与南方或少数民族语言交流、融合，逐渐脱离母语，发展为另一种方言即客家话，这个过程持续了几百年。但在宋代以前，客家先民入居岭南人数少而分散，在其他民族包围下，他们不可能形成新方言。宋代在岭南山区已出现反客为主人口格局，这个客民集团有人保持原有语言，有人使用带有当地特点的方言。周去非《岭外代答·风土门》说到钦州居民中"北人，语言平易，而杂以南音，本西北流民，自五代之乱，占籍于钦者也"。这些北人，其中就有一部分是客家先民，他们使用语言兼具南北语言特点。宋末元初南迁客民主要不是来自早年中原而是江淮、两湖和江西。他们所操语言脱离原来语言环境，走上独立发展道路，即一方面保存中原汉语基本特点，另一方面又发生新的差异，到宋元之际完成了从中原汉语分化的历史过程，成为一种新方言，但时间上比粤方言和潮汕方言要晚。所以清人郑昌时比较广东方言指出："潮音仅方隅，其依山而居者，则说客话，而目潮音为白话……而客音去正音为近。"[1] 又明中叶王士性也说广西廉州有"四民，一曰客户，居城廓，解汉音，业商贾"[2]。这些客民即为客家人。他们所操方言与北方话接近，应为客家话，可知客家话在明之前已经形成，并随着客家人迁移流布四方。自此"宁卖祖宗田，莫忘祖宗言"成为客家人的信条，也是一种强大的民系内聚力，客家人无论转徙到哪里，方言即成为本民系认同，以及和其他民系相区别的一个主要标志。

四、潮汕系形成于唐宋

东晋南朝大量进入福建的北方移民有一部分从海陆两个方向进入潮汕地区，成为继秦汉以来人数较多的一批移民。在潮阳、揭阳等出土有"刀"字形与"凸"字形的砖结，以及晋和南朝时期的墓葬，其形制与相邻福建地区的相同，保持着中原风格，显示

---

[1] 郑昌时：《韩江闻见录》卷十，上海古籍出版社，1995年。
[2] 王士性：《广志绎》卷四。

有一部分南来移民经福建进入潮汕地区。而生活在粤东的畲人与外来移民接触尚少，未能影响到对方文化。

唐宋时代，闽潮地区经历了空前的社会变动，民族融合从疏远、缓慢走向迫近和频繁，闽方言的划分同步发展，潮汕方言基本形成，区域经济特色也初露端倪。在多种因素综合作用下，潮汕系与这个时期应运而生。

潮汕与闽南地理上一体以及行政建置的统一，为方便移民往来和文化融合提供了外部条件。地理上一体历来受到注意，这个区位特征使两地在历史上多次同属一个政区。唐贞观三年至十年（629—636年）潮州与福建同属江南道；开元二十一年（733年）潮州隶于福州都督府，翌年潮州与漳州脱离福建，改隶岭南经略使；到天宝元年（742年）漳、潮割属福建经略使，天宝十年（751年）再归岭南经略使，上元元年（760年）复归福州管辖；大历六年（771年）潮州割隶岭南节度使。自此以后，潮州才结束与福建的行政建置关系，稳定地在广东政区范围内存在和发展。但百余年同在一个行政区下所形成的牢固社会经济和文化联系，无疑为以后大批闽人到来和闽文化扎根潮汕奠定了坚实的基础。

如果说直到唐中叶"安史之乱"及其后黄巢起义乃至五代十国纷争，入居岭南的移民主要集中于粤北、西江地区和珠江三角洲的话，那么到宋代这种状况已有很大改变。有人根据民国《潮州志》和《澄海百家姓》统计，宋元移民潮州地区的家族共有62个，其中北宋迁入的有13个，南宋28个，宋元间有10个，元代有11个，大多数家族来自福建，特别是泉州和兴化军（莆田），仅少数来自江西、浙江和江苏。① 来自东南沿海的这些移民，使本就与之有相当深厚共同文化基础的潮汕文化风貌更与他们源地趋于一致。宋代潮州已"有广南、福建之语。……虽境土有闽广之异，而风俗无漳、潮之分"②。闽地狭人稠，农业上讲究精耕细作。移民的到来改变了潮州地区农业落后状况，奠定了以后"种田如绣花"集约农业的基础。闽人为求出路，多事工商，这在宋代就很出名。苏东坡指出："惟福建一路，多以海商为业"③；欧阳修更形象地说："闽商海贾，风帆海舶，出入于江涛浩渺、烟云杳霭之间"④。潮汕人后来形成善舟亲海的民性，闽人移入是个重要因素。又闽人业儒和敬佛也蔚为风气，所谓"闽学"在宋代形成，并扩布到潮州，好读书成为当地风气。宋孝宗曾问潮人礼部尚书王大宝："潮风俗如何？"大宝对曰："地瘦栽松柏，家贫子读书。"⑤ 此风至今尚然。早在五代王审知治闽时，佛教在闽地大行其道，其本人也笃信佛教，闽地有寺院267座，僧尼3万余人，故有"山路逢

---

① 黄挺：《潮汕文化源流》，广东高等教育出版社，1997年，第60页。
② 王象之：《舆地纪胜》卷一〇〇，引余崇龟《贺潮州黄守》。
③ 苏东坡：《论高丽进奉状》。
④ 欧阳修：《文忠集·在美堂记》。
⑤ 《永乐大典》卷五三四三，《潮阳风俗形胜》引《潮阳志》。

人半是僧"诗句。宋末元初，福州府各县寺多达1500座以上。①潮州深得此禅风，宋代寺观建筑大增，遍布州城、民间。现在仍能看到很多捐金奉佛或修造祈福的实物资料；今流行于潮汕和东南亚的大峰祖师崇拜，即为宋元民间笃信释氏的遗风。另外，闽人航海保护神妈祖也在宋代传入潮州，当地最早的妈祖庙建于宋代。陈天资《东里志·疆域志·祠庙》记"天后宫……在深澳，宋时番舶建"。另南宋《临汀志》记潮州有一座"三圣妃庙"，奉祀包括妈祖在内的三位圣妃，为往来汀江、韩江的船工所建。后世潮汕为岭南沿海妈祖庙最多地区，清人说这些庙"其创造年代俱无考，大约始于宋元"②。妈祖崇拜遂成为潮汕文化一个重要特质。

在闽人移居潮州的同时，当地少数民族汉化也进入深广程度，加速了潮汕系共同体的形成。隋唐时潮州等州蛮、僚人作乱，为朝廷平息，如唐永徽年间（650—655年）陈政、陈光父子领兵5600人至潮州镇压，后又遣陈政弟陈敏率军校58姓赴潮支援。平乱后，这些来自河东（今晋南）的官兵驻守漳、潮一带，多数人没有回去，成为当地居民。军事行动过后，蛮、僚被赶入深山。《丁氏古谱》载："咸亨四年（673年）癸酉，请于朝，移镇漳浦以拒潮寇，阻盘陀诸山为塞。仪凤之初，抚循既熟，复进屯于梁山之外，而凶顽不乱者率引遁丛林邃谷中"③，其地遂为汉人据有。宋代，蛮、僚之称已很少提到，即他们大部分被汉化。少数民族则以"畲"民名称出现，刘克庄《漳州谕畲记》即记载了闽粤赣交界地区畲人分布和活动状况。由于官府豪强对于畲人过于苛暴，引起畲人多次反抗，在宋元政府征剿、招抚、利用政策之下，畲人大部分融入汉族中。到明代，文献中记载闽潮地区畲人活动已大为减少，且限于少数山区，说明汉文化覆盖范围更为扩大和连续，汉文化载体也包括更多少数民族。

唐宋是谪贬官员罪臣至岭南最多的时代。他们中不乏饱学之士，一些人流落潮州，在当地兴教办学，培养人才，改造社会风气，对提高族群整体文化水平和塑造地域文化风格都起了重要作用。如唐元和十四年（819年）韩愈坐贬潮州，在当地传播中原文化，影响甚大，苏东坡在《潮州韩文公庙碑》中说："始潮人未知学，公命赵德为师，自是潮之士，皆笃于文行，延及齐民，至于今号称易治。"计唐宋来潮的还有常衮、李宗闵、李德裕、杨嗣复、陈尧佐、杨万里、周敦颐、赵鼎、吴潜等，他们既是政治家，又是著名学者，对潮州文化建树良多。宋代潮州即产生不少文人学士，如许中、张夔、刘允、林巽、王大宝、卢侗、吴复古等，即为中原文化在当地传播的结晶。宋代潮州科举入仕也成为社会风气。宋淳熙元年（1174年）潮州参加考试士子为3000人，到嘉泰四年（1204年）为4000多人，绍定元年（1228年）又增至6600人，咸淳三年（1267年）竟达1万人以上，④在不

---

① 何锦山：《闽文化概论》，北京大学出版社，1996年，第5页。
② 乾隆《潮州府志》卷二十五，《天妃庙》。
③ 黄挺：《潮汕文化源流》，广东高等教育出版社，1997年，第35页。
④ 陈香白辑校：《潮阳三阳志辑稿》卷十，中山大学出版社，1989年。

到100年时间里增加了2倍多，这自是教育事业发展的结果。故南宋祝穆《方舆胜览·潮州》说，潮人"联名桂籍，自太平兴国始"。宋陈尧佐《送人登第归潮阳》诗云："休嗟城邑住天荒，已得仙枝耀故乡，从此方舆载人物，海滨邹鲁是潮阳。"潮州教育水平已不亚于发达地区，上书又说潮州"封疆虽隶于炎方，文物不殊上国"。自此潮州人读书求上进成为一种社会风气，历久弥坚，也是潮汕文化一大优势。

秦汉时期，吴语经福建进入潮汕地区，开始了潮语发展的萌芽时期。东晋南朝时期，随着吴语和中原汉语影响的增多，潮语逐渐成为汉语方言的一支。但直到唐宋时期，潮语才从闽语中分化出来，成为潮汕地区文化的一个重要标志。韩愈贬潮州，见当地人使用乡音很重，深感不便，企图用中原音代替它们，但没有成功。宋《潮州三阳志辑稿》云："或曰韩公出刺之时，以正音为郡人诲，一失其真，遂不复变"①，说明潮方言已经定型，难以改变。据语言学者研究，唐宋时潮语即闽南方言，一方面保留闽语许多特点，另一方面又直接接受北方汉语的读音和某些词语，在语言结构方面和现代闽南方言没有多大区别，说明它作为一种独立方言已基本形成。例如，现代潮州话所保持的与说话音有较大差别的"文读音"（与其相对的是"白读音"），即同一个字在同一个人有不同读音，反映不同时代层次，例如"糊"字白读"Kou^5"，文读为"hou^5"，前者为上古音，后者为唐宋中原读音，且保留至今，显示潮州话至迟在宋代已完成从闽语分化的过程。当然，亦有论者认为宋末元初社会变动中大批闽人再度入潮，进一步加强了两地方言的汇合，才最终形成潮州话，并跻进全国主要方言之列。不管怎样，作为潮汕系主要标志的方言在宋代定型是肯定的，亦标志潮汕系作为一个族群也同时形成，以后的变迁，只是它的进一步发展而已。

第三节　汉民系演变

一、明清时期鼎盛的广府系

明清岭南已进入全国先进地区行列，各民系在经济文化各个层面上都进步到一个新阶段，尤以广府系为著，踏上自己发展的鼎盛时期。

明末清初掀起中国历史上最后一次移民高潮，因广府、客家、潮汕、雷州四大民系已经形成，移入岭南的居民已不可能再产生新的民系，只能因来源或入居地不同，分别加入既有的民系队伍，使各民系在人数、地域分布上发生变化。广府系得益于珠江三角洲经济崛起和广州作为全国唯一的对外通商口岸，吸引更多外来人口和融合外来文化而日益发展壮大，成为岭南最大族群。这时取道大庾岭道南下的移民主要定居于珠江三角

---

① 陈香白辑校：《潮阳三阳志辑稿》卷三，中山大学出版社，1989年。

洲,部分流入城市,这为大面积成陆的三角洲开发和城市商业经济繁荣注入新的力量,也使广府系较之其他民系处于优势地位。这类记载甚为详尽。佛山陈氏"始祖于洪武二十年(应作元泰定四年,即1327年①)丁卯,因干戈扰攘,由南雄府保昌县沙水村珠玑巷被兵迁移,卜居南海佛山田边坊"②。明代江西商人"客粤谋生者人数殷繁"③,这主要指在佛山和广州等城镇。不过明清人口在省内迁移比外省移入的比例要高。据对肇庆市市区范围居民的统计,明代落籍于此的40姓,其中来自外省的仅8姓,占20%;清代落籍于此的有63姓,来自外省的为11姓,仅占11.5%。④ 这样一来,经济发达的珠江三角洲和西江沿岸能比其他民系地区吸引更多的人口,从而加强了广府系的地位,这可从表2-7中反映出来。

表2-7　明清各民系在广东的人口比较⑤

民系		明代		清代		备注
		万人	比重/%	万人	比重/%	明为洪武二十四年(1391年)人口,据康熙《广东通志》计算,其中潮州之程乡(梅县)、大埔、平远、普宁、镇平(蕉岭)属客家系。清代人口据雍正《广东通志》原为丁,按1丁=4口推算
广府系	广州府	62.8	27.2	157.1	33.7	
	肇庆府	41.6	18.0	51.8	11.1	
	罗定州	3.1	1.3	8.1	1.7	
	怀集县	2.0	0.9	0.3	0.1	
	高州府	6.8	2.9	18.6	4.0	
	廉州府	7.5	3.3	9.4	2.0	
	小计	123.8	53.6	245.3	52.6	
客家系	韶州府	8.0	3.5	34.6	7.4	
	南雄府(州)	6.8	2.9	7.0	1.5	
	惠州府	10.9	4.7	23.4	5.0	
	嘉应州	—	—	20.6	4.4	
	连州	—	—	9.1	2.0	
	连山	—	—	0.8	0.2	
	小计	25.7	11.1	95.5	20.5	
潮汕系	潮州府	29.7	12.9	75.6	16.2	
雷州系(琼)	雷州府	22.6	9.8	5.9	1.3	
	琼州府	29.1	12.6	43.6	9.4	
	小计	81.4	35.3	125.1	26.9	
合计		230.9	100.00	465.9	100.00	

---

① 广东省社会科学院历史研究所:《明清佛山碑刻文献经济资料》,广东人民出版社,1987年,第286页注释。
② 光绪《南海金鱼堂陈氏族谱》卷八,下。
③ 广东省社会科学院历史研究所:《明清佛山碑刻文献经济资料》,广东人民出版社,1987年,第205页。
④ 肇庆市地方志编纂委员会:《肇庆市志》,广东人民出版社,1996年,第842-848页。
⑤ 司徒尚纪:《广东历史地图集》,广东省地图出版社,1995年,第45、46页。

明清广府系在广东占全省人口过半，客家系人口地位上升最快，而潮汕系和雷州系反见萎缩，这与清代雷州半岛人口比前代下降有关。

明代广府系地区生活着不少瑶、壮族人，嘉靖年间广东33个州县仍有瑶寨900多处，其中肇庆府有540多处，占60%左右①。明中后期粤西罗旁地区瑶族多次起义失败后，一部分瑶人或隐瞒成分，或分散粤西各地，或向粤北及两广交界山区转移。在强迫或自然同化之下，瑶人数量迅速减少。清代瑶人的斗争同样被反复镇压。清咸丰十一年（1861年）曾在肇庆设"剿瑶局"，瑶人地盘更蹙，其分布基本上限于粤湘桂交界山区，原居地被广府系或客家系占据。特别是广府系不但在珠江三角洲和西江地区相连成片，而且增辟新分布区。如海南岛西北儋县流行的"乡话"，实为粤方言的一种，志称"此乃由高州，梧州传来，故今声调颇异，而与梧（州）人言通。盖外人来儋，惟高、梧人为先且多，故其言传遍乡间也"②。这些移民于明清时期从广州府或肇庆府属之恩平、开平、高明、鹤山、新宁、阳江等迁来，被称为"新客"③，从方言判断，他们应属广府系移民从大陆向海岛转移的一个例证。

据有珠江三角洲和西江河谷平原的广府系地区，明清由于大量围垦江海滩涂而成为新的粮仓。而自明中叶以来，基塘农业在珠江三角洲兴起，出现甘蔗、蚕桑、水果、家鱼等专业性生产和地域分工，建立起发达的冶铁、制糖、纺织、陶瓷等手工业，同时形成广（州）—佛（山）—陈（村）—石（龙）这样的城镇体系，资本主义萌芽首先在珠江三角洲出现，使这一地区商业经济凌驾于其他民系地区之上，并带动其他地区商品生产的发展。

明嘉靖三十二年（1553年），澳门为葡萄牙人赁居和1842年香港岛割让给英国，两地很快发展为中西文化交流基地。西方文化首先在珠江三角洲和西江地区传播，并被整合为当地文化的一部分，包括近代产业、西式和中西合璧式建筑、西医、新式学校、报刊、艺术、宗教、礼仪、服饰、语言、伦理道德、风俗等，无论物质文化、制度文化，还是观念文化都极大地充实、丰富了广府文化内涵，使之更具时代和地域特色，并由此造就一个具有开放意识、重商、超前、冒险等文化品格的社会群体，他们即为广府系最早的一批文化精英。

元代，在蒙古贵族高压政策下，广府人不愿意使用北方汉语，粤方言得以大量保留，而北方汉语因吸引更多外族语言而与粤方言距离日益拉大，粤方言也越来越难以和其他方言沟通。元诗人范梈《渡端州峡》曰："棹郎得便溯清流，忽报舟前晓雾收。蛮

---

① 嘉靖《广东通志》卷六十七。
② 民国《儋县志·地舆志》十五，《习俗》。
③ 光绪《冯宫保军牍》卷十一。

语酬人翻自苦，好山不敢问何州"，想见外人与广府人通话相当困难。明清时期，随着珠江三角洲地区经济、文化发展，粤语地位也在上升，并很快使自己内部差异尽量缩小，同时向其他民系地区渗透，反映广府系势力日趋兴盛。明嘉靖《广东通志》肇庆府条下称："语音类广兼梧，直而易知。发词指事，多曰'那个'，犹广（州）城所谓'点样'也。有所避讳则曰'宁'云，犹江南所谓'宁馨'也。"此引文中"那个"后在肇庆地区已经不用，而统一于广州话"点样"。随着时代发展，这种语言差异日益弥合，"现在肇庆白话与粤语标准音广州话的差别已逐渐消失。……年轻一代已基本使用广州话"①。这自是明清以来广州话不断向外传播的结果。甚至位处客家地区的水陆交通口岸城镇，也由于粤商活动而流行粤方言，如北江沿线清远、英德、韶关、乐昌等城镇。鸦片战争以后，英语首先渗透、融合进粤语中，使之比我国其他方言更具有西方文化色彩，如波（ball，球）、呔（tire，车轮）、的士（taxi，出租车）、菲林（film，胶卷）、唛（mark，商标）、摩登（modern，时髦）等英语用词语成为粤语常用词，且同样扩布到其他方言，显示粤语拥有巨大辐射力。

鸦片战争以后，岭南大批破产农民和手工业者等出洋，使两广成为著名侨乡。其中广府系出身的华侨占了我国华侨的一半左右。华侨文化也是广府文化的一个组成部分，或者说是广府文化在海外延伸，它所具有许多优势，同样加强了广府文化的崇高地位和促进广府系成为一个强大族群。

二、明清客家系大迁移

宋元时期，客家系最终形成一个汉族共同体，其在岭南绝大部分集中分布于粤东北和粤北。明清时期日益增长的人口和有限的土地资源的矛盾日趋尖锐，最终导致这个民系的再次大迁移，形成大集中、小分散地理格局。据光绪《嘉应州志·食货》统计，明洪武二十四年（1391年）梅县有1686户、6989人，平均每人占有田地山塘29.6亩，到嘉靖十一年（1532年）已达3097户、38366人，人口增长了4.5倍，而人均田地山塘只有8.8亩，仅及明初的30%左右。到清中叶，这种人地矛盾又上升到一个更加尖锐、激烈的程度。据清《嘉庆一统志》所载人口计算，嘉庆二十五年（1820年）嘉应州五属（梅县、兴宁、长乐、平远、镇平）人口密度达135人/平方公里，仅次于广州府、潮州府和高州府，在广东排第四，比肇庆、韶州、惠州、琼州等府都高。这时粤东北客家地区已非昔日那样地广人稀，而变为一个地狭人稠之区了。另据同书记载，同年全嘉应州的田地山塘面积为1203724亩，各种丁口总数为1385400人（此处丁口总数为原额、滋生和屯田丁口之和），平均每丁口拥有田地山塘仅0.87亩，只及明嘉靖时的十分之一。土地不足以养活过多人口，缺粮成为严重的社会问题。连光绪《嘉应州志·丛谈》也指

---

① 肇庆市地方志编纂委员会：《肇庆市志》，广东人民出版社，1996年，第889页。

出："嘉应镇平不下三十万户，一岁所收，仅备三月，必仰给于潮州（指洋米）。……潮州弗时至，至远籴于佛山。"为了改变这种状态，一是就地扩大垦荒，二是向外迁移，寻找新的生存空间。故明清时客家人大量迁往海内外成为客家系形成以后一个颇有影响的移民运动。

这个移民运动早期的一个指向，是部分客家人从江西、福建迁入粤北和桂北。《明实录》载礼科都给事中李孟旸一份奏议："又韶州各荒田地，江西、福建一带穷民多托此处老户垦田为业。其本处老户又因而先征田土，或者田土既被夺于老户，往往残杀报怨，乞行勘报。果在彼安业者，别设县治，客其编籍；若愿附籍于旁近州县者，亦听其便。原垦田土，量其科税，原系军籍者，查报区处。"① 可见这些入居韶州为人耕田者为客籍。明代广西瑶、壮族人被朝廷征剿，荒芜土地也成为客家人垦种对象。《明实录》载："广西桂林府古田县、柳州府马平县皆山势相连，瑶、壮是恃以为恶。我军北进，贼进南却；西进，则东走；军退，即复巢穴，如石投萍，随散随集。……照成化元年（1465年）例，请兵二十余万，四面夹击，连进三年，使民安堵，方令班师。其系旧壮村，招抚残壮居住……旧系村民者，招集逋民复业。或地多民少，令各处招发流民填实。……广东招发广州等府南海等县砍山流食瑶人……并招南雄、韶州等府江西流往做工听顾（雇）之人……俱发填塞。"② 此为广东客家人较早迁移广西纪实，且多来自粤北，按前述，有些客家人又来自江西、福建，构成沿南岭山地的移民路线。入清以后，迁居广西的客家人大增，遍及山区各地。乾隆五十八年（1793年）桂平县《粤东会馆序》就说广西左右江流域到处可见广东汉族，内中包括客家人。从粤北和粤东北迁广西武宣、马平（今柳州）、桂平、陆川、贵县、藤县等地的客家人也不在少数。③ 清桂林人龙启瑞《粤西团练辑略·序》指出："粤东粤西邻省毗连……处郡地多山场旷土，乡招粤东客民佃种。数世后，其徒益繁，客主强弱互易。"④ 谅有不少客家系板块就是这样形成的。据民国《桂平县志》载，太平天国运动的桂平县金田村一带客家人，大部分即为康熙年间出当地政府招民垦荒而从广东来的。

在广东境内迁移，是清初以后客家人扩大分布的一个主要方向。在清初抗清斗争失败后，大批客家志士潜入粤中山区，坚持反清斗争。刘继庄《广阳杂记》云："广东韶州府乳源县有地曰梅花，潦水峻险，不与外通，居人数百千家，有邓、张二老为之主，皆听其指挥。二老明季诸生，鼎革后不削发，据险自守，官不得入，而租赋输纳不缺。……平西之变，胡国柱过乳源，二老野服见。事定后，二老已死矣。众以其地本归

---

① 《明实录》卷十二。
② 《明实录》卷七十六。
③ 许杰舜：《广西客家的流源、分布和风俗文化》，《客家学研究》（第二辑），上海人民出版社，1990年，第47、48页。
④ 《皇朝经世文续编》卷六十八，光绪刻本。

朝廷，朝廷以其地置花县，属韶州府（应为广州府）。"① 花县成为广府系与客家系在粤北的过渡地带。太平天国领袖洪秀全和冯云山先人即是在清初由嘉应州迁入花县的。清初，两广沿海备受迁界之苦，大片土地荒芜。后复界，"粤吏遂奉请移民垦辟以实之，于是惠、潮、嘉及闽、赣人民，举家徙垦。广州府属之新宁（台山），肇庆府属之鹤山、高明、开平、恩平、阳春、阳江等州县，多与土著杂居"②。广东沿海客家人即因这种缘故迁入。中山市坦洲镇沾涌陈姓、神湾刘姓、旗岭下村毛姓、沙浦洋罗姓客家人大都是在这种背景下迁来的。宣统《香山县续编·舆地氏族》说："沾涌陈姓，始祖景云。住嘉应州兴宁县，至九世祖秀潭，迁居增城，生四子……雍正初年，移居香山沾涌。""神湾刘姓，始祖进，原籍兴宁，乾隆二年（1737年）祖尚德，迁香山神湾。""旗岭下村毛姓，始祖元风，雍正二年（1724年）由长乐迁居邑下恭都神前村。""沙浦洋罗姓，始祖德锦，由惠州龙川县迁来。"香港和深圳山区客家人，也大抵是复界后大批迁入的。罗香林《客家源流考》引清末《新安县土客合办官立高等小学堂例案序》说："新安僻处海隅，而籍有土客……缘国初，土广人稀，招垦军田，客民由江西、福建及惠、潮、嘉等处，负耒横锥，相率而至。"据统计，明末清初由以上地区迁居深圳、香港地区有李、吴、郑、张、彭、曾、廖、陈、凌、洪、刘、肖、赖、利、何、江、巫等18姓，③成为今日深港地区客家人主要来源。

珠江三角洲和内陆一样也有山区，因而也是客家人迁移对象。宣统《增城县志》说："客民者，来增（城）佃耕之民也。明季兵荒迭见，民多弃田不耕。入版图后，山寇仍不时窃发，垦复艰难。康熙初，伏莽渐消，爰谋生聚。明有英德、长宁（新丰）人来佃于增，葺村落残破者居之。未几，永安（紫金）、龙川等县人亦稍稍至。清丈时，山税者占业浸广，益引嘉应州属县人杂耕其间。所居成聚，而杨梅、绥福、金牛山都尤伙。"增城是这类迁入沿海内地的一个典型。而规模更大的迁移，是乾嘉以后，清初入居潭江流域的客家人再度南迁。这些客家人因人口激增，与当地广府人为争夺田土等资源矛盾甚大，酿成大规模械斗。同治六年（1867年）土客联和，除在客家人集中的地区设赤溪厅作为安置措施以外，过多的客家人则由政府发给银两，令他处安身，会同这股移民的还有新兴、恩平、鹤山、台山等地客家人。他们大部南迁至高、雷、钦、廉等府州，尤以高州府信宜县，雷州府徐闻县山区为多；部分客家人渡海入琼，与清初来居的客家人比庐而居，不少人深入黎区开垦那里的土地。道光《琼州府志》载："雷、廉、潮、嘉、诸郡州民潜入峒中，借垦其（指黎人）地……渐至连阡累陌。"④儋县祥发、怀集等乡客家人，皆道光以前从潮州和嘉应州迁来，被称为"老客"，而此后从广州、

---

① 刘继庄：《广阳杂记》卷一，中华书局，1985年。
② 民国《岑溪县志》卷一。
③ 杨耀林：《深港客家源流考》，《客家学研究》（第二辑），上海人民出版社，1990年，第57页。
④ 道光《琼州府志》卷二。

肇庆府属各县迁来的称为"新客",20世纪初儋县那大镇还成立"渡琼会馆",至今匾额犹存。在五指山腹地乐东县抱由镇附近的一些汉人墓碑显示,乾隆、嘉庆年间有客家人迁此。又,在岛东陵水一带客家人来自嘉应州。客家人在海南足迹无处不到。甚至在北部湾海中涠洲岛,现有常住居民1.58万人,80%为客家人,乃清末土客械斗时迁移岛上的,现岛内流行多种方言。

广东客家人也以境外作为一个迁移出路。清初,清政府招谕各地农民入川开垦因战乱荒废了的土地,此即"湖广填四川"运动。广东客家人入川的人数也不少,主要是嘉应州、惠州、潮州、南雄等府州客家人。但广东地方文献对此甚少记载,反倒是四川的地方志多有反映,尤以民国《简阳县志》记载至为详备。据该志统计,清代移居简阳的移民共有261支,其中有源地的135支:长乐(五华)73支,兴宁29支,龙川9支,和平6支,归善(惠阳)和河源各3支,嘉应州、新宁(台山)、连平各2支,大埔、永安(紫金)、海丰、博罗、西宁(郁南)、广州各1支。客家移民占广东入川移民总数的93%以上。据调查,今成都东山一带客家人主要来自广东梅县、五华、和平、兴宁、大埔、龙川等地。① 雍正年间广东地方官员奏称:"去年清查入川人民,只有长乐、兴宁、镇平、平远、龙川、河源、连平、永安、和平等县,今则添出大埔、揭阳矣。一县之中,至少亦必千人,以有入川人民各县计之,不下万余。"② 后因入川人数过多,有人上奏朝廷,劝阻人民入川。罗香林曾引证过一些族谱阐述这次移民潮,其中在他参修的《兴宁东门罗氏族谱·宗支谱》云:"桥寿,移居四川涪州石家沱,后裔繁盛",同谱《职业谱》说"四川重庆、泸州、资州、内江等处,亦多远商该地,发迹落籍,错籍有声"。即除了业农,经商的客家人也不少。在入川途中由于某些原因,少数客家人留在湖南宜章、汝城、郴州、浏阳、平江、湘乡、酃县和江西遂川、万载、萍乡、修水等地。如《酃县七都朱氏族谱》云:"吾宗世籍粤东乳邑辽水,自法贵公八世下有明公。由粤徙居酃邑上七都军庄房。"这都是客家人一反历史习惯,由南向北迁移的事例,但不成为主流。

清康熙平定郑氏政权,统一台湾后,大批闽粤客家人移居台湾开垦。据吴壮达统计,1926年在台湾的375.16万汉人中,祖籍广东的有58.63万,占15.6%,其中来自嘉应州和惠州府的为45.15万,来自潮州府的为13.48万。③ 粤籍客家人对开发台湾功不可没。乾隆五十一年(1786年)有人谓台湾凤山、彰化、诸罗等地颇多客家人,并指出他们是"嘉(应)、平(远)、镇(平)三州邑侨寓之人也。先是台湾,明亡,郑氏据有其地。康熙初始入版图,内地流人侨寓者,闽人谓之狢(福)佬,粤人谓之客

---

① 刘正刚:《清代四川的广东客家人》,《客家研究辑刊》,1995年第1期,第29页。
② 《四知堂文集》卷十七。
③ 吴壮达:《台湾的开发》,科学出版社,1957年,第49页。

人。而客人占籍北路者，在诸罗、彰化等处；其占籍南路者，在凤山之古寮、弥浓等处。户口殷盛，邑屋相望"①。因这时客家民系已经形成，又是举家举族迁台，不可能被土著同化，故能成为台湾一个重要族群，生活和影响至今。

明清之交，客家人开始流寓东南亚，揭开客家系的海外移民史。有研究报告说："客家人是新马早期华族移民中的一个重要小群体，自1768年槟城开埠以后移入新马地区。他们大部分是手工艺人、劳工和商人，其中嘉应州客占多数，其余的包括惠州、大埔、丰顺、永定和增城客等。"② 在加里曼丹，有资料显示，1832～1834年全岛华人总数在15万左右，其中9万人左右集中到西部金矿区，这些矿工绝大部分是客家人。③ 鸦片战争以后，客家移民进入东南亚达到高潮，在泰国、新加坡、马来西亚、菲律宾、印度尼西亚、文莱、越南、老挝、柬埔寨、缅甸等地都有上万到数十万不等的客家人。据1980年陈运栋《客家人》一书披露，分布在海外（不含香港地区）的客家人约500万人，其中分布在东南亚的约170万，占34%④。这当然是客家人世代迁移的结果，但他们能在分散世界各地的情况下卓然独立和生存发展而不被当地人同化，这是客家系已经高度成熟，并拥有强大内聚力和吐纳能力的表现；同时也表明有着迁移传统的客家人，比其他民系少一些"安土重迁"的观念，对外迁抱着积极态度和豁达大度气概，这已成为客家人的一个文化优势。

三、宋元以来闽人迁移琼雷及海外

宋元时期，福建山多地少，资源环境承受不了日益增长的人口压力，人口因而不得不向外迁移，不少闽人远走他乡，开始大规模的人口迁移潮。首选之地即为地理环境相类似的雷州半岛和海南岛沿海，继及东南亚各地，形成闽人及其文化沿海岸分布格局。

唐代，闽商已活跃于南海，从事海南与大陆之间槟榔、椰子贸易，并有"徙闽南之民于合州"⑤ 之举。按合州初置于梁普通四年（523年），辖境约今雷州半岛，不过唐代琼雷主要是俚人天下，冯冼家族是该地的实际统治者，入居的汉人不会很多，闽人至此也是个别的。至宋代闽潮成为人口稠密地区，迫使多余人口移居雷州半岛和海南岛，并成为当地开发的一支生力军。许多方志和族谱记载了这个族群迁移的历史和影响。北宋绍圣四年（1097年）被贬雷州的文学家苏辙在《和子瞻〈次韵陶渊明劝农诗〉小引》中说："余居海康……其耕者多闽人也。"道光《广东通志·雷州府》引宋《图经》指

---

① 叶钧：《台湾从军纪民纪略》，见《广东文海》卷六十二。
② 颜清湟：《早期新马的客家会馆》，见谢剑、郑亦琰：《国际客家学研讨会论文集》，香港中文大学、香港亚太研究所海外华人研究社，1994年，第701页。
③ 颜清湟：《早期新马的客家会馆》，见谢剑、郑亦琰：《国际客家学研讨会论文集》，香港中文大学、香港亚太研究所海外华人研究社，1994年，第701页。
④ 李松庵：《客家人的几次南迁初探》，《岭南文史》，1993年，第1期。
⑤ 宋锐：《雷州人是来自福建的"闽南人"》，《海康文史》，1984年第4期，第30页。

出雷州"州多平田沃壤。又有海道可通闽浙，故居民富实，市井居庐之盛，甲于广右"。王象之《舆地纪胜》记"化州以典质为业者十户，而闽居其九。闽人奋空拳过岭者往往致富"①。有些闽商足至雷州半岛北缘。南宋绍兴年间，南恩州（今阳江）"邑大豪多莆（田）、福（州）族"。在广西沿海，钦州民分五种，"四曰射耕人，本福建人，射地耕也。子孙尽闽音。五曰疍人，以舟为室，浮海而生，语似福、广，杂以广东、西之音"，大抵是从闽广沿海漂浮至北部湾的水上居民。除了商人这种发展型移民，大多数仍是谋生型，少数是安置型（为官或屯田）移民。这在当地方志和族谱中多有所载。宣统《海康县续志·金石》说："海康鹅感村官民，由闽入雷，自宋末梅岭公始。"同书《人物志》："吴日赞……府城东关人，先世系出八闽。始祖竑，宋淳熙出官雷州通判，因家焉。"又："邓仁爽……闽人也，发迹于福州朝阳里，为宋进士，官光禄大夫，继守雷州路。性癖山水，择得郡西南七十里而家焉，庄名潮阳，殆不忘其祖乎。"另该书《金石·莫公亚崖祠田跋》云："余系自莆（田）之武盛里，十一代特奏公判高凉，卒于官，其子因家焉。季有冬公迁雷，盖宋理宋末年也。"还有《金石·陈韫之先生墓志铭》："先生讳其玮，字韫之，行二，其先闽人也。始祖以宋进士官于琼，有政绩。任满，卜居于雷州之北隶，廷世滋大，乃迁岭东乾塘村。"此外，民国《曹氏族谱》："元祖讳相公。……由闽之建阳，于南宋乾道七年（1171年）移居吾邑曹家村。"据吴建华《雷州传统文化初探》一书引1986年地名普查资料，原海康县重点调查的18个乡镇494个村103个姓氏，有90%以上姓氏分别自东晋至清代从福建莆田和福清两县迁来。在今湛江还有福建街、福建河、福建村等地名。这些闽潮移民得以落籍、开发雷州半岛，一个很重要的条件是当地俚人在宋代基本汉化，或迁往海南，雷州半岛遂成为闽潮人的新根据地。

海南岛在唐代完成环岛建置基础上，于宋代迈上进一步开发阶段，沿海兴起一批口岸，吸引闽潮移民扬帆而来。他们不但立足于沿海，而且深入黎区，将海南一步一步地纳入自己的拓殖范围，从而奠定海南沿海居民归入闽潮系的基础。宋代文献对此颇有记述。赵汝适《诸蕃志》："闽商值风飘荡，赀货陷没，多入黎地耕种之。"②周去非《岭外代答》："海南有黎母山，……，熟黎多湖广、福建之奸民也"③。范成大《桂海虞衡志》："熟黎贪狡，湖广、福建之奸民亡命杂焉，侵轶省界，常为四郡患"；"闽商值风水荡去其赀，多入黎地，耕种不归"。④ 很多族谱也反映了宋以来闽潮人拓殖海南的历史。海南人数很多的符姓，其先人宋代从福建莆田入琼抚黎，先居文昌，后子孙繁衍，分成不同支系，散居琼山、万宁、陵水、崖州、儋县。⑤ 邱姓原籍莆田甘蔗田村，宋末

---

① 王象之：《舆地纪胜》卷十六。
② 赵汝适：《诸蕃志》卷下。
③ 周去非：《海外黎蛮》，《另外代答》卷二。
④ 范成大撰，严沛校注：《桂海虞衡志校注》，广西人民出版社，1986年，第171页。
⑤ 民国《符氏族谱》卷二、卷一〇一。

随抗元队伍南下，先居澄迈、临高，继散布各州县。① 崖县孙姓，祖籍莆田，其祖先宋淳熙十四年（1187年）为官琼山，历元及明，繁衍为四支，分迁岛内各县，其中一支今崖县孙姓。② 蔡氏祖籍福建仙游，宋入琼，后支脉分散，遍布岛内各地。③ 另据实地调查和有关文献，海南邢、吕、韩、张、冯、慕、黄、张姓等，都自称或记载祖籍福建或河南，宋或明初入居海南，大部分在岛东北沿海登陆，后渐次向南向西迁徙，形成环岛分布。④ 闽潮人到来，闽语即在岛上传播并与民族融合一起发生变异，大抵在宋代，闽语吸收黎语若干成分，形成新的分支海南话。王象之《舆地纪胜》："崖州沿东一百里，习尚多与迈同，唯语言是客语，略与潮州（话）相似。"此客语即闽语，而不是客家方言。

宋元时期，闽南人移居琼雷的道路打通以后，在明清又迈开新的步伐，因为这时福建人口再度大量迁入潮汕地区，使该地区人口密度成为全国之冠。据揭阳县计划生育办公室1985年对全县236个村寨建成时间和迁入地调查显示，创建于明代的村寨有107个（占45.3%），多于宋元以前建立的91个（占38.5%），而全县居民祖先，从福建迁入的又占当地人口的2/3。韩江三角洲腹地潮安县浮洋镇共有94个自然村，建于明代有61个，占65%，除11个自然村乡民来源地不明以外，从福建直接迁来的有30个。⑤ 亦即福建是当地居民的主要来源地。足够多的人口和劳动力除使当地农业进一步集约经营以外，另一条出路是继续扩大宋代以来商贸活动和移民，潮汕人善商民性由此进一步加强。而作为粤东和粤中沿海交往传统商路必经之地的海陆丰地区也成为闽潮人留居之地。例如海丰县红草新村和梅陇仓兜杨姓居民即明万历年间从莆田迁来。经过一段时间以后，一些人再转雷州半岛和海南岛。有人根据20部族谱做过统计，明清两代从闽南迁粤东南的有128家，共286人，入迁地点比较集中的有陆丰和潮州两地。其中《颜谱》称"该家族于明清两代迁徙广东者186人，仅潮州一府即45人"⑥。又《圭海许氏族谱》记漳州海澄许姓，"（七世）仁齐、尚玉四子，居潮州"，"一金，生四子，长子士美，诸子同父俱在海丰乌树住"。这样潮州连同海陆丰地区闽人一起，继续掀起向琼雷移民的高潮。明代岭南少数民族不堪官府压迫而爆发的起义失败后，很多地方残破不堪，人口减少，土地荒芜，亟须募民耕凿。广东南路即属这类地区，恰如两广清军监察御史丘山奏曰："广东如高、雷、廉、琼、肇庆五府，地僻人稀，而广西荒落残破尤甚，有司如例，点解军丁远卫补伍，率多逃入贼中，且高、廉居民多为贼所胁从。近因招

---

① 民国《邱氏族谱》卷一。
② 民国《崖县孙氏族谱》卷一。
③ 宣统《蔡氏族谱·谱例·里居志》。
④ 《杨率集·湄邱集》卷一，《白鹤轩志亲堂集》和《笃心堂文集》，均载《海南丛书》，海口书局，1935年。
⑤ 黄挺：《潮汕文化源流》，广东高等教育出版社，1997年，第68页。
⑥ 杨豪：《福佬人考——广东汉族来源考之二》，《广东民族学院学报·哲学社会科学版》，1996年第2期。

抚,如来复业,若拘之急迫,必有意外之虞。"① 这些入卫补伍兵丁,有一部分来自浙闽。时总镇两广太监陈瑄提征调南北直隶、山东、浙江、福建等官兵南下,结果获得允准。"事下兵部议,谓宜于南京选调年力精壮,弓兵熟娴者五十人,浙江一百人,福建并南直隶共五十人,许携家属赴两广随住",② 其中入镇雷州、廉州的军人有的留在当地定居下来。据嘉庆《海康县志·疆域志·户口》载,明天顺六年(1462年)全县民户13790户,军户3711户,军户占全县总数户数的21%。如此庞大的驻军,既是一支武装力量,也是一支移民队伍。当然,被招募来的闽潮居民也不在少数。恰如时任广东左布政使罗荣奏:"高、肇、雷、廉所属州县地多抛弃,流民、土瑶易为啸集,请募民开垦,劝课农桑。"③ 在清初广东掀起的撩荒运动中,高、雷、廉州三府是可垦土地最多的地区,"粤民踊跃争垦其荒"④。乾隆十一年(1746年)上诏谕三府,"听该地民人垦种,免其升科,给与印照,永为世业"⑤,并有官吏专司其事,雷州府即由知府王铎负责。这当然吸引不少闽潮移民的到来。

明清登陆海南的移民大幅度上升,从元代17万到明代47万,到清代271万,⑥ 闽潮人在其中占相当大比例。另有一部分是从征性质而来的,如后来文献所说:"郡城县城,营居多戍籍,自宋元顺化,皆汉土遗裔。洪武以来,军士初拨则苏浙之人,继拨则河之南北,再调则又闽潮之产,厥后中原各处官吏、充配者接踵而至。"⑦ 在清初垦荒高潮中,以闽潮人参与至为普遍。在荒地连绵的儋州,道光年间仍有"雷、廉、潮、嘉诸州民潜入洞中,借垦其(指黎族)地,渐至连阡累陌"⑧。一般来说是少数民族接受汉文化,但在海南也有闽潮人被黎化现象。光绪《崖州志·黎情》云:"初皆闽商,荡赀亡命为黎,亦有本省诸郡人,利其土,乐其俗,而为黎者。"⑨ 海南沿海流行的方言"曰客语,与闽音相似"⑩。这是闽潮人到来在语言上所留下的痕迹。这种痕迹在地名上也有所反映。在海南1∶100万地图上527个地名中,有87个(占17%)可在福建省地图中见到。这些相同地名反映了两地地名的特点。如文昌市较大地名在福建沿海同样出现,文昌有东郊、东坡、东门,莆田也有;铺前港为文昌一个港门,福建闽侯、晋江、漳浦、长乐、平和、东溪等县市也出现;在儋县、昌江沿海有海头、海尾、光村等港湾,它们分别在福建龙溪、莆田、晋江可找到。以上地名主要分布在岛北部沿海,又以

---

① 《明实录》卷一六六。
② 《明实录》卷九十七。
③ 《明实录》卷一〇一。
④ 雍正《广东通志》卷七。
⑤ 乾隆《广州府志》卷二。
⑥ 陈铭枢:《海南岛志》,上海神州国光社,1933年,第61页。
⑦ 咸丰《琼山县志·卷二·舆地·风俗》。
⑧ 道光《琼州府志》卷二十二。
⑨ 光绪《崖州志》卷十三。
⑩ 光绪《崖州志》卷一。

文昌为集中，西南和东南沿海较少，中部几乎绝迹，少数在山区边缘，这与闽潮商人活动地域不无关系。今日福建常见地名如坑、田、围、尾、头、潭、塘、坡等在海南很普遍。移民到达新居地，希望安居乐业，于是以安、仁、丰、兴、福、龙、和等命名周围地物，这类含义的地名在两地屡见不鲜，乃两地居民共同心理素质的反映。另外，两地相同地名，在福建者主要在泉州、漳州、福州等沿海地区，内地甚少，反映这一带历史上商业和航海盛况。而在海南同一地名往往出现在福建多个地方，说明海南移民来源在福建很广泛。如澄迈有太平，在福建永春、南平、浦城、建瓯等县皆可见；定安县有龙门，同样出现在福建漳平、龙岩、安溪、长乐、大田等县；蓬莱在文昌，也见于福建、安溪、永春、长泰、闽侯等县。这类事例甚多，当然不是每个地名都有必然联系，但它们的一致，应是移民的结果，表现了两地共同的文化。

　　闽潮人抵达琼雷，闽南话即开始在当地传播。宋雷州《图经》说"本州实杂黎俗，故有官语、客语、黎语"。这里所称"黎语"是指由于闽兵、闽商及流民入居该地成为"熟黎"所用的方言，而不是海南岛上黎族所用属壮侗语族黎语支的黎语，实是闽南话在雷州半岛的一个分支别称。大抵到明代，随着闽潮移民增多，这种"黎语"已经形成。明人王士性在《广志绎》指出："廉州中国穷处，其俗有四民：一曰客户，居城廓，解汉音，业商贾（按指客家人）；二曰东人，杂处乡村，解闽语，业耕种；三曰俚人……；四曰疍户。"① 明陈全之《蓬窗日录》也说："廉州人作闽语，福宁（今福建霞浦）人作四明语，海上相距不远，风气相关耳。"可见，明代闽南话在雷州半岛很流行，到清代则完全从闽南话母体中分化出去，成为一个子方言，即雷州话，外地人很难听懂。乾隆张渠《粤东闻见录》说："省会（广州）言语，流寓多系官音，土著则杂闽语，新会、东莞平侧互用。高、廉、雷、琼之间，益侏俪难解。"康熙《海康县志·民俗志》也指出："雷之话三，有官语，即中州正音也，士大夫及城市居民能言之；有东语，亦名客语，与漳、潮大类，三县九所乡落通谈此；有黎语，即琼崖临高之音。"这里说的东语，即雷州话，它已成为平民百姓日常用语。雷州话同闽南语一样，有文白异读现象，许多词汇读音与闽南语相同。如雷州人把"一盏灯"说成"一泡灯"；男子阴茎叫"羼"（音䀹），《康熙字典》解释说："闽人谓阴也。"又雷州半岛多天妃庙（天后庙），雷州城南天后庙大门联云："闽海恩波流粤土，雷阳德泽接莆田。"两地海神崇拜一脉相承。电白县旧俗人死叫"回福建"，许多民居对联也写"源从闽海，泽及莆田"，说明雷州人在群体意识上为闽人衍生的一支，雷州文化与闽潮文化有深厚的渊源关系。后来雷州文化与闽潮文化个朝不同方向发展，他们的差异性大于共同性，成为雷州民系形成的基础，这容后述。在海南岛沿海流行的闽南语，因吸收黎语的某些特点，故它被称为海南话或琼文话的同时，也称"黎话"。《明实录·神宗实录》记两广总督张鸣岗

---

① 王士性：《广志绎》卷四。

在《平黎善后事宜》中说:"熟黎之害有三:商人鬻贩而绐之;土舍欺蔽而侵之;官吏贪墨而激之。而挑衅其中者又内地之逃民也。以后闽、广各商止许于交界互市,有酬价不登或意不偿值者,许黎人告理。"这说明闽潮商人活动很盛,汉黎文化交流、融合有长足发展。源于闽南话的海南话的形成和流行,标志闽潮人在海南的分支与在雷州半岛一样衍生完成,海南汉人绝大部分由此可归入闽潮人。

据研究,闽潮人先民在唐末已流寓苏门答腊从事农耕。[1] 元汪大渊《岛夷志略》记至元二十九年(1292年)元世祖远征爪哇,舰队从泉州起航,3万名士卒来自福建、江西、湖广,后留下"元病卒万余人……与蕃人混杂处之",这当中应有一部分闽潮人。明清虽然大部分时间实行海禁,但闽潮人移居海外仍时有发生。明嘉靖万历年间在明政府军事压迫下出走东南亚的农民起义首领吴平、林凤、林道乾等即为闽潮人移居海外的较早的先驱。明代饶平柘林港被称为"通蕃"所在地,清代移至澄海樟林港。有人估算1801~1850年中国迁往东南亚、澳洲和美洲的华工约32万人,[2] 移出地点主要是闽粤沿海。此前1782年暹罗曼谷王朝建立后,为修建宫殿庙宇来华招工,潮汕有数以万计居民前往。[3] 鸦片战争以后,华工出洋蔚为风气,闽粤沿海为主要输出地。潮汕人和海南人主要移居泰国、印度尼西亚、马来西亚、越南、柬埔寨。汕头也崛起为粤东第一大港。据汕头地方志编纂委员会编《潮海关史料汇编·南洋潮州人口之分布》资料,从清同治八年(1869年)至1934年(缺1929年)自汕头出国潮人总数有553万余人。海南岛1902~1911年仅迁往新加坡和泰国两地平均每年即为2.7万人(同期每年返回1.2万人),[4] 1921年为1.8万人,1927年为4.8万人。[5] 这些潮汕人最初身无长物,但凭着刻苦耐劳、进取和善于凝聚的美德,经过艰苦奋斗,多有成就,不但对侨居地开发做出重要贡献,而且汇回大量侨汇,改善侨乡经济,同时使潮汕文化在海外占有重要一席之地,如潮州戏、工夫茶、潮州菜等在泰国长盛不衰。潮汕人被誉为"东方犹太人"。

四、雷州民系产生于明清

如果说宋元时期,汉人已成为雷州居民主体,那么经明清时期更多的闽潮人迁入,使用雷州话居民已占半岛人数大多数,为雷州民系形成奠定了共同的语言基础。这已成为一个不争事实。

宋元时期,无论是宋代雷州,元代雷州路,所辖皆为遂溪、海康和徐闻三县,到明清时期,同样继承了这个政区建置,从而进一步加强了三县的各种政治、经济和文化的

---

[1] 李长傅:《中国殖民史》,商务印书馆,1937年。
[2] 陈泽宪:《十九世纪盛行的契约华工制》,《历史研究》,1963年第1期。
[3] 蒋祖缘、方志钦:《简明广东史》,广东人民出版社,1993年,第387页。
[4] 小叶田淳:《海南岛史》,广东省民族研究所,1964年,第162页。
[5] 小叶田淳:《海南岛史》,广东省民族研究所,1964年,第84页。

空间结合，并使之更加牢固有力。半岛北部鉴江流域即宋元高州（路），化州（路），到明清高州府，以水系关系，各区域关系更紧密，更由于地理区位偏于一隅，非兵家必争之地，政区建置稳定，鉴江流域以高州为政治、经济、文化中心，自成一地理单元。①主要使用粤方言与广州话、白话，在广东语言地图上属粤语高廉片②，故其与雷州半岛，是两个地理区域，这进一步强化了雷州居民群体分布的地域共同特征。这是区域历史发展的合乎逻辑的结果，是雷州民系形成的一个必要条件，与粤方言到明代定型成熟时间相一致。故清初屈大均《广东新语·土言》所列举粤方言词语，与现代粤方言的说法完全一致。如普通人曰"佬"、妻子曰"夫娘"、新妇曰"心抱"、聪明曰"乖"、鸡蛋曰"鸡春"、漂亮曰"靓"等。这与雷州话对同样内容表达不一样，妻子曰"娘"，美丽、漂亮曰"妍"、鸡蛋曰"鸡菜"等。③这说明高州和雷州市两个方言亚区，则使用这两种亚方言的群体，也与他们所在区域相对应，都各有自己特定分布范围，这是雷州民系形成不可或缺的地区依托或产生空间平台。

雷州无论土著骆越、俚僚还是后来入居的汉人，其经济生活都离不开耕陆和耕海，前者为旱作农业，后者为海洋农业，都是一种文化模式，自古传承至明清。但在番薯传入之前，雷州虽也有旱稻或薯粟等杂粮，但没有一种作物居主体地位。如汉代甘薯"南人专食，遂当米谷"。④到宋代《清异录》载，"岭外多薯，人多自食，未尝货于外"。秦观贬雷州，见当地用"山栏米"（刀耕火种生产的稻米）酿造一种酒，当地称"蜜酒"，为佳酿。秦观改其名曰"英灵酒"。由此可知，宋代原来旱作农业在雷州还很流行。明代旱稻仍居重要地位，当地称为"坡禾"，一年一熟，收成于早晚稻之间，"民食大接济"，"大半无田之家，种于高原无水之地"⑤。坡禾是民食来源之一。但到明清时代番薯居主粮地位，番薯种植成为旱地主要利用方式。嘉庆《雷州府志》称"雷中薯种不一，黎洞薯俗名头薯，皆不可代谷。惟番薯有红皮、白皮、黄皮数种，可以酿酒，可以代粮，种者甚多，随种随收，阅四月而一熟"⑥。如此一来，番薯成为最触目的景观，赢得雷州人赞扬。有雷州歌曰："种乜不如种番薯，大个给人小给猪。薯头薯蒂可给狗，亦得薯藤来养牛。"番薯浑身是宝，无一弃物，故遍植于雷。即使水稻产区，农民仍喜欢栽种番薯，形成一年四季、一日三餐食用番薯习惯，并世代传承。即使今天粮食丰盈，此风习仍不减于前。显示番薯对于土地利用和饮食文化的意义，是大规模和全民性的，也是一种共同经济模式，有别于岭南其他民系和地区。

---

① 刘琦：《鉴江文化研究》，中国评论学术出版社，2001年，第107页。
② 李新魁：《广东的方言》，中山大学出版社，1994年，第26页。
③ 吴建华：《雷州传统文化初探》，天津古籍出版社，2004年，第255-256页。
④ 杨孚《异物志》卷三。
⑤ 嘉庆《雷州府志》卷二。
⑥ 嘉庆《雷州府志》卷二。

雷州城外东西洋田，是雷州人与海争地的胜利，也是耕海一种形式。如果说宋元是围垦、冲淡和土壤熟化时期，那么到明代，东西洋田得到进一步扩大和开垦。洪武初修筑海康南北大堤和遂溪堤，总长 145 里，水闸 15 个。嘉靖三十二年（1553 年），修复其决堤，仅海康出动劳动力 24800 人，遂溪 12600 人，① 动员人力之多，确实惊人。东西洋田"土广而深，泥泽而腴，犁耙值雨，即可布种，易耨不加，而日仰成熟"②。万历年间，雷州"惟米盐最贱，每斗银三分"，就连"马豕之属，日食粥糜"③。东西洋田已完全被经营为雷州粮仓，水田稻作经济地位大幅度上升，成为雷州一个最重要经济支柱和当地人活动方式。

耕海发展到明清，在雷州达到新高度。志称雷州"山民务家圃以尽地力，海人谋鱼盐以养身家"。④ 雷州人不但常年在沿海作业，"渔箔横列，以海为田"，"渔佃为生"，⑤ 而且驱驰于深海，从事捕鲸作业。康熙《雷州府志》记载多船联合捕鲸，是一则宝贵资料。其曰："疍户骤船数十，用长绳系铁枪掷击之，谓之下标，三下标乃得立。……中标后犹负痛行数日，船而尾之，俟其困毙，连船曳至水浅处始屠。……一鱼之肉载数十余船，货钱数万，不数年辄有标而得之者。"雷州人这种捕鲸方法与现代用长绳系箭头置炮口，射中后拖回方法十分相似，显示出他们高超的技术水平。

民系的成熟，深层文化结构在于心理素质形成，外在表现于风俗和信仰。其中神明崇拜是一个重要指征。据冼剑民等统计，明清雷州府下 3 县各类庙宇共 125 座，其中雷神庙 12 座，天后庙 26 座，关帝庙 12 座，伏波庙 6 座，共 56 座，⑥ 约占总数 45%，反映雷州人对水神、海神、财神的崇拜最笃最勤，折射了海洋文化、商业文化之光。其他土地神、人神等也位居重要位置，但很庞杂，来源广泛，说明雷州移民文化繁荣，能与土著文化相结合，显示雷州文化的海纳百川、有容乃大精神。但上述神明崇拜广泛分布和传播，说明它们成为全民性神祇，也是共同是文化符号，牢牢地掌握了信众。值得注意的是，雷州半岛本是冼夫人活动地区，但在以上罗列庙宇中竟无一座冼夫人庙，仅牧野《雷州历史文化大观》一书收入雷州英利圩尚存一座，始建时代不明，明正德年间重修。⑦ 而在相邻高州地区和海南岛，冼夫人庙非常普遍，据有关统计，高州市内有 63 座，电白有 20 多座，化州有 20 多座，海南岛有 100 多座。⑧ 这种反差，不管原因何在

---

① 嘉庆《雷州府志·李义壮捍海堤记》卷十八。
② 周伟民、唐玲玲：《中国与马来西亚文化交流史》，南方出版社，2008 年，第 20 - 21 页。
③ 周元暐：《泾林续记》全一卷。
④ 道光《电白县志》卷一。
⑤ 道光《电白县志》卷十四。
⑥ 冼剑民、陶道强：《试论明清时期雷州民间神庙文化》，载《岭峤春秋——雷州文化论文集》，中山大学出版社，2003 年，第 121 - 126 页。
⑦ 牧野：《雷州历史文化大观》，花城出版社，2006 年，第 108 页。
⑧ 刘琦：《鉴江文化研究》，中国评论学术出版社，2001 年，第 1112 - 1143 页。

都说明雷州半岛在民间信仰方面与其南北地区有不同,这恰是民系文化个性所在。

表 2-8 岭南汉民系族源比较表

民系	族源	源地	今地	形成时间
广府系	汉+南越、西瓯	中原北方,岭南中部、西部	珠江三角洲、西江流域、漠阳江流域、鉴江流域	唐、宋
客家系	汉+畲、瑶	中原北方、岭南东北部	东江、北江流域为主,板块见于广西、雷州、海南	宋、元
潮汕系	汉+闽越	中原北方、江浙闽	潮汕、海陆丰	唐、宋
雷州系	汉+骆越	中原北方、环北部湾	雷州半岛	明、清

第三章 岭南汉民系的历史生态环境及资源

第一节 历史生态环境比较

人类的居住、迁移，各种社会经济活动等行为，无不受制于生态环境的影响，包括地质、地形、气候、水文、土壤、植被、矿藏，以及交通条件等因素。这些因素，随着时代的变化，即在不同生产力发展水平下，对人类活动产生不同作用；不同的族群对同样的生态环境有不同的评价和感知，对其适应和开发利用方式和效果也不一样。同样地，不同族群所在地区的生态环境，也每因人类对其选择、适应和开发利用方式的差异而朝着不同方向转化，反作用于人类的后果也不尽一致，从而影响到区域的人文景观。所以，研究和复原各民系地区历史生态环境，提供它们的一系列时代剖面，总结人类对待生态环境的历史经验教训，对实现当代区域可持续发展意义十分重大。

一、广府系生态环境变迁

在岭南各民系所在地区中，广府系地区兼具河谷平原、三角洲平原、山地、丘陵、台地、盆地、河海滩涂以及喀斯特峰林等多种地形。特别是不仅拥有坦荡的平原，而且还有山地、丘陵、台地等地形的珠江三角洲，在世界各大河三角洲中独具一格。多种地形及其相对集中分布格局，在水平和垂直两个方向上为广府人驯育多种作物，开展多种经营提供了巨大的可能性。在亚热带季风气候下，这一地区三冬无雪，霜不杀青，喜温作物长年可以生长。降雨量也很丰富，水源充足。一般来说土壤肥沃，尤其是河谷两岸和三角洲平原，以及盆地底部，土层都很深厚。它们与多种生物资源和水热条件良好结合，为人类繁殖生息、发展生产、繁荣经济、改善生活奠定了强大的历史地理基础。但问题的另一面是，广府系地区由于水网密集，河流流量大而经常泛滥成灾；近海区域常受台风侵袭；茂密的森林积聚瘴气，损害人类健康；而卑湿的平原低地早期也不利于人类开垦。所以，古代广府系先民是在一个自然赐予丰富，但生存条件又恶劣的环境里改造、利用自然，发展自己，创造文明历史的。

上古岭南几乎全为森林覆盖。考古发现在今珠江三角洲平原地表以下1～2米，常见大量腐木，在三水、四会、高要一带平原即掘出不少埋藏树木，部分木质完好，连片分布，被称为"地下森林"。经 ^{14}C 年代测定，这些森林大部分距今 2000 年，相当于汉初。此前后历史文献也记载了这种生态环境。《山海经·海内南经》说"桂林八树在番隅（禺）东"，系春秋战国时，即广州附近多桂树。汉杨孚《异物志》和晋稽含《南方草木状》等都描写岭南到处有大片森林植被，如交趾"科藤围数寸，重于竹，可以为杖。……葭蒲、藤类，蔓延他树以自长养。"①孙吴时万震《南州异物志》说合浦等郡俚人"其处多野葛"。直到隋代，志称"自岭以南二十余郡，大率土地下湿，皆多瘴疠"②，从隋代行政建置的分布来看，这 20 余郡大部分在广府系地区。唐代张九龄开凿大庾岭道以后，虽有较多中原人南下，广州甚至发展为世界性贸易港口，但这主要是依靠珠江水道交通将其腹地延伸至长江流域所致，而非珠江三角洲开发的结果，有人称之为"核心性"开发③，即广府系地区在唐代仍很蛮荒。不少文献记载桂林以南"皆瘴乡也"，桂西邕州一带水土尤恶，连"土人以黄茅瘴为尤毒"。《北梦琐言》说："海隅从事，少有生还"，又说"南海黄茅瘴，不死成和尚"，都是生态环境骇人的写照。

宋代岭南开始较大规模的开发，但由此引起生态环境的变迁主要发生在河谷平原和沿海低地。广府系形成最早，其居地自属变迁最大的地区。晋稽含《南方草木状》记岭南有木类 21 种，竹类 6 种，这些种类为后来唐刘恂《岭表录异》、宋范成大《桂海虞衡志》、周去非《岭外代答》等采录，但不是全部而择其要者，说明有些树木由于数量减少而地位下降。山区仍是森林的王国。宋代文献所及地域范围，广府系地区居主要地位。《宋史·地理志》说岭南"山林翳密，多瘴毒"。老百姓为适应这种环境不得不巢居。《岭外代答·风土门》说："深广之民，结栅以居。……考其所以然，盖地多虎狼，不如是，则人畜不得安。"同书《禽兽门》说："虎，广中州县多有之。"另志称珠江水系许多地区还有鳄鱼，西江支流"思良江，在（梧）州北二十里，一名多贤江，其中鳄鱼状如鼍，南方谓之鳄鱼，亦以为鲊"④。南宋王象之《舆地纪胜》、蔡絛《国史补》等都记载唐代以来南流江上游博白、兴业等县常有鳄鱼出没及伤害人、畜事件发生。直到元代，邕州（即今南宁一带）尚有鳄鱼，至元二十九年（1292 年）有个叫陈孚的赴安南，在纪行诗《邕州》中有"右江西绕特磨来，鳄鱼夜吼声如雷"之句，说明广府系西陲仍有鳄鱼横行。又依赖森林的野象自古遍布岭南，宋代人类活动范围日益扩大，野象盘踞之地日渐收缩，但仍有不少地区有象群出没。宋淳化二年（991 年）四月二十七诏称："雷、化、新、惠、恩等州山林有群象，民能取其牙，官禁不能卖。自今许送官，以半价偿之，有敢藏匿及私市与人者，论如法。"⑤《舆地纪胜·广南东路》追记南汉大

---

① 杨孚：《异物志》卷二。
② 《隋书·地理志》卷十一。
③ 曾华满：《唐代岭南发展的核心性》，香港中文大学，1973 年。
④ 乐史：《太平寰宇记》卷一六四。
⑤ 徐松：《宋会要辑稿·刑法》。

宝五年（961年）东莞县因山中有野象稻熟时出来践踏禾稼，当地人建象塔以镇之。广州附近东莞尚如此，则广府系大部分地区维持过去的生态环境也是肯定的。

明清时期广府系地区生态环境经历了巨大变迁，首先是珠江三角洲由于河流冲积旺盛，泥沙淤塞而形成许多沼泽低地；三角洲前缘也不断向海延伸，面积比原来扩大1倍左右。如明代西、北江三角洲滨线在今中山市港口镇—马安—横档—黄阁一带，到清代已在该市六乡—坦洲一线，清中后期西江口外的一些孤岛已与三角洲相连；东江三角洲滨线，明初在今东莞麻涌—大步一带，清初则推移至今东莞漳澎—（鲩沙）沙头—（沙田）横流—坭头一带①。这些被称为沙田的肥沃冲积土，为明清三角洲大规模围垦，发展商品农业奠定了坚实的自然基础。另一个重要变迁是人口增加，粮作物番薯、玉米，以及经济作物烟草等的引种，工商业、城镇发展扩大，森林植被破坏，使生态环境大面积向不良方向转化。这虽然是岭南地区普遍现象，但在广府系和客家系地区尤为突出。广州附近从化"流溪（河）地方，深山绵亘，林木翳茂，居民以为润水山场，二百年斧斤不入。万历之季，有奸民戚元勋等招引异方无赖，烧炭利市，烟焰熏天，在在有之。每炭一出，沿溪接艇。不数年，群山尽赭。山木既尽，无以缩（蓄）水，溪流渐涸，田里多荒。奸民蹈一时小利，而贻不可救之大害"。②又康熙《香山县志》记："故香山自梅花以东，台南以南，多深山大林，或穷日行，里翠蒙蒙，杳无人迹。嘉靖中，异县豪右，纠合乡民，无所不到，其矩木以为材，其杂木以为炭，获利甚富，趋者日众，台以南山渐以童。"又潭江流域新宁县（台山）在清前期，"山深泉曲，林密凉山，小旱无伤，不雨亦润"；但到咸同年间，"近则斩刈草木，掘及树根，水势无停，一泻万丈，须臾之顷，暴涨暴消，砂石粗顽，回光生热，养力为夺，旱魃益发"。③珠江三角洲森林尚且如此，其他地区就不待言。特别是石灰岩广布的西江地区，毁林引起生态恶化后果极为严重。肇庆府德庆州于明代平定"罗旁瑶"起义后到清代进行大规模掠夺性开发。光绪年间州境内出现"沙阜大半摧塌，田霾于沙不可耕作，民多逃亡，力食于粤西者以万计"，但当地山民仍旧"多燃枫柽淋灰作碱。烧都棪树根冶炭，利之所在，搜剔靡遗。木根尽则山枯，遇雨则沙随漂败，荒田亦日增"。④致使德庆成为广东水土流失最严重的一个地区。西江中游桂东地区原来生态环境也甚为良好，如平乐府富川县"山溪之水，全仗林木荫翳，蓄养泉源"，田亩赖以灌溉，收成有保障。但到清后期"山主招人刀耕火种，烈泽焚林，雨下荡然流出，雨止即干，无渗润入土，以致土燥石枯，水源短促"。⑤农业生产基础受到摧残。邻近贺县也由于"焚山不禁，遂至山枯而泽竭，故田

---

① 李平日、乔彭年等：《珠江三角洲一万年来环境演变》，海洋出版社，1991年，第77页。
② 顾炎武：《天下郡国利病书》卷九八。
③ 赵天锡：《新宁实业报告书》，《农学丛书》（第六集），光绪三十年（1904年）。
④ 光绪《德庆州志·风俗地理》卷四。
⑤ 光绪《富川县志·舆地·水利》卷一。

多旱"①，受害也不浅。广东南路山区高州府信宜县在历史时期原始森林密布，直到清初"值国家休养滋息之际，嘉树恶木，深林密菁，杂植于冈陵薮泽之中，往往所在皆是；有其地僻远，工师匠民所不至，舟车商贾之所不通；名材巨产混于荒烟野草，至有径数尺而不为世用者。虽其民日夜取之不能尽"。但到乾隆十七年（1752年）清政府因置吴川芷芎船厂，"军工木料一切取办于信宜，胥吏因缘为奸，往往借一桅之需，尽山而采之，砍伐至数千百株。……深林密菁，郁葱畅茂，至是而荡然一无所存"②。这在很大程度上反映了山区森林破坏的概貌。

生态环境被破坏，后果是很严重的。上述从化流溪河、香山、新宁、德庆等地水土流失、旱洪为患、田土荒废，民生困苦，甚至背井离乡等，仅德庆县人口近百年逃亡过半③，即为人类不合理活动招致大自然报复、惩罚的恶果。问题远不止于此，其他经济部门也受害匪浅。西江和珠江三角洲河道即因水土流失而淤浅，严重妨碍通航。西江和北江交汇的思贤滘，明末至今已淤浅6米④；佛山附近的白泥水、芦苞涌、西南涌和佛山涌等也自明以来淤涸或消失，这都影响到佛山等城镇的兴衰。广府系生齿繁盛，人类在珠江上游过度毁林开荒，在下游盲目拦海造田，导致江水入海无路，泛滥成灾。据《珠江志》统计⑤，广西自汉代起记载大水灾16次，小水灾290次，其间元代起每40年一大灾，两年一小灾；广东自宋代起记载大水灾33次，小水灾402次，平均约30年一大灾；2~3年一小灾。按水系划分，西江水系占全流域水灾的大部分，亦即广府系地区水灾频率至高，反映人类活动对生态环境影响最为深刻。所以清后期岭南著名学者陈澧（1801~1882年）写有《大水叹》诗，大声疾呼"非水逼人人逼水"警言，⑥道出了珠江水患根源即人类的不合理活动。这也是对广府系分布最广的珠江三角洲和西江地区生态环境变迁及其动因的一个总结。

二、客家系生态环境变迁

客家系地区深入岭南内陆，山峦重叠，沟壑纵横，平原盆地面积狭小，适宜大田作业的土地不多，在岭南自北向南自西向东推进的区域开发格局中，客家系地区开发最迟，古代生态环境能维持良好状态，绝大部分地区为森林覆盖。直到唐代粤东地区仍是鳄鱼、野象的渊薮。刘恂《岭表录异》云："广之属郡潮、循州，多野象。潮、循人捕得象，争食其鼻，云肥脆，尤堪作炙。"以后在梅州留下许多以"象"为起首的地名，

---

① 民国《贺县志·社会风俗》引旧县志，卷二。
② 光绪《高州府志·纪述·军工木料记》卷四十九。
③ 光绪《德庆州志》记清咸丰五年（1855年）德庆人口为33万人，1949年有关资料说仅余17.6万人，近100年减少15.4万人，减少的约47%。
④ 司徒尚纪：《珠江传》，河北大学出版社，2001年，第429页。
⑤ 水利部珠江水利委员会：《珠江志》第一卷，广东科技出版社，1991年，第209页。
⑥ 陈永正：《岭南文学史》，广东高等教育出版社，1993年，第575页。

反映野象栖息生态环境。光绪《嘉应州志·沿革》载，梅县石扇有象村，白渡有象湖，西厢堡有象湖塘，蕉岭县新铺有象岭、象坪。梅江支流松源溪，上源在福建武平县象洞，亦因有野象得名。宋代叶廷珪《海录碎事》说："象洞在潮梅之间，今（宋）属武平县，昔开拓时群象止于其中，乃谓之象洞。"① 唐代潮州多鳄鱼，其时潮州含今潮汕和梅州地区。唐元和十四年（819年）韩愈坐贬潮州，溯东江越岐岭（一名蓝关）下梅溪抵州治。梅溪同韩江同称恶溪、鳄溪。韩愈所写《祭鳄鱼文》也包括梅州。唐大中元年（847年）宰相李德裕也被贬潮州，经梅江鳄鱼潭，触石舟坏，宝玩古书图画丢失，召船上水手取之。水手见鳄鱼极多，不敢下水。李德裕并有诗曰："风雨瘴昏蛮海月，烟波魂断恶溪时"，可见当地生态环境很原始、恶劣。

粤北开发虽早，但只限于交通线附近。其他地区森林很茂密。在唐代被贬连州的刘禹锡笔下，"冈头花草齐，燕子东西飞"句，可为唐代粤北生态环境的代表。

客家系地区在宋元时代开始较大规模开发。新移入的客家乡民固然要拓荒谋生，土著居民也仍然"烧畲"，他们都以森林为主要劳动对象，生态环境受到一定干扰，然尚未产生重大变化。苏东坡被贬惠州，在《西新桥》诗中说"似传百岁前，海近湖有鳄"，即北宋初至少东江地区仍有鳄鱼。北宋时荣諲曾任广东转运使，曾修北江浈阳峡至坑口间栈道，沿途"林箐瘴毒"②。按这段栈道在今英德地区，仍充满瘴疠。

明清客家系人口大量增加，且大规模外迁，毁林开荒成为最主要的谋生方式，生态环境急剧向不良方面转化。客家人集中的嘉应州，清初以前，"山中草木蓊翳，雨积根荄，土脉滋润，泉源渟蓄，虽旱不竭"。③ 以后随着人口增加，"樵采日繁，草木根荄俱被划破，山土松浮，骤雨倾注，众山浊流汹涌而出，顷刻溪流泛滥，冲溃堤土，雨止即涸。略旱而涓涓无存，故近山坑之田，多被山水冲坏为河为沙碛，至不可复垦，为害甚巨"，以致田地"高者恒苦旱，下者恒苦涝"。平远县在康熙年间已是"一望而童山，灵日随斧斤湮没也"④。乾隆间嘉应州官王之正对这种乱砍滥伐行为提出"宜培植草木以蓄发泉源，而后旱可不竭，而亦不致山水陡发也"⑤。另外，破坏性水利工程建筑以及高强度掠夺地力也是客家地区生态环境恶化的一个根源。清初，嘉应州即有人"图目前升科小利"，将"灌田养鱼两不相妨"的水池"垦而为田，塘不蓄水，或仅存小沟"。这虽然扩大了耕地面积，但得不偿失，因减少灌溉，收成大打折扣。而为了提高单产，在瘠薄的土地上不恰当地实行一年三熟制，"于青黄不接之顷，得时而民不乏食。……

---

① 徐俊鸣：《岭南历史地理论集》，中山大学学报编辑部，1990年，第109页。
② 光绪《广州府志》卷一〇四。
③ 光绪《嘉应州志·水利》引乾隆州志，卷五。
④ 嘉庆《平远县志·物产》引康熙县志，卷二。
⑤ 光绪《广州府志》卷一〇四。

然瘠土之区，岁获一麦二谷，地力尽矣"①。平远县在嘉庆年间已出现"地瘠人稀，布帛粟米之属半资江赣"② 局面。原来生态环境很好，"林木蔚荟蔽日"③ 的永安县（紫金县），也由于滥伐山林、破坏陂塘而在道光时出现"山高水驶，半月不雨，即称天旱……后世不知水利，皆湮塞为田。今之塘视昔，存者十之一耳"，"况山崩不已，河高水溢。耕者彼此为堤，以河相吞"。④ 这种情况其实已有相当长的历史。民国《潮州志·实业志》农业条云："韩江上游（含梅江）人民，惟急功近利，是图所有，林木每未达伐采之期，即行收取。水源失于会蓄，土质病其松懈，霪潦一至，泥沙随洪而俱来，旱魃为灾。"同书又说："大埔、丰顺……居民大多依林业为生……其余各县类多童山濯濯。"由此引起严重的水土流失，动摇了当地农业基础，迫使一批又一批客家人远走他乡。在粤北，明清时对森林植被破坏超过以往任一个时期。南雄盛产黄烟，施以草皮烧灰为肥料，质量尤佳，由是草被大面积破坏。道光《南雄州志》指出："南北头河底日淤月高，较嘉庆十三、十四年（1808年、1809年）所见又不侔矣。层叠山肤胥在似土似石之间，色焦质脆，濒流冈阜，复少草，多童加以烟植，弥繁雨下，沙随遂使阔深渐成浅狭，诚恐更历年所城下难复通舟。"同治年间诗人陈澧在《大水叹》诗中一针见血指出粤北毁林开荒对生态环境的破坏极其严重后果。诗云："君不见大庾岭上开山田，锄犁狼藉苍崖颠。剥削山皮剩山骨，草根铲尽胡能坚？山头大雨势如注，洗刷沙土填奔川。遂令江流日淤浅，洲渚千百相钩连；又不见海门沙田日加广，家家筑垒洪波上。海潮怒挟泥沙来，入此长围千万丈。"⑤ 这种河道淤浅，以浈江为甚。乾隆三十九年（1774年）任广东典试的李调元在《岭南盘行杂志》诗中有"每逢滩急下深沱，七尺乌篷快似梭"之句，浈江航行非常顺畅。但到鸦片战争前林则徐南下广东禁烟，舟行这段水路，在其日记中已变"由此（指南雄州城）赴省（广州），皆下水，惟韶关以上水浅，只可坐小舟，俟过韶关，大舟乃可行"⑥。此后浈江淤高日益严重，近年来未曾稍减。据有关方面披露，1951～1983年间，浈江河床一般淤高2.2米，平均每年淤高6.9厘米。⑦ 以往轮船可上达浈江上游乌径，下抵重镇韶关，现在只能在雨季通行木船，旱季只可放木排。东江作为客家人繁衍生息的一条母亲河，1913年已开辟从龙川老隆到惠州小火轮航运，后因中上游地区森林植被破坏严重，下游河床近30多年普遍淤高2米左右。在龙川以及邻近梅江流域的五华河道，淤积更严重，甚至出现"地上河"，个别小支流甚至被泥沙湮没无闻，在地图上消失。东江支流增江在几百年前深林茂密，虎、

---

① 光绪《广州府志》卷一〇四。
② 嘉庆《平远县志·物产》引康熙县志，卷二。
③ 道光《永安县三志·地理山川》卷一。
④ 道光《永安县三志·地理山川》卷一。
⑤ 水利部珠江水利委员会：《珠江志》第一卷，广东科技出版社，1991年，第209页。
⑥ 徐俊鸣、郭培忠：《广州古代对内交通和贸易初探》，《中山大学学报》（自然科学版）地理系，1979年。
⑦ 水利部珠江水利委员会：《珠江志》第一卷，广东科技出版社，1991年，第209页。

豹、熊、猿等野兽成群，有"砍不尽的南昆（山）竹，卖不完的高明（河）木"之称。民国《增城县志》载"增江水清而东江水浊，泾渭分明"，即东江干流两岸水土流失比增江严重得多。但近几十年来山林破坏日趋严重；增江河床普遍淤高2米，下游河床至清雍正初年以来260多年间平均每年淤高2厘米左右，按此推算淤积厚度达5.2米多。增江上下昔时有10多个被视为深不可测的蛟龙出没的深潭，至今已淤积成浅潭。这都归结于人类在河流中上游地区毁林开荒等不合理的活动。1984年以来广东省科学院丘陵山区综合科学考察队经过调查，得到粤北和粤东水土流失面积分别为4160平方公里和4547平方公里，约占当地土地总面积的11.6%和11.3%，两地又占广东全省水土流失总面积的84.4%。① 这主要发生在客家系地区，是历史生态环境变迁累积的结果。当然，广东客家系地区的岩石以花岗岩和砂页岩为主，抗侵蚀力弱，在高温多雨气候条件下，风化作用强烈，形成很厚的风化壳，一般可在20米左右，有的深达100米。这样的地表在失去植被保护和流水侵蚀下，极易发生崩塌，但与人类活动相比它毕竟只是环境变迁的一个外部条件。

三、潮汕、雷州系临海生态环境变迁

潮汕系和雷州系地区分布从潮汕平原经海陆丰，绕过珠江三角洲和两阳，直下雷州半岛和海南岛沿海，间有少数在沿海内陆。三角洲平原低地、港湾、滩涂，以及近海台地、丘陵为潮汕、雷州人赖以生存发展，孕育以海洋文化为主要特质的地域文化的地理基础。在临海这一点上，潮汕、雷州系的生态环境迥异于其他民系。

考古发掘和历史文献资料显示，今潮汕人集中居住地潮汕平原，在6000～8000年前是一个古海湾，称潮州湾，内中散布着一些岛屿。海湾沿岸背后有广袤的森林，流经森林的韩江注入海湾，并携带冲积物使海湾岸线向南移。6000年前，韩江三角洲海岸大致在竹竿山南麓（今潮州市区）附近，2500～4500年前南移至仙洲—盐鸿—樟林—内底—上华—庵埠一线。部分土著居民在森林里采集植物果实、块茎或狩猎，更多的人住海里捕鱼，在海滩上拾贝，后在今潮安、澄海、南澳等地形成大片贝丘遗址。从历史早期开始，潮汕先民就与海洋结下了不解之缘。距今2000多年的秦汉时期，韩江三角洲前缘已推移至今南沙—澄海—岐山一线，部分地区建立了郡县，土著居民半渔半农。人们不但开辟耕地，营建居室，而且制作独木舟，开始砍伐森林，一些原生林变为次生林，自然景观逐渐改变。特别是在一些台地、山间盆地、低丘，中原和东南沿海移民较多，土地垦辟有所扩大，稻作农业占有重要地位，沿海盛产鱼虾贝类，为主要捕捞对象，海产品成为人们主要副食。在韩江中游、榕江、练江中下游出现农业聚落。如韩江东溪出海口、澄海龟山之麓及山前冲积扇、高位阶地等处，出现三合院型汉式建筑，其

---

① 广东省科学院丘陵山区考察队：《广东山区国土开发与治理》，广东科技出版社，1991年，第197页。

梁架结构、夯土墙、瓦顶，高敞通透，呈现汉式建筑风格，与古越人的干栏式建筑明显不同，说明地理环境在人类活动干预下渐渐改观。隋唐时期，韩江三角洲前缘沙堤南推到海后—白沙—新溪—陈厝一线，堤内保留大片沼泽，人迹罕至，因而成为鳄鱼等野生动物的渊薮。坐贬潮州的韩愈在《潮州刺史谢上表》说，州城南"飓风鳄鱼，患祸不测"，"州南近界，涨海连天，毒雾瘴氛。日夕发作"，说明潮州气候暖湿，森林较稀疏，种属复杂，草木、蕨类植物占优势，因环境恶劣，鳄鱼、野象横行，韩江时称"恶溪"。由于没有堤防，海水倒灌州城下，潮州由此得名，著名诗人贾岛赠韩愈诗中有"峰悬驿路残云断，海浸城根老树秋"之句，又曰"此心曾与木兰舟，直到南天潮水头"，即属这种写照。继韩愈之后被贬潮州的李德裕在《到恶溪夜泊芦岛》诗中也有"风雨瘴昏"和"魂断恶溪"之叹。后世地方志追述古代潮州地区"异香出林，臭如兰菊，毒易中人"①，即为人居热带亚热带易染各种疾病，更符合唐代实际。虽然如此，到唐末，潮州已出现大片水稻、蕉麻、蚕桑等作物种植。贞元十二年（796年）潮州刺史李宿在城西葫芦山建观稼亭，想见稻作生产已达相当规模，滚滚稻浪成为地方官员赏心悦目的景致。在揭阳新亭发现唐代大型瓦屋遗址，显示聚落规模随人口增加而扩大，故唐文宗开成五年（840年）敕旨称"潮州是岭南大郡，与韶州略同"②。

宋代，韩江三角洲发育加快。前缘推至凤州—坝头—九合—龙湖一线。韩江上游因迁入大量外地居民，毁林开荒，水土流失加剧，也加速了三角洲扩张，提供大量土地以供耕凿。北宋元丰年间，潮州总户数居广南东路各州第二，仅次于广州。③ 人口迅速增长，反映土地开垦和生态环境发生很大改变。沿海地区森林更为稀疏，主要为松属、栲属、桑科、草本科和蕨类等植物，依赖水网环境生长的象、犀、鳄类，以及长臂猿、孔雀等也逐渐消失。堤、渠、涵洞、运河等水利工程也相继兴起。宋仁宗时大理寺少卿彭廷年，曾知潮州，卸任后落籍揭阳浦口村，诗作中有云："浦口村居好，凭高望处赊。稻田千万顷，农舍两三家。樵路通云磴，溪船簇蓼花。太平无事日，处处尽桑麻。"④ 另一位宋人王安中《潮阳道中》诗曰："万灶晨烟熬白雪，一川秋穗割黄云。岭茅已远无深瘴，溪鳄方逃畏旧文。"⑤ 唐代潮州猖獗一时的鳄鱼这时基本灭绝，说明人类的活动深刻改变当地自然环境。

属于潮汕系地区一部分的海陆丰地区，背倚东北—西南走向的莲花山脉，有螺河、龙江、赤石河、龙津河等独流入海，滨海平原、丘陵、台地广布，滩涂辽阔，山海交错，是一个相对独立的地理区域。当地居民有一部分来自潮州。因港湾多，近海为良好

---

① 乾隆《潮州府志》卷二，《气候》。
② 《册府元龟》卷六三一。
③ 梁方仲：《中国历代户口、田地、田赋统计》，上海人民出版社，1980年，第146页。
④ 《永乐大典》卷五三四三。
⑤ 庄义青：《宋代的潮州》，中山大学出版社，1997年，第4页。

渔场，当地经济自昔就有耕海耕山的多元化特点。《宋史》说生活在港湾的疍民"以舟为宅，以渔为业……海丰七港，在在有之"。这显示生态环境多样性与经济多元化是紧密相关的，环境变迁也每因人类活动方式差异而有别，大抵宋元时期还没有重大变迁。

明代，潮汕地区已出现"地狭人稠"现象，人口密度居全省之冠，生态环境随之发生很大改变。特别是滩涂围垦得到空前重视，明置澄海县即为了管理滨海新垦的农田。同时设置的饶平、惠来、普宁等县，皆为地区开发已臻成熟，具备相当经济基础的表现。取得经济成果的同时，也带来生态环境负面效应。清乾隆年间有人提出："顾数十年来（韩江）上游开垦，山童而土疏，洪流挟沙，过辄淤塞，河床日高，堤身日卑，至增筑加倍，于无可施，诚地方之隐忧焉。"① 到清末韩江江三角洲已推进至福建围—小莱芜—金狮喉—珠池一线，原为海岛的小莱芜在清中叶与大陆相连。新出露的大片肥田沃土，仍然不能满足日益增长的人口需要。尤其是韩江上游梅江客家地区水土流失严重，使韩江下游河床严重淤浅。据有关测算称，近现代"韩江含沙量比东江高出96%，比钱塘江多出47%，为闽江的2.2倍；输沙量为东江的2.24倍"，而"据钻探资料，潮州城下湘子桥自唐代建立的桥基与1958年河床高程相比，777年淤高17米，平均每年淤高2.2厘米。另据1948～1982年河道断面资料计算，（韩江）干流从竹竿山—凤凰台平均每年淤高2.6厘米；据中华人民共和国成立后测量，西溪入口—梅溪口平均每年淤高3.9厘米，东溪横陇—莲阳桥平均每年淤高4.1厘米。结果使三角洲地面高程与河床已大致持平，有的地方甚至河床高出地面。西溪从潮州安南庙—梅溪口27公里河道中有7公里河床高出地表，最大高出1.7米"。② 所以说，韩江下游大有可能步黄河后尘，成为"地上河"。这综合反映了人类不合理活动引起生态环境变迁的后果。

图3-1 潮州湘子桥

---

① 乾隆《潮州府志》卷二，《堤防》。
② 以上数据见蔡人群、李平日等：《潮汕平原》，广东旅游出版社，1992年，第40、41页。

雷州半岛和海南岛沿海地区环境变迁，主要是宋元以来闽潮居民迁来所致。这一带为滨海平原台地，山丘甚少，因为纬度低，水热充足，古代森林密布，蛇虫猛兽滋繁，生态环境很恶劣，对人类生存构成巨大威胁。据文物发掘和文献记载，海南岛沿海地层里近世不断发现有原生巨木树干，20世纪30年代以来，在文昌县冯坡、清澜，陵水县城，儋县王五、长坡，乐东县黄流、莺歌海等地下相继出土各种巨木标本或树桩。它们都是些高大乔木，生长在温热、多雨，低海拔的热带雨林或热带季雨林中，有力说明海南岛四周古代也和五指山地区一样布满森林。① 有人认为，海南岛在归入西汉王朝版图以前，森林覆盖率约为90%②，是一块林莽遍地、灌木丛生、草莱敝野，充满原始色彩的处女地。如此丰富的森林，不但为人类提供了大量天然食物资源，也为人类垦辟、发展农业提供了巨大可能性。另外，雷州半岛和海南岛沿海许多港湾和滩涂也是闽潮移民耕海、围垦的地理基础。1955年以来，在海康县城（今雷州市）附近地下红树林堆积层里多处发现古代大船缆、船板，有些人认为《汉书·地理志》记载秦汉海上丝绸之路始发港之一徐闻港的位置即在今海康县城附近南渡河出海口附近。直到唐宋时代，徐闻港仍发挥外贸功能，当地人以耕海，外贸为生。③ 直到唐宋时期，雷州两岸和南渡河下游滩涂和冲积平原才被修堤筑坝，引淡冲洗，经过几代人努力，才使大片斥卤化为沃壤，遍地荆榛变成稻粱。明代，雷州东西洋田成为广东著名粮仓。但一旦海堤溃决，后果非常严重。如明万历十六年（1588年）和十八年（1590年）以及清代几次东西两洋海堤溃决、使"桑田胥成斥卤，膏脂弃作汗莱辍耕，太息失业者已遍南北二溪。洊（再）至饥荒最甚者犹在东洋一带。追数以往，自甲子以至戊辰；近指目前，自去秋以至今夏。家家悬磬，处处石田，村落丘墟，人愁菜色"④。这除了社会政治原因以外，与人类不合理活动引起生态环境变迁不无关系。在海南，这种砍伐海岸森林引起严重生态后果的事件更史不绝书。宋代，海南西北沿海因红树林被破坏而出现"濒海瘠卤之地"⑤。明清时期，海南开发规模和速度比过去更加宏大和强化，沿海天然林日益减少。明代"万州藤作名天下，始于近代，官役劳及妇人，连年不得休息"。由于采伐过度，以致"条蔓枯尽山为童"⑥。20世纪初，三亚藤桥海岸"白沙弥望，高平之处，浅草平铺，无开垦者。凡地属高坡虽平旷而土深厚，垦而种植，其收成必减于低处二三分。盖其地四无遮蔽，晴则风吹松土以去，雨则水漂土膏下流，且禾苗茂时，多虞风灾"⑦。破

---

① 司徒尚纪：《海南岛历史上土地开发研究》，海南人民出版社，1987年，第11页。
② 吉野正敏：《海南鸟的农业气候》（日文版），《地理》29卷第8号，第99页。
③ 蔡叶青：《雷州港古港——汉徐闻港的位置初探》，见李建生、陈代光：《南海"海上丝绸之路"的始发港——雷州城》，海洋出版社，1995年，第69-73页。
④ 海康县政协文史组：《海康文史》，引嘉庆《海康县志·序》，1984年第1期第31页。
⑤ 苏过：《斜川集·论海南黎事书》卷五。
⑥ 唐胄：《传芳集》，海南丛书本，1935年，第31页。
⑦ 胡传：《游历琼州黎峒行程日记》，《禹贡》2卷1期，1934年9月。

坏森林后果最严重的事例还在文昌冯坡沿海，那里2米深沙丘下常见高大乔木海棠、乌墨、赤兰、龙眼、荔枝等树桩，为过去绿色长城的残留物。失去了这道防风屏障，海岸流动沙丘在大风吹蚀下不断向内移动，近200年内平均每年内移8米，掩埋耕地2700余亩，十三个自然村三易其址。①不仅如此，移动浮沙还严重损害人的健康，历史上海南沿海患眼疾的人不少，尤以西海岸为甚，其中昌江、感恩（东方）沿海有90%居民得这种病。②故有论者说海南沿海风沙之害不亚于我国北方干旱地区，仅从眼疾地理分布来看就不是危言耸听。自然环境变迁，特别是森林消失，也直接反映在动物分布上，潮汕地区在沿海，过去也是华南虎出没之地。康熙、乾隆、嘉庆、同治、光绪各朝所修潮州府属各县志上均记产"虎、豹"。如乾隆《潮州府志·祥异》即记惠来、大埔、揭阳、海阳（潮安）有虎伤人之事；宣统《徐闻县志·灾祥》亦记"县东北山林深密，虎患最烈，牧子行人被其吞噬者，不可屈指数"。到近50年在广东地方上只有38个州县记有虎患，其中潮州仅记海阳，雷州半岛记徐闻，以上有虎患之县不复再记，潮汕地区成为广东虎患最少地区（按海南岛历无老虎）。③显见森林植被在人类活动影响下已大为减少。生态环境影响朝不利于大型兽类栖息方向转变。

由于潮汕和雷琼地区在广东人口密度差异很大，人类活动方式、强度每有不同，故生态环境变迁速度、程度和后果在各地不尽一致。一般说来，在粤东沿海比琼雷沿海要更为深刻和广泛，这在后述农业土地利用中表现至为显著。

表3-1 岭南汉民系生态环境变迁简表

民系	生态环境							
	河流		森林		水土流失		水质	
	古代	近今	古代	近今	古代	近今	古代	近今
广府系	原生态多鳄鱼	滨线南移，大片沼泽低地	茂密	渐稀	未见	常有	清洁	变劣
客家系	原生态	淤浅，出现地上河	覆盖	多见童山	未见（宋以前）	普遍、严重	清澈	浑浊
潮汕系	鳄鱼为患	滨线南移，局部地上河	茂密	次生林	偶见	河床高出地表（部分）	清流	洪流挟砂
雷州系	短浅	滩涂扩大	深密栖虎	渐稀，次生林	未见	日趋严重	未污染	趋劣，地下水位下降

---

① 林业部调查规划局等：《海南岛林业资料汇编》，1981年，第249页。
② 《广东省海南岛热带亚热带资源勘察资料汇编》（三），1956年，第325页。
③ 何业恒：《中国虎与中国熊的历史变迁》，湖南师范大学出版社，1996年。

第二节 资源开发利用方式比较

秦汉以降，岭南地区相继建立郡县，大量汉人入居，封建生产力渐次发展，人类活动主要目标首先指向土地，并以不同方式，在各个生产层面上兴起以土地利用为中心的资源开发高潮，深刻地改变了岭南的社会经济面貌。但由于各民系所在地区的地理环境和资源种类、赋存方式和分布的差异，资源开发利用方式也有很大不同，在此基础上铸就了各民系人文精神和区域社会经济风貌。

一、广府系农垦、海洋资源的开发利用

种植水稻是古越人的一个文化特质。广府系地区的宽广河谷、三角洲平原和大量坡地，有可能成为野生稻发源地，稻作文化曙光也在这里初露。《山海经·海内经》云："西南黑水之间，有都广之野，后稷葬焉。爰有膏菽、膏稻、膏黍、膏稷。百谷自生，冬夏播琴。"这片野生稻分布区至少包括西江流域。中华人民共和国成立后，"全国野生稻资源考察协作组"在全国采集大量野生稻品种，把全国划分为四个野生稻分布区，其中的"两广大陆区"主要为广府系地区。粤北曲江马坝石峡文化遗址出土的人工栽培水稻，包括籼稻和粳稻两个亚种，时代距今约4500年。[1] 另据有关报道，粤北英德云岭镇牛栏洞新石器文化遗址中，也发现最早为1.2万年前栽培的稻壳化石，[2] 比石峡稻作时代还早，说明古越族先人种稻历史源远流长。广府系地区虽未见栽培稻遗址遗存，但广州却有众所周知距今约2800年的五羊衔谷下楚庭的神话。楚国是我国稻作文化发达地区，剥去这一神话外衣，五羊象征楚人的五个支系，将水稻栽培技术传到广州地区。这五位仙人后被奉为谷神，至今广州惠福西路坡山尚有五仙观，内立五仙人塑像：年少者居中，手持粳稻；年老者分居两侧，手持黍稷。又西江在肇庆有羚羊峡，传说上古有七只羊降落肇庆，后来五只羊去了广州，两只羊留在肇庆，故取名双羊峡，以后演变成羚羊峡。这个神话传说与广州羊城传说相互衔接。神话总有它的现实根源，剥去神话外衣，反映楚国稻作文化在西江和珠江三角洲传播，也是栽培稻在这些地区起源的一种折射。另据郦道元《水经注·叶榆河》等古籍记载，上古生活在红河和西江地区的骆越人，以垦食"骆田"为生，这种靠潮水灌溉的水田，种植的应是水稻。在我国一些古籍里，有"象耕鸟耘"记载：鸟耘即春天到，万象更新，北方南下的鸿雁趁开耕之际，啄食田里野草、小虫，起到净化土壤、有助耕耘的作用；象耕则是野象践踏过的水田泥泞

---

[1] 杨式挺：《岭南文物考古论集》，广东省地图出版社，1998年，第68页。
[2] 《羊城晚报》1990年10月7日报道。

一片，适于播种稻谷。东汉王充《论衡·书虚》说："苍梧（西江一带）多象之地，会稽众鸟所居。……象自践土，鸟自食苹，土蹶草尽，若耕田状。壤靡泥易，人随种之。"这段文字印证了稻作在西江一带的起源。又古越语称水田为"那"，故"那"字地名分布区也是水稻分布区。据语言学者研究，"那"字地名有90%以上集中在北纬21°～24°地区，大多数又在河谷平原，以两广最多。① 而两广"那"字地名主要又分布在西江流域，亦即后来广府系居地。后来古越人他迁或汉化，"那"字地名作为底层文化保留下来，成为这些地区种稻的佐证。

图 3-2 英德牛栏洞遗址

秦汉时期，中原人相继到来，但人数不多，古越人仍是广府系先民的主体，并保持种稻的土地利用方式。顺德沙富一座西汉墓陶器内保存有炭化稻谷，② 在广州、佛山、梧州等多处东汉墓明器中，不但有田字方格水田模型、陶牛、谷仓模型，而且还有水稻谷粒。在广西贵县罗泊湾1号汉墓出土炭化稻谷，与曲江石峡遗址出土稻籽粒相同，同属我国现在栽培的O.S.L种。该墓还有书写"仓种"和"客秈（同籼）米一石"字样木牍，说明"客秈"是从外地引种至西江地区。③ 水稻居岭南主粮地位，在广府系地区尤为突出。宋欧阳忞《舆地广记》追述合浦县"有糠头山，昔南越王佗屯军于此，舂谷堆积如山"。东汉杨孚《异物志》说"稻，一岁冬夏两种，出交趾"，双季稻在交趾部即今两广除粤北以外地方出现。南朝陈时徐陵《广州刺史欧阳頠德政碑》云："进公（即欧阳頠）位征南将军广州刺史，又都督东衡州二十州诸军事宜。公乃务是民天，敦

---

① 游汝杰：《从语言地理学和历史语言学试论亚洲栽培稻的起源和传布》，《中央民族学院学报》，1980年第3期。
② 《南方日报》1962年3月29日报道。
③ 张荣芳、黄森章等：《南越国史》，广东人民出版社，1995年，第188页。

其分地，火耕水耨，弥亘原野。"① 按时广州主要包括西江和珠江三角洲地区，火耕水耨汉代已流行于江南地区，东汉应劭注《汉书·武帝纪》曰："烧草下水种稻，草与稻并生，高七八寸，因悉芟去，复下水灌之，草死稻独长，所谓火耕水耨。"虽然后人对应劭这种注解有不同理解，但多数人仍认为火耕水耨是地广人稀地区水稻栽培的一种粗放耕作方式，并且具有可直接在水田上栽培、不用牛耕的优点，最宜在平原低地上使用。这与水网稠密、河湖沼泽星罗棋布的西江中下游和珠江三角洲地理特征相符，故直到宋代围垦河滩高潮之前，它一直为以上地区采用，甚至近现代仍有其残余。清初屈大均《广东新语·地语》记珠江三角洲沙田地区"农（者）以二月下旬，偕出沙田上结墩。……其田高者牛犁，低者以人秧蒔……佃人耕至三年，田熟矣，又复荒之，而别佃他田以耕。盖以田荒至三年，其草大长，佃人割草以售。……草之未尽割者，则燔以粪田，田得火气益长苗"。同书《食语》又云："（大禾收后）余秆多根株于田，乘北风大作，海水益咸，焚之，以其灰滤而成盐，其白如雪。"这不但与"火耕水耨"甚为相似。而且由此创造出淋海水烧盐的方法，乃珠江三角洲人民在土地利用上一大贡献。尤其是火耕水耨适用于地广人稀的滨海地区，故成为新生沙田垦辟主要方式之一。咸丰《顺德县志·耕耤歌》写道："滨海生计重开荒，尽把勤劳格上苍。遍凿芦洲成沃土，涨沙随处涌村庄。"近世西江和珠江三角洲一些地势低洼的禾田区，仍保持收稻留秆放火烧灰为肥的习惯。除了火耕水耨广为流行以外，广府系地区自古也盛行刀耕火种，一般实行于旱地，所种为坡禾。这样的旱地称为畲田。广西光绪《容县志》云："坡禾，一曰山禾，即旱稻，粒大而坚，色白……其性耐燥，宜于畲田、山地，熟最早。李德裕过鬼门关诗云'五月畲田收火米'即此。"② 直到唐代这是一种很常见的土地开垦方式，但它所据为坡地、低丘，而三角洲边缘平原、谷地、台地和山间小盆地（俗称为峒）等有些被开垦为水田。如顺德龙江锦屏山南坡冲积扇和坡积地，有山泉，向阳，土质宜耕，免受水患，故在唐代开发为水田，有施、杜、姜、何姓居民居此，并建圆明寺，后称大佛寺。锦屏山东侧有峒（垌）田，称白云峒，乃唐名臣区恺故居。同治《顺德县志》称："唐提督区恺避武后乱，故卜居焉。"今山上仍有唐墓，嘉庆《龙山乡志·金石》说是"唐节度使区公德庵墓碑"，为唐代峒田开发见证。又番禺新造与市桥之间的市桥台地，临近水源，台地中央有坑头村，开发于南越国时期，另有鹤溪、梅山（又名山坑）、鹤庄、江南（原名岗南）等唐村，亦因土地开发而建立。唐代丘陵地利用可见于东莞莞城东部，唐代及其以前村多建于此。如大塯黄屋围曾为南朝齐时东官郡治，也建过怀安侯国，附近还有富竹山、浮竹山、主山、乌山、洋杞坑等村，均建于唐。这些不同地形的开发者主要为土著，技术水平低，田地肥力不足，耕作不便，产量很低，故唐代广州米

---

① 李昉：《艺文类聚》卷五十二。
② 李炳东、戈德华：《广西农业经济史稿》，广西人民出版社，1985年，第155页。

粮每见匮乏。《唐书·食货志》云，唐懿宗咸通三年（862年）"南蛮陷交趾，诸道屯兵广州，乏食"。不但珠江三角洲粮食困难，"岭外诸州，居人与蛮僚同俗，火耕水耨，昼乏暮饥"①，不得不仰给于湖南和江西。但在个别生产条件良好的盆地，唐代已出现精耕细作技术。托名唐代柳宗元的人撰《龙城录·老叟讲明种艺之言》说他在南迁路上遇见一位老农在路旁向一个少年传播农艺："深耕概种，时耘时籽；却牛马之践履，去螟螣之戒害；勤以朝夕，滋之粪土，而有秋之望，盖富有年矣。"②这涉及水稻栽培一系列的技术问题，反映当时农业技术进步。唐代龙城在今柳州，而和柳宗元所见，一说在今高要③，都不出西江流域。不仅如此，西江地区百姓，唐代还首创稻田养鱼技术。刘恂《岭表录异》记："新、泷等州山田，拣荒平处以锄锹开町畦，伺春雨，丘中聚水，即买鲩鱼子散于田内。一二年后，鱼儿长大、食草根并尽，既为熟田，又收渔利。及种稻，且无稗草，乃齐民之上术也。"这种技术传承至今。此外，据唐段公路《北户录》记，唐代南海诸郡将"鲮鲤之属，蓄于池塘间，一年可供口腹"，其中包括端州、新州在内西江地区最先有池塘，放养家鱼，显示广府系地区土地利用的一个新成就。珠江三角洲地区水域广布，唐代开始创造一种"葑田"水面利用方式。葑田即水上浮田。通常由泥沙混杂浅海中的茭草海藻根部而成，主要用于种植蔬菜，类似现在水上种植菱角、通菜等。唐《玉堂闲话》记载一则关于葑田被盗案件："广州番禺常有俚人牒诉云，前夜亡失蔬圃，今见在某处，请县宰判状往取之。诘之，则云：海之浅水中有荇藻之属，风沙积焉。其根厚三五尺，因垦为圃以植蔬。夜为人所盗，盗至百里外，若浮筏故也"，可见这种葑田数量不少。宋代珠江三角洲出现围田、沙田等多种土地类型，葑田规模和分布也进一步扩大。宋代陈旉《农书》云："葑田，以木缚为田丘，浮系水面，以葑泥附木架上而种艺之。其木架曰丘，随水高下浮泛，自不湮溺。"这种人造耕地，不但可以种蔬菜，也可以种水稻。宋代吴曾《能改斋漫录》指出"葑之为田、为圃，广、浙皆有之"。元代，葑田又称为架田。王祯《农书》说"架犹筏也，亦名葑田。……架附葑泥而种，既无旱暵之灾，复有速收之效，得置田之活法，水乡无地者宜效之"。书中还引诗云："稻人种艺巧凭籍，既辨土宜知土化。只知地尽更无禾，不料葑田还可架。……古今谁识有活田，浮种浮耘成此稼。但使游民聊驻脚，有产谅非为土著。县官税亩倘相容，愿此年年务农作。"元代葑田已被课税，其面积一定可观，也说明珠江三角洲人口增加，对土地压力加重，向江海要土地、要粮食成为一种重要谋生手段。富有创造力的广府系移民继承唐代开发葑田传统，在海涂上新垦葑田，并使之成为珠江三角洲土地利用的一个新方向。

---

① 《唐大诏令》卷一〇九，《禁岭南货卖男女敕》。
② 《古今说部丛书》第一集。
③ 蒋祖缘、方志钦：《简明广东史》，广东人民出版社，1993年版，第114页。

广府系先民除在低洼水田种植水稻，畲田播种旱稻以外，也善于利用各种地形，驯育、栽培多种经济作物，形成地方经济特色。在广州西汉南越王墓，广西贵港、梧州、合浦等地南越国时期和稍后一些汉墓即出土柑橘、桃、李、荔枝、橄榄、乌榄、人面子、甜瓜、木瓜、黄瓜、葫芦、梅、杨梅、姜、酸枣等栽培瓜果，反映广府系先民园艺业之盛。如据晋葛洪《西京杂记》载，西汉初南越王赵佗曾将岭南佳果荔枝作为珍品进贡给汉高祖刘邦。汉武帝平南越国时，即从岭南引种荔枝、龙眼、槟榔、千岁子、柑、橘等奇花异果百余种至长安，这也是岭南文化的一次北上。按汉代交通路线分布，这些作物主要产于西江地区。苍梧郡有个被誉为巨孝的人丁密，他"非己耕种菜果不食"，"非家织布不衣"。① 晋嵇含《南方草木状》特别指出："苍梧多荔枝，生山中，人家亦种之。"② 想见园艺业在西江地区很普遍。各种纤维作物种植也起源甚早，且达一定规模。广西贵港罗泊湾一号汉墓出土木片《从器志》上列有包括缯、纻、布、绸、线、絮、丝等在内的麻、丝纺织品名称，所用原料即为各种纤维作物。而据李吉甫《元和郡县图志》载，广西贵州、宾州、容州、郁林州及广东康州、广州、封州、新州、春州等都有各色贡布，包括有麻、葛、蕉、吉贝（木棉）布等，但却无绢，可知直到唐代，岭南地区衣料仍以麻类纤维为主，蚕桑业在西江和珠江三角洲地区尚未发展起来。但广府系地区多台地和河流阶地，最宜种蔗，部分水田也可用作蔗田。早在战国时期，屈原在《楚辞·招魂》中有"腼鳖炮羔，有柘（蔗）浆些"之句。楚文化南传，首受之区桂北、西江地区和珠江三角洲应为甘蔗最早种植区之一。东汉番禺人杨孚《异物志》记，以广州为中心的岭南地区"甘蔗，远近皆有……围数寸，长丈余，颇似竹"。晋嵇含《南方草木状》更说"甘蔗，交趾所生者，围数寸，长丈余，颇似竹。断而食之甚甘"。南北朝时，广州甘蔗品种已分出糖蔗和果蔗，并采取宿根蔗种植方法。南朝齐时陶弘景《名医别录》即记"广州一种（蔗），数年生……取汁为砂糖，甚益人"。这也是我国制砂糖技术较早的记载，只是所制砂糖质量并不高，故到唐贞观二十年（646年）唐太宗派人到印度专门学习制糖技术。到九世纪中唐宣宗和唐懿宗时阿拉伯地理学家伊本考尔大贝在列举广州物产中，即有甘蔗等作物。甘蔗同时被收入《岭表录异》《北户录》等唐人著作中，其生产当达到较大规模，并成为当地土地利用的主要方式之一。

唐宋时期，广府系作为一个民系已经形成，人口也相应增加，对粮食的需求促进对土地的进一步开发利用。到宋代开始大规模围垦平原低地的高潮，珠江三角洲、西江、鉴江和漠阳江沿岸成为新的粮仓。土地利用率先在广府系地区成为经济发展的中心，也奠定了广府系地区在岭南经济重心的地位。

宋代以降，珠江三角洲淤积范围比前代大为扩大。许多河流迅速淤浅，浮露出大片

---

① 道光《广东通志》卷三〇三。
② 嵇含：《南方草木状》卷上。

沙田。例如番禺沙湾以南，顺德甘竹滩以下中山小榄、大黄圃一带，江门至会城以南，以及东莞石龙、莞城以下地带均先后形成，为农业生产提供大量后备土地资源。而经长期生产实践，人们对三角洲和河谷平原地理环境，尤其是对三角洲冲积规律、水流运动、地形特点等已有深入了解，能因地制宜，因势利导，兴起筑堤围垦，集中开垦平原低地和河滩海滩，发展以粮食生产为中心的土地利用高潮。据载，北宋至道二年（996年）珠江三角洲开始修筑堤围。起初是先垦后围，这些土地称为围田；也有不围而造田的，称为沙田；或者先围后垦也称为沙田；还有在浅滩上抛石堵江，种上水草，以促淤积，既是人工围田，也是沙田。这些不同的土地开发方式在初期是个别的，主要在小块土地上开始，所筑堤围被称为私基。以后为了共同利益，发展到联合围垦，这些堤围称为公基。公基进而联合成大围。据统计，在两宋320年间，在今高要、南海、东莞、博罗、三水、顺德、中山、番禺、高明、鹤山、珠海等11个县市中筑堤28条，总长66024.7丈，捍田共24322.4顷。① 这些堤围主要分布在西江、北江和东江干流两岸，如西江在高要有长利围、赤项围、盆塘围、香山围、竹洞围、腰古围、罗岸围、横桐围，在南海有罗格围、桑园围、存院围，在三水有榕塞西围、永安围，在顺德有扶宁堤，在番禺有黄阁石基，在中山有小榄小围、四沙小围，在东莞有东江围堤、西湖堤、龙湖堤等。实际上还有很多堤围未统计在内，如北宋元祐年间李岩为东莞县令时主持筑堤达12条②。很多村落也建于宋代，为修筑堤围佐证。如桑园围内有龙首、细阜诸村，建于宋代，为经南雄珠玑巷的迁民所立；番禺沙田区即有礼村、植村、市头、罗边、植地庄、穗石、崇德、北约、南约、曾边、柏棠、莘丁、东南、谢氏、韩氏、沙湾、古坝、北海、横江、小龙、罗家、石岗、南浦、大涌口、龙湾、三善、黄阁、深湾等宋村，亦为珠玑巷迁民所立。在东江三角洲平原上，宋村也大量集中，如东莞即有石美、流涌尾、莫屋、樊郑、滘联、李屋、麦屋、朱屋、正丫、大汾、沙滘、八甲、罗屋堂、篁村前、小享、灯笼桥、大树墩村等。迁民中有不少人是有财力者，到达新居地后即着手开垦，经营土地且颇有成效。如东莞翟氏初来，即"日督家人开池养鱼，藩圃种橘，修畦以艺桑麻，凡可以养生之物，靡不蓄之植之，不数年家益瞻饶"③；新会周、谢、黄氏，一来即"筑围造田，开垦种植"；宣统《岭南冼氏宗谱》记当年"是时沿水而居，几同泽国，我族同堂公与同里判区公，合力提倡，兴筑基堤（指罗格围），袤长十余里。堤内沙洲数百顷，遂成沃壤，到今赖之"。这些氏族充分利用地利，开展多种经营，很快致富，支持了三角洲经济开发。

在广西东部和中部稻作区，宋代已基本上采用中原先进耕作技术，开垦出大片水

---

① 佛山地区：《珠江三角洲农业志》（二），1976年，第5页。
② 道光《广东通志·山川略》卷一一五。
③ 《琴轩集·宝安翟公寿藏志》，曾昭璇：《宋代珠玑巷迁民与珠江三角洲农业发展》，暨南大学出版社，1995年，第250、231页。

田。王象之《舆地纪胜》说贵州（今贵港）"民以水田为业"，横州（今横县）"俗唯种田"。这些州县所在的郁江、浔江流域是广西主要粮食基地，水稻种植面积扩大，自然离不开筑堤防洪。

元代统治者也颇重视农业，在珠江三角洲主要在宋代堤围基础上加以巩固和扩大，使土地利用向纵深发展。如在南海桑园围之上筑大路围，使原来分散的堤围连接起来，提高工程效益；有的对旧堤加高加厚，如东莞福隆堤、南海罗格围等；再有在围内再筑小堤，以利灌溉；另外继续修筑新堤围共34条，总长5052.6丈，捍田2882顷①。这些新堤围主要集中在珠江三角西北缘，即西江和高明河两岸，包括高要羚羊峡附近鸭塘围，西江两岸金溪围，高明和鹤山的秀丽围，三水大路围和溪陵围，高明河北岸的高鹤南岸四围、大沙围、陶筑围，三洲围内小围罗郁围（即罗秀围），以及东江下游博罗龙苏村堤等。

宋元期间，除了围垦，也通过其他办法扩大水田面积。广东转运判官王觉"开荒田几及万顷"②，受到朝廷嘉许；著名清官包拯知端州军州事，康定元年（1040年）修后沥水，目的是排水造田。上述广西稻作区的扩大，大抵也是兴修水利的结果。

大规模围垦和拓荒，产生巨大经济效益，奠定了广府系地区成为岭南经济最发达地区的基础。以前珠江三角洲居民多"散处高阜"，"岁视旱潦以为丰歉"③，农业生产没有保证。宋代兴修大量水利工程，使"潮田无恶岁"，成为稳产农田。原来无堤围捍卫依靠大排大灌的这些潮田，只能种植单季稻，修筑堤围以后，可以种植双季稻。加上北宋真宗时占城稻的引进和推广，珠江三角洲与其他稻作区一样，水稻生产发生革命性的变化，粮食产量大增。宋真宗时在广州首置平抑谷价的常平仓，广州成为我国南方最大米市，大量"广米"舶运到闽浙等地。史称"闽中土狭民稠，岁俭则籴于广"④；"广南最系米多去处，常岁商贾转贩，舶交海中"⑤；"福、兴、漳、泉四郡，全靠广米以给民食"⑥；"淳熙九年（1182年）正月，广米赴行在（杭州）"⑦。这些外运粮食，一部分产于珠江三角洲，一部分产于广西。周去非《岭外代答·法制门·常平》说："广西斗米五十钱，谷贱莫甚焉。夫其贱非诚多谷也，正以生齿不蕃。食谷不多耳。田家自给以外，余悉粜去，曾无久远之积。商以下价籴之，而舳舻衔尾运之番禺，以罔市利。"作者认为广西有大量粮食外销，原因是人口少，消费粮食不多。但既有余粮供应广东，毕竟是粮食生产生发展的反映。

---

① 佛山地区编：《珠江三角洲农业志》（二），1976年，第12页。
② 《宋史·食货志》卷一七三。
③ 嘉庆《桑园围志》。
④ 《宋史·辛弃疾传》卷四〇一。
⑤ 朱熹：《朱文公文集》卷二十二。
⑥ 真德秀：《真文忠公集》卷十五。
⑦ 《宋史》卷三十五，《孝宗纪》。

宋代按地理位置和户口把县分为十等。即赤、畿、次赤、次畿、望、紧、上、中、中下、下县。前四等仅限于京畿。在珠江三角洲诸县中，南海为望县，番禺为上县，增城、东莞、高要、四会、博罗为中县，仅新会、香山为下县，在广府系其他地区，阳江、新兴、怀集为中县，信安、封川、开建、端溪、泷水、阳春为下县。在广东上县仍以珠江三角洲和粤北居多，改变过去粤北在这方面唯一领先态势，实为以珠江三角洲为核心的广府系经济地位上升的一个表征。故后人认为到南宋时珠江三角洲已上升为全国的一个基本经济区。① 三角洲内堤围至为触目，阡陌纵横，祠庙林立，村庄比比皆是，富甲岭南地区。

明清时期，土地垦辟在广府系地区迅速扩大，为商品农业发展提供充足资源。仅广州府耕地面积，从明嘉靖十一年（1532年）799.84万亩上升到清嘉庆二十五年（1820年）1082.59万亩②，增长35%。伴随这一发展过程，珠江三角洲平原发育更为旺盛，面积比原来扩大1倍左右，滨海沙坦成为大规模围垦对象。据统计，有明276年间，珠江三角洲共筑堤181条，总长220400丈③，比宋代多10800丈。到清代，三角洲围垦达到历史盛期，筑堤共190条，总长232093.2丈，④ 年平均筑堤866.02丈。这些堤围有效地保证了三角洲土地开发利用。在广府系其他地区，清中期新增耕地增长也很快，如肇庆府为24.7%，高州府为19.8%，罗定州为19.7%。广西在乾隆以前垦荒集中在东部和中部，惜缺乏具体田亩数字，但清代推行"摊丁入亩"制度，"丁"与"田粮"挂钩，"丁"变化间接反映垦荒消长趋势。据有关研究，清中期广西地丁增长，在梧州府为47%，浔州府为34%，平乐府为72%。⑤ 在岭南各民系中，广府系地区属垦荒较多地区之列。但恰如经济史学家冀朝鼎指出："如果没有作为农业的完整组成部分的水利系统的发展，农业生产就决然达不到它曾有过的高水平，也就不能出现由具有高度生产性的农业经济所带来的半封建中国的繁荣文化。"⑥ 堤围固然是三角洲主要水利事业，而陂塘等水利工程更活于各类地区。综合有关志书，可见明清时期广府系各府州陂塘数量有相当增长。如肇庆府明后期陂塘有97处，清中后期有291处，增加2倍多；高州府相应由163处增加到288处，增加0.77倍；梧州府由58处增加到82处，增加0.4倍；郁林州由26处增加到36处，也增加0.39倍。⑦ 这些工程对当地农业生产作用巨大。万历间

---

① 冀朝鼎：《中国历史上的基本经济区和水利事业的发展》附图，中国社会科学出版社，1981年。
② 梁方仲：《中国历代户口、田地、田赋统计》，上海人民出版社，1980年，第462页附表34、第409页乙表77。
③ 佛山地区：《珠江三角洲农业志》（二），1976年，第33页。
④ 佛山地区：《珠江三角洲农业志》（二），1976年，第46-58页。
⑤ 周宏伟：《清代两广农业地理》，湖南教育出版社，1998年，第121、124页。
⑥ 冀朝鼎：《中国历史上的基本经济区和水利事业的发展》附图，中国社会科学出版社，1981年，第15页。
⑦ 周宏伟：《清代两广农业地理》，湖南教育出版社，1998年版，第96-99页。

肇庆知府王泮开凿跃龙窦，"自是启闭以时，雨则分汇内潦，旱则引潮灌溉数万亩，洼亢之田悉为膏腴，渠皆可行舟①。梧州府居民"百计耕术"，包括"灌溉之术"。② 广西南部山区横县普遍修筑堤围、陂塘蓄水，引溪流灌田。志称"其地皆山乡，有田一坵则有塘潴水，塘高于田，旱则决塘窦以灌，又有远溪洞者，则决溪洞，故横人不知有桔杆"③。这些水利事业成就和明中叶以来出现资本主义萌芽，推动了农业商品化生产，主要在经济作物和部分粮食作物专门性生产和集中分布上反映了广府系地区比其他民系地区发生要早，特色更鲜明，其中蚕桑、甘蔗、水果、鱼苗、花卉等商品生产已分异出专门化农业区，珠江三角洲由此成为我国资本主义萌芽出现最早的地区之一。

珠江三角洲蚕桑业虽然历史悠久，但明以前并不为人重视，知名度不高。明中叶以后广州几乎垄断全国外贸，澳门又作为一个国际贸易港崛起，大量生丝通过澳门进入国际市场，从而大大地刺激了珠江三角洲蚕桑业发展。另一方面，在明代围垦低地、防治水患过程中，珠江三角洲人民创造了挖深为塘、覆土为基这种基塘结合的土地利用方式，包括桑基、蔗基和果基鱼塘等作物组合方式。其中桑基鱼塘能把栽桑、养蚕、养鱼三者有机地结合起来，充分利用它们之间的物质和能量循环，构成一个特殊的人工生态系统，在三角洲地理条件下取得最佳的经济效益、生态效益和社会效益。故它一旦形成，不是缓慢而是飞跃地发展起来，很快取得三角洲土地利用主导地位。据《珠江三角洲农业志》（三）统计，明万历九年（1581年）珠江三角洲南海、顺德、番禺、新会、三水、高明、新安（今深圳）、东莞等县课税鱼塘约16万亩，约合基塘面积40万亩。其中南海、顺德各约10万亩，成为最早形成基塘农业地区；但直到明末清初，仍以果基鱼塘为主。《广东新语·鳞语》载珠江三角洲"凡塘基堤岸，多种荔枝、龙眼"，桑基鱼塘为次。乾隆二十二年（1757年）到鸦片战争前夕，全国独留广州为唯一对外通商口岸，外商大量采购生丝，厚利所在迅速改变土地利用面貌，不但果基鱼塘被桑基鱼塘取代，而且一部分稻田也改作桑基鱼塘。南海九江、顺德龙山和龙江等乡"境内有桑塘无稻田"，"民改业桑鱼，树艺之夫百不得一"，④ 成为纯粹的桑基鱼塘之乡。鹤山在道光年间发展到人"皆以蚕为业，几乎无地不桑，无人不蚕"⑤。连珠江三角洲边缘半山区增城县嘉庆年间境内也"多桑多蚕"⑥。鸦片战争以后，国际市场对生丝需求剧增，太湖流域蚕桑业因受太平天国运动战火影响而萎缩，使珠江三角洲蚕桑业由此获得大发展机遇，再一次掀起"废稻种桑"高潮，直到清末依然不减。老蚕桑区南海、顺德发展到

---

① 道光《广东通志》卷一一六。
② 乾隆《梧州府志》卷八。
③ 黄体荣：《君子堂日询手镜》，《广西历史地理》，广西民族出版社，1985年，第127页。
④ 光绪《九江儒林乡志·经政略》卷五。
⑤ 道光《鹤山县志》卷二。
⑥ 嘉庆《增城县志》卷一。

连学田也改作蚕田。清末南海"境内桑田以江浦、黄鼎、主薄为多，而江浦之官山、简村、金瓯、龙津，黄鼎之罗格、良溪、大岸，主薄之九江、沙头、大同尤为最。十亩桑田，浓荫绿缛，且各处均有桑市。即此数处而论，桑田不下数千项"；"县属养蚕之家，以西樵各乡为最盛，约有万余家，其余所在皆有，实在数目一时未详"。① 顺德龙山乡"咸丰前尚有禾田，后悉数变为桑基鱼塘"，全县在清末种桑面积达30万亩以上，而稻田面积不及总耕地面积的十分之一。② 新蚕区也方兴未艾，高明县即有不少园苑、田园种桑；高要县沿西江上自班头、禄步，下至羚羊峡多以养蚕为业，清末该县六、七、八、九区也"渐有养蚕"③。新会东北部下天河一带上下20里至咸丰年间已改挖为桑基鱼塘；番禺南部东溜、韦涌、石壁、沙湾、市桥等处清末桑基面积也扩展到百顷上下；过去来受惠于蚕桑之利的东莞在同治、光绪之交开始提倡蚕桑，"购桑种于顺德，并请养蚕之善者为师，有是播种渐兴，峡内、石步、周屋、夏丰、仙山诸乡产丝尤伙"。④ 据有关统计，清末珠江三角洲以桑基鱼塘为主的基塘农业区面积已达100万亩⑤。到1925年广东蚕桑业全盛时，全省生丝产量占全国的三分之一，主要又集中在珠江三角洲。至此形成的珠江三角洲基塘农业区范围，含顺德全境，南海南庄、九江、沙头、西樵，中山小榄、古镇、南头、东凤，新会荷塘、棠下等地，总面积约150万亩，其中基塘面积约100万亩，鱼塘面积约43万亩。基面有一半种蔗，三分之一种桑，其余种果、菜、花卉等。珠江三角洲基塘面积不及广东全省面积十分之一，却生产全省一半塘鱼，七成蚕丝，一成半糖蔗，成为生产专业化程度最高、经济总量最大、物质文明程度最高的地区。

岭南其他民系地区虽然也有蚕桑业，但属自然经济范畴。以潮州蚕业而言，明中叶以前曾为地方特产之首，但到乾隆年间"九邑无绮纨之织，故桑不多"⑥，自不能与珠江三角洲相比。桑基鱼塘获得如此巨大发展和取得多种效益，光绪《高明县志》对此做了总结，指出"近年业蚕之家，将洼田挖深取泥覆四周为基，中凹下为塘，基六塘四。基种桑，塘养鱼，桑叶饲蚕，鱼矢（屎）饲鱼，两利俱全，十倍禾稼"⑦。我国第一家机器缫丝厂创始人南海陈启沅在《蚕桑谱·总论》中还扩大了蚕桑业的文化内涵，更进一步指出："且蚕桑之物，略无弃材。蚕食剩余之桑可以养鱼；蚕之屎可以作粪土，固可以培桑并可以培木、蔬菜、杂粮，无不适用；更可以作风药；已结之茧，退去蚕壳，化成无足之虫曰蚕梦，若不留种，煨而食之，味香而美，可作上等之菜，偶有变坏之虫

---

① 宣统《南海县志·舆地·物产》卷四。
② 佛山地区辑：《珠江三角洲蚕桑业发展史》，《珠江三角洲农业志》（四），1976年。
③ 宣统《高要县志·食货·实业》卷十一。
④ 民国《东莞县志》卷十三。
⑤ 佛山地区编：《珠江三角洲农业志》（三），1976年，第48页。
⑥ 乾隆《潮州府志·物产》卷三十九。
⑦ 光绪《高明县志·地理·物产》卷二。

亦可饲鱼养畜，更有劣等者曰僵蚕，可作祛风药；即缫丝之水均可作粪土以耕织。"这样一个物质和能量良性循环方式，为桑基鱼塘注入无限生命力。其次，基高塘低，围基设窦闸控制围内水量蓄泄，既不怕涝也不受旱，雨水多流进塘，干旱从塘汲水，桑基也不受旱。广东虽多暴雨，但塘基上常年生长作物，也可以防止水土流失；另塘基上还可以间种花生、黄豆等作物，有的还在基上搭起瓜棚，保持水面清凉，即使盛夏季节水温也不高，适宜鱼生长；还有基塘使用有机肥，即使现代也少施化肥和农药，利于保护环境，维持生态平衡；最后，基塘终年可以生产，时间安排合理，农活有轻有重，老弱妇孺都有合适的事干，故劳动力资源得到充分利用，没有一寸荒废土地，没有一段闲置季节，以有限土地，养活更多人口，"家有十亩之地，以桑以蚕，亦可充八口之食矣"①。这样，蚕基鱼塘这种资源利用组合既能带来丰厚经济收入，维持良好生态平衡，也保持社会相对稳定，是一种世界罕有的土地利用方式，乃珠江三角洲人民对人类文明的一项重大贡献。这种土地利用模式可综合如图3-3所示：

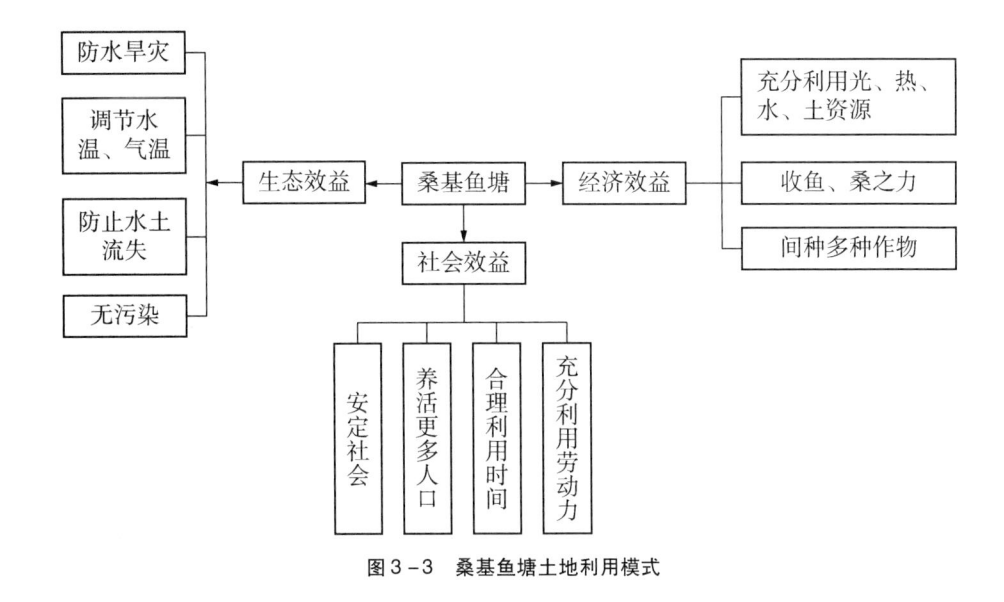

图3-3 桑基鱼塘土地利用模式

近年桑基鱼塘这种土地利用方式得到国内外有关专家高度评价，在广东向西江、粤北、高雷和东江下游地区推广，在国外目前至少有20多个国家和地区建立了基塘系统供试验或改造低洼地。可以相信，基塘农业将继续走出国门，为全人类服务。

除了珠江三角洲，桂东南也有相当规模的蚕桑种植业，但不是采取基塘方式，而是将蚕桑种植于河滩、低洼地、缓坡、四边地、山塘水库周边等。宋代"广西亦有桑蚕，但不多耳"②。直到清中叶广西仍不盛产蚕桑，《古今图书集成》引《风土记》说："浔

---

① 屈大均：《广东新语·虫语》卷二十四。
② 周去非：《岭外代答·水绸》卷六。

州府……力耕为业，不产蚕丝。"只在鸦片战争后在国际市场对蚕丝需求刺激下，广西才发展为新蚕区，且多分布在桂东南。清同治十二年（1873年）容县设蚕桑局，从广东购回桑种，发动民间种植。光绪十三年（1887年）该县从广东购得桑秧总数达百万株。光绪十六年（1890年）广西巡抚马丕瑶大力推广、振兴蚕桑业，并撰蚕歌曰："城市村庄，凡有余地，植桑皆良。织得一匹绸，起得三间堂。粤西地瘠何难富？只要丝茧户户桑秧，只要桑株百万行。"光绪十七年（1891年）马丕瑶向朝廷奏报，广西全境产丝20万斤以上，植桑2.76亿株，① 以平南、贵县等植桑最多。苍梧县长洲的耕地有60%为桑田，几乎家家种桑养蚕。直到20世纪30年代，广西蚕业才因外国丝织品大量输入和自身技术落后而衰落。但广西蚕桑业兴盛主要深受广东主要是珠江三角洲影响，首先在桂东南发展起来，地域上与广东连成一片，与广府系分布基本一致。

岭南其他民系地区虽然也有蚕桑业，但其发展规模和效益始终不及珠江三角洲或中道式微。清康熙年间"绸绢出海阳（潮州）"，"茧绸出程乡（梅县）"，② 道光时长乐（五华）设蚕市，但都不成气候。原因是潮梅地区使用"山蚕"种，包括野生或饲养天蚕、柞蚕或樟蚕等，属天蚕蛾科，与珠江三角洲桑蚕不同科。光绪《嘉应州志》指出："茧绸，非家蚕，乃山蚕丝也"，不但产量有限，质量也未及家蚕。清末潮州百业皆兴，"惟蚕事未兴，近朱守丙寿以浙、湖蚕种给民，亦未收其利"。③ 在嘉应州一带，"近年士大夫锐意讲求蚕桑之利，购桑种于顺德，设蚕桑局于广州城，踵而行者有松口各乡，而率无效"④。清初海南琼山、文昌，清中后期高州府电白、茂名、吴川等地都养山蚕，但终未成功或效果不大。连珠江三角洲边缘潭江流域开平县，光绪末年"试行养蚕，劝力种桑，一时山岗河埒殆遍，未几相继告罢。因邑无桑市，养蚕者仅数家，若蚕种不良，则桑即滞销，故种桑者不得不罢"⑤。这些地区蚕桑业之所以失败，一是如上述蚕种不良；二是未能如珠江三角洲那样采取基塘布局方式，形成良性生态循环；三是未能形成良性经济运行机制系统，包括蚕茧加工、缫丝、销售等有机结合，所以各地虽在同一或相似经济大环境下经营蚕业，效果却大相径庭；四是蚕桑业需要依靠技术市场调控，不能依靠行政命令。如上述广西巡抚马丕瑶那样通令各地推广栽桑养蚕，虽可收一时之功效，但因不合时宜，终难长久。柳州府来宾县"厥时风气闭塞，乡民应者绝少，官司糜费过巨，所产茧丝得不偿失。今马公调任巡抚广东，官局遂罢"⑥。又如南宁府隆安县官府一再"严令种桑养蚕，皆无成效"⑦。而珠江三角洲由于具有深厚的商品经济基础，

---

① 《马中丞遗集》卷二、三，见李炳东、戈德华：《广西农业经济史稿》，第340，341页。
② 康熙《潮州府志》卷十。
③ 光绪《海阳县志》卷七。
④ 光绪《嘉应州志》卷六。
⑤ 民国《开平县志》卷六。
⑥ 民国《来宾县志》下篇。
⑦ 民国《隆安县志》卷四。

在整体上支持了蚕桑业的布局和运作，使其他民系地区难以望其项背。

广东甘蔗进入大规模商品生产始于明中叶，因嘉靖《广东通志初稿》指出广东蔗糖已为"天下所资"，即获得全国意义。而其产地又以珠江三角洲为集中。屈大均《广东新语·草语》说："糖之利甚溥，粤人开糖房者多以致富。盖番禺、东莞、增城糖居十之四，阳春糖居十之六，而蔗田几与禾田等矣。"珠江三角洲许多地区甘蔗"连岗接阜，一望丛若芦苇"。东莞篁村、河田一带"白紫二蔗动以千顷计"①。这主要指分布在台地、山坡和河流阶地上的甘蔗。在平原低地则有小面积分布，如东莞石龙清初有"千顷潮蔗"②。史称粤中"每冬初，遍诸村岗垄，皆闻夏糖之声"③，小糖寮星罗棋布，显示珠江三角洲及其附近地区糖蔗业一派兴旺。但甘蔗是一种嗜肥作物，旱瘠高岗、台地、坡地不及冲积土更利于其生长，故蔗基鱼塘在珠江三角湖虽也获得一定发展，但效益终不及桑基鱼塘，后被后者取代。另外，其品种为我国原产竹蔗，含糖率低，加工技术落后，也限制了它在珠江三角洲的发展。除珠江三角洲外，明清在广府系地区也有一些小蔗区。一在西江流域部分州府，如封川县河谷平原多种甘蔗，山坡多种花生，"油糖之利与旁邑等"④。桂东南州府入清以来甘蔗不断扩种：梧、浔州府诸县皆有出产，有种于水田不能作糖、仅供口果的腊蔗，也有种于江滨阶地、台地的竹蔗，可熬糖；郁林州很多人逐蔗糖之利，当地甘蔗供不应求；博白、北流县境也多种甘蔗，北流所产竹蔗糖质量上乘，畅销湖广，专称为"北流糖"。二在北部湾钦廉地区，自然条件适于种蔗，但以区位偏远，过去蔗业未获发展。"自乾隆以后，外府州县迁入钦者，五倍土著。人力既集，百废俱兴，山原陵谷，皆垦辟种植甘蔗。"至道光年间，廉州府属拥有"糖漏行者数十所"，"每年外府大贾驾海舶诣钦采贩者，金计数十万"⑤。这种蔗糖商品化生产，自然是以甘蔗普遍种植为基础的。三在漠阳江流域，清初即有"阳春糖居（全省）十六"之说⑥。嘉庆《阳春县志》说"邑人多以榨糖为业"，以后又有发展，道光《阳春县志》指出"阳春出糖之地，利之所在，人竞趋之"，自属较大规模的商品化生产和集中分布格局。

岭南自昔就有"食香衣果"之誉，但只到明中叶以后，才主要在珠江三角洲发展为专业性生产，形成全国意义的综合性水果基地，以荔枝、龙眼、香蕉、柑、橘、菠萝为主。顺德、南海、番禺、增城、东莞、从化等地为水果集中产区。其分布格局，大抵珠江三角洲西南部的南海、番禺、顺德以龙眼、荔枝为主，珠江三角洲东北部，含番禺一

---

① 雍正《东莞县志》卷二。
② 屈大均：《广东新语·地语》卷二。
③ 屈大均：《广东新语·地语》卷二。
④ 道光《封川县志》卷一。
⑤ 道光《钦州志·物产》卷一。
⑥ 屈大均：《广东新语·草语》卷二十七。

部分、增城和东莞交界低山、台地、平原以荔枝为主，珠江三角洲西北部的高要、四会、三水则以柑橘为主。《广东新语·地语》描述顺德陈村一带"周围四十余里……居人多以种龙眼为业，弥望无际，约有数十万株。荔枝、柑、橘诸果，居其三四，比屋皆焙取荔枝、龙眼为货，以致末富"。在顺德锦鲤海设龙眼市场，开展专业性水果交易。而"自南海之平浪、三山而东一带，多龙眼树；又东为番禺之李村、大石一带，多荔枝树。龙眼叶绿、荔枝叶黑，蔽亏百里，无一杂树参其中。地土所宜，争以为业，称曰龙荔之民"。在广州附近"凡矶围堤岸，皆种荔枝、龙眼，或有弃稻田以种者"。在珠江三角洲东北增城，"每当荔枝熟时，舟自扶背历东、西二洲至于沙贝（今新塘），一路龙丸凤卵，若丘阜堆积"，成为珠江三角洲荔枝集中产区，也有荔枝市之设；距离沙贝不远的东莞石龙"其地千树荔，千亩潮蔗、橘、柚、蕉、柑如之"；番禺鹿步都（今黄埔）"自小火坑村至罗岗三四十里，多以花果为业……每田一亩，种柑、橘四五十株。……熟时黄实离离，远近映照，如在洞庭包山之间矣。自黄村至朱村一带，则多梅与香蕉、梨、栗、橄榄之属，连岗接阜，弥望不穷"。珠江三角洲西北诸县则以柑、橘生产为主，其中"产四会者光滑，名鱼冻柑，小民供亿亦苦"，"香橼，一曰枸橼，山高要极林乡为上"。屈大均《广东新语》所记珠江三角洲水果生产，不但产量大，商品化程度高，以致雍正皇帝都朱批"广东本处之人，惟知贪射重利，将地土多种龙眼、甘蔗、烟叶、青靛之属，以致民富而米少"①，且不乏良种，明正德年间珠江三角洲的甜橙还辗转传到欧美，现今美国加州花旗蜜橘就是由广东间接引种培养起来的。

清中叶以后，珠江三角洲及邻近地区水果业分布发生较大改变。木本水果由平原向丘陵、岗地转移，出现较大规模的种植园式经营，如增城即有启芳园，顺德、南海果基渐被桑基取代，水果生产在这里失去历史地位，而荔枝另在西江流域一些地区兴盛起来，新兴县开始成为重要荔枝生产基地。时人评广东荔枝"多不及闽，而较早（熟）一月，唯新兴者过之，新兴荔枝较美于闽之状元红"②。新会柑、橘种植业也在这时崛起，一些名产驰名全省，如"广南橙子出新会者佳，顶有纹如圆圈，土人以此辨真伪"③，"广东新会橙为岭南佳品，皮薄紧，味甜如蜜，走数千里不变形，食橙而不及此，实不知橙味"④，至新会柑橘"种植者千万株成围"，数量多，产量大，"每岁大贾收其皮售于他省"⑤，形成异军突起、后来居上之势。

明末原产巴西的菠萝传入岭南，首先在东莞、南海、番禺等地栽培，到清中叶在珠江三角洲获得长足发展。范瑞昂《粤中见闻》说"粤中凡村落路旁，多种山菠萝"，此

---

① 道光《南海县志》卷一。
② 吴震方：《岭南杂记·荔枝》卷下。
③ 佛山地区：《珠江三角洲农业志》（六），引江藩：《舟车见闻录》，1996年印第67页。
④ 道光《新会县志》卷二。
⑤ 道光《新会县志》卷二。

粤中首指广州附近地区。清末新会已有菠萝罐头制造业，"蜜渍之，盛以铁罐装之，行于远处"①。增城启芳园所种菠萝不可胜数，高要禄步一地每年菠萝产值达数万元。菠萝开始跻进与荔枝、柑橘、香蕉齐名的岭南四大名果之列。不过，清中叶以后，由于农业多种经营发展，珠江三角洲土地利用被分割，没有像清初那样大面积经济作物集中种植区，而以品种多样、布局分散为地域特色。

明清时广西也盛产各种水果，但够得上商品性生产、呈大面积分布的地区仍在桂东南，亦属广府系地区。其中郁林州属北流、陆川作为荔枝重点产区，不但栽培"甚盛"②，而且产量很大，北流就有大造荔、黑叶荔、丁香荔、白蜡荔、麒麟荔等5种。在梧州府"荔枝以苍梧泗化洲产第一"，但龙眼产量多于荔枝，"藤、容（县）间傍水连村，望之金翠夺目"③。闻名天下的容县沙田柚，晚清发展到"四乡皆植，秋后金丸满树，获利颇厚"④，畅销各地，成为广西果业的一朵奇葩。

明末以来，广府系主要是珠江三角洲地区由于人口增长、城镇扩大和工商业发展等原因，缺粮问题日益严重。《广东新语·食语》说："又广州望县，人多务贾……而天下游食奇民，日以辐辏……增至数千百万，皆以东粤为鱼肉，恣其噬吞，而生之者十三，食之者十七，奈之何而谷不仰于西粤也。"还有"广之粟，澳夷十余万，皆仰给焉，故不见羸"⑤。消费的人多，生产的人少，成为珠江三角洲缺粮的根源。而广西在明清也由于经济作物发展、城镇人口增加，以及邻近省区商品经济影响等，粮食生产出现一些商品化趋势，部分商品粮供应广东。输出地区清初在桂南，清中期主要为桂东和桂中地区，包括梧州府、浔州府、平乐府、桂林府、郁林州等。史称乾隆年间"广西所产谷，除本地食用尚有余，（广）东省即有收亦不敷岁食，向来资商贩运"⑥；又有志载"粤东（广东）人稠地窄"，"米谷不敷，仰赖广西，兼资湖广"⑦；乾隆三十五年（1770年）广西于常平仓额储谷外特设"备贮广东谷"，简称"备东谷"，年为10万石，⑧ 由桂东各府州供给。而梧州的戎圩就是广西商品粮集散地，各地余粮"转输络绎于戎，为（广）东省赖"，每天有二三十万斤稻谷由此运往广东佛山等地。⑨ 西江以水量丰盈、通达方便而成为强大运粮通道。这样两广主要是广府系地区粮食一缺一余，相互取长补短，获得供需平衡，同时也支持了珠江三角洲经济作物商品性生产。这种主要发生在广

---

① 光绪《新会乡土志》。
② 光绪《郁林州志》卷四。
③ 乾隆《梧州府志》卷三。
④ 光绪《容县志》卷五。
⑤ 王临亨：《粤剑篇》卷二。
⑥ 《清高宗实录》卷五八一。
⑦ 乾隆《河源县志·农功》卷十一。
⑧ 嘉庆《广西通志·经政·积贮》卷一六二。
⑨ 《太平天国革命在广西调查资料汇编》，广西人民出版社，1962年，第19、253页。

府系地区的经济优势互补,是其他民系地区难以企及的。

广府系地区临海。靠山吃山、靠海吃海,这是我国传统农业经济的基本模式。对于海洋资源也以农业利用为主,即"以海为田",称为"耕海",其对象主要为滩涂和近岸海域,以取得鱼盐之利,建立起海洋经济模式,广府系和潮汕系一样,都以这个经济特点闻名。

秦汉以来,滩涂和近海已纳入广府系先民经济活动范围。秦始皇进军岭南,除了政治目的,还出于仰慕越地犀角、象牙、翡翠、珠玑等土特产,其中珠玑即产自南海。番禺(广州)已是这些土特产集散地。在南越国墓葬和遗址中,屡有鱼骨、龟足、青蚶、笠藤壶和楔形斧蛤等发现,广州南越王墓即出土包括这些海产以外的耳状耳螺、沟纹笋光螺、真虾、大黄鱼、广东鲂、鲤鱼、中华花鱼等14种水产品,既有典型的淡水、咸淡水种类,也有咸水种类,分布在珠江各河口和沿海,说明南越国沿海人民已积累和掌握了渔业生产的丰富经验和娴熟的技能。到汉武帝时,司马迁在《史记·货殖列传》中指出番禺作为全国一大经济都会,是"珠玑、犀、玳瑁、果、布之凑",其中珍异水产品相当一部分产于南海。东汉已有"珠还合浦"的故事,说明汉代起北部湾就盛产珍珠。晋裴渊《广州记》说:"珊瑚洲在(东莞)县南五百里,昔有人于海中捕鱼,得珊瑚。"有论者认为珊瑚洲系指东沙群岛。过去有人在岛上拾得汉代五铢钱,与上面所记符合。这些渔民谅为珠江三角洲或粤东沿海居民,他们已驱驰于陆架海区。唐代岭南土贡品,除农产品以外,珍珠、玳瑁、水马、鲛(鲨)鱼皮等多为陆架所产。曾任广州司马的刘恂在《岭表录异》中记载了许多关于蚝(牡蛎)生活习性、鲸鱼喷水、水母与虾共栖、海镜与豆蟹共生,以及识别珠贝方法等,为沿海渔民熟知海岸近海、利用海洋资源的一种见证。南汉时期,采珠成为一项暴政,南汉主设采珠媚川都,一在今北部湾,时称珠母海,一在东莞大步海,即今香港新界大埔附近海域。媚川都有军士二三千人(一说8000人),负责征集疍民下海采珠,"以石缒索系兵足,入海五七百尺"①,生命毫无保障,死伤频仍。南汉主大肆挥霍的珍珠即由两地采得。南汉最后一个皇帝刘𬬮焚城之后还存美珠46缸,想见采珠规模不小。宋代虽诏废媚川都,但仍在合浦、钦州和东莞一带继续采珠。元代复立采珠提举司,设专业性采珠户,蒙古贵族伯颜一次就被元顺帝赏赐采珠户4万②,采珠规模仍相当可观。元陈大震撰《南海志》所及范围约今珠江三角洲,列举人们经常食用水产品,计有鱼类61种、蟹3种、螺9种,大部分产于海中。属大洋性鱼类也不少,如赤鱼、仓鱼、马鲛鱼、鲨鱼、章鱼、鱿鱼、墨鱼、锦蒲鱼,以及香螺、刀鞘螺、鹦鹉螺等。从这份水族清单可见,元代海洋开发已从近岸浅海进入整个大陆架。

---

① 梁廷枏:《南汉书》卷六。
② 王圻撰:《续文献通考·征榷·坑冶》卷二十三。

明清时期，传统海洋开发进入新阶段，海洋捕捞业更有长足发展，形成一个多层次作业体系，广府系地区处于领先水平。据以珠江三角洲为记载重点地区的《广东新语·鳞语》载，清初广东使用渔具不下 10 种。用于江河海滨者有罾、笼、罩、箔（沪）、橇、跳白（小舟）、钓等；用于浅海的叫罛（大网），罛又分深罛、索罛、板罛、围罛、墙罛等，适用于不同深浅、底质、鱼类和鱼节。渔获量每有不同，例如深罛由六七十艘渔船联合操作，每日捕鱼数百石；用于更深海域的索罛规模更大，"相连数百罛，以为一墙，横截海水。……起罛时鱼多不可胜数"。而作业渔船，从小艇发展到风帆船，从一桅风帆船进而到三桅风帆船。乾隆年间，北部湾已出现一种抗风能力很强的渔船，俗称"猛头"，载重约 176 吨和 295 吨，其作业范围已远至南海诸岛海域。

滩涂具有海陆国土特点，资源丰富，故自古为人们所重视。岭南滩涂分布虽在各海区宽窄不一，但在各大河河口或溺谷湾岸段，滩涂都比较宽广，面积也较大。珠江、南流江、漠阳江、钦江，以及韩江、南渡江，或钦州溺谷湾、湛江溺谷湾等皆属这类滩涂分布区，成为广府系、潮汕系居民开发海洋的基地。古代滩涂开发利用，围垦是一种主要方式，岭南在宋代已经开始，发生在广府系地区的已如前述，兹不重复。另一种方式是水产养殖，至迟到明末，广东沿海已人工养蚝，但主要出现在珠江三角洲和韩江三角洲沿海，当地称这些滩涂为蚝田。东莞、新安（宝安）、番禺都有蚝田，而香山人率于海傍岩石采集天然蚝。养蚝业后又扩展到台山、阳江和雷州半岛沿海。屈大均尝作《打蚝歌》云："一岁蚝田两种蚝，蚝田片片在波涛。蚝生每每因阳火，相叠成山十丈高"；又曰："冬月珍珠蚝更多，渔姑争唱打蚝歌。纷纷龙穴洲边去，半湿云鬟在白波"。① 著名的珠江口宝安沙井蚝即形成于清初，以质优冠绝海内外。此外，"阳江有红蠃，壳黑而肉微红，味绝甘，生海中，千百成洋，若蜂房相结"，"番禺海中有白蚬塘，自狮子洋至西江口，凡二百余亩，皆产白蚬。……凡取蚬之罟曰蚬笭，取虾之罟曰虾篮。……故谚曰：今年白蚬多，疍家银满笭"。② 无论种养或采集，滩涂贝类资源都有重要经济价值。其中最重要的一项是珍珠采集和人工养殖，即到明代广东沿海仍在采珠。《广东新语·货语》说："合浦珠曰南珠。其出西洋者曰西珠，出东洋者曰东珠。东珠豆青白色，其光润不如西珠，西珠又不如南珠。"南珠这个殊荣扬名至今。明代广东廉州府有 7 个珠池，最大的为平江池、杨梅池、青莺池，次为乌泥池、白沙池、断望池、海渚池；雷州府只有一个乐民池；东莞珠池明代已经衰落，产珠不多。所谓珠池实为岛屿围绕的海域或海湾，而不是人工修筑的池子。据嘉靖《广东通志·民物志·珠池》载，成化十二年（1476 年）广东采珠 2.8 万两，正德九年（1514 年）为 1.4 万两，嘉靖五年（1526 年）为 8080 两，嘉靖十二年（1533 年）为 11320 两，嘉靖二十三年（1544 年）为 4000

---

① 屈大均：《广东新语·介语》卷二十三。
② 屈大均：《广东新语·介语》卷二十三。

多两,年产量呈下降趋势。明在广东设珠监,粤督林富说:"查得弘治十二年(1499年)采珠,东莞县取大船二百只,每只用夫二十名,共夫四千名……雷、廉二府各小艚船一百只,共船二百只,每只用夫十名,共夫二千名。"①。采珠规模如此之大,珠子都运往广州。《广东新语·货语》说数万金珠运到广州,一个晚上售罄,时有"金子不如珠子"之说。同书记载至迟到明后期,广东沿海百姓已初步掌握人工养珠技术:"养珠者以大蚌浸水盆中,而以蚌质车作圆珠,俟大蚌开口而投之,频易清水,乘夜置月中。大蚌采玩月华,数月即成真(珍)珠,是谓养珠。"这种人工养珠技术,当然出现在珍珠产地,不过采珠仍是珍珠的主要来源。

  盐为人们日常生活必需品,历为官卖,并主要取之于海洋。岭南盛产海盐,首先起于番禺。因"番禺"地名含义,一说为古越语,即盐村,说明先秦时期广州附近已有原始制盐业。故到汉代即在高要设立盐官,转运珠江口一带出产食盐到岭北。唐代广、恩、潮、琼、振诸州都有盐场。唐僖宗时(874—888年)一年获盐利400万缗。唐刘恂《岭表录异》介绍海水煮盐方法,并说"广内有恩州场、石桥场,俯迎沧溟,去府最远"。恩州场在今阳江、恩平一带,石桥场在今海丰。但制盐业在岭南进入大规模生产阶段是从宋代开始的。部分原因是从宋开始改煮卤成盐为晒卤成盐,使海洋开发迈上新阶段。据《宋会要辑稿·食货》载,绍兴三十二年(1162年)全国有91个盐场,共产盐288793815斤。其中广南东路有17个盐场,产盐16553000斤;广南西路有7个盐场,产盐11584450斤。同书另载,绍兴二年(1132年)"本路(指广南东路)产盐,广州盐仓每年课利二十万贯以上,潮州十万贯,惠州五万贯以上,南恩州三万贯以上"。两广占全国盐场总数19%,产量占全国9.7%。广州和南恩州盐仓获利占全省69%,为最大盐集散地。据王存《元丰九域志》载,宋代"广州东莞县有静康、大宁、东莞三盐场,海南、黄田、归德三盐栅;新会有海晏、博劳、怀宁、都斛、矬洞、六斗六盐场;潮州有净口、松口、三河口盐场;惠州归善县有淡水一盐场;海丰有古龙、石桥二盐场"。此外,廉州石康(合浦)和琼州琼山也均有盐场,广府系沿海地区集中了大多数的盐场。各州所产食盐除在当地消费外,大概先集中广州及潮、惠、南恩州,再转销粤北、西江和赣南等地,其中广州为最大集散口岸。元代岭南盐业,属广东道辖的称广东盐课提举司,属海北海南道的称广海盐课提举司。产盐盛时二提举司年产盐共约10万引(一引等于400斤),约占全国产量的40%。据《元史·百官志》记,广东盐课提举司辖13个盐场,即靖康场、归德场(均在今东莞),东莞场、黄田场(均在今宝安),香山场(在今中山),矬洞场(在今台山),双恩场、咸水场(在今阳江),淡水场(在今惠东),石桥场(在今汕尾),隆井场、招收场、小江场(均在今潮阳);而广海盐课提举司所辖盐场以广西石康为中心,其他盐场地址不详。显见元代盐场仍因袭宋代分布

---

① 民国《合浦县志》卷六。

格局。

明代海盐生产已由晒沙土淋滤制卤改为海水制卤，其技术与现代海盐生产采用的"天日法"相同，不但方法简便，提高了盐产量，也扩大了盐场分布。洪武二年（1369年）仍置广东和海北两个盐课提举司，管辖 29 个盐场。其中广东盐课提举司辖广州、惠州、潮州、肇庆 4 府 14 县 14 个盐场，比元代增加一个台山海晏盐场；海北盐课提举司辖白沙、白石、西盐白皮、官寨丹兜、蚕村调楼、武郎、东海、博茂、茂晖、大小英感恩、三村马裛、陈村乐会、博顿兰馨、新安、临川等 15 个盐场，分布在高州、廉州、雷州和琼州 4 府 12 县。除海南岛盐场有明显增加以外，两广大陆沿海盐场分布没有多大改变。据嘉靖《广东通志》载，洪武年间广东有灶丁 5 万余人，年产盐 73800 引，约占全国同期盐产量的五分之一，① 为主要产盐区。另据孙承泽《春明梦余录》载，广东盐课岁入太仓银每年约 2 万两，而嘉靖十年（1531 年）广东缴铁课银才 8290 两②，远在盐课之下。所以时人谓"广盐行则商税集而军饷足，广盐止则私贩兴而奸弊滋"③，盐业生产成为广东财政收入的主要来源和影响社会治乱的因素之一。这从侧面显示海洋资源开发具有何等重要的意义，其中广府系地区又充当主要角色。入清以后，沿海一些盐场由于环境变迁被废弃，但历史形成的盐场分布格局仍无重大变更，盐业继续成为当地经济的一个支柱。

二、客家系梯田、矿产的开发利用

客家系山区地理环境决定了坡地和山间盆地成为农业土地利用自然基础，而山川分割形势限制了人们的社会往来，这使这些山区成为古代最理想的移民安居之地。客家系地区聚落规模一般小而稠密，居民可以就近耕作，使一小块坡地利用成为可能。例如 20 世纪 90 年代初，梅州市辖 7 县 1 区，面积约 1.6 万平方公里，约有 400 万人口，分布在 1.4 万个自然村，人口密度每平方公里约 200 人，约每平方公里就有 1 个自然村。④ 古代聚落分布更稀疏，它们附近各类土地自然成为客家人开垦对象。山间盆地和坡地多依赖小河或山泉灌溉，不需要修建大型水利工程，单家独户也可以开垦利用；另外它们因有小河和山泉而具有较强的抗旱能力，除非山洪暴发，一般也不受洪灾。这对财力匮乏、人口单薄的山区最为适宜不过，故客家人能依靠有限的人力物力开垦小块土地，从事简单再生产。这点与处在大江大河中下游或三角洲平原，以及沿海低地需大规模围垦才能利用的土地有很大不同，也是客家系与广府系、潮汕系地区土地利用的一个重大差异。

---

① 《大明会典·户部》。
② 孙承泽：《春明梦余录》卷三十五。
③ 龙文彬：《明会要·盐法》，卷五十五。
④ 林嘉书：《对客家迟来说再研究》，见谢剑、郑赤琰：《国际客家学研讨会文集》，香港中文大学、香港亚大研究所海外华人研究社，1994 年，第 15 页。

再有，小水系所形成的小流域也还有灌溉和防卫等方面的优势，如钱穆先生指出的，"灌溉区域又不很广大，四周有天然屏障，好让这区域里的居民，一则易于集中而达相当的密度，一则易于安居乐业而不受外围敌人之侵扰"，也"极适合于古代社会文化之酝酿与形成"。① 这种被称为小流域文化也决定客家系地区土地利用方向是小农业，重点对象是梯田农业。由于生产力发展水平时代差异，这种梯田文化内涵因时而变，经历了比其他民系地区更复杂多变的发展阶段。

客家系地区昔为瑶、畲族所居，盛行刀耕火种，也是土地利用的主要方式。明正德《兴宁县志》曰："瑶之属颇多，大抵聚处山林，砍树为畲，刀耕火种。"近年新编的《平远县志》根据当地保存的大量畲字地名，认为"查境内自东河头以上山区，地名为畲者甚多……或即为其时畲民居之迹。自'客人'陆续过来，畲民自然淘汰，或被同化，不复存在"②。但客家先民初来，必须向畲人学习才能适应当地环境，创造生活条件，故首先种植畲禾，称"畲米"，以及薯、芋、粟、豆等杂粮，还种植青靛、苎麻、茶叶、油茶等经济作物。光绪《嘉应州志·物产·谷之属》载："百日禾自种下至收获，计期不过百日，故谓之百日子，每届五月即登于市，近城民命藉以接济。宜高田，产畲坑，所谓'五月畲田收火米'是也。"在粤东这类记载大量见于各地方志，显示以刀耕火种为代表的土地利用方式遗风延至明清。在粤北连县，唐贬连州刺史刘禹锡写有《畲田行》诗云："何处好畲田，团团缦山腹。钻龟得雨卦，上山烧卧木。……下种暖灰中，乘阳坼芽蘖。苍苍一雨后，苕颖如云发。"还作《莫瑶歌》曰："市易杂鲛人，婚姻通木客。星居占泉眼，火种开山脊。"这都是刀耕火种的写照。但也有开辟梯田的，刘禹锡的《插田歌》曰："冈头花草齐，燕子东西飞。田塍望如线，白水光参差。农妇白纻裙，农夫绿蓑衣。齐唱田中歌，嘤咛如竹枝。……水平苗漠漠，烟火生墟落。"这不但是一首描写农民劳作快乐的融洽气氛和恬静的田家乐的诗篇，而且反映粤北部分地区的土地利用已达很高水平。但总体而言，岭南大部分山区还是以刀耕火种或火耕水耨为主。《唐大诏令·政事·禁岭南货卖男女敕》云："如闻岭外诸州居人，与夷獠同俗，火耕水耨，昼乏暮饥，迫于征税，则货卖男女"，这首先指客家先民居地。但农业生产力发展总是不平衡的，在秦汉时代有些客家先民居地已出现耕耘农业，与刀耕火种并存。如秦代赵佗任龙川县令，就指导当地人民开荒辟地，兴修水利，发展灌溉农业。唐韦昌明在《越井记》中说："南越王赵佗氏，昔令龙川时，建池于嶅湖之东，阻山带河，四面平旷。登山望景，惟此为中。厥土沃壤，草木渐包，垦辟定规制。"③ 这个规制当包括耕作制度以及相应的技术措施、管理和环境保护等。龙川地下水丰富，赵佗令凿井灌

---

① 钱穆：《中华文化史导论》，上海三联书店，1988年。
② 《平远县志》，广东人民出版社，1993年，第93页。
③ 《全唐文》卷八一六。

田，《越井记》称"井周围为二丈许，深五丈，虽当亢旱，万人汲之不竭"。这恐怕是岭南打井的最早记录。唐太宗时，鼓励垦荒、改进犁构造，归善（今惠州一带）客家先民在高潭、安墩、多祝、白花、稔山、平潭等地山岭开辟梯田，修筑水田，在平原旷野上开拓田园，到贞观年间（627—649年），当地呈现一片稻谷飘香丰收景象，成为农业开发的先进地区。

宋元时期客家人大批移入粤东北、粤北，开展规模空前的垦辟活动，并开始兴修水利，引进良种和农具，使大片荒山辟为沃壤，遍地荆榛化作稻粱，客家系地区社会经济面貌有较大改观。北宋天禧中（约1019年），保昌（今南雄）县知事凌皓"伐石堰水，灌州田五千余顷"；北宋治平年间（1064～1067年），惠州太守陈偁（称）在城西"筑堤截水"，修成广袤十余里的丰湖，"湖之润，溉田数百顷，苇藕蒲鱼之利，岁数万"。① 另据明《归善县志》云："宋朝归善，拓土千余里，沿海旧地，尽为开垦"②；宋端平年间（1234～1236年），几任循州太守在龙川附近筑堤开渠灌田。文学家苏辙贬谪龙川安置，组织人力修治鳌湖大堤，使数百亩良田免于洪患，当地人称该大堤为苏堤。其他农业技术进步也有助于土地开垦。苏东坡贬惠州，在当地推广秧马，提高农业劳动生产率，并建议博罗县令林林（同椒）也推广这种农具。在农业技术进步推动下，客家系地区粮食产量大增，宋代广东有广州、惠州、潮州三大米市，其中惠州在客家系地区。王象之《舆地纪胜》说"循州户四万，岁出租米仅十万石，于番禺都会中最富饶"。大批客家米谷舶运福建销售。史称"隆兴（1163～1164年）、乾道（1165～1173年）中……莆（田）亦大旱……招潮、惠米商……四集城下，郡以不饥"③。当然，宋代客家系地区开发，仍然很不平衡，如民初黄慈博《珠玑巷民族南迁记》引贡生罗贵等人《赴始兴县告案迁徙词》云："南方烟瘴地面，土广人稀，田多山少，堪辟住址"，即岭南山区仍有大量土地可供耕凿。

元代广东粮食生产不减于宋，不但自给有余，而且有部分外销，以致元政府严令不准将粮食舶运海外诸番。其中广州又是粮食转运中心，但其来源包括广、惠、潮、高州等，客家系地区维持较高的粮食生产水平。

宋元广东粮食增产，除了稻作，还与小麦推广有直接关系，客家山区在这方面起了重要作用。唐代岭南已有种麦之举，但因气候较热，成效不大。宋代一则属中国近五千年气候相对寒冷时期，适宜小麦生长；二则北方中原入岭移民保持面食和食杂粮习惯，需以小麦为主粮，时文献有称"北人不便食秔（粳稻）"④；三是宋王朝推广种麦和实行优惠政策。北宋淳化四年（993年），中央政府规定："岭南诸县，令劝民种四种豆及

---

① 道光《广东通志·宦绩》。
② 林石信：《惠阳客家》，《岭南文史》，1996年第2期，第26页。
③ 《著作正字二刘公墓志铭》，见叶适：《水心文集》卷十六。
④ 《续资治通鉴长编》卷一八六。

粟、麦、黍、大麦、荞麦，以备水旱。官给种与之，仍免其税，内乏种者，以官仓新储粟、麦、黍、豆与之"①；对客家人优惠有加，"佃户输租，见有秋课；而种麦之利，独归客户"②。另据道光《广东通志·宦绩录》载，宋福建莆田人林一鸣知南雄州和惠州期间，曾"为文谕民，为学种麦，垦荒田，修陂塘、去丧乐，禁杀牛"；宋仁宗时，陈尧佐知惠州，"南民大率不以种艺为事，若二麦之类，惠民弗知有也。公使于南津闉地教民种麦，是岁大获，于是惠民种麦有众"③。南宋时，南迁人口增加，对面粉需求上升，小麦价格涨至每斛1.2万钱，于是广、惠、潮、循诸州"竞种春稼（小麦），极目不减淮北"，"农获其利，倍于种稻"。④ 这样小麦分布地区大为扩展，苏东坡被贬惠州，见博罗一带"三山犬牙，夹道皆美田，麦禾甚茂"，并作诗曰："二年流落蛙鱼乡，朝来喜见麦吐芒。东风摇波舞静绿，初日泫露醅娇黄。"⑤ 在连州、桂林也不乏种麦记载。吕本中咏连州诗云："今年饱新麦，忧虑则未已。"⑥ 范成大在桂林也有"秀麦一番冷，送梅三日霖"⑦ 之句。麦类在广西大行其道。到元代岭南种麦热也未退潮，方回过五岭，只见"蚕放三眠大麦熟，含桃烂红豌豆绿"⑧，呈现一派"乱田麦蓊芜"景象⑨。而据《元一统志》载，广州、潮州路都产大麦和小麦，其中不少出于客家山区。

明清时期更多客家人入居岭南山区，使土地垦辟达到高潮。同时传进番薯、玉米、烟草等适宜山区种植的作物，使以刀耕火种为主的畲田数量越来越少，有农田基本建设的梯田大量增加，客家系地区土地利用程度达到巅峰。粮食作物生产随而取得历史上最重要的地位。明《归善县志》说"东江、西枝江西岸草坪，辟为平田，沧海变桑田，耕万亩之田，家饶稻饭。川泽山原，尤宜农林畜牧"⑩。近世蕉岭诗人丘逢甲《凤凰道中》诗有"瀑布穿危石，梯田播晚秋"之句，展示一幅山区土地利用风景画。尤其在盆地、河谷狭小地区，梯田为最主要的土地利用类型，有所谓"蓑衣田""笠麻丘""望天田"等名称，由山麓分布至山巅。"水无涓滴不为用，山到崔巍犹力耕"即为这种梯田的写照。梯田主要依靠山泉灌溉，故不少地区称之为"泉源田"，大多数一年两造水稻；分布在冲沟边的称"山坑田"，地势高，水温低，与"望天田"一样，每年一熟水稻或杂粮；而河谷或盆地底部水田，生产条件较好，每年可二熟或三熟，作物组合有早稻—番薯—冬种作物（豆类、蔬菜、烟草、绿肥）、花生—晚稻—冬种作物、早稻—晚稻—冬

---

① 徐松：《宋会要辑稿·食货（一）》。
② 庄绰：《鸡肋编》卷上。
③ 郑侠：《西塘先生文集》卷三，《惠州太守陈文惠公祠记》。
④ 庄绰：《鸡肋编》卷上。
⑤ 《苏东坡集·后集》卷四。
⑥ 吕本中：《东莱集》卷一《连州行街水阁望溪西诸山》。
⑦ 范成大：《石湖诗集·宜雨斋中》卷十四。
⑧ 方回：《桐江续典集·离婺源过古荇注口张村渡遂等五岭》卷十五。
⑨ 王逢：《梧溪集》卷一《自乾封归省祖陇过大南岭向玉山》。
⑩ 林石信：《忠阳客家》，《岭南文史》，1996年第2期，第26页。

种作物、早稻—秋花生—冬种作物、番薯—晚稻（秋花生）—冬种作物。这些与地形条件关系甚大的熟制及其组合，经历了许多变迁，到晚清基本定型。粤北阳山县，志称"向系一岁一熟"，直到乾隆初在政府劝谕下，农民才在"河边源畔水源充裕之处种植早稻，于是四乡早稻有约十分之二"。① 始兴县高处田地，"多亢旱……若仅恃塘水及坑谷之水灌溉者，每至春夏之交，农人苦旱，种稻只得一造"②，但在水源充足的低田和有灌溉的高田，"早晚双季稻弥望原野"③；仁化县亦有"迟翻两造"之田④；乐昌县城附近也有"早禾与番禾两造"之田⑤；在东江客家惠州府永安县（紫金），农民在"近河防潦"之田的大冬谷，"种于四月，收于九月"，⑥ 亦一年一熟制；而梅江嘉应州客家人"早稻于二三月前莳，六月收，番（晚）稻于七月莳，十月收"⑦，为典型的一年两熟制。清代广西山区双季稻也有相当扩张，主要集中于桂东各州府，内中也有客家人居地。如容县"乡农于春分犁田，清明种田，大暑前后早禾收毕，复种名翻秋，立冬前晚禾收毕"⑧；岑溪县在明万历以前只种单季稻，天启以后已"岁耕二造"⑨；北流县双季稻也很普遍。大抵广西在清中叶以后，"梧、浔（府）以南皆一岁两熟"⑩，其余非汉区多一年一熟或种麦及其他杂粮。根据上述，清末两广以惠州府和平县—韶州府曲江县—连州—广西平乐府贺县—浔州府武宣县—南宁府隆安县一线为熟制的大致界线，此线以南为双季稻分布区，以北为单季稻分布区，亦为客家人在两广的大致北界和西界。当然在这个范围内也有不少地区实行一年三熟制（双季稻＋小麦或番薯），如嘉应州一些地区"晚稻既获则种麦，刈麦之期于（次年）二月，刈麦后即莳早稻……岁获一麦二谷"⑪；广西梧州府苍梧、岑溪等地在晚禾收后，"又有雪种，十月种二月获，即一岁三田，冬种春熟也"⑫。但不管怎样，清代两广客家系地区农作物应是"三熟其常，再熟其偶"⑬，这是一个普遍规律。除了稻、薯等杂粮以外，种麦在明清还有所扩展。明嘉靖《广西通志》载"麦有大小二种"及荞麦；清嘉庆《广西通志》说"粤土唯桂林面，各府重之"，桂东各地方志多有种麦记载。1940年统计，广西全省种麦面积达451万亩，

---

① 民国《阳山县志·舆地·物产》卷二十九。
② 民国《始兴县志·舆地物产》卷二。
③ 民国《始兴县志·舆地实业》卷四。
④ 民国《仁化县志·风土·灾异》卷五。
⑤ 民国《乐昌县志·地理·风俗》卷三。
⑥ 道光《永安县三志·地理·物产》卷一。
⑦ 光绪《嘉应州志·物产》卷六。
⑧ 光绪《容县志·舆地·水利》卷三。
⑨ 乾隆《岑溪县志·天文·气候》。
⑩ 嘉庆《广西通志·舆地·物产》卷八十九。
⑪ 光绪《嘉应州志·物产》卷六。
⑫ 乾隆《梧州府志·舆地·物产》卷三。
⑬ 雍正《广东通志·物产》卷五十二。

产量约 62870 万斤，主要分布在桂东北和桂东①，为广府系和客家系交错分布区。嘉靖《广东通志·民物志》同列广东有"大麦小麦荞麦三种"；清初《广东新语·食语》设《麦》专条，说"晚禾既获，即开畦以种小麦，正月而收"。据乾隆时地方官员奏折，广东 80 多个州县有 52 个州县及南澳同知所属地方种麦较多②，主要分布在粤中和粤东诸府州，其中客家系地区以地少人多、谷米供应紧张，种麦蔚为风气，面积也广。乾隆时暂署两广总督福州将军新柱说："粤东各属宜麦者少，只惠、潮二府，嘉应一州多有栽种。"③ 但两广人以口味关系，多以北方小麦为首选对象，当地所产地位式微。以后随着番薯、玉米推广，以及"广人以面性热，不以为饭"④ 等原因，小麦种植面积日渐减少，失去昔日重要地位。

由于自然和社会经济条件限制，客家系地区农业较粗放，粮食单产水平在总体上比广府系、潮汕系地区要低。据研究，清前期粤东惠州、嘉应州等条件较好地区，水稻亩产上等田可达 7～8 石（一石约为 30 公斤），即 210～240 公斤，下等田也有 2～3 石，即 60～90 公斤；粤北山区北部多为单季稻，产量高者可达 4.5 石，即 135 公斤，南部多为双季稻，亩产一般为 4 石，即 120 公斤。而广府系在珠江三角洲水稻亩产，高产田可达 325 公斤，低产田约 150 公斤；潮汕系在韩江三角洲水稻亩产，高产田可达 350 公斤，低产田约为 150 公斤：都比客家系地区高出 30%～50%。⑤ 所以缺粮在客家系一些地区比其他民系地区更突出和严重。但也存在地区不平衡问题，有时还视水稻丰歉而定。清代嘉应州以梅县、镇平（蕉岭）缺粮至为严重，而长乐（五华）、兴宁在道光以前尚有余粮。道光十二年（1832 年）三、四月嘉应州米价骤涨，长乐禁米出境，时嘉应州著名学者吴兰修致函长乐县令，请求弛禁，曰："长乐风俗勤俭，农无遗力，野无旷土，一岁之耕，足二年之食。比闻米禁一出，游食之徒，嚣然并起，下河之米抢，出乡之米亦抢。乡米日闭，民食日艰。……嘉应、镇平不下三十万户，一岁所收，仅备三月，必仰给于潮州（按指洋米）、兴宁、长乐。今者兴（宁）、长（乐）遏籴，潮州弗时至，则远籴于佛山"，⑥ 出现长途运粮局面。但东江和粤北客家系地区粮食可以自给，个别地区或年份有余粮外销。清初惠州府永安县"民务稼穑，饶积聚，有余（粮）以出米潭、大梧至潮（州）"⑦；乾隆年间河源县"岁且大登，可给三年之食"⑧；博罗县虽多种杂粮，然而也粮食不足，志称"其有余粟也。……家鲜盖藏，无论丰俭，辄数米而

---

① 嵇含：《南方草木状》卷上，第 158 页。
② 《宫中档奏折》乾隆十七年五月二十八日，两广总督阿里衮、广东巡抚苏昌奏。
③ 《宫中档奏折》乾隆十六年十一月二十日，暂署两广总督，福州将军新柱奏。
④ 屈大均：《广东新语·食语·麦》卷十四。
⑤ 周宏伟：《清代两广农业地理》，湖南教育出版社，1998 年，第 145－152 页。
⑥ 光绪《嘉应州志·丛语·谈梅》卷三十二。
⑦ 屈大均：《广东新语·地语·永安三都》卷二。
⑧ 同治《河源县志·农功》卷十四。

炊，村落之民兼辰一食，或以芋、以蕨，或以蔬，免死而已，宁足果其腹哉"①；北江翁源县在嘉庆年间"田一岁再熟，粒米有余"②；仁化县"向有小广西之称，不特以其谷米饶裕也"③；同治《乐昌县志·风俗》则自称"田广齿稀，山泽无禁，故耕樵织洽，亦堪自给"，为客家山区社会写照。至广西客家与广府系杂处，清中叶以来即有大量杂粮供应广东，其粮食生产应达到较高水平。据研究，清代水稻年亩产，在桂东北为90～140公斤，在桂东岑溪县约为160公斤，在贺县也可达300公斤，④ 不亚于客家系在广东分布地区水稻生产水平。这与不同民系杂处，文化上相互交流，优势互补不无关系。

客家山区垂直地带性特点也很利于多种经济作物发展。山区露重，湿度大，酸性土壤，适宜茶生长，种茶成为土地利用的重要项目。东晋裴渊《广州记》载"西平县（今惠阳区西）出皋卢，茗之别名，叶大而涩，南人以为饮"，谅为岭南产茶的最早记录。《南齐书·武帝本纪》记武帝遗诏称："我灵上慎勿以牲为祭，唯设饼、茶饮、干饭、酒脯而已。天下贵贱，咸同此制。"南齐辖境含岭南，茶栽培已不少。民国《桂平县志》追记茶"盖始于汉晋之间，至唐而大盛"。唐陆羽《茶经》开列产茶地区有42州，岭南为韶州和象州。《新唐书·韦丹传》记韦丹任容州刺史，"教种茶麦"。到宋代种茶更为普遍，苏东坡贬惠州，不但爱喝茶、煮茶、品茶，还亲自种茶，在《种茶》诗中有"松间旅生茶""移栽白鹤岭"等诗句。茶叶加工技术已颇先进，一些茶区制成"干团"（团茶）、"百饼"（茶饼）等供输官、出售。据李心传《建炎以来朝野杂记》记载，广东产茶地为南雄州和循州，年产量约0.3万斤，广西为静江府、融州、浔州、昭州、郁林州等，年产量约9万斤，主要在客家山区，广西产量又比广东大得多。周去非《岭外代答·食用门》专设《茶》条，介绍广西茶以修仁（今荔浦市）所产最负盛名，说"修仁其名乃甚彰，煮而饮之，其色惨黑，其味严重，能愈头风。古县亦产茶，味与修仁不殊"。清嘉庆《广西通志》还引宋邹浩《修仁茶》诗云："味如橄榄久方回，初苦终甘要得知。不但炎荒能已疾，携归北地亦相宜"，桂东产茶已名声在外。明清时期粤东、粤北兴起为新产茶区，而桂东茶区继续发展。兴宁、大埔、梅县、河源、龙川、五华、博罗等粤东地区，乐昌、曲江、英德、清远等粤北地区都盛产茶叶，且不乏精品。河源县在清初不产茶，但到乾隆时其茶已"独盛于岭南"，该县"上管、康乐诸乡，居人生计多赖此"，每当"夏秋之交，贾人丛集"⑤；嘉应州"州境山高石露，故产佳茗，而以清凉、阴那、三台诸山所产为最"⑥。此外，博罗罗浮山"罗浮茶"、大埔

---

① 乾隆《博罗县志·岁时》卷九。
② 嘉庆《翁源县志·舆地·风俗》卷四。
③ 民国《仁化县志·风土》，引同治县志，卷五。
④ 周宏伟：《清代两广农业地理》，湖南教育出版社，1998年，第145－152页。
⑤ 乾隆《河源县志·农功》卷十一。
⑥ 光绪《嘉应州志·物产》卷六。

"云雾茶"、乐昌"毛茶"等都很出名,有些远销海外。广西茶叶商品生产到清中后期才有起色,产茶州县发展到60多个,以桂东所产闻名。梧州府岑溪县"向无茶,止大洞山巅植之,其味甚佳,故有洞茶之名",到乾隆年间"各乡近山处尽种,而谢孟堡山场所植尤伙,远近贩鬻,为利颇饶"。①容县出产"茶珠","旧以喀山产者佳,今则顺水、招波等里多有。春末山人摘其芽,鬻于市,(广)东商复拣而研之,熔炒成珠,转运外洋"②。苍梧六堡茶,"产多贤乡六堡,味厚,隔宿不变"③。此外,郁林"未明茶",桂平"西山茶",贵县"龙山茶""阿婆茶",武宣"东乡茶""庙王茶""苦茶""瑶茶",平南"六乘茶"等都颇有名气,但零星分散,产量不大,商品比例自不能与广东商品茶相比。

　　蓝靛为纺织品染料。畲、瑶族人有种蓝习惯,客家人受其影响,至迟到宋代开始种蓝,许多农民赖此为生。清道光《赣州府志》即说当地客家人"耕山种蓝,颇获其利"。粤东兴宁、博罗、梅县方志都有种蓝记载。康熙《程乡县志·舆地志·物产》即在《货之属》条中记"为蓝"。后来种蓝地区不断扩大,与其他作物争地。清雍正时,"在广东本处之人,惟知贪财重利,将地土多种龙眼、甘蔗、烟叶、青靛之属。"④后两者主要分布在客家山区。罗浮山地区更为蓝靛集中产地,种植者多为不堪官府压迫的"流人"。民国《博罗县志》引康熙县志(已佚)云:"罗浮山种蓝、烧炭皆闽人。……博罗盗贼流劫,半皆罗浮山烧炭、种蓝异县流棍。"蓝税为当地财政一大来源,因征集过度,激起民变。有人动议:"不革炭蓝二税,新岁三四月间,祸必更烈"⑤,想见种蓝面积相当可观。清代广西种蓝也很普遍。时属广西梧州府的怀集县乾隆年间即有不少来自广东"惠、韶、嘉及清远人"抵这里"僦地种蓝"⑥;郁林州境内所产靛青,"俱从北流江贩运广东、苏杭,人通谓之北流蓝"⑦;陆川县的田蓝"年可收四五次,获利较种杂粮为巨"⑧。这些种植者主要是入居的客家人,当然也有其他民系居民。鸦片战争以后,大量化学方法制取洋靛输入,代替原产青靛,种蓝业才在岭南萎缩,甚全湮没无闻。

　　水利工程是梯田开发、经营的基础。元代客家系大部分地区水利失修,农业粗放经营,经济比广府系、潮汕系地区落后得多。例如毗邻广州之清远县,莫瑶犬牙相错,无旷原沃壤,处于刀耕火种阶段,赋税所入"不如新会之一乡"⑨。明清时期,客家系地

---

① 乾隆《岑溪县志·物产》卷二。
② 光绪《容县志·舆地物产》卷五。
③ 同治《苍梧县志》卷十。
④ 道光《南海县志》卷一。
⑤ 民国《博罗县志·前事》卷一。
⑥ 乾隆《怀集县志·风俗》卷一。
⑦ 光绪《郁林州志·物产》卷八。
⑧ 民国《陆川县志·物产》卷二十。
⑨ 《元一统治·广州路·土产》卷九。

区虽不可能像广府系珠江三角洲、潮汕系沿海地区那样大规模修堤筑坝，但星罗棋布之陂、塘、堰、井、泉、池等工程及与水车、沟渠等相匹配，同样发挥了很大效用，促进山区土地开发利用和保障作物收成。据有关记载，粤北韶州府之曲江、乐昌、仁化、英德4县同治年间陂塘数比清前期分别增加了35处、25处、6处和4处[1]；粤东嘉应州"无平原广陌，其田多在山谷间，高者恒苦旱，下者恒苦涝，当洪波骤长，其冲决之患，无可如何"[2]。故清初有人指出应重视水利建设，使遇旱"有补救之策"[3]。后来陂塘有所增加，到光绪年间全境陂塘水圳等共140多处，除五六处标明为明代修建外，其余绝大多数为清代所筑。其中灌田在1000亩以上者有13处，有自流也有使用水车灌溉者。属自流灌溉的如梅县畲坑堡五官塘，修于明正德年间，灌田3000多亩。传明代郑某所修南田堡郑仙高圳，源出七娘峰，沿流十余里，灌田数千亩。[4] 水车灌田在客家山区随处可见。惠州府长宁（新丰）因无陂塘，"惟沿长溪作转轮车取水上渠"[5]。道光前后梅县长滩堡在程江上有水车22座，李坑堡有13座，石坑堡有6座，[6] 现梅县水车镇（清龙文堡）即因境内多水车而得名。桂东客家山区，明清时修建陂塘也不少，是广西灌溉事业最发达地区。以梧州府和郁林州为例，明末梧州府属下苍梧、藤县、容县、岑溪、怀集5县，共有陂塘58处，到清雍正、乾隆之际，已上升到82处，增加41%；郁林州所属北流、博白、陆川、业兴4县明末共26处，雍正、乾隆之际上升到36处[7]，亦增长39%。但总的看来，发展速度不快，且受灌溉面积比例也偏低。清朝前期，嘉应州属下长乐、镇平两县有田地409433亩，受陂塘等灌溉的仅57910亩，占14.1%；而同期，这个比例在西江肇庆府属下德庆州和开建县为31.2%，在梧州府属下苍梧县和容县为53.5%，在琼州府属下万州为44.2%[8]。显见客家系中心地区水利事业比广府系、潮汕系地区要逊色一等，这也制约了客家地区农业的发展。

客家系地区地质条件复杂多样，成矿条件良好，是岭南有色金属和非金属矿产之乡，无论赋存数量与开采、加工条件都在其他民系地区之上，尤其是粤北，是岭南矿冶业最发达的地区。据近人章鸿钊《古矿录》载，在今广东（含海南）见于古籍的50多种矿物中，分布在粤北的约居其半，次为兴梅、西江和高州地区，客家地区在其中地位举足轻重。这些矿产资源采冶、加工和布局，成为客家人一项重要经济活动，对当地意义比其他民系地区大。

---

[1] 同治《韶州府志·舆地·水利》卷十三。
[2] 光绪《嘉应州志·水利》卷五。
[3] 光绪《嘉应州志·水利》，引乾隆州志，卷五。
[4] 光绪《嘉应州志·水利》卷五。
[5] 道光《广东通志》卷一一五，《山川·水利》。
[6] 徐俊鸣：《古代梅县市发展过程初探》，《广东史志》，1987年第1期。
[7] 《古今图书集成》卷一四三〇，《广舆汇编·职方典》，嘉庆《广西通志》卷一一九、一二〇。
[8] 周宏伟：《清代两广农业地理》，湖南教育出版社，1998年版，第104页。

考古发掘显示客家系地区也是岭南文化源地之一，出土有新石器、青铜器和铁器。著名的曲江"石峡文化"即为岭南新石器文化的一朵奇葩。那些精美绝伦的石器、陶器和兵器至今仍令人叹为观止，表明客家系未形成以前，土著越人已有了原始手工业，掌握了对石、玉等材料加工制作及陶器烧制等技术，闪烁着史前文化的光辉。南北朝时，客家系地区已开采铁矿和玉石，刘宋元嘉二年（425年），始兴郡有银民300户，专事采银。① 同时代王韶之《始兴记》谓始兴郡有玉山和银山。该书后被宋人李昉引用，称泠君（山）西北有小首山，元嘉元年（424年）夏山崩，"居人聚观，皆是银砾，铸得银也"。北魏郦道元《水经注》记今曲江、英德边境有尧山，出白石英。《隋书·地理志》亦称曲江有玉山和银山，谅刘宋以来仍未停止开采。《新唐书·地理志》说桂阳（连州）产银和铁，阳山产铁，连山产金和铁。韶州土贡有钟乳石，连州土贡有水银、丹砂和钟乳。而据李吉甫《元和郡县图志》载，曲江除钟乳以外，还产铁和玉石。隋唐粤东北地区也由于入居汉人渐多，手工业达到一定水平。宋人叶廷珪《海录碎事》记，潮梅有象洞，"其地膏腴，稼穑滋茂，有美酿，邑人重之，曰象洞酒"，显见食品手工业离不开农业的支持。

宋代客家系地区矿冶业比唐代又有显著进步，不但矿点增多，技术也有很大进步，一些矿冶部门在全国享有盛誉。综合《宋史·地理志·食货志》《元丰九域志》《太平寰宇记》等史籍所载，曲江有灵源等三锡场和中子铜场，翁源有大湖银场、大富铅场，乐昌有黄坑二银场和太平铅场，仁化有大众、多田二铁场和多宝铅场，桂阳有同官银场，阳山有铜坑、锡场，英州浈阳有钟洞银场、礼平铜场，洭洸（今属英德）有贤德等三银场，梅州乐口有锡场，石坑有铅场，龙坑有铁场，兴宁、归善有银场，归善、河源、梅州有锡场，归善、博罗、仁化有锡场等。铅主要集中于翁源、乐昌、仁化、龙川、梅州等地，特别是在对国家经济有重大意义的铜矿采冶方面，粤北和东江地区具有特殊地位。庆历末韶州、天兴铜大发，岁采25万斤，并置永通监作为一种特殊行政区，后又在惠州置阜民监，也是出于对铜坑采冶管埋的目的。北宋元丰年间全国铸造铜钱的政区共有19监，以广东两监规模最大。如熙宁十年（1077年），永通监年产钱80万贯，阜民监70万贯，分别居全国第一、二位，两监铸钱占全国总额（506万贯）的30%。② 后《文献通考》又称，元丰年间"惠州阜民监（岁铸）70万贯铜钱一十三路行使，广南东路居其一"。余靖在《韶州新置永通监记》指出："韶被山带海，杂产五金，四方之人弃农亩，持兵器，慕利而至者不下十万"，描绘了一幅非常壮观的采冶场面。而永通监所辖岑水场在选矿、冶炼上技术属当时全国先进水平。清人周广评曰："岑水，县（曲江）南，一名胆矾水，又名铜水，宋置场采，谓水能浸生铁成铜，又出生熟胆矾，

---

① 沈约：《宋书·徐豁传》。
② 马端临：《文献通考》卷九。

役民采之，岁以充贡。取之极难，丁壮苦之。"① 据有关考证，古代岑水场即今曲江大宝山。清《广东考古辑要》引《朝野杂记》云，绍兴末岁产铜，韶州胆铜88900斤，黄铜200斤，连州黄铜2800斤；产铁韶州12000斤，南雄400斤；产铅韶州5600斤，连州5000斤。② 粤北成为宋代全国最大的有色金属采冶中心，宣和三年（1121年）宋徽宗以曲江、翁源二县三乡置建福县，以加强对矿冶管理，亦可见矿区范围之广。此外，手工艺也是客家人重要的经济补充。宋代梅州瓷业就有突破性进展，采用刻划、印花、点彩、彩绘、雕刻等工艺，生产出纹饰广泛、颜色缤纷的瓷器。炉温可达1250～1300℃，保证了产品质量。梅县瑶上所产凤凰纹饰碗碟，为具有宋代瓷器特色的精品，1985年有关部门对该窑址作了清理，发现5座龙窑结构达到很高技术水平，在其他地区尚未发现同类产品；在兴宁也有同样精湛的宋元瓷器出土，当时销行阿拉伯半岛、埃及等地；在东江惠州城近郊东平窑头山、朱屋村、三栋瓦窑岭等地宋窑也发现同样工艺水平很高的瓷器制品；表明这是客家人从北方中原带来的先进生产技术在当地传播的结果。

元代广东境内矿冶业比宋代有所萎缩，所余矿点主要分布在客家山区。据《元史·食货志》载，仅韶州路产金、银、铜、铅、锡，桂阳（连州）产铁、铅和锡，其中以银和铜地位颇为重要。同书另载"至元二十三年（1286年）韶州路曲江县银场听民煽炼，每年输银三千两"。而据《元史·百官志》记，岑水场仍为全国重要炼铜场之一。另外，兴宁县宝山也是银重要产地，元末陈友定在此山采银数百万两，因名宝山。③

明代广东手工业花繁果硕，各地开采矿产达10多种，比较大宗的有铁、金、银、铜、铅、锌、水晶、玉石、丹砂、石墨等，分布几及全省，但重点在粤北、粤东和粤中。明初，据孙承泽《春明梦余录》载，广东生铁产量达190万斤（约950吨），占全国总产量的12.6%，居十一个布政司的第四位。各府州多有出产，但以韶州、惠州、潮州三府为集中，包括连州、阳山、连山、程乡、大埔、归善、河源、龙川、长乐等客家人聚居地。如洪武七年（1374年）全国有铁冶13所，阳山冶为其中之一，年产铁70万斤（350吨），占全国铁产量7.7%。④ 时广东全省共有铁冶炉43处，每炉约50名工人，但韶州、惠州府每炉人数都远远超过此数。嘉靖《广东通志初稿》说："广东之为铁冶于利固肥。……凡韶、惠等处无主官山，产生铁矿。先年常被本土射利奸民号山主、矿主名色，招引福建上杭等县无籍流徒，每岁于秋收之后，纠集凶徒，百千成群，越境前来，分布各处山洞，刨寮住扎。每山起炉，少则五六座，多则一二十座。每炉聚集二三百人，在山掘矿，煽铁取利。"⑤ 崇祯《南海县志》谈到龙川、海丰、河源等地矿徒，

---

① 周广：《广东考古辑要·山川》卷六。
② 周广：《广东考古辑要》卷二十二。
③ 顾祖禹：《读史方舆纪要》卷一〇三，《广东条》。
④ 白寿彝：《明代矿业的发展》，见《学步集》，三联书店，1961年，第74页。
⑤ 嘉靖《广东通志初稿》卷三十，《铁冶》。

"几及万人"。这些初步炼出来的粗铁（铁锭）"皆输佛山之埠"，保证了这个全国最大冶铁中心的原料供应。另据顾炎武《天下郡国利病书》载，景泰年间（1450～1456年）这些粗铁以牛驮运至江西，日达数千驮，可见粤北铁业甚盛。由于矿冶失于管理，严重污染环境。明成化初督臣韩雍由此奏请治理，指出"岑水在县翁源北……一名铜水，可浸铁为铜，水极腥恶，两旁石色皆赭。不生鱼鳖禾稼之属"①。直到清道光以后岑水场由于铜资源日渐枯竭而衰落。特别需要指出的还有明代阳山冶，它是广东仅次于佛山冶的一个大型冶铁中心，史称"铁在县东五十里。七宝山前。洪武六年（1373年），蒙省府讲究铁冶事，随地之利，分置炉冶一十五处，签点坑夫一千名，博士十一名，每岁烧办生铁七十余万斤解官"②。因为官办不如民办，阳山冶后来衰落了。另据有关记载，明代潮州5县年产铁5万余斤，时潮州含今梅州、大埔等客家地区，其中程乡（即梅县）松口有铁场五六座，大埔县清远、德州铁场约12座，平远县长田、义化铁场10余座③都有力地支持了潮州铁冶生产。此外，明代广东与全国一样，掀起过大规模找银、采银高潮，盛产贵金属的客家地区也首先卷入其中。时全省重要银场有60多处，粤北约占一半。有论者说，"在广东的惠州、长乐、海丰之间，逃军坑有银穴，河源密坑亦有之。两处矿开，则豪民往往膻附；及封坑，遂持戟而起。……这一支由惠州矿徒组成的人民武装有万余人"④。照此看来，东江客家系地区采银与粤北一样难分伯仲。

入清以后，客家系地区矿冶业虽维持过去的基本格局，但矿业兴衰不同，地区分布仍有一定差异。明清时移居广西的客家人不少，他们大分散、小集中的分布形式对矿冶业发展也是有利的。如明代梧州采矿炼铁业和石英开采业就很出名，清末贺县、富川煤矿，贵县银矿，富川、贺县、钟山锡矿，宾阳、河池、田阳、天保锑矿等开采不无客家人汗水。但以群体集中而论，广东客家人在这方面作用更显著。清代广东采冶业一项重要成就是采煤。此前广东何时采煤，文献记载甚为模糊。据历史地理学家徐俊鸣教授考证，唐代康州（今德庆一带）产燋石，即煤，宋乐史《太平寰宇记》有载。⑤但实际开采、使用如何，后世未见明文。清初《广东新语》记广东炼铁仍使用木炭。嘉庆《大清一统志》和道光《广东通志》也未提及广东产煤。近世广东煤矿产地不少，主要是清末之事。光绪《曲江县志》记当时采煤地有东水煤山，税银2000两；西水煤山，税银800两。而同书记禁采的煤山在道光五年（1825年）有城东火山圩、黄朗水、尖咀石、大岭及乌龟坑5处；同治元年（1862年）以后，弛禁和禁的煤山也有多处，说明清中叶以后，曲江一带采煤业已经中落，但毕竟是广东采煤之始。另据光绪《嘉应州志》载，梅

---

① 顾祖禹：《读史方舆纪要》卷一〇二。
② 《永乐大典》卷一一九〇七七。
③ 顾炎武：《天下郡国利病书》，广东·卷一〇〇。
④ 李光璧：《明代御倭战争》，上海人民出版社，1956年。
⑤ 徐俊鸣：《岭南历史地理论集》，中山大学学报编辑部，1990年第198页。

县白渡老盐厂、丙村黄羌坪、南口炭窿岗，以及城东谢田、松源宝坑等地，晚清已采煤。当地有人认为，白渡老盐厂河边有古人采煤留下煤窿，今已沉埋于河床下，据此推测1000多年前当地已开采煤矿。① 若此，则梅县为广东最早采煤地区。民国时期梅县地区采煤业继续发展，民国六年（1917年）南口葵岗煤矿年产量1万吨。梅县煤业盛时有煤矿工人2万余人，大小煤矿公司120余家，煤炭销售附近各地，仅每年销往潮汕地区即达20万～30万吨，采煤成为梅县经济支柱之一。此外，兴宁、大埔陶瓷业在明清时期也有长足发展。兴宁水口大坑村瓷土资源丰富、质优，居民以制陶瓷为生。产品属龙窑，风格为邻近地区代表。其技术后还传到湖南醴陵，使醴陵发展为我国南方一个重要陶瓷基地。② 大埔陶瓷业明嘉靖时已发展到8大处，以质地优良、品种齐全的青花瓷闻名，清季已成为南方一个重要瓷业基地。至于粤北，除为广东主要产煤区以外，还继续出产多种金属和非金属矿产。金、银产于曲江、乐昌、英德，铜产于阳山，铁产于曲江、翁源、乳源、英德，锌产于英德、阳山，铅产于韶州、阳山，英石和硫黄产于英德，青矾产于韶州。另曲江岑水场矿区有"地火"。道光十年（1830年）邓淳《岭南丛述》记载当地："役夫云，地中变怪至多，有冷烟气，中人即死。役夫掘地而入必以长竹管端置火先试之，如火炎青即是冷烟气也。急避之勿前，乃免。有地火自地中出，一出数百丈，能燎人……地中所出砂土，运至穴外、为风所吹，即火起煜煜然。"③ 后地质学者王嘉荫据此在《中国地质史料》中认为粤北有含油气地层，颇可供找油参考。

三、潮汕系精耕细作农业的形成和发展

精耕细作农业也称集约农业，即在同样面积土地上投入更多的社会劳动、技术和资金，以谋取最大的经济效益。它的形成发展，不仅需要以优越的自然条件为基础，而且要有良好的社会经济背景相配合，经过长期摸索、积累，才有可能建立一套稳定、系统的生产模式，并传承至今；所以它实际上也是一种文化积淀。

潮汕地区的土著越人有种植水稻的文化特质。到唐代越人基本汉化，与在此前后到来的中原和浙闽居民融为一体，成为潮汕系的一部分。到宋元时期，更多的闽南人落籍潮州。据李吉甫《元和郡县图志》和王存《元丰九域志》载，唐元和年间潮州（含海阳、潮阳、程乡三县）总户数为10324户，到北宋元丰年间（仅含海阳、潮阳两县）已达74682户，增加6倍多。同期在广南东路各州户口比较中，潮州仅次于广州，居第二位。南宋淳祐年间潮州户数已达135998户④，比北宋元丰年间增加82%，故时人谓"自

---

① 杨汾：《梅县的煤炭工业》，见《梅县市文史资料》（第十一辑），1987年。
② 罗康：《兴宁陶瓷工业源远流长》引《醴陵县志·地理志》，见《梅州文史》（第四辑），1990年，第202页。
③ 邓淳：《岭南丛述·地火》卷四。
④ 陈香白辑校：《潮州三阳志辑稿》卷之七，《户口》，中山大学出版社，1989年。

今以往，不其愈盛哉"①，即为后来土地开发提供更多劳动力。明代，据嘉靖《广东通志》已将潮州列入"地狭人稠"②之区。而据清顺治《潮州府志》记载，明万历二十年（1592年）潮州府凡101588户，540806人。这个人户数字表面上不及南宋，是由于人口统计、逃税等原因，实际上人户肯定不止此数。如据近年对揭阳县236个村寨建立时间调查结果，建于明代的有107个，占总数45.3%，多于宋代以前建立的91个村寨总和；又潮安县浮洋镇共94个自然村，其中61个建于明代，也比宋代以前建立的村寨多三分之一强。③而为了加强地方管理，明代在韩江流域增设6县。明万历进士王士性说："潮州初止领县四：海阳、潮阳、揭阳、程乡，今增设澄海、饶平、平远、大埔、惠来、普宁六邑。比他郡所无"，其中四县在潮汕地区。"今之潮非昔矣，闾阎殷富，仕女繁华，裘马管弦，不减上国"④，这是区域经济开发走向成熟的表现，也为精耕细作农业奠定了坚实的社会经济基础。

由于地缘和人缘关系，潮汕有"亲闽疏粤"的传统。来自福建的移民具有较高的文化素养，即使在宋代潮州文化也比福建落后得多，所以"八闽衣冠"入潮，不仅带来先进的生产工具、技术和良种作物，直接推动当地农业发展，也造成良好的文化氛围。据《宋史·选举志》和《潮州三阳志辑稿》载，南宋淳祐十年（1250年）潮州应举人数超过1万人，潮州被誉为"海滨邹鲁"；学风隆盛，反映人才兴旺。后世潮汕外出读书人甚多，也是提高和普及农业技术的一个有利条件。

人口增长，势必对土地造成巨大压力，因为粮食供应是个头等大事。大约从清康熙、雍正年间开始，广东部分地区人口与耕地已发生很大矛盾，尤以潮汕地区为甚。先是两广总督孔毓珣奏言："潮州一府，界连福建。田少人多，即遇丰岁，米价犹贵他郡。"⑤继后，广东巡抚杨文乾亦称："潮州各属地方，人多田少，共相争耕。"⑥清嘉庆二十五年（1820年）两广各府州人口密度，广州府居首位（219.7人/平方公里），次为高州府（150.67人/平方公里），潮州府为第三位（141.61人/平方公里）⑦。以后潮汕地区人口后来居上，超过珠江三角洲，1934年统计为400人/平方公里以上，成为广东人口最稠密的地区。⑧有人根据有关史料，整理出明初以来潮汕地区耕地与人口变化的关系，如表3-2所示。

---

① 陈香白辑校：《潮州三阳志辑稿》卷之七，《户口》，中山大学出版社，1989年。
② 嘉靖《广东通志》卷二十。
③ 黄挺：《潮汕文化渊源》，广东高等教育出版社，1997年，第68页。
④ 《王士性地理书三种》，上海古籍出版社，1993年，第362、363页。
⑤ 朱批奏折，雍正四年五月二十八日，两广总督孔毓珣奏。
⑥ 朱批奏折，雍正五年三月十二日，广东巡抚杨文乾奏。
⑦ 周宏伟：《清代两广农业地理》，湖南教育出版社，1998年版，第69页。
⑧ 司徒尚纪：《广东历史地图集》，广东省地图出版社，1995年，第46页。

表 3-2　潮汕地区 600 年来耕地与人口变化统计①

指标	明洪武二十四年（1391 年）	明嘉靖二十二年（1543 年）	清顺治十七年（1660 年）	清嘉庆二十二年（1817 年）	1946 年	1953 年	1985 年
耕地/亩	3050467	2857399	2994956	2948932	5436495	4256481	3297910
人口/人	289795	512997	274873	1356057	4278040	4645549	9202400
人均耕地/亩	10.52	5.57	10.75	2.17	1.27	0.91	0.36

为了减轻如表 3-2 所列日益增长的人口压力，潮汕地区一方面向海外、琼雷等地移民，另一方面努力提高单产，而后者主要依靠人力。民国《潮州志》指出："民多务农，农民占人口总数 70%"，"除利用牛力及天然水力以外，以人力为主"。② 故充裕的劳动力也成为潮汕集约农业发展的强大动因。只有到了宋代，潮汕地区才能转到以农业土地利用为中心的经济发展新时代，迈出了精耕细作农业的第一步，其故在于：

其一是兴修水利。史称"潮（州）本泽国，合赣、循、梅、汀、漳五郡之水注于韩江，千里建瓴，万派归壑"③。根据潮汕平原河网水文特点，宋元祐年间潮州知军州事王涤"浚芹菜沟以疏水患，筑梅溪堤以障良田"④。按芹菜沟即三利溪，为古代潮州一项著名水利工程；梅溪在韩江下游澄海境内，宋绍熙二年（1191 年）修复海阳十保之堤，即府城南至今澄海界上南堤；宝祐元年（1253 年）又对南堤进行一次大修建，并修筑涵洞，引流灌溉田亩。这项工程共动员劳力 3 万多人。此外，还有打井、挖渠、开运河等水利工程。整个韩江下游堤防体系基本上修建于宋代。陈憺《海阳筑堤记》指出这些水利工程有三大效果："一之曰扰扰奔腾之势合战而退；二之曰鼋鳖鱼鳖之区，屹然山立；三之曰沮洳化为平土，流民志其本业矣。"⑤ 自此，潮汕平原农业才获得可靠的保证。

其二是引进优良稻种。北宋真宗年间占城稻传入我国，潮州是较早引种的地区之一。占城稻具有生长期短、早熟、耐涝旱等优点，故很快得到推广。宋方志云："占稻，俗名黄占、白占、赤占、埔占，考宋真宗时以福建田多高仰，闻占城之稻耐旱，遣使求其种，得十石，使民莳之。潮界于闽，故得其种。"⑥ 后来又根据韩江三角洲河海交界、咸潮入侵特点，采用一些耐碱抗咸的稻种，在潮汕沿海即有"白芒赤""快种谷"等品

---

① 蔡人群、李平日等：《潮汕平原》，广东旅游出版社，1992 年，第 82 页。
② 民国《潮州志·实业志·农业》。
③ 乾隆《潮州府志》卷二，《气候·艺文》卷四十一，林熙春：《重修东津沙衙堤记》。
④ 《永乐大典》卷五三四五。
⑤ 《永乐大典》卷五三四五。
⑥ 陈香白辑校：《潮州三阳志辑稿》卷之八，《土产、土贡》，中山大学出版社，1989 年。

图 3-4 雷州青年运河

种，"不忌咸水"①。自此，占城稻和其他稻种与别的作物组合，形成新熟制，有效地提高土地复种指数和产量，这容后述。

其三是广泛使用牛耕。汉初珠江三角洲地区已出现牛耕，逐步改变粗放耕作方式。至潮汕地区，虽不能确切肯定它的发展程度，但广泛使用这种畜力和农具，应始于赵宋。只有使用牛耕，进行深耕熟犁，才能改变土壤肥力状况，获得高产。清乾隆《潮州府志》说："郑敦义，浈阳（今英德）人，哲宗时知潮阳。官市牛皮甚急，敦书因上言黄牛善耕，农以子视之。今吏急征之，窃恐为害不只一牛，小民将无恃以为命。书奏，乃罢市皮之令。"② 可见，宋代潮州养牛已很普遍，牛成为农家一宝，当然也是耕作的主要动力。此外，宋代先进农具如龙骨水车、秧马、铁搭等已在毗邻的福建推广使用，当大有可能传播到潮州，有助于提高耕作技术水平。

借助于这些有利因素，宋代潮汕地区精耕细作农业格局已初步形成。一是作物熟制定型，即水稻一年两熟。宋《潮州三阳志辑稿》云："州地居东南而暖，谷尝再熟。其熟于夏五六月者曰早禾，冬十月曰晚禾，曰金城米。若粳与秔即一熟，非膏腴地不可种；独糙、赤米为不择，秋成之后为园。若田半植大、小麦，逾岁而后熟，盖亦于一熟者种耳。"③ 按此，则宋代潮汕地区包括有早稻—晚稻二熟制、秋稻—小麦二熟制、秋稻—冬园艺作物二熟制等。明王佐《粤会赋》追记："禾稻绮错，粤东春种夏收者谓之早稻，再下种而十月获者谓之晚稻，有赤、白二种。"④ 当然粤东也可指全广东，但由此可

---

① 乾隆《潮州府志》《气候》卷二。
② 乾隆《潮州府志》《宦绩》卷三十三。
③ 陈香白辑校：《潮州三阳志辑稿》卷之八《土产、土贡》，中山大学出版社，1989年。
④ 乾隆《潮州府志》《物产·谷》卷二。

印证宋代潮汕地区双季稻已经形成。二是大面积稻作区分布已经出现，显示农业土地利用已达较大规模，这才有可能发挥水利工程效益，有利于提高产量。前述宋仁宗时潮州知州彭延年后落籍揭阳浦口村，有"稻田千万顷……处处尽桑麻"①诗句，这一派太平富足景象，绝不是粗放经营所能出现的。故到南宋时潮州晚稻收后已有余粮，"贩之他州，曰金城米"②。

明清时期，潮汕农业生产水平又提高到一新高度，不但原生产条件更趋完善，而且增加新的生产要素，促进农业生产更为集约和卓有成效，是农业史上一个鼎盛时期。明代兴起以筑堤围垦为中心的更大规模的水利建设高潮。据诸史记载，仅韩江下游各河汊新筑的堤段有18条，有明确记录的总长度为31577丈（210.5里），而清代同样堤段也不过6条，长6244丈（41.6里），③使大片河海滩涂被开发为良田。例如宋代三利溪，明代经过整治，充分发挥效益，"化斥卤为腴田者三万余亩"④"其滨海之民，不独利鱼盐也，概多仰资田亩。……几三农皆籍溪潭以收灌输之功。水少则引之溉田，水多则泄之归海。于是于岁无涝旱，而田亦无荒废"⑤。明末潮阳知县黄一龙主持修筑黄公堤，"东渐于海，西联络于诸村，亦一方之巨障也。……卒遇海若为灾，其远近四十余乡，咸免昏垫之患，斥卤之区化为腴田三万余亩"⑥。在多山间盆地的北部，则修筑不少陂塘灌田。据嘉靖《潮州府志》，这类陂塘达90处，到清初又有增加，"潮统九邑，曰濠，曰陂，曰渠，曰涵，曰塘，其名不一，大抵皆引泉潴水，时其储洩，为农田利"⑦。据乾隆《潮州府志·水利》统计，这类工程，海阳有75处，揭阳有282处，惠来有88处，澄海有87处，普宁有96处，共628处，为明嘉靖年间的7倍。由于围垦和陂塘浇灌得到大片良田沃土，潮汕地区垦殖指数大幅度上升。明代韩江三角洲垦殖指数与珠江三角洲相近。到清代，潮汕平原垦殖指数已达30%～40%，个别地区（如澄海）超过40%⑧，成为两广土地利用程度最高的地区之一。

粮食作物单产综合地反映一个地区农业生产发展水平。据有关研究，元代潮汕地区水稻单产折今为377斤/亩；明嘉靖至清乾隆二十年（1755年）为406斤/亩，比前期增加7.7%；清乾隆二十二年（1757年）至清末为606斤/亩，比前期增加49.3%；这说明潮汕地区粮食生产水平是不断提高的，清中后期提高速度更快。雍正年间广东督抚奏

---

① 陈香白辑校：《潮州三阳图志辑稿·艺文志》卷之四，中山大学出版社，1989年。
② 《真德秀文集》卷四，转见庄义青：《宋代的潮州》，中山大学出版社，1997年，第14页。
③ 黄挺、杜经国：《潮州地区古代的水利事业》，见《潮学研究》（2），汕头大学出版社，1994年，第197-201页。
④ 乾隆《潮州府志·艺文》卷四十一。
⑤ 顺治《潮州府志》卷一。
⑥ 林大春：《井丹林先生文集》卷七，《黄公堤遗爱碑》。
⑦ 乾隆《潮州府志·水利》卷十八。
⑧ 周宏伟：《清代两广农业地理》，湖南教育出版社，1998年，第129页。

报"粤东地方……连岁丰登"①，乾隆年间澄海"邑市村落蒸蒸富庶，居然乐土"②，普宁"五风十雨，连年丰稔③，这样的事例不少。与上述三个时期相应，潮汕地区水稻单产最高值在元至元六年（1340年）为633斤/亩，在明万历十八年（1590年）为727斤/亩，在清同治十二年（1873年）为1038斤/亩，同样反映平均亩产不断上升的趋势。直到20世纪40年代，以揭阳县彩塘镇为代表的水稻单产，上则田为840~1080斤/亩，中则田约为720斤/亩，下则田为480~600斤/亩，一般水田为685斤/亩，④与清中期单产差别不大，这说明潮汕地区集约农业形成以后，渐渐趋于巩固和稳定，生产水平缓慢地提高，而从区域对比视角来看，潮汕农业集约程度又比珠江三角洲更高一些，据有关研究，清代珠江三角洲双季稻一般为420斤/亩，而韩江三角洲为500斤/亩⑤，居两广各地之冠。

不仅粮食作物，而且潮汕地区的经济作物也反映出较高生产水平，显示精耕细作农业的某些特色。宋代潮汕地区已建立起水果业，明清时期更有长足发展，成为仅次于珠江三角洲的水果基地。嘉靖《潮州府志》记载，当时潮州种植水果有27种，其中柑有7种，橘有2种，尤以柑闻名天下。明万历间郭子章《潮中杂记》说："潮之果以柑为第一品，味甘而臭香，肉肥而少核，皮厚而味美，此足甲天下。"到清中期，荔枝、龙眼在潮汕发展起来，府属"九邑处处有之，而揭阳之价尤廉"，唯潮州"橙多甘酸，不如广州之甘美也"⑥。到晚清，潮汕地区包括菠萝、杧果等各种热带亚热带水果种类已相当齐全，产量也很大，主要分布在低丘和高台地，形成片片果园，这自然是精心培育的结果。明代潮汕地区仍缺乏大面积种蔗记录，到清康熙、雍正年间开始成为广东重要的甘蔗生产基地。潮汕甘蔗主要分布在大田上，与水稻轮种。到道光初已有"粤东产糖，以潮州为盛"⑦之语，尤以榕江流域的揭阳县至为集中。商人将那里收到的初级产品乌糖再加工成砂糖或白糖，贩之吴越一带，获利甚厚。地方志称揭阳"每年运出之糖包多至数十万，遂为出口货物一大宗，潮虽各处有之，揭实独擅其利云"⑧。鸦片战争后，珠江三角洲蔗糖业受国际市场冲击而萎缩，但潮汕蔗糖业却依靠国内市场和设立新式制糖厂而未致萧条，甘蔗种植在当地仍保持发展势头，光绪后期海阳县"近多种蔗，糖利颇饶"⑨。这些生产局面的维护和发展，与人口增加、水利建设逐步完善、抵御自然灾害能

---

① 《雍正朱批谕旨》第56册。
② 乾隆《澄海县志》卷首。
③ 乾隆《普宁县志》卷十。
④ 黄挺、杜经国：《潮汕地区元明清时期粮食产量探估》，见《潮学研究》（3），汕头大学出版社，1995年。
⑤ 周宏伟：《清代两广农业地理》，湖南教育出版社，1998年，第145、146页。
⑥ 乾隆《潮州府志·气候》卷二。
⑦ 道光《广东通志》卷九十五。
⑧ 光绪《揭阳县续志·风俗·物产》卷四。
⑨ 光绪《海阳县志·舆地·物产》卷八。

力加强，特别是社会劳动投入增加是不可分割的。

潮汕地区精耕细作农业发轫于宋，定型成熟于明清，历史虽600余年，但经验可贵，影响深远，即除解决当地人口与土地矛盾以外，还作为一种先进耕作制度传播到外地，在那里开花结果。中华人民共和国成立后，特别是20世纪六七十年代，大批潮汕老农到全国13个省区传经送宝，至今仍被传为美谈。

总结潮汕地区精耕细作农业的历史经验，除得益于当地的自然和社会经济文化优势以外，值得重视和弘扬之处还有数端。

1. 建立平面与立体相结合的土地利用方式。潮汕地区寸土寸金，当地人深知土地资源宝贵，故精心经营，巧妙安排，形成一整套轮种（水旱轮作）、间种（相间种菜）、套种（晚稻套种番薯）的农作制度，并充分利用沟、池、屋、路、堤等五边地，使无一寸土地空间荒废。据报道，潮汕历史积累下来的轮种方式有30种，间种套种方式也有23种之多，耕地复种指数达250%以上，耕地可数熟甚至10熟以上。这能有效地利用水土光热等自然资源和劳动力资源，使之最大限度地转化为物质财富，潮汕也成为全国土地利用最充分、效率最高的地区之一。

2. 讲究耕作技术。潮汕地区非常讲究耕作技术，从备耕到收成，都有一整套技术规程，被誉为绣花式耕作业，使作物得到良好护理，收成有保障。清乾隆潮阳人郑之侨《农桑易知录》一书记载了从犁田、耙田、插秧、中耕等各阶段应采取的技术措施和农时，以及施肥、防治病虫害等问题，既为全国，也堪为潮汕农史的杰作，其中很多精辟见解至今仍不失其意义。例如该书指出十月水稻收割后即备耕，犁冬晒霜；及交春，耙一次，以除草；又犁一次，埋压稻秆青草；最后再各犁耙一次，使草根去尽，田土无积块。又如插秧应趁秧苗"不老不稚"时插下，保持一定间距，方便耘田；又提出在田里"种绿豆、小豆、油菜等物，俟其开花结实，随犁地掩杀之"，沤烂成"苗粪"；若发现蝗虫，应发动群众，全力捕杀，以减轻灾情。

3. 发展家庭畜牧业，广泛使用有机肥。耕作业与家庭畜牧业历来就有不可分割的关系，后者提供大量有机肥，是作物高产高质不可或缺的。潮汕地区农村向有养牛、猪、羊、鸡、鹅、鸭等畜禽的习惯，且出产大宗。除增加经济收入，使用它们的粪便作为厩肥也是重要目的。民国《潮州志·实业志·农业》指出潮汕猪牛饲养很普遍，但"纯以收肥料便储蓄为目的，其养用施田园，质能松土，每年长成二次，售卖可得整数款，以利所需，肉食者次之"。此外，还广泛收集、使用屠场废物，以动物的角、毛、羽及豆粕、草木灰、石灰等为原料，使耕作业建立在大量使用有机肥基础上，有利于保持地力和实现农田生态系统的良性循环。

4. 人力与畜力相配合，保障农田作业精细集约。潮汕过剩的人口为农田作业提供了充裕的劳动力。一般而言，农业活动"除利用牛力及少数天然水力以外，以人力为主"；又"潮州农家田园耕地不广，田畦狭小，历来所用农具，构造简陋，运用拙笨，且专恃

人力畜力，至今仍本旧法"。① 正是这些"胼手胝足事陇亩者"创造了种田如绣花的奇迹，"广东旧通志，潮民力耕，多为上农"，潮阳"多富"，澄海"粮蔗鱼盐之利，甲于他郡邑，但有力者，皆可觅食"，"普宁颇类潮阳，然较质实务本"②。实际上整个潮汕地区"农民生活大多富裕"③。他们的辛勤劳动，不但改造了自然，也发展了生产，繁荣经济，改善生活，使潮汕地区在我国历史区域经济格局中占有重要一席之地。

四、雷州系海洋资源开发利用

海南岛和雷州半岛是我国大的热带区域。在广东，热带亚热带分界在汕头—阳江—高州一线通过，此线以南大部分居民属雷州系和海南系，热带农业土地利用为他们主要的经济活动，也是区别于广府系、客家系的一个重要标志。虽然闽人宋代以后才大规模入居琼雷，但他们原居地的地理条件与琼雷有很多共同之处，而热作种植在琼雷本有悠久历史，具有较高劳动素质的闽潮人的到来，为这一古老产业注入新的活力，使之得到更新、改造，发展为当地主要的经济支柱。

早在汉代，琼雷就盛产槟榔、椰子、荔枝、龙眼、香树、棉花等热带亚热带农产品，初上海南岛的汉人看到一派"男子耕农，种禾稻、苎麻，女子桑蚕织绩"④的耕耘农业风光。甘薯等杂粮也很多，晋嵇含《南方草木状》追述"旧珠崖之地，海中之人，皆不业耕稼，惟掘地种甘薯"，并说食甘薯可长寿，"大抵南人二毛者，百无一二，惟海中之人寿百余岁者，由不食五谷而食甘薯故尔"。⑤ 这里所说甘薯不是明末由海外传进的番薯，而是属单子叶植物的薯蓣科。所种椰子树"高六七丈……俗人谓之越王头"；"木棉树高大，其实如酒杯……破一得实数斤"。⑥ 唐代海南岛东部沿海，如鉴真和尚所见，"彼处之珍异口味，乃有益智子、槟榔子、荔枝子、龙眼、甘蔗、枸橼，楼头大如钵盂，甘甜之蜜。……唐香树聚生成林，风至，香飘五里之外。……十月作田，正月收粟，收蚕八次，收稻再度。男着木笠，女着布絮"⑦，标志着环岛农业带形成，为宋代闽潮人到来，掀起大规模开发奠定了扎实的基础。

如果说宋元以降琼雷大部分地区已纳入潮汕、雷州系和海南系范围的话，那么富有商业文化特质的雷州人也同时加速了当地商品农业的发展和扩大了它的分布，形成某些作物的专业性生产和集中种植区。宋代海南"漫山悉槟榔、椰子树、小马、翠羽、黄蜡

---

① 民国《潮州志·实业志·农业》。
② 乾隆《潮州府志》卷十二。
③ 民国《潮州志·实业志·农业》。
④ 《汉书·地理志》卷二十八。
⑤ 嵇含：《南方草木状》卷上。
⑥ 杨孚：《异物志》卷二。
⑦ 真人元开著，汪向荣译：《唐大和上东征传》，中华书局，1979年，第69页。

之属"，其中"惟槟榔、吉贝（棉花）独盛，泉商兴贩，大率仰此。"① 时人王象之更指出这种商品生产规模，"琼人以槟榔为命……岁过闽广者，不知其几千万也。又市舶门曰，非槟榔之利，不能为此一州也"②。槟榔税成为岛内外重要财源："海商贩之，琼管收其征，岁计居什之五。广州税务收槟榔税，岁数万缗。惟是，则诸处所收，与人之所取，不可胜计矣。"③ 槟榔除了药用，还是重要的社交礼品和生活嗜好品，在南方消费量最甚大，尤以两广、福建、台湾、湖南为甚。这些地区后世形成嗜好槟榔风俗，甚至延续至今，与槟榔在海南大规模生产和输出不无关系。

雷州半岛也经历了闽潮人迁来和开发过程。宋代海康一带大兴水利。东洋万顷滩涂化为良田，"民大获利"④，被称为"雷州粮仓"。《舆地纪胜》载"（雷）州多平田沃壤，又有海道可通闽浙，故居民富实，市井居庐之盛，甲于广右"。农业土地利用也由于新作物的引种而披上一层商品生产色彩。宋元间从海外传进小粒花生，"高、雷、廉、琼多种之，大牛车运之，以上船货于中国（原）"⑤，琼雷砂质红土也由此开辟了新的利用途径。

海南是我国最早种植棉花的地区之一，有论者认为，棉花从印度经越南传入⑥（另一路线是经陆上丝绸之路传入西北），自汉以来是岛上重要作物。元代推广植棉，海南成为棉花向大陆传播的基地。王祯《农书》说："夫木棉产自海南，诸种艺制作方法，骎骎北来，江淮川蜀，既获其利。"⑦ 元成宗元贞年间（1295～1296 年）著名纺织家黄道婆从崖州回到故乡松江府乌泥泾，把在海南学到的纺织技术传播给当地，长江下游的纺织业由此发展起来。海南这个棉花基地对我国纺织业做出了重要贡献。这除了黄道婆个人作用外，与当时岛上闽潮移民的海上贸易活动也是不可分割的。

明清时期，入居琼雷的闽潮居民人数更多，分布更广。如清雍正七年（1729 年）在政府鼓励下，"潮州各属地方人多地少……贫民有往高、雷、廉等府就耕"⑧。热作种植规模在琼雷进一步扩大，尤以槟榔、椰子为最，"诸州县亦皆以槟榔为业，出售于东西两粤者十之三，于交趾、扶南者十之七"，以岛东部文昌、乐会、会同一带居多，有些地方"多种槟榔以资输纳"⑨。还在明中叶，海南已出现"东路槟榔西路米"的地域分异⑩，这是集中种植区进一步发展的结果。尤为重要的是，海南沿海经过人类长期开

---

① 赵汝适：《诸蕃志》卷下，《海南》。
② 王象之：《舆地纪胜·琼州》卷一二四。
③ 周去非：《岭外代答·花木门》卷八。
④ 屈大均：《广东新语·虫语》卷二十四。
⑤ 檀萃：《滇海虞衡志·志果》卷十。
⑥ 中国农科院、南京农学院：《中国农学史》（初稿）下，科学出版社，1984 年，第 32 页。
⑦ 王祯：《农书·木棉序》卷二十一。
⑧ 朱批奏折，雍正五年三月十二日，广东巡抚杨文乾奏。
⑨ 屈大均：《广东新语·木语》卷二十五。
⑩ 正德《琼台志·水利》卷七。

发经营，许多地区土壤恶化，"变成斥卤"①，难以利用。而椰子恰是一种嗜盐作物，不择土地肥瘠皆可生长，东部沿海亦即海南系集中居地由此成为著名椰子之乡，同时给这些土地的利用开辟了新的途径。到明末清初，有些地方已采取种植园布局方式。如琼山一些人家"有槟榔之园，椰子之林"②。清中叶这样大片的商品性槟榔园甚至出现在今琼中与万宁交界的汉黎杂居的斩对洞，当地曾立碑示众，以为保护公约。至雷州半岛，槟榔、椰子等经济价值较高作物"雷间种之，然不如他郡之盛也"③。但当地人也能发挥地利，广种花生、甘蔗、葛、蒲草等作物。清末海康"城西坡地种落花生盈阡盈陌，用以榨油"，"所榨油运载出口"。④海康、徐闻、遂溪等农民广种甘蔗，生产多种蔗糖，"糖价与米价等。雷之乌糖其行不远，白糖则货至苏州、天津等"⑤。以民系血缘关系，潮州糖商将技术、资金引入雷州半岛，促进了当地蔗糖业兴旺。乾隆《澄海县志·风俗》说"唯澄上习此，故以煮糖佣工雷琼等处甚多"，又指出潮糖商"持重货往各乡买糖，或先放帐糖寮，至期收之"。时徐闻海安港为高雷蔗糖集散中心，潮州商人在此独揽糖利。血缘关系促进了潮州和雷州空间上的联系。沿海滩涂或内地沼泽广种蒲草，不少人家借以生产草包或草席，志称"有田之家种草致富不知凡几"⑥；而雷州妇女"多以织葛为生"，雷葛"盛行天下"⑦。这些已纳入商品生产的作物对当地经济发展发挥了重要作用。但琼雷热作基地的建立主要是在近代，特别是中华人民共和国成立之初，海南华侨和大陆移民功不可没。

清末，南洋华侨从国外引进椰子新品种，比海南原有品种果多硕大，先后在文昌、清澜港附近，万泉河中游，三亚藤桥等地栽种，收获颇大。光绪二十八年（1902年）和三十四年（1908年）分别有华侨从马来西亚引进第一批橡胶和咖啡种苗试种于儋县那大，此为在我国栽培橡胶和在海南种植咖啡之始。宣统二年（1910年）乐会人何麟书从南洋引种巴西橡胶于定安落河沟（今属琼中），拓地250亩，成立琼安公司。此后华侨经营胶园接踵而起。据琼崖实业局调查，到1934年全岛有胶园94处，面积9000亩，种胶24.65万株，分布在定安、乐会、万宁、琼山、琼东、儋县等地。而咖啡自初试种9600亩成功，1910年在定安县石壁地区扩种，继在文昌试种，后渐次普及全岛。1935年全岛有咖啡园69处，5763亩，33.8万株，主要分布在文昌、琼中等地。⑧在橡胶、咖啡前后引进的热作还有油棕（有"油王"之称）、海岛棉、剑麻、蕉麻、爪哇

---

① 屈大均：《广东新语·食语》卷十四。
② 屈大均：《广东新语·食语》卷十四。
③ 嘉庆《海康县志·疆域志》卷一。
④ 宣统《海康县续志·物产》卷二。
⑤ 嘉庆《雷州府志·地理志》卷二。
⑥ 宣统《海康县续志·物产》卷二。
⑦ 屈大均：《广东新语·货语》卷十五。
⑧ 司徒尚纪：《海南开发》，广东省地图出版社，1992年，第56、69页。

蔗、金鸡纳、香茅、木薯、菠萝等，都获得成功。虽然这些新作物在抗战时期被日军摧毁殆尽，但它们试种成功毕竟积累了经验，为中华人民共和国成立之初在海南发展以橡胶为中心的热作事业，起了先锋和示范作用。当时一批以潮汕、海南系爱国华侨为首的有识之士所开创的热作事业及其实践精神，至今仍值得人们继承和发扬。

中华人民共和国成立初期，为了打破帝国主义对我国禁运和封锁，在琼雷地区开展以橡胶为主的热作种植高潮。为此建立了上百个热作农场，总人口达90多万，占海南人口的六分之一左右。我国能生产热作的地区并不多，主要分布了两广、云南、福建、台湾和海南，共约1500万亩，而海南就有1200万亩，占80%。据1980年统计，全岛已开发利用1104万亩农业耕地中，热作为405万亩，粮作为434万亩，分别占农业耕地的37%和39%，但同年热作产值为粮作的1.7倍，表明热作不但在全国同行业，而且在全岛农业中居主导地位。而从历史来看，中华人民共和国成立前夕全岛热作面积仅为13.31万亩，到1980年和1985年已分别增加了30倍和41倍，热作在海南发展速度是很可观的。① 此外，中华人民共和国成立后引进的热作还有腰果、可可、胡椒、榴梿、红毛丹、神秘果等。雷州半岛在中华人民共和国成立后也经历了类似海南的橡胶热作发展过程，虽然橡胶种植面积、产量和效益不及海南，但作为我国橡胶热作基地之一，同样做出了重大贡献。特别是近年，珠江三角洲糖蔗基地瓦解以后，雷州半岛重新成为广东最大糖蔗基地，使这里的糖蔗生产传统进一步发扬光大。而这些都与潮汕系善于经营、开拓的民性不无关系，仅中华人民共和国成立之初为建设海南热作基地而移入的潮汕居民就不少。他们散布在各个农场，为新中国年轻的热作事业做出宝贵贡献。

雷州半岛拥有丰富的热带滩涂，众多的海岛和辽阔的热带海洋空间资源，可用于围垦，种植农作物，植林，开采地上和地下水源，捕捞海产，晒盐，海洋增殖和养殖，创造日益增多的物质财富。雷州半岛这种资源优势和据此创造的文化成果，丝毫不让于岭南许多沿海地区。

雷州半岛滩涂围垦自宋元以来以东西洋田发达稻作农业而蜚声海内外，这项农业工程千百年来一直在支持着雷州社会经济的发展，其对海洋农业文化的贡献彪炳广东史册。

雷州半岛海涂围经历代沉积，到20世纪80年代中期，据《广东省海岸带和海涂资源综合调查报告》资料，雷州湾海涂27万亩，徐闻外罗港湾海涂8万亩，徐闻流沙湾海涂8万亩，廉江安铺湾海涂10亩，共53万亩。② 这些海涂分为淤泥质和沙质海涂，前者如雷州湾南岸流沙港湾，有机质含量高，养分丰富，宜于围垦或养殖。后者如外罗

---

① 司徒尚纪：《海南开发》，广东省地图出版社，1992年，第56、69页。
② 广东省海岸带和海涂资源综合调查大队、广东省海岸带和海涂资源综合调查领导小组：《广东省海岸带和海涂资源综合调查报告》，海洋出版社，1988年，第351页。

港湾、安铺港湾、吴川港等，这类海涂以细沙为主，分选性和肥力差，宜于建海滨浴场和观光。

近代，雷州半岛断断续续有筑堤围垦之举，到1949年中华人民共和国成立前夕，现湛江市范围有海堤（主要是小型堤围）223条，全长296公里，捍卫面积27.58万亩。中华人民共和国成立后40年，不断修筑海堤，其中不少海堤捍卫万亩以上耕地面积。到1990年，全市海堤共474条，全长702公里，捍卫耕田95.02万亩，人口约67万人。[①] 这些海堤，有些是原有的，后加高加固，有些则是新修的。比较重要的有海康南渡河海堤、企水堵海、东里堵海、迈豪围、房参堵围、白岭堤；湛江市区堵海围殖工程，含龙西联围、文参联围、海军农场围、陆军调顺围、临东西围、调洋围、北通围、盐灶联围、新良联围、解放北灶围、东岸围、南调围、北马围、肖坡围、光明围、五里围、南海围、官渡围、调逻围；遂溪县旧庙海堤、牛牯围、乐民围；廉江南堤、博教围北堤、龙营围；吴川吴阳海堤、黄坡海堤等，共36条。每条围捍卫5000亩以上，其余小堤不在所列之内。以上36条堤围总长216.5公里，捍卫耕地69.2万亩，人口约50万。[②] 它们都按防御8级以上台风风暴潮的标准设计，有效地抵御了风暴潮袭击。其中始建于1958年历时三年完成的把东海岛与大陆相连的东北大堤，从湖光镇沿海岸直到东海岛，长6.82公里，拦截雷州湾一小块海面，是一项改造的自然巨大工程。不但围垦大片海滩涂，而且海堤作为海陆交通线，使东海岛成为陆连岛，现已成为湛江石化和钢铁基地。

海涂围垦后，有各种不同开发利用目的，但以种植业为主，次则水产养殖，栽培水草和开辟盐田。据有关统计，1983年，包括雷州半岛在内粤西岸段围垦滩涂面积72.1万亩，用于种植20.4万亩，养殖4.3万亩，水草9万亩，盐田3.8万亩，总共37.5万亩，利用率为52%[③]，是广东省围垦滩涂利用率最低地区，说明粤西滩涂利用潜力还很巨大。

雷州半岛沿海人少地多，淡水不足，海涂围垦后改土洗咸的土壤熟化周期较长，故用于种植经济作物的滩涂不足，只在淡水来源比较丰富的河口沿岸才能改土种植。例如湛江市南三岛围垦滩涂2.5万亩，调顺岛鸭嬷港也围2万亩，土地肥沃，但因缺乏淡水，仅种植甘蔗数千亩。廉江龙营围3.2万亩地和徐闻松树港围1.3万亩，也由于缺少淡水而仅有数千亩用于种蔗。另外，也有部分围垦滩涂用于种植蒲草。这是一种莎草科多年生植物，用作蒲织品原料。蒲席、蒲包是雷州大宗土特产品，各县都有出产。蒲草尤于

---

① 新编《湛江市志·水利》，中华书局，2004年，第935页。
② 广东省海岸带和海涂资源综合调查大队、广东省海岸带和海涂资源综合调查领导小组：《广东省海岸带和海涂资源综合调查报告》，海洋出版社，1988年，第938–939页。
③ 广东省海岸带和海涂资源综合调查大队、广东省海岸带和海涂资源综合调查领导小组：《广东省海岸带和海涂资源综合调查报告》，海洋出版社，1988年，第351页。

海康种植面积最大,已有600多年历史,以客路、沈塘、杨家、白沙、附城等乡镇蒲草纺织业最为兴盛,而纺织花席则以湛江郊区和廉江安铺出名。中华人民共和国成立后蒲草种植盛衰变化较大,到1985年全湛江市只有2.36万亩,到1990年下降到1.758万亩,有一部分种植于围垦滩涂,并在产区形成蒲草种植、纺织、供销一条龙体系,是雷州传统器艺文化的一张名片。

海滩围垦需要科学决策和技术,绝非可以一哄而起,盲目围垦,否则,结果会适得其反。雷州半岛也与全省一样,不无这方面教训,这是一种落后文化现象。这包括其一,凡在溺谷港湾中大规模围垦的,多得不偿失。据有关方面调查,中华人民共和国成立头30多年间,广东围垦滩涂约140万亩。围垦后开发得当,经济效益、社会效益、生态效益显著的约占三分之一;需要大力改造才能发挥作用的也占三分之一。还有三分之一是深水围垦,难以利用或经济效益甚差。在广东全省以潮汕澄(澄海、饶平)联围至为典型,围垦后不但原有功能、效益受破坏,而且为整治被破坏生态系统而花费了巨大力气,近年始向有利方向转化。在雷州半岛这种事例也不少见,廉江龙营围和徐闻松树港围即有类似情况。① 其二,围垦过量,危及港湾功能。各类港湾发育和兴衰都受制于内外营力和人类活动的影响。很长一段时期片面强调"与海争地",结果围垦过度,海湾纳潮量大为减少,造成维持港湾深槽的水深和潮汐动力减弱,引起港池、航道淤积或口门变迁,使一些港湾功能下降,甚至被废弃。粤东神泉港、柘林湾、海门湾、靖海湾、港寮湾都有过类似教训,在雷州半岛则以湛江湾为典型。1958年湛江南三岛联围,一方面改善了湛江湾纳潮面积和纳潮量,并形成单一的口门出海,完善了航道系统。但另一方面,历年的大规模堵海围滩也不无负面影响,如麻斜海、五里山港等。因这一海区被围的面积较大,故深槽被淤浅,淤积厚度最大在5米以上,一般也有3~4米;从调顺港到霞山—麻斜之间的麻斜海区,由于调顺、鸭嫲港的堵海,以及霞海、霞山之间的填海,引起主泓东移,深槽也东移,由此导致霞山岸段和西岸浅滩向东淤浅;在湛江港口区水域,自20世纪70年代受遂溪河上游围海填滩影响,浅滩面积有所扩大,如特呈岛东南浅滩向东南扩展;南山岛南侧,1953年有一条西北向贯通特呈岛北部冲刷槽,约10米深,现已萎缩淤浅,5米深的水槽也不能贯穿全程;港口段南侧东头山岛的东南方,水深2米的浅滩有较大发展,使东头山岛与东海岛之间一条小沟,淤浅缩窄;东海岛之西,东海大堤以内发生所有淤浅,都受抛泥施工等人为因素影响;在南山岛和东海岛之间的口门,因受口门内围海造地影响,口门普遍淤浅,一般达1~3米,最大达7米。有研究者根据以上围海造地引起的海湾地形和滩涂演变,指出1958年南三岛联围,湛江湾扩大了纳潮容量,连续外海的通道归一,潮汐相位延滞;在西南通道、南三河内各自形成一个汇潮点,实际上阻断了这两条水道与外海的联系,所以湛江湾成为一个巨

---

① 司徒尚纪:《中国南海海洋国土》,广东经济出版社,2007年,第182页。

大的纳潮量稳定的溺谷—潟湖型潮汐通道系统，南三岛联围成功是一个贡献，这是当初联围策划者始料不及的。然而，研究者也提醒，并非所有在湾内围海工程都是有益的，以上湛江湾由于海涂围垦而发生的变化，即昭示对湾内进行围垦，要慎之又慎，尽量不要减小港湾纳潮量，以免影响港口和航道功能。人与自然的和谐才是生态文化所要求的，否则就有可能受到自然的报复和惩罚，这是许多事例所证明过的。

其三，围而不垦，浪费海涂资源。

近几十年，海涂围垦动辄一哄而起，不顾环境和条件，竞相攀比，形成盲目或片面围垦现象。也有围后水利配套工程欠缺，未能进一步改造利用围田，致使大片围滩弃荒，既浪费土地资源，也损失人力物力，可谓是劳民伤财，同样是文化中的糟粕。

这种事例在雷州半岛并非个别。海康企水围，1969年堵海3万亩，因无淡水，大部分土地不能开发利用。湛江市郊官渡围，1976年围海面积3500亩，由于资金不足，围内未建排水闸，利用面积仅有2000亩，尚有1500亩一直无法利用。也有工程设计标准偏低，抵御自然灾害能力差，遇上台风暴雨、风暴潮，容易发生崩堤塌方或涝害，使土地淹没，不能及时开发利用。例如徐闻松树港垦区，1980年围垦面积1.9万亩，同年10月遇上台风暴雨、风暴潮，堤围被冲决，结果除1000多亩耕地尚可利用外，其余1万多亩土地无法继续配套施工，推迟了土地利用。

当然，海滩围垦在走过许多弯路，吸取不少失败教训之同时，也取得许多成功经验，值得效法和推广。如上述湛江南三联围、廉江营仔镇下洋村围等，即因围垦、开发利用得法而取得良好效果，是一种先进文化现象，值得珍视和宣扬。

海岛也属海洋国土的一个组成部分，有其独特的区位优势、自然特点与资源，还是联系陆地的桥梁，开发海洋的基地，通向海外的门户。按广东海区划分，雷州半岛属湛江—茂名海区，是这一海区的主体。据20世纪80年代广东海岸带调查，湛江—茂名海区有海岛116个，占全省742个海岛的15.63%，仅次于珠江口和汕头海区，但海岛面积有589.4平方公里，占全省海岛面积37%，居首位。本海区116个海岛分属电白（12个）、吴川（4个）、湛江市区（37个）、廉江（1个）、海康（15个）、徐闻（39个）、遂溪（8个）。所以，雷州半岛几乎囊括这一海区岛屿的绝大多数。通常按岛屿面积大小分为六级，其中本区0.01～1平方公里二级岛屿有64个，占总数55.2%；1～5平方公里的有30个，占总数25.9%；5～10公平方公里的有3个，占总数2.6%；10～50平方公里和50平方公里以上的各有2个，各占总数的1.7%。可见小岛仍是本海区数量的主体，但大型岛屿却在面积上占有优势。10平方公里以上的4个海岛，总面积达497平方公里，占全海区岛域总面积的84%，这对海岛区域开发十分有利。它们是湛江市东海岛（289.5平方公里）、南三岛（120.7平方公里）、硇洲岛（49.89平方公里）、徐闻新寮岛（36.5平方公里）。其他较大海岛还有吴川高沙涌；湛江市下利剑沙、特呈岛、东头山岛、岭头沙、新埠沙、羊咩沙、羊尾沙；海康尖担沙、钩仔沙、调元沙、白岭沙；徐闻后海岛、冬松岛、公港岛、土港岛、金鸡岛、六极岛、雷打沙、白母沙、白茅沙、虾姑沙、尖担沙、鱼棚沙、红眉沙、东跟沙、东眼龙沙、罗斗沙、牛墩沙等。这些岛屿中，凡以"沙"或"洲"字结尾者，都为沙洲或干出沙，成陆时间既晚，海拔也很低，受潮水影响大，附近海区水深较浅，从数米到 10 米不等，形成大面积的滩涂，提高了海岛在开发海洋中地位。

图 3-5 硇洲岛灯塔

　　海岛文化资源包括海岛渔业、盐业、土地、淡水、港湾、旅游、矿产、能源，其中最突出是渔业、港湾和旅游资源，但对大多数海岛而言，土地和淡水资源是开发的主导因素。雷州半岛地表水比其他海区要少，这与其为岭南干旱地区有关，但地下水资源丰富，因其地层为新生代沉降断陷，第三系和第四系沉积物深厚，并夹有多层火山岩，且多含水层的多层结构。湛江南三岛、东海岛、硇洲岛，徐闻新寮岛都有良好的地下水可供开采，为人类活动提供先决条件。例如南三岛，湛江组地层承压水单井或井群出水量每天达 4328 立方米。估算该岛地下水天然资源总量为每天 20.4 万立方米，可开采资源量为每天 10.4 万立方米，占 51% 左右，其他海岛也有类似开采状况。

　　雷州半岛沿海岛屿的滨海平原分布最为集中。这类平地由于有丘陵为屏障，水源条件较好，土层深厚肥沃，是最重要的农业用地。用于造林者，形成海岛沿岸的"绿色长

城"，雷州半岛许多海岛堪为造林成功范例，这些海岛为木麻黄覆盖，蔚为大观。雷州半岛海岛又是广东台地最多、面积最大土地类型。东海岛、南三岛、硇洲岛都有纵横数百平方公里这种土地，除部分开辟为水田，不少用作旱地或果园，台地又是上好建设用地。岛上村落和各种基础设施多选址于台地上。近年在东海岛建设布局大型钢铁、石化企业绝非偶然，大面积台地即为首选要素。

实际上，雷州半岛这些海岛，都经过一定程度开发，文化景观至为触目，堪为广东海岛文化的典范。如作为广东第一大岛之东海岛，古称椹川岛，后"广州湾"易名湛江，即源于此。1952年曾与硇洲岛成立雷东县，县治在岛上东山圩。现岛上设东简、东山、民安三镇，辖226个自然村，常住人口12万人。1961年建成东北大堤，本岛与大陆相连大堤长6.8公里，面宽8米，两侧筑有防波堤，堤用巨石砌成，可通汽车，工程浩大，雄伟壮观。站立堤上，可观赏湛江海湾诸般风光。这已成为东海岛一景。郭沫若曾为之题诗曰："红日苍波春浩荡，利民福国颂无疆。"又本岛飞龙滩，长4000米以上，宽100～110米，沙洁水清，碧浪迷人。1988年建成飞龙滩浴场及相应设施，目前每年接待游客2万～3万人次，是湛江海上旅游较多的景点。近年正在建设大型深水港和一系列钢铁、重化工厂，将使本岛成为现代工业文明的摇篮。

南三岛，昔称南三都，习称今名，原为海盗巢穴。东西长18公里，面积123.4平方公里，人口5.9万人。设南三镇，辖127个自然村。中华人民共和国成立初，在邻近10个小岛修筑14条海堤，全长40公里，将小岛联成一个大岛，巍峨壮观。围垦面积达3.3万亩，主产水稻、番薯、花生、蔬菜，水产养殖业也蒸蒸蔚起。环岛造林15公里，宽2～3公里，俨然海上翡翠。1961年著名作家冰心抵湛采风，写有《湛江十日》散文，发表于1963年4月19日的《人民日报》。其中有一段关于南三岛的文字："沿着一条平坦的大道，经过好几个鱼池、盐田、稻田和错落的新盖民居……一进入这片木麻黄树的深林，骤然感到凉透心脾。在清新的空气中，抬头相顾，真是'人面皆绿'。"冰心笔下的南三岛，像个世外桃源，更给这个海岛增添了尤殊的文化品位和诱人的魅力，以致2004年5月31日《湛江晚报》重载这篇散文，在湛江再度兴起争读热潮。1962年作家田汉偕夫人到南三岛参观防护林带，也欣然赋诗留念：

> 不许风潮犯稻粱，沿滩百里木麻黄。
> 北涯南滘岛连岛，东阡西陌秧接秧。
> 曾说白沙遮日月，今看绿水泛鸳鸯。
> 归来已是湛江夜，灯塔回眸万丈光。

1980年开辟的海滨浴场，滩长约1000米，可供海水浴、沙浴、日光浴，以及跑马、烧烤等活动，每年接待游客6万～7万人次，为湛江海岛热点浴场之一。

硇洲岛，是南海罕有的火山岛，面积近50平方公里，原名碙洲，后改今名。光绪《吴川县志》载："宋景炎三年（1278年）夏三月，陆秀夫、张世杰拥益王赵昰、卫王赵昺避元兵至碙洲。四月，昰卒。五月，昺即位于碙洲，改元祥兴，升碙洲为翔龙县。"自此碙洲名闻一时，也留下宋皇井、宋皇村、宋皇坑、翔龙书院、三忠庙等历史文化遗址。明高州知府吴国伦对碙洲这场兴亡之事有诗云：

　　　　一旅南巡瘴海边，孤舟丛樾击楼船。
　　　　从容卷土天难定，急难防元地屡迁。
　　　　当年血战潮痕在，长使英雄泪黯然。
　　　　海门鲸鱼吸碙洲，诸将当年扈跸游。
　　　　赤浪至今迷玉辇，苍梧何处望珠邱。
　　　　行朝草树三千舍，故国烽烟百二州。
　　　　争死崖山无寸补，独余肝胆付东流。①

　　硇洲岛还有天后宫、天竺庵等民间信仰和宗教建筑，香火颇盛。还有1899年法国在岛上建的灯塔，为世界最大的三个灯塔之一，至今仍在使用。

　　特呈岛，特呈为古越语，"特"为"区域"之意，"呈"同汉语"情"，古越语构词倒装，意为友爱、和谐之意。宋以前已荒弃，后渐有人定居。面积3.2平方公里，地势平坦。抗战胜利后，中国政府拟在岛上建立海军基地，作为远东地区重要战略设施之一，但未果。该岛古代为海盗巢穴，传冼夫人曾带兵上岛驱逐海盗，民感其恩德，今岛上有7条村建"冼太庙"和"会宫庙"，皆为纪念冼夫人庙宇，每年农历十一月年例和元宵都隆重举行祭祀冼夫人活动，规模宏大，延续时间长，为全国罕见。另也有天后宫，奉祀航海女神妈祖。明永乐五年（1407年），翰林学士解缙回京奏事，取途雷州，登上特呈岛，写下七言诗《题特呈山温通阁》，诗云：

　　　　峰濯沧溟应门魁，波澜绕翠浪头排。
　　　　火烟光起盐田熟，海月初升渔艇回。
　　　　风送潮声平落去，雨将山色特呈来。
　　　　地灵福气生天外，自有高人出世才。

　　无独有偶，2003年，时任中共中央总书记、国家主席胡锦涛莅岛视察，留下一笔宝贵精神财富，似应了解缙预言"自有高人出世才"。特呈岛明媚海景，也撩起电影艺术

---

① 司徒尚纪：《中国南海海洋国土》，广东经济出版社，2007年，第210页。

图 3-6 洗太庙

家们火一般的创作热情，1957年上海海燕电影制片厂即选择特呈岛作为《海魂》拍摄场地。著名电影艺术家赵丹和王丹凤扮演国民党"鼓浪号"水兵陈春宫、酒家侍女温梦媛。陈春宫不满温梦媛备受欺凌，激发了起义之心，其中有两人在特呈岛海边诀别情景。温梦媛踏着洁白如银的细沙，让蔚蓝的大海，埋葬了她的青春和美貌，而陈春宫在万分痛苦和悲愤中，毅然参加了"鼓浪号"起义。这部影片1958年公演后，好评如潮，1959年参加"国际劳动人民电影节"，获"为世界和平斗争"二等奖。特呈岛因为有这样一段电影艺术情缘而进入千百万电影迷心中，也在电影文化史上留下浓重一笔。岛上还有近百棵参天古榕和断续分布热带灌木丛，以及上千亩红树林，常引来海鸥翔集。现正做海水养殖旅游开发，且大见成效，正建设为一个名副其实的生态文化海岛。

徐闻县新寮岛，面积39平方公里，地形平坦，最高点仅17.1米。明以前无固定居民，明末渔民上岛搭茅寮而居，是以名岛。地表全为白色海沙覆盖，适宜旱作。历代流传新寮有两宝，千里香番薯和红茨花生，以质优驰名。周围海域盛产对虾、鲳鱼、马鲛、花蟹、沙虫，为捕捞基地。20世纪50年代，曾将三个小岛围垦成一个岛，红树林大面积受到破坏，岛上生态环境受到重创，经济不景。岛上荆榛遍地，仙人掌丛生，一派荒野景象。但以位处南海之滨，与盛行季风方向几乎正交，风力资源十分丰富。近年积极开发这种自然资源，高耸风车所在皆是，沿海岸线南北铺展，蔚为海滨一景，正建设为广东风力发电基地。强大电力正使岛上社会经济面貌焕然一新，也是依靠现代科技文明使海岛脱贫致富的一个发展方向。

按南海渔场划分，雷州半岛东部海域属粤西渔场，西部海域属北部湾渔场，都有内河流入，水质较肥沃，有机盐和无机盐丰富；海域中岛屿众多，有利于多种经济鱼类、虾类产卵，幼体育肥，浅海、中浅海、深海拖网、拖虾网、围网、刺、钓等作业，渔获种类有100多种，且终年可以出海作业，故海洋捕捞自古以来就是雷州半岛海洋农业文化最重要一个部门。

秦汉时期，雷州半岛渔民已普遍扬帆出海，在沿海从事海产捕捞，使用渔具也很多，是岭南渔业最发达地区之一。唐宋时期，海洋捕捞业进一步发展，《宋史·食货志》记这时雷州港主要出口货物除了米、谷、牛、酒，还有黄鱼。而专门从事海水捕捞的水上居民即疍民，已记入乐史《太平寰宇记》中："雷州海康县：'唐开元户四千七百，皇（宋）朝户，主一百一，客五，疍户二。'"① 疍民比例显然很低，但已记入志书，为宋朝廷重视，纳入政府管理范围。宋代据范成大《桂海虞衡志》载，北部湾仍是珍珠采集地，雷州部分疍民即从事这种作业。李焘《续资治通鉴长编》记"广西（雷州时属广西）转运司言乞边海军州许土著富民养疍户，遇入海得珠，则约价以偿惠养之直（值），所贵疍户不为外夷所诱，从之"。② 说明北部湾采珠业一直存在，主要为满足达官贵人对珍珠的需求，且有外人插手采珠之事。元代，北部湾采珠有增无已，元顺帝至元三年（1337年）复立广州采珠提举司，采珠疍民称为"乌疍户"，且以采珠户4万赏赐巴延（即伯颜），这其中即有雷州疍民。明清时期对南珠推行时采时罢政策，反复无常，产量无大突破。采珠地点一在广东大埔海（约今东莞、深圳、香港沿海），二在北部湾。明嘉靖《广东通志》云："廉州府珠池七：青婴池、杨梅池、乌泥池、白沙池、平江池、断望池、海渚池。雷州府珠池一，乐民池。"③ 清道光《广东通志》则记"海北有平江、青莺、杨梅、乐民四珠池。"④ 海北指北部湾海域，而《续文献通考·珠池课》则曰："凡廉州池，自乌泥独揽沙至于青莺，可百八十里。雷州池，自对乐岛斜望石城界，可百五十里。"⑤ 清初屈大均《广东新语·货语》有"西珠不如东珠，东珠不如南珠"之说，南珠即产于北部湾及大埔海的珍珠，质量冠天下。北部湾珍珠古代时称合浦珍珠，源于汉代"珠还合浦"的故事。其地域也包括雷州半岛海域。北宋蔡绦在《铁围山丛谈》指出："合浦珠大抵四、五所，皆居海中间，地名讫宝，名断望者最，而断望池近交趾，号产珠，尤美大。父老更传，昔珠还时，盖自海际，珠母生犹山然，高垒数百千丈，甚或出露波涛上，殊不知得几何代也。"⑥ 这些珠池地望，在雷州至钦州之间，其中断望池在今北暮与婆围海面，"在海中孤岛下，去岸数十里，池深不十丈。"⑦ 这个海中孤岛可能为涠洲岛。青婴池在今北海市龙潭至合浦西村海面，永安池在今山口永安海面，乌泥池在今廉江凌录至合浦英罗海面，白龙池在今白龙海面，杨梅池在今福

---

① 乐史：《太平寰宇记·岭南道》卷一六九。
② 李焘：《续资治通鉴长编》卷二七六。
③ 嘉靖《广东通志》卷二十五。
④ 道光《广东通志》卷二二四，《宦绩录》十四。
⑤ 朱奇龄：《续文献通考补》卷二十四，《食货》补三。
⑥ 蔡绦撰，冯惠民、沈锡麟点校：《铁围山丛谈》，中华书局，1983年，第九卷，第99－100页。
⑦ 周去非：《岭外代答·宝货门》卷七。

成东南海域，平江池在今南康石头埠海域。① 乐民池在今遂溪乐民圩的西南部。这些珠池形成环北部湾南珠文化圈，也是雷州文化成分之一。这些珠池，因被汤显祖贬徐闻时写入诗作而具很高文化价值。汤显祖《阳江避热入海至涠洲，夜看珠池作，寄郭廉州》，诗曰：

> 春县城犹热，高州海似凉。
> 地倾雷转侧，天入斗微茫。
> 薄梦游空影，浮生出太荒。
> 乌艚藏黑鬼，竹节向龙王。
> 日射涠洲郭，风斜别岛洋。
> 交池悬宝藏，长夜发珠光。
> 闪闪星河白，盈盈烟雾黄。
> 气如虹玉迥，影似烛银长。
> 为映吴梅福，回看汉孟尝。
> 弄绡殊有泣，盘露滴君裳。

此诗作于万历十九年（1591年），汤显祖自阳江入海，直抵北部湾涠洲岛，然后折返徐闻，所见应为涠洲岛珠池，明末还在开采。

明清时期，北部湾采珠技术大有进步。一是采用铁耙取珠法，铁耙为手的延长，但收入甚微。二是发明兜取珠法，是将麻绳织成兜囊状系于船两旁，沉入海底，乘风行舟，蚌碰到兜囊入内，满则取出蚌，割蚌得珠。嘉靖《广东通志·民物志》对此有详细记载，由此判断雷州人至迟明中叶已发明此法，无须下水作业即可得珠。三是到近代兜囊取珠法又演变为小舟拉网取珠法，这更适宜浅海滩涂作业。民国《合浦县志》云："珍珠产于白龙海面，其间有珠池曰青婴、白龙、杨梅、乌泥，采珠者于二三月间至六七月，以三小舟沉网横罗之，所得珠蚌或螺蛤不等。蚌肉可食，珠价奇昂。"相信这种方法同样用于雷州半岛珠池。如此一来，自古沿袭的入海采珠法得以结束，无论采珠或滩涂利用都开始了一个新局面。中华人民共和国成立后，北部湾珍珠已全部发展为人工养殖，南珠由此大放光芒。20世纪60年代，遂溪石角，徐闻流沙、迈陈、外罗，海康流沙办起珍珠养殖场，1967年7月马氏珍珠贝人工育苗首次在流沙港珍珠场试验成功，奠定了珍珠工厂化生产的基石。1990年，湛江全市拥有珍珠场（组）989间，有2000多户5000多劳动力从事养珠，拥有大小珠贝4.5亿只，珍珠产量2916公斤，占全国海产珍珠的四分之三。雷州半岛各地生产珍珠项链、耳环、珍珠粉等进入国内外市场，形

---

① 宋应星：《天工开物》卷下。

成配套成龙规模珍珠产业。流沙港、海康港和流沙村、吴蓬村分别成为名副其实的珍珠港、珍珠村，南珠文化由此蜚声海内外。近年以南珠为文化内涵评选出的"南珠小姐"也以珍珠一样的形象登上各种媒体，为雷州文化增添异彩。

除采珠以外，雷州人更重视鱼类捕捞。捕捞自古就是雷州一个经济来源，宋代更达到一个新局面，宋秦观贬雷州《海康书事》第五首曰：

　　粤女市无常，所至辄成区。
　　一日三四行，处处售鱼虾。

想见宋代雷州海产市场甚为兴旺，女性成为贩卖主要劳动力，捕捞所获作为商品投放市场。海洋捕捞规模一定大而广泛，鱼虾为百姓日常菜肴。这与宋代海洋族群闽人到来是分不开的。到明初，雷州半岛海洋捕捞发展到历史鼎盛时期，以鲸为捕捞对象的捕鲸业已达相当规模（容后述）。从其时鱼课类征收数量比较，捕捞重点县首为遂溪，次为徐闻，再次为海康。清初迁界、海禁取消以后，渔业生产有所恢复，其间不断有大批福建渔民远航或迁居雷州半岛，渔业进一步上升。清同治年间（1862～1874年），雷州有的渔船载重量达四五十吨。到民初，海洋捕捞又显新高，时硇洲密尾船，号称头号密尾船，是广东全省也是全国最大型渔船。1929年雷州半岛企水、乌石、外罗、硇洲4个渔港统计，年产量达12769吨，轰动一时。

中华人民共和国成立后，雷州海洋捕捞业在曲折中前进，到20世纪六七十年代，广泛应用胶丝、尼龙等新型网具材料，海洋捕捞成为指挥电讯化、动力机械化、渔网胶丝化的新时期，科技进步在其中起关键作用。1966年雷州半岛渔捕获量达56216吨，占全省12.6%。此后，又采用水泥渔船、冰鲜、新式拖网技术、黑白探鱼机、对讲机等先进技术，以及灯光、脉冲电流捕捞技术，使渔获量大增，1977年达135546吨，约占广东全省的19.5%。近年，经过渔业制度变革、技术革新等，雷州半岛海洋捕鱼量，1990年达223374吨，占全省的20.2%。① 这一历史性成果，说明改革开放后海洋文化进步有力地支持了海洋经济振兴。

渔具是渔业文化最直观元素，反映人类开发利用海洋的进步程度。长期以海为生的雷州半岛居民，为适应不同水深、底质、鱼种类，以及经济、技术条件等，而创造捕鱼工具，其种类繁杂，作业众多，在广东堪为翘楚。

据1982年调查统计，雷州半岛有拖网、围网、刺网、钓业、张网（定置网门）、推网、陷阱、地拉网、敷网、抄网、掩罩、刺耙、笼壶、潜捕等14大类50余种。种类数

---

① 吴水田：《文化地理学视角下的岭南疍民研究》，中山大学博士学位论文，2011年，第88页。

量最多为湛江市郊，有13类50种，次为海康有12类25种，徐闻有10类29类，① 常年在近岸和远洋从事捕捞活动。其中湛江市郊海洋渔具因其特有的地方代表性、先进性、经济性和特殊性而被收入《广东省海洋渔具图集》的有11类19型22种，收入《中国海洋渔具图集》的有5类7型7种，② 彰显雷州半岛捕捞业的巨大能力和很高发展水平。

在雷州半岛海洋捕捞活动中，按作业规模依次为拖网、刺网、钓业和围网，其余作业规模小，多为半农渔地区使用，以上四种作业文化意义也很大。

拖网即依靠风力鼓帆拖网曳行。明万历十二年（1584年），东海岛出现单船作业拖虾业，清乾隆时已有"拖风船""外海拖风船"用作巡海船记载。同治年间（1862～1874年）拖风业在各县都很发达，各有数十艘载重量40～50吨桅拖风船。到抗战前，拖风业发展到鼎盛时期，各县拖风船队规模不一，但都为数不少，遂溪县达487艘，江洪、乌石、硇洲、企水、草潭5港大型渔船多达556艘。这些渔船常常组成船队，远航至汕尾、碣石、香港、北部湾、西沙、南沙九岛作业。每出航，桅樯如林，风帆浪舸，蔚为壮观。其数量之多，船体之大，作业海域之广，全国罕见。中华人民共和国成立后，拖网作业虽历经起伏，但仍居海洋捕捞业主体地位，到1990年，以湛江市域计算，全市有拖网船3557艘，总吨位85899吨，总产量14.2万吨，占全市海洋捕捞总产量的63.52%。③ 拖网作为一种从传统发展到现代化捕捞方式，在很大程度上说明了雷州海洋文化进步历程和效果。

鲸鱼虽也称鱼，实是海兽，属海洋哺乳动物。全球海洋有鲸90种，在我国海域约有30种，其中南海占20种。鲸分两大类，一类口中无牙只有须，称须鲸；另一类口中无须，却一直保留牙齿，称齿鲸。须鲸硕大无朋，是最重要的捕捉对象。齿鲸体型较小种类很多。习惯上把须鲸和大型齿鲸称作鲸，而把体长数米左右的小型齿鲸称作海豚，有些海豚乘潮入江，俗称江猪，广州珠江河段就不止一次出现过海豚，市民争相一睹为快。雷州半岛海域是鲸活动频繁之区。早在唐代刘恂《岭表录异》就指出琼州海峡"海鳅鱼（一说鲸鱼）即海上最伟者也。其小者亦千尺，吞舟之说，固非谬矣。每岁广州常发铜船过安南贸易，……舟子曰，此鳅鱼喷气，水散于人，风势吹来，若雨耳。……交趾回人，多舍舟，取雷州缘（沿）岸而归，不惮苦辛，盖避海鳅之难也"。④ 故捕鲸是雷州半岛海洋渔业一个传统部门，具有很高文化品位而颇负盛名。明初，雷州半岛捕鲸已很出名，并掌握鲸脂炼油技术，鱼油作为实物税之一，进贡朝廷。洪武二十四年（1391年），雷州府岁办鱼油"3184斤28两4钱"，为遂溪、徐闻、海康三县上贡鱼油总和。此后，鱼油上贡不绝。志称清末民初徐闻外罗、新寮、城内、白茅一带普遍可见

---

① 新编《湛江市志·水利》，中华书局，2004年，第860-861页。
② 新编《湛江市志·水利》，中华书局，2004年，第862页。
③ 新编《湛江市志·水利》，中华书局，2004年，第864页。
④ 新编《湛江市志·水利》，中华书局，2004年，第868页。

捕鲸船（当地称渔公船），为专业性捕鲸队，在鲸鱼洄游季节出海，盛时这种船多达百艘，不但在我国沿海少见，恐怕在世界上临海国家也不多，故雷州半岛捕鲸业敢与同时代世界一些捕鲸国家争雄。据载，1915年，徐闻外罗船队捕得鲸2条。1925年春，有鲸游入外罗内港搁浅，船队前往围捕未果。1953年3月29日，在外罗航道捕到大小灰鲸各一条。大鲸长5丈1尺，宽1丈2尺，高6尺4寸，肉重450多担（约22.5吨）。鱼骨后送广州文化公园水产展览馆展出至今。同年3月30日，由10艘钩钓组成的船队在同一航道附近又捕获大小鲸鱼各一条。徐闻有一个惯例，捕到鲸鱼，当地大演海公戏，唱姑娘歌酬神，以示庆祝和感谢神祇，是由捕鲸衍生出的风俗活动。大抵在1954年以后，雷州半岛鲸类资源减少，徐闻专业捕鲸队才停止作业。雷州半岛海面鲸类主要分布在半岛东部海域。从琼州海峡沿雷州湾、湛江湾和吴川湾，西部海域由琼州海峡到流沙湾，形成环半岛捕鲸渔场。所用捕鲸方法称为"突刺法"，自古传承至中华人民共和国成立初，康熙《雷州府志》关于联合捕鲸情节，为我国罕见捕鲸记载。新编《湛江市志》则更详尽地记述捕鲸工具、过程和队伍组织，堪为捕鲸文化一段珍贵资料，其志云："渔具大小帆船9~10艘，1953年外罗掠鲸最大船载重30余吨。鲸镖俗称'海公钩'，为一种带索镖，由镖头、镖标、镖绳组成。镖头，以铁煅成，有大中小三种型号，分别名为头钩、二钩、三钩，重量在4~7公斤不等。钩锋面锐利，外形似无柄大刀，锋背面焊接一段略呈弧度铁管，用来套入镖杆，管口附近处开对称小孔二个，用于插入铁柱，活结固定带镖杆，连接缆绳。镖头规模尺寸随型号不同而异。镖杆用质坚而重的木制成，呈正棱柱体，长约1.5~2米，重10公斤左右。套入镖头端钻一小孔与镖头管口小孔相对应，连接镖头。缆绳用艾、竹篾、藤条等材料绞成，长度不限。缆绳一端是在船上，另一端一分为二支缆，主缆系镖头，副缆系镖杆。渔法，出猎前每船上装配好各种型号鲸镖若干枚，每枚两人配合，一人托镖，钩锋面向上，一人持缆绳，负责松缆，还有专职瞭望者。当发现鲸后，各船徐徐驶近猎物，目测距鲸2~3庹长距离时，按规定，先捕小鲸，后捕大鲸。头钩开始投掷，一旦头钩脱落，其他船随即补投。接着投二钩、三钩，一时数钩齐下，纷纷命中目标。投中目标后，镖头深深入肌肉，由于鲸负痛挣扎和水的阻力，镖头和镖杆的活结松开，分离，镖杆浮于水中，又增加了水的阻力。此时，渔者因势利导，松长缆绳，让其拖游。待其疲劳后，即抽紧缆绳，把鲸拢近船边缚好，拖回岸边。"① 这种捕鲸法与现代发射捕鲸原理一样，唯现代发射捕鲸炮，命中后仍让鲸鱼漂游，待其力竭而毙再拖回港。故雷州捕鲸法在我国捕鲸史上占有重要地位，宜作为一种非物质文化遗产加以保护和展示。

盐为人类生活必需品，古时视盐为"食肴之将""生民喉命"，有"无盐则肿"之说，故盐税为国家最重要财源，盐生产和销售为官营，不准民间插手，近世才有所放

---

① 新编《湛江市志·水利》，中华书局，2004年，第869页。

宽。无论从盐之管理制度还是产销而言，盐文化都是岭南文化一项重要内容。雷州半岛河流少，气温高，降水少，风力大，蒸发量大于降水量，海水盐度高，平均在30.6‰左右，琼州海峡一带在30‰～33‰之间，是晒盐理想之地。故海水制盐业向来发达，是雷州海洋农业文化又一项重要内涵，堪为广东盐文化最辉煌一页。南海是我国最大的海盐产区，先秦时期，古越人就知道海盐的生产和利用，广州原称"番禺"，一说为古越语，"番"指村，"禺"指盐，故"番禺"汉译为"盐村"之意。雷州半岛的古越人，相信也很早就懂得制盐，因为这里制盐条件比广州优越，也是古越人居地。秦汉以来，制盐技术日渐进步，东汉许慎《说文解字》总结曰："卤也，天生曰卤，人生曰盐"。《隋书·食货志》记载："一曰散盐，煮海难成之；二曰鹽盐，引池以化之；三曰形盐，物地以出之；四曰饴盐，于戎以取之。"但这些记载，并未专论岭南。到唐代刘恂《岭表录异·补遗》才见到关于南海制盐最早文字。其曰："广人煮海，其□（缺）无限。……但恃人力收集咸池沙，掘地为坑。坑口稀布竹木，铺蓬簟，于其上，堆沙。潮来投沙，咸卤淋在坑内。伺候潮退，以火炬照之。气冲火灭，则取卤汁，用竹盘煎之，顷刻而就。竹盘者，以篾细织，竹镬表里，以牡蛎灰泥之。"这是煮海为盐。这是海盐生产的第一次变革，即改直接煎煮海盐为晒沙土淋滤制卤，再煮卤成盐。新编《湛江市志·制盐》总结的古代制盐技术与此相类。第二次技术革新从宋代开始，改煮卤成盐为晒卤成盐，进一步利用阳光和风力进行盐业生产。海盐生产规模由此比以前大得多。据《宋会要辑稿·食货》载，绍兴三十二年（1162年），全国有91个盐场，其中广南东路有17个，广南西路有7个盐场。据《湛江市志·制盐》记载，宋代雷州在今湛江市境，计有市区茂晖盐场（今坡头镇沿海），吴川县博茂、那陇盐场（均在今覃巴镇沿海），廉江县零绿场（今营仔镇附近）、遂溪县蚕村盐场（今乐民港附近）。此外，据新编《徐闻县志·工业》记载，宋开宝四年（971年），徐闻沿海已建盐田，但规模较小。元代，增置东海（岛）场，场官驻东海岛旗村，吴川仍有博茂场、茂晖场；海康置武郎场（在今雷州市唐家镇武郎附近），遂溪仍留蚕村场。从明代开始，改煮卤成盐，晒沙土淋滤制卤的晒海水制卤，即完全利用阳光和风力制盐，称"天日制盐法"，为海盐生产第三次技术革新。自此雷州半岛海盐生产进入一个新历史时期，并传承至今。但在雷州半岛，这一新制晒法直到清乾隆二十一年（1756年）才在沿海使用和推广。晒制又分板晒、晒盐、水晒三种方法。特别是水晒法，在平坦海滩上围垦盐田，涨潮时直接将海水引入田内蓄水池中，经过纳潮、扬水、制卤、灌池、续池、活盐、扒盐、抬盐、驳盐、苫盖等工序，最后到制成品。此法节省能源，可以大面积生产，故明清时期，雷州盐场分布大为扩展。清前期东海盐场改为蚕村调楼场东场，清嘉庆年间（1796～1820年）又将其熟盐类灶分布在文墨、海头、塘北、临海、寮村、东海、吉山等地沿海；宋代茂晖场的熟盐灶这时分布乾塘、窖积、寮陇、博立、瑶贯、莫村、谭恩、石角等沿海，而晒水盐田分布在南三岛沿海。廉江在明代置官寨丹兜场，熟盐灶分布在今高桥镇、营仔镇、车板镇及英罗港西岸。清前期置丹兜场，后又裁并入白石场（今属广西合浦）。蚕村调楼场在清前期设西场，分布在遂溪县，西场熟盐灶分布在鸿饶、下六、调楼、乐民、调神、山刀等地沿海。清嘉庆年间（1796～1820年）海康武郎场熟盐灶分布在武郎、覃斗、马留、郡城、乌石、龙滚、新寮（今属徐闻）。徐闻县清初置新兴盐厫，煮制熟盐，场官驻今海安镇附近；嘉庆年间（1796～1820年）又增置锦囊、角尾盐厫；道光年间（1821～1850年）县内分出东厫和西厫。东厫熟盐灶分布在白沙、博赊、锦囊、北门、六极、那板、水头等地沿海；而西厫熟盐分布在那练、青桐、北箕、那宋、东场、海猪、竹仔山等沿海地区。这样，明清时期盐场和熟盐灶星罗棋布于半岛沿海各地，但产量难以统计。民国前期，徐闻、海康、遂溪三县盐场统称乌石场，后期改称雷州场。中华人民共和国成立后，经过裁并，到1990年，徐闻县有徐闻、金田等15场；海康县有海康、盐庭等30场；湛江市区有红旗、湛江试验、庵里等9场。廉江有白花山场。雷州半岛总共为55场（一说76个）、盐民盐工3600人，盐田生产面积2913公顷，年产原盐14.5万吨，占广东全省40%。① 雷州半岛为广东最大盐业基地。据《大明会典·户部》载，明洪武年间（1368～1398年），广东全省盐年产量为73800引（一引＝200公斤），占全国同期盐总产量20%。又据史载，明代广东盐课岁入太仓银每年约2万两，而嘉靖十年（1531年），广东缴铁课银才8290两②，远在盐课之下。所以时人谓"国家财赋所称，盐法居半……广盐行则商税集而军饷足，广盐止则私贩兴而奸弊滋"。③ 盐课成为广东财政收入一个主要来源和左右社会治乱的因素之一，也是南海海洋文化要素与大陆社会发展休戚相关的一个显著表现。而雷州以其巨大盐产量在其中充当了最重要角色。

作为物质文化形式，雷州半岛盐场所产盐，包括生盐、熟盐、调料盐和汤料盐等食用盐、工业盐、农业盐、渔盐，以及医用低钠盐、碘盐等，品种繁多，满足社会生活各方面的需要。而制盐母液苦卤的综合利用，更是化学工业一个重要部门。这在雷州半岛是中华人民共和国成立后发展起来的化工生产。1950年乌石盐建成三个化工厂，用土法生产钾镁肥和氯化镁，支持当地工农业生产。1951年乌石盐厂又建成4个化工厂，产品增加氯化钾，盐酸和溴素，满足各方面需要。这些化工厂，虽时有兴衰，但它们依托的是取之无穷、用之不竭海水资源和数以几十计的盐场，由此所创造的化学工业文明成就，为雷州半岛制盐文化锦上添花。

盐税既与国家利益，社会治安生攸关，则盐业的管理、运输、储存、征税、缉私等制度文化也不亚于盐的物质生产，雷州在这方面也具有一整套严格制度，有效地保障

---

① 新编《湛江市志·水利》，中华书局，2004年，第869-870页。
② 嘉靖《广东通志初稿·铁冶》卷三十。
③ 龙文彬：《明会要·盐法》卷五十五。

海盐生产和销售。

汉代最早在高要和番禺设盐官，后世因之。北宋粤西有6个盐场，南宋时则增加到11个盐场，各场均设盐官。元代粤西盐场仍为11个，其中6场与粤东各盐场同属广东盐课提举司管辖，设置司令、司丞、管勾等官员，官阶从七品到从九品，而在雷州半岛的博茂、茂晖、蚕村、东海、武郎场则归入广海盐课提举司管辖。明代粤盐场同元代，仍为11场，分属广东盐课提举司和海北盐课提举司，后者设在雷州府城，成为盐政管理中心。清前期粤西有10个盐场，与明代基本相同，曾在台山至电白一带的海矬、双恩、电茂、博茂、茂晖场置盐课司，其余在雷州半岛盐场无盐课司建置。

民国时期，政府十分重视盐业管理，但机构变化无常。1929年雷州半岛盐业受两广盐运署管辖。抗战时成立广东盐务管理局，曾迁驻遂溪麻章圩。1940年，广东盐务管理局与广西盐务办事处合并改组为粤西盐务管理局，管辖雷州半岛各盐场。中华人民共和国成立后，成立广东省粤西盐务局，1986年易名为粤西盐业总公司。不管这些机构名称如何变更，管辖范围甚至有时跨两广，但始终将雷州半岛盐场作为管辖重心，在人员设置、生产、计划、财务、保卫给予充分保障，有效地发挥盐场功能，以充足货源供应市场。显示盐业制度在维护社会秩序安定、保障群众生活需要方面不可或缺的作用。

雷州半岛盐业管理制度，虽与其他地区没有什么不同，但在海盐缉私方面却彰显崇高地位。至迟到清代粤西各盐场都设巡丁，在交通要冲查缉逃税私盐。1938年国民政府财政部盐务总局在遂溪县设立两广缉私总管理处，统一管理广东、广西盐务缉私、保护场产、协助运输，保护盐运等工作，说明雷州半岛不仅是广东最大一个产盐基地，同时是一个跨地域性盐业管理、指挥中心。中华人民共和国成立后1949年两广盐务局拥有两个缉私大队、每大队有500人，其中第一大队驻守雷州乌石，专事缉私，缉获私盐不少，有效地保护两广盐业生产和国家、地方盐税收入，贡献匪浅。

海洋有比陆地更高的生产率，故海水养殖和增殖是海洋开发利用一个主要方向。现代已发展到大面积利用沿海港湾浅海、滩涂发展人工饲养鱼类、甲壳类、贝类、藻类等各类海产品，充分利用现代科技成果，实行集约经营，效果甚佳，被喻为海上牧场，已实现海洋农牧化经营，是一种先进海洋文化形态。

雷州半岛海域全在热带海洋范围内，全年可开展海水养殖，获取比其他海区更高生物量，是一种很有前途的海洋开发模式。早在明末清初，雷州百姓已普遍利用沿海港湾、港汊或沿岸滩涂、低洼地，通过筑堤、开沟、建闸，利用潮汐涨退套纳鱼苗、虾苗，从事养殖、装捞的半流塭生产，但这仍未摆脱捕捞性质生产形式。直到民国时期，这种半流塭养殖仍为海水养殖主体。1949年，经湛江市所辖海洋养殖面积近9039亩，产量93.25吨，单产很低，处在初级发展阶段。

图3-7 通明港（彭柏森摄）

　　中华人民共和国成立后，鱼塭优越性被深入认识，迅速发展，在雷州半岛异军突起，成为海水养殖主流。1956年，鱼塭养殖十分普遍，时雷东县民安、南三、硇洲，吴川县芷寮、限口，海康县白沙、乌石、康港，遂溪通明港等，鱼塭遍布，为半岛上的集中产区。1959年，在全国海水养殖会议上，湛江塭鱼养殖经验得到介绍和推广，鱼塭文化初露锋芒。1965年，全市鱼塭面积达7.2万亩，占全省37.2%，1986年面积为23.69万亩，产量为5162吨，分别占全省鱼塭面积和产量的40%～50%和30.7%，[①] 达到1990年以前湛江全市海水养殖发展高峰，在全省有举足轻重地位。

　　雷州半岛海水养殖种类繁多，除传统品种鱼虾、牡蛎以外，先后试养过鲨鱼、黑鲷、海马，以及马氏珍珠贝、江蓠、缢蛏等品种，有些品种因不合当地环境或缺乏经验、管理不善而未果，唯马氏珍珠贝和江蓠获得成功。这说明一些品种的引进和推广，必须符合当地自然和人文条件。这些品种其实是一种外来文化，对它们必须有所选择，经过试验而成功，即为外来文化与当地文化调适、整合的结果。近年海水养殖重点在对虾、牡蛎、青蟹、泥蚶、贻贝、江蓠等，尤以网箱养鱼为大宗，所养主要为大黄鱼、石斑鱼、真鲷等优质鱼。主要虾场分布在廉江英罗港龙营围、海康企水港，雷州湾内东里，雷州和湛江南三岛等，都称"万亩虾场"；他们在种苗生产、放养、饲料、防治病虫害，以及管理等，都采用先进技术，产量大幅度提高，满足市场需求。而网箱养鱼更方兴未艾，其对海洋生物科技有更高要求。雷州半岛在这方面已有长足的发展，其常用网箱类型有浮动框架网箱、沉下式网箱和大型抗风浪网箱等，广

---

① 新编《湛江市志·水利》，中华书局，2004年，第873页。

布于沿海港湾，南三岛、特呈岛、硇洲岛等海面，这种网箱景观至为触目。生产优质鱼类供应国内外市场，已经成为湛江最有活力和前途的海洋文化事业，更是实现海洋农牧化的一个希望所在。

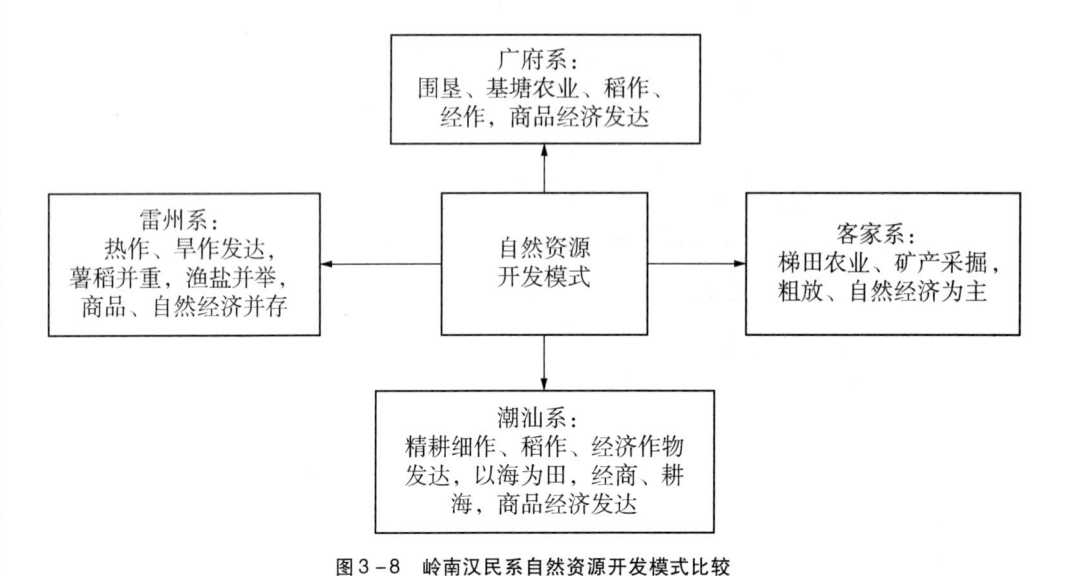

```
                    ┌─────────────────┐
                    │ 广府系：         │
                    │ 围垦、基塘农业、 │
                    │ 稻作、经作，     │
                    │ 商品经济发达     │
                    └────────▲────────┘
                             │
┌──────────────────┐    ┌────┴────┐    ┌──────────────────┐
│ 雷州系：          │    │ 自然资源 │    │ 客家系：          │
│ 热作、旱作发达，  │◄───│ 开发模式 │───►│ 梯田农业、矿产采掘，│
│ 薯稻并重，渔盐并举│    │          │    │ 粗放、自然经济为主 │
│ 商品、自然经济并存│    └────┬────┘    └──────────────────┘
└──────────────────┘         │
                             ▼
                    ┌─────────────────┐
                    │ 潮汕系：         │
                    │ 精耕细作、稻作、 │
                    │ 经济作物发达，   │
                    │ 以海为田，经商、 │
                    │ 耕海，商品经济发达│
                    └─────────────────┘
```

图 3-8　岭南汉民系自然资源开发模式比较

第四章　岭南汉民系城镇与交通的历史发展

第一节　汉民系城镇比较

城市是人类文明进步的产物，它的出现和发展，又成为区域发展的动力和生长极。马克思说："城市本身表明了人口、生产工具、享乐和需要的集中，而在乡村里看到的却是完全相反的情况：孤立和分散。"① 列宁也指出："城市是经济、政治和人民的精神生活的中心，是前进的主要动力。"② 城市对区域发展的这种作用，古今中外毫无例外。故研究区域绝不能忽视、脱离城市，区域发展差异在很大程度上可归结于城市发展水平的差异，后者由此也成为认识区域差异的钥匙。岭南区域开发深受河流走向的影响，有自西向东、从北向南推移，交汇于珠江三角洲的空间格局。西江、北江、东江、南流江、北流江、韩江、漠阳江、鉴江等河流作为区域开发的脉络，也是产业布局和流动的依托和轴线。而沿河流兴起的城市，它们作为区域经济的生长极，借助于经济能量和信息的集聚，不断辐射周边腹地，在自己历史发展进程中把彼此分离的城市腹地扩大为以自己为核心的吸引面，经过进一步叠交和扩展，形成人文地理网络，覆盖广大地区。岭南各民系基本按流域形成和发展，故借助于沿河城市及其体系分布格局的对比，可在很大程度上反映民系地区历史人文地理风貌。广府系地区开发历史早，交通畅便，经济较发达，且变化较快，城镇的历史既古老又年轻，数量多，分布不均匀，规模差异大，城镇体系明朗，与粤北和粤东北客家系地区城镇古老、数量少、发展均衡且停滞，以及潮汕、雷州系地区城镇沿海岸分布、海陆向腹地广、城镇体系发展程度低等特色形成鲜明对照。

一、广府系中心型城镇的发展

岭南古代城镇的出现和发展，主要源于三种动力：一是各级政区中心；二是处于交通要冲；三是军事据点。前两者又居主要地位，且往往结合在一起，构成政区中心型城

---

① 《马克思恩格斯全集》第三卷，人民出版社，1965年，第57页。
② 《列宁全集》第十九卷，人民出版社，1959年，第264页。

镇。由于地理条件作用，以及区域开发历史进程和社会经济发展水平差异，在宋代以前岭南的政区中心型城镇绝大多数在广府系地区，宋代以后，商品经济有所发展，城市规划制度变更，城市功能日趋复杂，城镇体系初步形成，综合型和单一型城镇齐头并进，有力地带动了广府系地区社会经济的振兴。

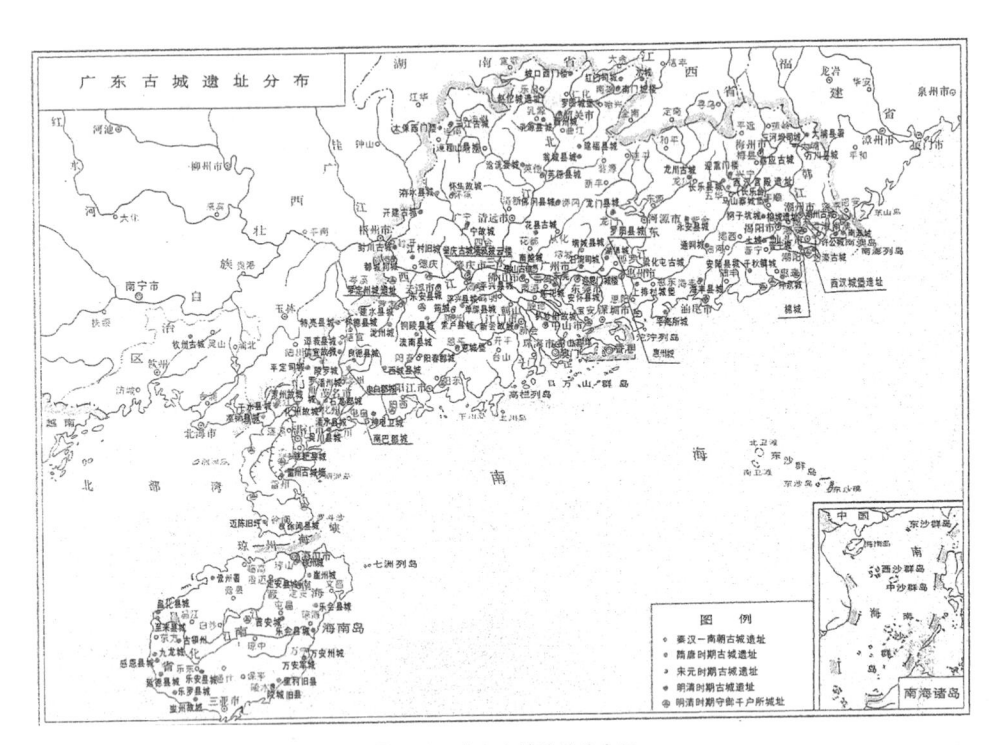

图4-1 广东古城遗址分布图

（图片来源：司徒尚纪：《广东历史地图集》，广东省地图出版社，1995年，第68页。）

先秦时期，岭南尚处于部落或部落联盟社会，迄今也无证据表明出现过城市，即使起源很古的广州当时也只是一个滨海渔村。虽然先秦广州有"五羊城""南武城""楚亭"等名称，但传说色彩甚重，不能作为城市建立的依据。故1996年为广州2210年城庆，将建城年代确定为秦始皇三十三年，即公元前214年。这年秦始皇统一岭南，番禺（广州）成为南海郡郡治和番禺县县治，也是岭南最大的政治中心。秦在岭南建立3郡8县，也产生了岭南最早的一批城市，它们是南海郡所属番禺、傅罗（博罗）、四会、龙川、揭阳（一说建于西汉），桂林郡所属布山、中留，象郡所属临尘县等。汉初南越国时期，继承秦在岭南建置格局，但郡县增加：南海郡辖番禺、龙川、揭阳、浈阳、含洭（后两县为南越国置），桂林郡辖布山、四会，另废秦象郡，以其地置交趾、九真二郡。汉武帝元鼎六年（前111年）进兵平南越国，翌年海南岛归入汉王朝版图。是年汉王朝在两广地区置9郡44县，其中南海郡辖番禺、四会、中宿、博罗、龙川、揭阳，合浦郡领徐闻、高凉、临允、合浦，苍梧郡领广信、封阳、临贺、富川、冯乘、谢沐、猛陵、

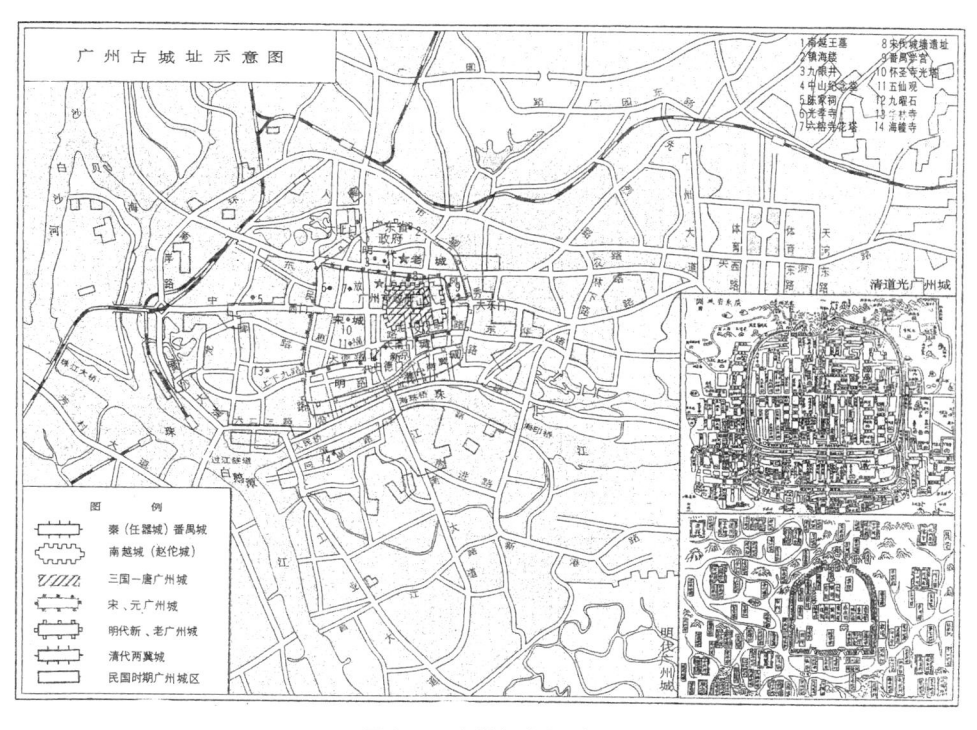

图4-2 广州古城址示意图

（图片来源：司徒尚纪：《广东历史地图集》，广东省地图出版社，1995年，第69页。）

荔浦、端溪、高要，珠崖郡领瞫都、玳瑁、紫贝、苟中、临振，儋耳郡领儋耳、至来、九龙，桂阳郡领桂阳、阳山、阴山、曲江、含洭、浈阳，豫章郡领南野（部分县地）；另有9县名称、地望无考。这些郡县的分布，一在西江流域，二在珠江三角洲，三环北部湾，四在海南岛，五在粤北。后两地为汉代初置郡县，其余郡县主要在后来的广府系地区，即在秦和南越国建置基础上增加的政区，并沿交通线分布，奠定了城镇空间格局西密东疏的基础。

东晋南朝，政区建置在岭南急剧膨胀，仅广东在萧梁时期郡增至39个，县146个，为广东历史上建置最多的时期，主要分布在西江、潭江流域和高雷地区，次则粤北、粤东则极为个别，形成粤西和粤东强烈的地域不平衡。但这些主要为安置南迁官员、侨民，招抚少数民族头人，补充与北方抗衡所需兵员而设置，而非由于经济原因增加的郡县。到隋代则大加省并，数目减少一半左右。这些被废置郡县的治所很快衰落或湮没，或仅存地名，后世因多难考其地望而成为历史悬案，也是一批消失了的政区中心城市。例如萧梁中大同年间设置的广州晋康郡文招、熙宁、永始、武定4县，广州新会郡新建、熙潭、始康、初宾、化召5县，广州宋隆郡招兴、建宁、崇化、熙穆、崇德、初宁、安化、南安8县，广州乐昌郡宋元、乐山、安乐、义立4县，广州清远郡威正、恩洽、浮护、廉平4县，新州新宁郡城阳、威化、顺德、初兴、平乡、威平6县，泷州罗

阳郡都城县，建州广熙郡永业、宾化、宁乡、长化、定昌、宝宁、安南7县，罗州高兴郡宋和、宁单、威成、夫罗、南安、归安、陈莲、高城、新建9县，南合州齐康郡富川、摸落、罗阿3县等，即属其列。① 这些昙花一现的政区中心城市多密集分布于后来广府系地区，只因所在地方开发尚未达到成熟程度而被淘汰，后来成为考古发掘对象。在今广西，隋代也对前朝郡县进行较大调整，建立4个完整的郡，下辖47县，也集中分布在人口较多、中原移民南下路径的桂东地区，与广东郡县较密的西江地区连成一片。对于促使广府系形成，这些同一流域的郡县治所作为政治中心的存在及其相互往来是起了很大作用的。

唐代岭南政区建置与隋代相差无几，咸通三年（862年）设岭南东道和岭南西道，奠定以后两广疆域基础。据《新唐书·地理志》载，至天宝年间，今广东（含海南）领25州93县，今广西领37州60县。州县治所比较稳定，部分相沿下来，在广东明显改变以前西江、潭江下游的建置偏多现象，州县密度大的地区向广州附近转移，如广州都督府辖下就有番禺、南海、增城、东莞、清远、四会、化蒙、义宁、新会9县，其治所成为仅次于广州的行政中心。而广州自秦汉以来就高踞岭南最大都会地位，南越国时还是首都，唐为岭南道治，同为广州都督府驻地，以后也历为岭南区域性政治中心。所以光绪《番禺县志》说："五岭之南，郡以十数，县以百数，幅员数千里，咸执秩拱稽受治于广州之长。"② 唐代，广州是国际性港口。唐德宗时宰相贾耽描述一条从广州出发的南海航线，时称"广州通海夷道"，后收入《新唐书·地理志》中。侨居广州的外商达13万，开元年间一年之中往来广州的外商达80万多人次③，为广州兼具经济职能的重要标志。

唐代州郡按户口多寡分为上中下等。据《新唐书·地理志》载，广东各州唯广州属中都督府，南海郡为中州（郡），其余皆为下州郡，突出了广州作为经济中心城市的地位。又据同书载，唐代县按地理位置、辖境大小、户口多少及经济发展水平分9等，地方实分6等。时广东93县，属上等县的仅有南海、番禺、曲江、桂阳，属中等县的有增城、四会、化蒙、怀集、浈水、东莞、清远、含洭、浈阳、新会、义宁、阳山、连山、怀德等14县，其余的皆为中下县和下等县。时广西160县，上等县仅临桂县，中等县有宾州岭方、桂州理定和灵川、邕州宣化、绣州常林、党州善劳、廉州合浦等7县。集中在桂东北，非后来广府系地区，其余为中下或下等县。一般说来，州郡县治规模应与其等级相对应，上等县县治的人口肯定比中下县和下等县的人口要多，经济实力雄厚，这也反映出城市规模的差异。以上州郡县等级分布格局显示出珠江三角洲、西江和粤北地

---

① 司徒尚纪：《广东历史地图集》，广东省地图出版社，1995年，第101–102页。
② 光绪《番禺县志》卷十。
③ 张星烺：《中西交通史料汇编》第二册，中华书局，1977年，第204页。

区经济的优越地位。另外在广西的水陆交通要道上，也逐渐形成一些重要的市镇，如桂州、邕州、柳州、容州、梧州等。它们多为州郡治所、当时广西各地的政治中心。广府系地区占了上述上等县和中等县的大部分，说明这些城市的发展建立在比较雄厚的经济基础上。特别是唐代岭南很多地方尚处蛮荒，很多少数民族未汉化，这些城市能依靠地理区位和交通优势，而不必完全依赖周围腹地发展起来，形成所谓核心式发展模式。最大一个核心就是广州，被视为这种模式的范例；① 桂州、容州、柳州、端州等交通线附近城市也是依靠这种模式发展起来的。而这种模式在唐代粤北和粤东尚不明显。如唐代潮州治附近，在韩愈《潮州刺史谢上表》笔下，还是"飓风鳄鱼，祸患不测""毒雾瘴氛，日夕发作"之地，自不能望广州城市项背，到宋代筑城和兴修水利，潮州城才逐渐发展起来。粤北地区开发历史很早，但初期设置郡县，有治无城，不利于城市发展。例如韶州古城即曲江城，据光绪《韶州府志·古迹》条载，城在曲江城南十里官滩，隋唐时迁至武水以西，但地点至今无考。直到南汉白龙二年（926 年）才在浈武二水间江心洲筑中洲城，即后来的韶州府城。由于缺乏一个强大的中心城市，城市间相互联系少而关系松弛，唐代粤北城市发展水平仍不及珠江三角洲。

秦汉以来，由于军事防守、交通往来等原因而产生一些小市镇，为政区中心型城市以外的另一类功能城镇。如秦在乐昌武水傍筑"任嚣城"，在广西兴安县溶江镇筑秦城，至宋之前已崩塌，但汉晋古墓累累，可见当日相当繁华。汉初赵佗武力割据岭南，为加强防御力量，又在秦"任嚣城"附近筑"赵佗城"，在紧邻湖南的仁化筑"仁化城"，在英德城南筑"万人城"等，皆是军事防守性质的城堡。据有关记载和实地调查，唐代岭南形成一些小城镇和城市，如南海金利镇②、顺德龙山大岗圩（志称其为"四方商贾之地，合堂奥之区，辟自大唐"③）、南海牛鼻镇④，此外，还有今顺德容奇、桂洲、黄连、北水、古粉、马齐镇等⑤，东莞香山镇⑥，高要青岐镇⑦，番禺石门镇，深圳屯门镇⑧，南雄安远镇等。在广西与广东一样出现定期圩市，宋吴处厚曰："市之所在，有人则满，无人则虚。"唐代柳州、邕州、桂州附近均有较大的圩市。柳宗元《柳州峒氓》诗云："青箬裹盐归峒客，绿荷包饭趁圩人"，即为这种城乡物资交流场地的写照。圩镇在唐代岭南出现，显示农村商品生产的萌芽，在一定意义上说，也是最原始的一种城镇类型。

---

① 曾华满：《唐代岭南发展的核心性》，香港中文大学，1973 年版。
② 据佛山市博物馆调查，不是今高要金利镇，而在南海官窑东南麻奢、里水一带。
③ 嘉庆《龙山乡志·重修大港圩武庙碑记》。
④ 李吉甫：《元和郡县图志》卷三十四《记牛鼻镇在南海西北 50 里》，已无考。
⑤ 佛山地区编《珠江三角洲农业志》（一）1976 年印，第 60 页。
⑥ 时属东莞，见乾隆《香山县志》。
⑦ 李吉甫：《元和郡县图志》卷三十四《记牛鼻镇在南海西北 50 里》，已无考。
⑧ 王涛：《唐会要》卷七十三。

这样可以看到，由区域中心城市广州—州县治—圩镇构成的城镇体系雏形在唐代首先在广府系地区出现，并成为区域发展的一种新动力，使广府系地区开发水平高于其他民系地区。

我国古代城镇向由所在府州县所辖，没有独立的行政管理机关，即未能在行政立法上将城镇作为一个独立行政区域，上自首都，下至县治皆如此。如唐都长安（西京）为京兆府辖，唐岭南道治广州，分由南海县和番禺县管理城区事务。宋代，随着商品经济发展，原有行政管理体制已不能适应新形势需要，建制城镇应运而生。这就是北宋建制镇与元代录事司，既是行政建置的一种创新，也是城镇的一种新发展，在岭南这两种建制城镇都出现在各民系地区，但以在广府系地区至为典型和广泛，也是城镇发展的一种新机制。

镇在我国起源很早，但最初只有军事防卫功能。《新唐书·百官》载，镇"掌捍防守御"①。唐代商业活动还受到很多限制，唐景龙三年（709年）敕令规定："诸非州县之所，不得置市。"② 这是唐以前商业镇不发达的主要原因。但商品经济的活力又是不能压制的，到宋代，镇作为县以下一种基层政区和城乡物资交流中心接踵而起，一定程度上改变了城镇体系格局。宋政府规定"诸镇置于管下人烟繁盛处"，并"设监官，管火禁兼酒税之事"，③ 反映镇已从军事职能转为民政和经济职能。按宋政府所定标准，一般聚落人口达到百户即为允许建镇的最低人口限度，人口在千户左右的市镇有可能升格为县。自此，建制镇数量在岭南有一定发展，据王存《元丰九域志》载，在广东有15个，在广西有8个。在广东有南海大通镇，番禺瑞石、并石、猎德、大水、石门、白田、扶胥镇，增城足子镇，曲江濛瀼镇，翁源玉壶镇，龙川驿步镇，南雄大宁镇，朱崖军临川镇和藤桥镇。另据有关研究，还有海阳净口镇、吴川零绿镇。④ 则广东共17镇。

在广西则有兴安太平镇、永安镇，平乐临贺镇，苍梧孟陵镇、冷石镇、戎城镇，迁江州罗目镇，博白马门镇等，皆在桂东。两广的建制镇大部分分布在广府系地区，进一步扩大和完善它的城镇体系。

这些新兴的小市镇，在宋代称"镇市"，有明确的地域范围和城市人口，故基本上可归入城市性质聚落。这不但与现代城市概念吻合，而且符合宋代法令对城乡划分的规定。宋太祖建隆三年（962年）诏说："东京去城五十里，西京及诸道州府去城二十里，不许将外来酒入界，并入州府县镇城门"；宋太宗端拱二年（989年）又补充并解释"即不说（论）去县镇远近，今后须去县镇城十里外。"⑤ 显见，在这里县治与"镇市"

---

① 《新唐书》卷四十九，《百官》。
② 王涛：《唐会要》卷八十六。
③ 《续资治通鉴长编》卷三〇九。
④ 郁越祖：《关于宋代建制镇的几个历史地理问题》，《历史地理》第六辑，上海人民出版社，1988年。
⑤ 徐松：《宋会要辑稿·食货（二十）·酒曲杂录》。

同属一个城市等级。但也有研究指出，镇城区与县治布局不一样，前者"常常是只有一条主要街道，街道两旁坐落着住宅和商店"①，而县治通常由四条主街构成棋盘状格局。建制镇的这些特征说明它作为一种新兴城市对区域经济发展具有不同寻常的意义。例如宋代东莞县香山镇，建制范围内在元丰年间有"侨佃户主客共五千八百三十人"②，以五人一户，则香山镇即为一座拥有上千户的小城市，后成为南宋设置香山县的县治。香山县设置对以后珠江三角洲前缘滩涂围垦和海防等发挥了重要作用。

宋代新兴的建制镇，按其功能可分为交通型、产业型和市场型等类型。上列广东的建制镇大致也不出这些类型。

交通型：（1）大通镇，在今广州荔湾区花地大通滘口，为古代通珠江三角洲各地的主要水道之一。广州经此道通佛山，再转中山、顺德及五邑各地。镇以"大通"命名，即为沟通西、北江水道经过之地。其地仍存大通寺街和大通通津。元陈大震《南海志》称设"水浦"于此③，显为交通地位显要而兴起为建制镇。（2）瑞石镇，在今广州市海珠区南，临珠江后航道，亦有"水浦"之设，明代才衰落，沦为农村。（3）猎德镇，在今广州东部猎德村附近，南临珠江一凹岸，水深风静，可泊大舸，附近又为风静浪小的珠江一分汊航道，出黄埔港。故同治《番禺县志》曰："珠江又东为大沙头，又东至猎德口。猎德汛在县东三十里"，即此处。明代河湾淤浅，不利航泊，猎德才衰落。早在元代其处已不设"水浦"，而设"旱铺"，失去水运码头地位。（4）大水镇，在今广州市之东天河一带，临近沙河。因沙河雨季山洪冲下，故名"大水"。以其地近广州城东门，为往来官路所经，交通地位重要，得以成镇。陈大震《南海志》记这里设"大水浦"，属"旱铺"，即陆路交通一站。（5）石门镇，在广州西北，即今石门村，自古即为广州北上要冲，也是兵家必争之地。《史记·南越列传》载："元鼎六年（前111年）冬，楼船将精卒先陷寻陕，破石门，得越船粟。"宋于此建镇，可知此地水上交通甚为兴旺。陈大震《南海志》记石门设"递铺"而不设"水铺"，想见其在元代水运地位已经下降。（6）白田镇，在广州西关珠江东岸丛桂里，为水陆码头所在，宋于此建镇。《新五代史》："刘鋹以海舶十余，悉载珍宝、嫔御将入海，宦官乐范窃其舟以逃归，师次白田，鋹素衣白马以降。"这也是一个军事重镇。明代已湮，其地为民居。（7）扶胥镇，在广州东部南海神庙东侧庙头村，隋已建南海镇于此，并立县，后县治迁入广州。扶胥早为港口，晋裴渊《广州记》说："广州东百里有村，村曰古斗，自此出海，溟渺无际。"古斗亦称古兜，陈大震《南海志》记宋代扶胥镇还有多个国家海舶往来，为典型的广州外港。明代海岸淤浅，成为沙田，海舶移泊海珠岛琶洲，扶胥镇遂沦为普通农

---

① （美）罗兹曼（G. Rozman）：《清代中国和德川时代日本的城市网》；郁越祖：《关于宋代建制镇的几个历史地理问题》，《历史地理》第六辑，上海人民出版社，1988年，第97页。
② 徐松：《宋会要辑稿·市镇》，方域（十二）。
③ 陈大震：《南海志·兵防》卷十。

村。(8)增城足子镇,其地望无考。以上围绕广州城分布的卫星镇,分流了广州城市的某些功能,为广州城市规模扩大商业区进一步外移,城市经济繁荣的结果。此外,广西平乐临贺镇,为今贺州贺街,在贺江上游两支流交汇处,以水运码头而兴起。

产业型,这类市镇区位和兴起深受资源分布制约,在岭南多为盐场或矿冶及其他特产所在。宋潮州潮阳净口镇(地望无考)和吴川零绿镇(今廉江西南东凌绿)即为盐场而设。

市场型,这类市镇通常位于乡村中心位置,远离交通线和城市,成为小盆地或片村互市中心。广西苍梧孟陵、冷石、戎德和博白马门镇等应为这类市镇。

其实,宋代岭南远不止这些建制镇,在珠江三角洲自发形成的、无建制的小市镇就有今顺德逢简、四会胥口、开平太平、高要三水、新会小岗及会海、番禺沙湾、香山古镇等。① 而据《元丰九域志》载,广南西路共有58镇,除建制镇以外,大部分为商业镇,尤以容州、邕州、浔州、横州、滨州、钦州等交通方便地区为多。据周去非《岭外代答·财计门》记,邕州永平寨博易场和钦州博易场还是我国商人与交趾商人通商的国际市镇。这类小市镇分别为交通口岸、手工业基地或物资交流中心。不管哪类小城镇,仅个别在粤北或粤东,多数在珠江三角洲、西江流域,显示广府系地区从宋代以来城乡物资交流日趋活跃,并最终成为地区商业优势。

录事司的设置,是我国中古时期建制城市的主要标志。按录事司始见于金代。《金史·百官志》称:"诸府节镇,录事司一员,正八品,判官一员,正九品,掌同警巡使。"而警巡使仅置于京城。到元代录事司普遍推行至全国。据《元史·地理志》记载,元代先后在123座城市建立了录事司,成为建制城市。《元史·百官志》说:"录事司,秩正八品。凡路府所治置一司,以掌城中户民之事。中统二年(1261年)诏验,民户定为员数二千户以上设录事司候判官各一员,二千户以下者判官不置。至元二十九年(1292年)置达鲁噶齐一员,省司候,以判官兼捕盗之事。典史一员。若城市民少,则不置(录事)司,归之倚郭县,在两京则为警巡院。"宋末,宋元军队在广州城下发生惨烈拉锯战,广州城池受到严重破坏。至元十五年(1278年)元军攻克广州,翌年即成立广州录事司,"以州之东城、西城、子城,并番禺、南海二县在城民户隶之……番禺与南海俱倚郭"②。元人入主广州伊始即急于设置录事司,显然是出于恢复城市秩序和加强市政管理的需要。至元十七年(1280年)置海北广东道,隶于江西省,又改宋翔龙府为广州路,领7县1司,即南海、番禺、东莞、增城、香山、新会、清远和广州录事司。这样广州正式成为与县平级的个行政区域,建立起地方行政管理体制。同时设置的还有韶州录事司、潮州录事司、静江(桂林)录事司和南宁录事司,分隶

---

① 司徒尚纪:《岭南史地论集》,广东省地图出版社,1994年,第78页。
② 《元史·地理志》卷六十三。

于韶州路、潮州路、静江路和南宁路。韶州路"领司一县四。……曲江，中元初分县城两厢地及外三厢地属录事司"，而潮州路"领司一县三"，录事司"至元二十二年（1285年）始立"，① 曲江和潮州先后成为建制城市。桂林和南宁也有类似建制过程。但以广州录事司建置最为完备，记载至为详尽，与广州作为区域中心城市的政治、经济地位不无关系。

录事司作为县一级行政区，拥有自己的行政管理架构和职能。其行政长官正八品，"列曹庶务，一与县等"②，"司府城内户役"③，"领在城民事"，④ 包括户籍、交通、市容、治安、城市建设、赋税、教育管理等。例如治安管理，设有"城内外巡警官"⑤，广州录事司配备巡捕弓手20名，番禺县138名，南海县230名，东莞县148名，其他各县数目不等。另外东西城各有厢军150名⑥。此皆为元代广州城独立拥有的职能，显示出城市性质的变化，更突出和强化了城市的政治中心性质，这是过去不可比拟的。

元代广州录事司已作为一个独立政区出现在有关志书和公私文件中，从中可见城市各种结构和功能，也反映了广州城市性质的多样性。这其中包括：

1. 城市人口结构。这是区别城市和乡村的一个重要标志。据陈大震《南海志》记载，元大德八年（1304年），广州路共180873户，其中广州录事司为10013户，南海、番禺等7县为170860户，分别占总户数的5.5%和94.5%，说明兵燹过后广州城市人口不多，与广州路人口稀落的香山（11369户）和增城（7628户）相若。按元代广州路平均每户6口计算，⑦ 大德八年广州城市人口为60078人。同年广州路共180873户，较之至元二十七年（1290年）的172284户，平均年增长率为4‰。照此推算，到元末广州录事司属户可达1.4万户，约合8.4万人。虽然广州是宋元交战的最后一个地区，战事给当地社会经济造成严重破坏，但一则"广州为岭南一郡会，户口视他郡为最"，即广州人口基础雄厚，凝聚力强；二则"比年官府肃清，盗贼宁息，人皆安生乐业，故广（州）之生齿日繁，户计日增矣"。⑧ 特别有意义的是，元大德八年广州录事司人口数是历史上关于广州城市人口的第一个可靠统计数字，也是分析广州城市人口演变的基础。

元政府实行苛暴的民族压迫政策，大德八年广州路人口政治构成反映了这种民族对立状况（表4-1）：

---

① 《元史·地理志》卷六十三。
② 至顺：《镇江志·宰贰》。
③ 于钦：《齐乘·郡邑》。
④ 《元一统志》卷九五八。
⑤ 陈大震：《南海志·兵防》卷十。
⑥ 陈大震：《南海志·兵防》卷十。
⑦ 梁方仲：《中国历代户口、田地、田赋统计》，上海人民出版社，1980年，第192页。
⑧ 陈大震：《南海志·兵防》卷十。

表4-1　元代广州路人口政治分等（1304年）

路司	总户数	其中			
		南人户	%	北人户	%
广州路	180873	180323	99.7	550	0.3
广州录事司	10013	9641	96	372	4

占人口总数仅0.3%的北人成为广州地区统治者，而北人主要集中在广州录事司，占全路北人的68%，少数在其他县治，同样说明广州是蒙古贵族在岭南的一座政治堡垒。

广州人口的职业构成，也由于录事司的建置而得以准确统计。如陈大震《南海志》"酒课"条称："今并在城及诸县酒醋课数目，开列于后"，将广州城区与各县分别统计，为定量分析广州城市功能提供有力佐证。据《南海志》载，元大德年间（1297～1307年）广州路1司7县税粮户凡28177户，其中广州录事司为176户，仅占全路0.6%，其余7县占99.4%；而广州录事司税粮户也只占全城总户的1.76%。又同期广州路税丁为23128丁，皆分配在广州路各县，广州录事司无此项目。这都说明广州城市人口绝大部分是非农业人口，农业在广州城市经济生活中处于微不足道的地位。

2. 城市产业结构。这直接反映城市经济活动及其在区域经济中的地位，包括各项税收和贸易额等。

土地税：即按土地征收赋税，时称"田钱"，分实物和货币两种。元大德年间，广州路1司7县共175贯余，广州录事司为2贯，占1.14%，其余7县占98.86%。同期广州路1司7县正科米12434石，广州录事司仅占117石余，占0.9%[①]，可见农业土地利用在广州城市中作用甚微。

商税：元大德年间广州路1司7县各务县周岁总办为2061锭45两，其中广州录事司为1834锭12两[②]，占总额89%。这反映广州是广东商业经济中心，商业是广州城市主要功能之一。

贸易额：元代很重视海外贸易，广州港在全国地位仅次泉州。元政府除按市舶抽分以外，还实行三十税一制度，有利于贸易发展。元人记广州"岁时番舶金、珠、犀、象、香药、杂产之富，充溢耳目，抽赋帑藏，盖不下巨万计"[③]。广州与泉州、南京、嘉兴等是当时全国最大的商业贸易中心之一，显然缺乏具体贸易数字，相信为数甚巨。所以元大德《南海志》列举与广州发生贸易的国家和地区甚详，达到141个，占元代全国

---

① 陈大震：《南海志·兵防》卷十。
② 陈大震：《南海志·兵防》卷十。
③ 吴莱：《南海山水人物古迹记》，《渊颖集》卷一。

外贸涉及220多个国家和地区的64%①，并称"广（州）为番舶凑集之所，宝货丛聚，实为外府。岛夷诸国，名不可殚。前志所载者四十余。圣朝奄有四海，尽日月出入之地，无不奉珍效贡，稽颡称臣，故海人山兽之奇，龙珠犀贝之异，莫不充储于内府，畜玩于上林，其来者视昔有加焉。而珍货之盛，亦倍于前志之所书者"②。

产品税：元朝对手工业相当重视，各地屠城，唯工匠得免，又把大量工匠集中在少数城市，为统治者生产军器和消费品。在广州地区以棉纺、造船、采珠、采金银和制盐等手工业为主。据《南海志》所载，在广州路各司县征收的计有酒、醋、醛诸钞，其数额分配如下（表4-2）：

表4-2　元代广州路征税统计

税名	广州路	广州录事司	占广州路/%
酒钞	3202锭	1892锭	59.1
醋钞	56锭	50锭	92.8
醛钞	2锭	1锭	50.0

广州录事司占诸钞一半以上，说明广州又是一座商品性手工业城市，有别于其他以家庭副业生产为主的县城。因为这些县各钞所占比重都很低，例如酒课最高南海县为333锭，占全路总额10.4%，最低清远，仅为5.1锭，占全路总额1.6%；醋和醛两钞，其他县所占比重更微乎其微。这都深刻反映了广州录事司在珠江三角洲地区手工业生产中的地位。

3. 城市建设。蒙古贵族征服中国之初，怕人民反抗，曾大毁天下城垣，但广州城没有完全被毁。宋代西城及东城被夷平，中城与东西两雁翅城保存下来，故陈大震《南海志》记载元代广州城与宋代大致一样。由于外贸和海上航运发展，广州很快恢复为重要港市。延祐七年（1320年）五月，元仁宗遣使到广州"榷买番货"③。元代阿拉伯回教徒在广州设立总寺和分寺，并出重资重建城西的光塔寺，在《重建怀圣寺之记碑》中说："商舶是脉，南北其风……珠水溶溶，徒集景从"，想见外贸对城市建设的促进作用。另外，城内侧西城南濠在至元二十八年（1291年）亦被浚深。最后，元代广州城建设还反映在旅游区的扩大上。广州从宋代起就有羊城八景，元代因之，但景点名称和地望不同。元代"羊城八景"是扶胥浴日、石门返照、大通烟雨、蒲涧帘泉、粤台秋色、白云晚望、景泰僧归、灵洲鳌负。其中后四景为宋代所无，是改换了的景点，尤其是远在白云山上的白云晚望、景泰僧归两个景区的兴起，说明广州城区已扩大了范围，

---

① 据汪大渊著，苏继庼校译：《岛夷志略》统计。
② 陈大震：《南海志·物产》卷十。
③ 《元史（卷二十七）·仁宗纪》。

向山上发展为主。元代广州市区比宋代又在所扩张，故明代有宋代"三城低隘"的评语。元至正七年（1347年）摩洛哥旅行家伊本·白图泰（Ibu Bamteh）游历了广州（时称广州曰泰克兰城）。他说："泰克兰城久已慕名，故必须亲历其境，方足饱吾所望。……余由河道乘船而往，船之外观，大似吾国战舰。泰克兰城者，世界大城中之一也。市场优美，为世界各大城所不能及。其间最大者，莫过于陶器场。由此，商人转运瓷器至中国各省及印度、夜（也）门。"① 这位旅行家写这段文字时，距离广州录事司建立已有50多年，广州城市景观已非昔日可比。这个建设成就，与广州录事司的设置当然不无关系。

作为历史上的各级政区治所，广州只是一个普通地名，而不是一个行政区域，广州是"虚"的。第一，它没有"市区"或建成区，广州城所在地区为南海县和番禺县分管；第二，它没有与行政区域相适应的行政机关。元代广州录事司建立，这两者都兼备了，广州也由"虚"变实，极利于加强它作为岭南区域政治、经济和文化中心的地位，发挥它的内外辐射作用，也推动了城市本身的建设。可以说，这是广州历史上一件破天荒的大事。过去由于元代文献资料比较少，对这一阶段广州城市地理研究比较薄弱，这一事件未得到充分的注意和评价，是广州城市研究的一个缺陷。其他录事司保留下来的资料更残缺单薄，如曲江录事司及潮州录事司就没有像《南海志》那样翔实的记载，现在要复原它们的概貌就很困难，但它们作为客家系和潮汕系地区中心城市，仍不失为区域发展核心和时代城市的代表之一。

明清岭南经济进入历史鼎盛时期，尤其是明中叶以来资本主义萌芽在珠江三角洲生长和澳门作为一个国际贸易港崛起，促进了商业城市产生和兴盛，圩镇大量出现，形成地域性商人集团，城镇体系在广府系地区发育日趋完善，并形成自己的空间格局。

明代由于泉州港衰落，广州复为全国性中心港市。虽然由于反元目的，广州录事司城市建制被取消，但城市经济仍在上升。明初孙蒉《广州歌》写珠江河畔"阿峨大舶映云日，贾客千家万家室"，一片兴旺景象。清初全国严行海禁，但广州外贸或明或暗，或公或私照样在进行，尽擅外贸之利。江南、闽、浙各省的丝、茶、瓷器诸货也指定从广州出口。康熙二十四年（1685年）"迁界令"解除，外舶可直趋广州城下贸易。雍正以后，全国开禁，准予自由贸易，广州港市地位进一步加强。广州集散商品、组织流通的基本功能也进一步完善，以中外商品种类齐全、价格低廉而闻名海内外。不但在广州经商的人特别多，志称"使价之客与守土之臣常参半"②，而且外来交易的商人也络绎不绝。明人胡宗宪说："连年倭患皆为私通贸易而起，浙人多诈，窃买丝、棉、水银、

---

① 张星烺：《中西交通史料汇编》第二册，中华书局，1977年，第204页。
② 道光《南海县志》卷二十九。

生铜、药材一切通番货物，抵广（州）变卖，复易广货归浙（江）。"① 这种情况以后继续发展，广州关税由此大增，常为他省的3～4倍，更有大量白银通过外贸这条渠道流入我国，促进珠江三角洲和沿海商品经济发展，以及城市繁荣。清初广州"当盛平时，香珠犀象如山，花鸟如海，番夷辐辏，日费数千万金。饮食之盛，歌舞之多，过于秦淮数倍"②。明清广州同为两广总督府、广东省、广州府、南海县和番禺县驻地，这种政治地位也促进广州城市发展和对外各种联系与交流，使之成为我国古代一座大城市、华南最大经济中心。据外国人估计，鸦片战争前夕，广州"城市人口绝不会少于一百万"③。

佛山崛起是改变明清时期珠江三角洲乃至两广城镇体系格局的重要事件。佛山肇迹于晋，宋代发展为市镇，志曰："乡之成聚，相传肇于汴宋"④，元代在陈大震《南海志》中列为"佛山渡"。由于佛山扼西、北江交通要冲，唐宋以前北江支流官窑涌是广州与中原地区联系的主要通道。宋代以后，官窑涌、石门水先后淤涸，佛山涌取而代之，成为"入（广）府孔道"，佛山一跃居"扼省（城）之吭"的咽喉地位，⑤凡从北江南下船只必先经佛山，再抵广州。这个经济地理区位为佛山城市的兴起和经济发展提供了极为有利的条件。大抵在明初，佛山渐渐发展起来，附近农村有不少冶铁工匠向佛山集中，建立起作为其经济支柱的冶铁业。明中叶，珠江三角洲商品经济有很大发展，澳门港崛起使国内外贸易更加兴旺，大量货物须经佛山流向北江、西江广大地区。"因此，商业依赖于城市的发展，而城市的发展也要以商业为条件，这是不言而喻的。"⑥到景泰年间（1450～1456年），佛山"民庐枇比，屋瓦鳞次，凡三千余家"⑦；明末，佛山"生齿日繁，四方之舟车日以辐辏"⑧，成为一个真正的"大都会"⑨。清初到鸦片战争前，佛山进入全面繁荣时期，手工业花繁果硕，冶铁工人不下2万～3万人，产品行销国内市场，附近石湾成为综合性陶瓷基地，纺织业兴盛一时，产品远销海外，时人称"佛山一埠，为天下重镇，工艺之目，咸萃于此"⑩。在发达的手工基础上，佛山商业繁荣，甚至一度超过广州。康熙初年，"四方商家之至粤者率以是（佛山）为归。……桡

---

① 胡宗宪：《筹海图编》卷十二。
② 屈大均：《广东新语》卷十七《宫语》。
③ 蒋祖缘、方志钦：《简明广东史》，广东人民出版社，1993年，第369页。
④ 乾隆《佛山忠义乡志》卷三。
⑤ 道光《广东通志》卷一二六。
⑥ 《马克思恩格斯全集》第25卷，人民出版社，1974年，第371页。
⑦ 《佛山真武庙灵应祠记》，见广东省社会科学院等编：《明清佛山碑刻文献经济资料》，广东人民出版社，1987年，第3页。
⑧ 《重修灵应祠记》，崇祯十四年（1641年），见广东省社会科学院等编：《明清佛山碑刻文献经济资料》，广东人民出版社，1987年，第16页。
⑨ 《修通纪桥记略》，天启五年（1625年），见广东省社会科学院等编：《明清佛山碑刻文献经济资料》，广东人民出版社，1987年，第10页。
⑩ 彭泽益：《中国近代手工业史资料》第一卷，三联书店，1957年，第590页。

楫交击，争沸喧腾，声越四五里，为郡会（广州）之所不及者"①。佛山城区从乾隆时25铺扩大到道光时27铺，从3圩6市发展到4圩11市，津渡码头从11个增加到28个。② 乾隆时佛山"鳞次而居者三万余家，举镇数十万（人）"③，跻身"天下四大聚"之列。如果说广州是全国最大的外贸中心，那么佛山就是手工业和商业中心，也是广州外港，一内一外，相辅相成。各省运来的货物必先集中于佛山，再由行商转购或出口，各省所需中外货物也在此置办。志称佛山"百货山积，凡希觐之物，会城（广州）所未备者，无不给与此"，"西、北各江货物聚于佛山者多，有贩回省卖与外洋者"，④ 故佛山又是一个巨大的商品发散中心，在全国商业网络中居重要地位。因为除了本地人及西、北、东江流域商贾云集以外，"秦晋楚豫、巴蜀贩客，络绎偕来"⑤。清代佛山设有除东北以外的十八省会馆，光山陕商人集团在佛山开设的商号就多达200多家⑥，还有外国商馆，而佛山籍商人也遍布全国各大商埠。佛山与广州一起组成一个以两地为中心、连接中南数省、沟通中外的巨大经济网络。

这个经济网络在广佛之间有一个重要节点即顺德陈村，这个东汉已成聚落的古镇，以邑人陈临建安中被征为太尉而得名。附近为盛产粮食的沙田区，咸丰《顺德县志》云"自汉例献龙眼荔枝，宋贡异花，由来已久"。明清陈村"诸奇卉果，流徂天下"⑦。特别是沟通珠江三角洲各地的陈村水道从镇附近通过，强有力地促进了它的发展。镇内旧有三圩六市，清乾隆十三年（1748年）又开新圩，很快发展为一个"商贾如云"的大市镇。⑧ 陈村已是佛山外围一个跨区域的商品集散中心，与珠江三角洲各城镇往来频繁。如绥江流域的广宁"懋迁货物，如绸缎，布匹，以及山珍海错与各色服食之需，皆从省会、佛山、西南、陈村各埠运至"⑨。

东莞石龙镇位于东江水陆交通要冲，明万历年间开圩，清康熙三十二年（1693年）置石龙汛，交通地位日益上升。入清以来外来人口增长很快，人数远远超过当地居民，商业和手工业也迅速发展。乾隆《广州府志·东莞图记》称石龙"交通广（州）、惠（州），商贾如云，而渔盐之利，蕉，荔，橘，柚之饶，亦为东南诸邑之冠"。石龙与增城、新塘、太平等地均有长渡船往来，为珠江三角洲东部交通中心。

以上四镇，各自兴起历史都很早，并都经历了独立的发展阶段。大抵到清乾隆时

---

① 道光《佛山忠义乡志》卷十二。
② 乾隆《佛山忠义乡志·乡镇》卷一。
③ 乾隆《佛山忠义乡志》卷一。
④ 道光《佛山忠义乡志》卷十二。
⑤ 屈大均：《广东新语·货语》卷十五。
⑥ 佛山祖庙碑刻：《重修山陕会馆落成小序》。
⑦ 嘉靖《弇州山人稿》，转见《珠江三角洲农业志》（六），1976年，第73页。
⑧ 民国《顺德县续志》卷一，《风俗》。
⑨ 道光《广宁县志》卷十二。

期，广佛陈龙作为一个城镇体系或系列已经形成，且作为商界通用语流行于社会各阶层。此前，即康熙年间，已有"天下有四聚"之说，即"北则京师，南则佛山，东则苏州，西则汉口"；① 再前，即从明到清亦有全国四大镇，即河南朱仙镇、江西景德镇、广州佛山镇和湖北汉口镇。佛山都名列其中，反映佛山在全国商业网络上有举足轻重的地位。

广佛陈龙横贯珠江三角洲，受水系控制，主要溯西江辐射其影响，带动沿江城市发展。首受城镇为"三水县治，绾毂广州、西南，保界高要、南海，筚路蓝缕。并嘉靖初，台监使者，风樯日往。……公私浮费，百倍他邑"②；再上为"带山控河，衮数千里，据广州之上游，当贺、梧之津要"③ 的肇庆。明万历四年（1576年）在西江边设黄江厂（税所），征收过往船只商品税。宣统《高要县志》追忆"那时商业之交通，亲朋之酬酢，莫不以肇庆为中心。彼此往来，全赖帆船，以故夹岸下碇，帆樯如织。而舵工舟子之属，赖以谋生者辄数千人。肇河水面之繁盛，固可念也"。进入广西，则为"水上门户"梧州，与广东关系十分密切。明成化年间以来，梧州是广东盐在广西囤积之地，那里设有盐厂，抽取盐税；清雍正年间建有贮盐房屋30间，贮盐2.4万包。④ 志称梧州"人物繁庶，商船群众，地之灵，神亦附之"⑤；"梧郡商贾辐辏，不逞之徒，每潜入为盗"⑥。在桂中商业中心柳州，柳江上帆船如云，舳舻相衔，商业活跃⑦；桂西南重镇南宁"商贾丛集，民物茂康"⑧；在佛山西南西江下游有明成化年间兴起的河港江门，清乾隆时"远则高、廉、雷、琼之海舶，近则南（海）、顺（德）、香（山）、（新）宁、恩（平）、开（平）之乡船，往来杂沓，乾嘉时号繁盛"⑨。只是道光以后，西江在江门河道淤浅，水运式微，江门城市发展才受限制。明清珠江三角洲和西江沿岸，还新设置了顺德、新安（宝安）、龙门、新宁（台山）、从化、高明、开平、恩平、广宁、东安（云浮）、西宁（郁南）、鹤山、花县等，兴起一批县城，使广府系地区一些小城镇得到升格，而缩小了彼此间的差距。有些县城则成为繁盛的商业中心，如鹤山县治沙坪"建县以来，百货皆集，人物蕃盛"⑩，与建县以前迥然不同。这些新建制县城对构建三级城镇体系发挥重要作用。

如果说宋元时期圩镇在岭南还为数不多的话，那么明代以降，这种局面已完全改

---

① 刘献廷：《广阳杂记》卷四，中华书局1985年第193页。
② 嘉庆《三水县志》卷首引崇祯县志。
③ 顾祖禹：《读史方舆纪要》广东肇庆条。
④ 同治《梧州府志》卷九。
⑤ 康熙《苍梧县志》卷十二。
⑥ 覃廷欢、廖国一主编：《广西史稿》，广西师范大学出版社，1998年第129页引同治《苍梧县志》。
⑦ 乾隆《马平县志》卷二。
⑧ 傅维麟：《明书》卷四十三。
⑨ 同治《新会县续志》卷十。
⑩ 道光《鹤山县志》卷一。

观。在商品经济发展推动下，传统生产与消费之间的自然联系进一步被切断，扩大了商品原料产地与加工场所之间的地域分离，同时从事商品生产的手工业者与农户、与市场的联系更不可分割，否则商品生产就不可能进行。所以大量圩镇也应运而生，星罗棋布于各地。但无论圩镇数量还是分布密度，都以广府系地区占优势（表4-3）。

表4-3 明清广东圩镇在各民系地区分布比较

民系府州		明代		清代		明清代比较	
		个数	比重/%	个数	比重/%	增加个数	增加/%
广府系	广州府	136	30.8	416	25.5	280	206
	肇庆府	69	15.7	229	14	160	232
	高州府	57	12.9	130	7.9	73	128
	廉州府	19	4.3	66	4	47	247
	罗定州	—	—	31	1.9	—	—
	小计	281	63.7	872	53.3	591	210
客家系	韶州府	9	2	130	8	121	1344
	惠州府	37	8.4	188	11.5	151	408
	南雄州	—	—	20	1.2	—	—
	嘉应州	—	—	66	4	—	—
	连州	—	—	48	3	—	—
	小计	46	10.4	452	27.7	406	883
闽潮系雷州系	潮州府	41	9.3	87	5.3	46	112
	雷州府	7	1.6	53	3.2	46	657
	琼州府	66	15	171	10.5	105	159
	小计	114	25.9	311	19	197	173
合计		441	100.0	1635	100.0	1194	271

资料来源：
(1) 嘉靖《广东通志》卷二十五，《圩市》。
(2) 清代省府州志。

明清广西圩镇发展也很快。以嘉靖《南宁府志》为例，宣化有圩市13个，横州有19个，上思州有2个，武缘（今武思）有29个，隆安有13个，永淳有8个，全府凡84个。又乾隆《梧州府志·疆域》载，全府有圩市74个，其中苍梧27个，容县14个，藤县9个，岑溪6个，怀集（时属广西）18个。有人统计了上林、宾州、宣化、上思、横州、武缘、隆安、永淳、临桂、钦州、博白、兴业、郁林等13个州县圩市数量变化，明代共有164个，清前期发展到320个，增加了95%。① 但清末对比清前期，广西圩镇发展速度缓慢，钟文典等对平南、桂平、贵县、容县、藤县、上林、平乐、宾阳、武鸣、贺县、蒙山、新宁（扶南）、靖西、象州、天河、富川、郁林、天保、奉议、向武（向都）、临桂、荔浦、北流等24县圩镇的统计表明，由清前期总共342个增到清末503个，增长了47%。② 这虽是部分州县方志资料统计结果，但也从整体上反映了明清广西，主要是广府系地区圩镇变化和分布概貌。将两广的广府系地区一体考虑，不难发现，清代对比明代，广府系地区圩镇增加绝对数居各民系地区之首，但增长速度让位于客家系，且快过潮汕系地区。这主要是客家系地区原来经济基础差，圩镇基数小，清代经济有一定发展，较多圩镇出现，才有后来居上之势。但从圩镇分布密度比较，客家系地区则相形见绌。鉴于历史政区疆域变动很大，难以量算各州县面积，兹以1992年广东圩镇密度分级，有如下分布格局③：

一级（0.7～1.0个/100平方公里）：平远、蕉岭、大埔、梅县、丰顺、兴宁、五华、和平、龙川、紫金、惠州、连平、龙门、河源、博罗、南雄、始兴、仁化、曲江、乐昌、阳山、乳源、英德、新丰、连山、连县、清远、佛冈、怀集、广宁、封开、四会、肇庆、高要、阳春，共36县市。

二级（1.0～2.0个/100平方公里）：揭阳、普宁、潮阳、惠来、海丰、陆丰、郁南、德庆、罗定、云浮、新兴、信宜、吴川、电白、茂名、海康、遂溪、徐闻、廉江、琼山、文昌、琼海、陵水、万宁、三亚、乐东、保亭、东方、琼中、屯昌、昌江、儋县、澄迈、定安、临高、白沙、海口（以上琼山等18县市今属海南省）、合浦、灵山、防城、钦州、北海（以上合浦等5县市今属广西壮族自治区），共42县市。

三级（2.0～3.0个/100平方公里）：饶平、潮州、南澳、澄海、汕头、宝安、深圳、东莞、增城、从化、花县、广州、恩平、台山、开平、新会、江门、鹤山，共18县。

四级（3.0～4.0个/100平方公里）：三水、高明、佛山、南海、番禺、顺德、中山、珠海、斗门，共9县市。

上述圩镇虽然有些是近年才出现的，但大多数还是历史传承下来的，所以从中可以看到，珠江三角洲、潮汕平原、高雷和西江干流两岸是圩镇分布最密或次密地区，亦即广府系比潮汕系和客家系地区圩镇密度大，客家系地区最疏，潮汕系地区居中。

圩镇密度越大，它们的服务半径越小，所在地区生产商品化程度越高。在近年提出的珠江三角洲经济区的范围内，清末各县圩（市）镇及其服务半径如表4-4所示。

---

① 钟文典：《广西近代圩镇研究》，广西师范大学出版社，1998年，第17、18页。
② 钟文典：《广西近代圩镇研究》，广西师范大学出版社，1998年，第32、33页。
③ 司徒尚纪：《广东历史地图集》，广东省地图出版社，1995年，第101、102页；《明清以来广东圩市发展示意图》，第69页。

表4-4　清末珠江三角洲圩（市）镇密度比较

序号	县市	圩镇数/个	服务半径/公里	序号	县市	圩镇数/个	服务半径/公里
1	番禺	107	1.2	12	博罗	49	4.3
2	南海	244	1.3	13	增城	29	4.4
3	顺德	91	1.7	14	开平	24	4.7
4	新会	70	2.9	15	高要	36	5.1
5	高明	30	3.2	16	恩平	20	5.2
6	三水	22	3.5	17	宝安	24	5.3
7	花县	22	3.6	18	清远	40	5.3
8	四会	29	3.7	19	中山	37	5.4
9	东莞	55	3.8	20	从化	20	5.7
10	台山	72	3.8	合计		1047	3.4
11	鹤山	26	4				

资料来源：清末各县县志。

很显然，在珠江三角洲以佛山、广州为中心形成一个圩镇高密集区，离中心越近，分布越密，反之分布越疏，呈同心圆状等级空间体系。即最大的两个中心城市广州、佛山为一级；各县城或大镇即中心圩属二级，如陈村、石龙等，它们吸引范围可以有数乡或相邻县交界地区，如南海九江、新会会城、佛山石湾分别以鱼苗、蒲葵、陶瓷跨境集散突出自己的商业地位；普通圩镇属三级，为一个大乡农副产品和手工业品集散地，这样的大乡通常由几个自然村组成，亦称片村中心地；四级为一村市场，满足当地住户一般消费。珠江三角洲发达的商品经济，使这个城镇体系内相互联系非常密切，生产、消费和流通都借助于它们发挥各自功能而进行。如顺德著名的"二龙"，即龙山、龙江乡，有诗云："龙江龙山称大乡，大乡乐岁忧饥荒。今春西谷来何迟，谷之丰歉米市知。"[1]农户对粮食依赖非常严重，反映市场在珠江三角洲具有特殊的地位和作用。

珠江三角洲这个圩镇体系溯西江、潭江流域其密度逐渐降低。最明显的为高要，其密度即与珠江三角洲核心地区有2~3倍之差。进入广西，圩镇密度虽低，但分布比较均匀。据钟文典等的研究结果，其地域差异如表4-5[2]：

---

[1] 民国《粤东简氏大同谱》卷十。
[2] 钟文典：《广西近代圩镇研究》，广西师范大学出版社，1998年，本文略有变动，第48页。

表4-5 清末广西部分地区圩镇密度比较

区域	县别	圩镇数/个	服务半径/公里	区域	县别	圩镇数/个	服务半径/公里
桂东沿江地区	平南	26	5.9	桂西地区	宁明	9	4.2
	桂平	39	6.1		百色	15	6.2
	苍梧	26	6.2		恩隆	24	8.6
	贵县	45	6.3		恩阳	11	8.6
	藤县	18	7.9		靖西	31	5.5
	小计	154	6.4		天保	27	4.6
桂南地区	上林	29	5.8		奉议	14	6.5
	宾阳	34	4.5		镇边	9	8.8
	武鸣	45	5.9		小计	140	6.6
	小计	108	5.5	合计		402	3.4

由表4-5可见，广西大部分地区圩镇密度只及珠江三角洲的一半左右。但无论桂东、桂南还是桂西，圩镇密度差别不大，说明各地商品生产水平较低，人们对市场依赖在当地得到满足，除了少数较大集散中心和专业市场以外，跨境商业活动较少。这也决定了珠江三角洲以外广府系地区圩镇分布格局不是前者的同心圆状等级空间体系，而是商品由支流向干流集中，在支干流交汇中心地形成大圩镇，在大河河湾形成大圩镇，在若干个自然村或片村形成小圩镇，构成大中小三级树枝状空间体系。如桂江与浔江交汇口处苍梧县戎圩，为广西通广东门户，光绪中广东西江地区大批商人至此采购谷米，每日交易量达150吨，有各类店铺、作坊等近200家。白沙江与浔江交汇附近的平南县大乌圩（今大安），史称"上通高、廉、雷、郁，下接梧、平，亦粤西大都会也"①，民国时有居民1503户，店铺数百家，"织布机杼之声滴答不绝"②，为广西著名的工商业市镇。大湟江与浔江汇合的桂平县江口圩，同治、光绪年间浔州府在府城设厘金厂，往来船只过境而不留，多泊江口圩，使它繁华一时，有店铺百余家，人口3000多人，与梧州、佛山、广州等埠有广泛往来。故广西历史圩镇有"一戎二乌三江口"之说，它们自属最高一级圩镇之列。在沿河兴起的圩镇，如桂平县南江边石嘴圩，"各圩之米咸于此出江"，民初每圩米谷销售量40万余斤③，成为附近多个小圩粮食集散中心；贺江东岸贺县八步圩则以转运锡砂和土特产、洋杂货闻名，被称为"小广州"；桂南宾阳县芦圩，

---

① 广西通志馆：《太平天国革命在广西调查资料汇编》，广西人民出版社，1962年，第258页。
② 王毅严：《忆故乡——大乌镇》，转见钟文典主编：《广西近代圩镇研究》，广西师范大学出版社，1998年，第25页。
③ 民国《桂平县志》卷九，《纪地·圩市》。

虽不位于大河之滨，但以区位适中、陆运方便，仍为商贾云集之地，有"小佛山"之称①，都属中级圩镇之列。至于小圩镇，以满足当地基本消费而设，不一定以河岸为依托，分布甚为自由，数量也最多，是这个树枝状空间体系最主要的成员，星罗棋布于广大城乡。由上述可见，广府系地区存在同心圆状与树枝状两类圩镇空间体系，皆由所在地区经济发展水平决定，前者主要是商品生产、交流需要而生，后者在很大程度上是自然经济条件的产物，但其中有一部分大圩镇也是因卷入商品经济潮流而繁荣起来的。

商品生产发展的结果，形成生产地域分异，即专门生产某种产品的地区，进而出现为满足小生产者销售某种商品而设置的专业性交易市场，只有在商品经济发达地区才会出现专业圩市，一般说来是入清以后的事情。在广府系地区，这种圩市一般说来出现既早，也颇成熟。其中在珠江三角洲以农产品和手工业品专业圩市较多，包括桑市、蚕市、丝市、鱼苗市、海鲜市、塘鱼市、猪市、牛圩、鸡鸭圩、布圩等。例如，顺德水藤堡的丝圩、江村堡的蚕圩，香山小榄的茧市，番禺新造的牛圩、黄陂的猪仔圩、市桥和蔡边的布圩、大塘的果市、南村的乌榄市、钟村和南村的花生市等。② 佛山是专业性圩市最集中的地区，如通济桥的菜市，大塘涌的桑市，普君圩的蚕种市，竹栏药王庙的猪种市，大塘涌的鱼市，太上圩和普君圩的猪、鸭、狗、猫市等。在广西，即使自然经济根深蒂固，但到清末也出现一些专业性圩市。如苍梧县戎圩、贵县东津圩、桂平县石嘴圩和大湾圩、横县百合村、怀集县梁村和冷坑圩等皆为著名米市，桂平县白沙圩和石嘴圩、平南县留观圩和大新圩等都是花生市，贵县覃塘圩同是米市和黄豆市，来宾县大湾圩和石龙圩、贵县西山圩和石罅圩等为牛市，此外还有不少木材、茶油、水果等土特产专业圩市。③ 这些专业圩市多数在桂东、桂中，少数在桂西，仍以广府系地区为主。无论在哪里，这些专业性圩市都随所在地区商品农业和手工业的发展而不断增加。如道光十五年（1835年），南海县有专业圩市17个，到同治十三年（1874年）已达32个，宣统二年（1910年）再上升至56个。④ 专业性圩市增加速度又比一般圩市要快，其中又以蚕、桑、丝、鱼等专业圩市为著。例如南海县在道光十五年（1835年）17个专业圩市中有12个为桑市和丝市。在桑基鱼塘集中的顺德"县属各乡，均有桑市，不能悉数"，清末仅蚕、桑市就达48个⑤，充分显示顺德蚕桑业之盛。当然，专业性圩市在其他民系地区也同时产生，但无论其数量、分布密度还是专业化程度都难与珠江三角洲等量齐观。

明清广府系地区商业城市和圩镇商业的繁荣与网络的建立，与这时期广州帮商人集

---

① 张先辰：《广西经济地理》，桂林文化供应社，1941年，第227页。
② 宣统《番禺县续志》卷十二。
③ 钟文典主编：《广西近代圩镇研究》，广西师范大学出版社，1998年，第151、152页。
④ 道光、同治、宣统《南海县志·建置略·圩市》。
⑤ 民国《顺德县续志》卷三。

团崛起是分不开的。同时形成的还有潮州帮和客家商人集团，但就从商人数、资本势力和活动范围而言，广州帮无疑占压倒优势，次为潮州帮，再次为客家商（它甚至未形成帮派集团）。广州帮商人集团由广府系商人组成，主要指珠江三角洲地区广州府属商人，此外，广东肇庆府、广西梧州府的商人也是属这个地域商人集团。据清代顺德人龙廷槐粗略估计，在广州、佛山经商的广州帮商人中，顺德人占3/10，番禺人占2/10，南海、新会人占2/10，其他各县人占2/10，① 即珠江三角洲各地商人占广州帮商人的80%左右。故屈大均《广东新语·食语》说："广州望县，人多务贾与时逐，以香、糖、果、箱、铁器、藤、蜡、番椒、苏木、蒲葵诸货，北走豫章、吴、浙。西北走长沙、汉口。其黠者南走澳门，至于红毛、日本、琉球、暹罗斛、吕宋。帆蹄二洋，倏忽数千里。以中国珍丽之物相贸易，获大赢利。"有人做过统计，从明宣德五年（1430年）到清宣统三年（1911年）广东商人有姓名、籍贯、经商地点的135人中，属广府系的有126人，潮汕系的有8人，客家系的只有1人。② 广州帮商人活动范围远及江、浙、皖、闽、桂、琼、鄂、京、津，以及南洋、欧美等地，使其他地域商帮相形见绌。另据有关统计，明清广东商人在北京设会馆共29处，其中广州帮有16处，潮州帮有7处，客家商有7处，广州帮亦占优势。在海外也有类似情况，如1801—1900年在新加坡、马来西亚的广东侨民地缘性会馆有60处，其中广州帮占29处，潮州帮占8处，客家商占16处，其他地域商人占7处，广州帮同样高踞其他商帮之上。③

粤商的活动不但加强了广东与海内外的经济、文化交流，而且更为重要的还促进了珠江流域经济的联合，其中广州帮在其中有举足轻重的作用。除了在广东境内城镇活动以外，广州帮足迹遍及广西一切可通舟楫之处。明清以来广西即流行"无东不成市"的民谚，绝大多数州县都设有粤东（广东）会馆，有的州县还不止一个。这当然也有潮州帮和客家商人的会馆，但以地缘和方言的关系，广州帮会馆应占大多数，主宰了当地商业经济。崇祯《梧州府志》说："客民闽楚江浙俱有，惟（广）东省接壤尤众……仰机利而食遍于郡邑多高明人。盐商木客，列肆当垆，多新（会）顺（德）南海人。"④ 明末诗人徐棻诗云："往来横渡口，强半广州音。"⑤ 清嘉庆二十年（1815年）平乐重修粤东会馆并戏台碑记载，捐资的各地水客名单中，有不少是广东新会、番禺、佛山、顺德等地水客。⑥ 又南宁邕江河面上从事运输的"船家佬"（疍民）多为明清时从珠江三角洲溯江而来，操纯正广府白话。⑦ 贵县最大的牛市石卡镇，形成于明代，从事工商业的

---

① 龙廷槐：《敬学轩文集》卷二，《初与邱滋畲书》。
② 黄国信等：《货殖华洋的粤商》，浙江人民出版社，1997年，第90-101页。
③ 黄国信等：《货殖华洋的粤商》，浙江人民出版社，1997年，第123-126页。
④ 崇祯《梧州府志》卷二。
⑤ 谭绍鹏：《古代诗人咏广西》，广西人民出版社，1989年，第17页。
⑥ 《重修会馆并戏台碑记》，存今平乐县图书馆。
⑦ 饶任坤、陈仁华：《太平天国在广西调查资料全编》，广西人民出版社，1989年，第36页。

多为广东高州人，被称为"高州仔"。北流县"城市商贾，多南海人"①。甚至在偏远的桂西南，"惟通衢圩市，客商贸易，多操粤语"②。这都深刻显示广州帮商人在建立广西城镇经济向东分布格局中的特殊地位和贡献。

如果说"无东不成市"揭示了广东商人是发展广西圩镇经济的主要商人集团，那么明清时出现"无市不趋东"的另一句谚语，则进一步说明广东对广西的吸引作用。特别是清末民初大量粤商入桂，使桂东圩镇经济出现新发展，圩镇规模更大，像处在两粤相邻地带的梧州戎圩，发展成为"虽通邑大都，广圩雄镇未足比"的巨镇为数不少。③ 有论者认为，广西二级（中）、三级（小）圩镇一般只能由东而西，次第分布，多在柳州—南宁一线以东，如平乐、贵县、郁林、柳州、南宁等。此线以西一般为三级以下小圩镇④，以东为广府系在广西的分布区。溯自秦汉以来，以灵渠关系，广西的经济中心一直在桂东北，与湖南联系多于与广东联系。明清广东经济崛起，这种区域关系格局被打破，广西经济中心转向东部，与广东成一市场体系，广府系地区又是这个体系的主体。这个历史性的转变，广东商人主要又是广州帮商人同样起了重要的作用。

明清时期，除了广佛陈龙作为一个城镇体系形成和发展以外，对广府系地区城镇发展和分布，以及区域社会经济风貌影响最大的历史事件是港澳崛起。它们的港市功能及中西文化交流中心地位，过去和现在都未为其他城市取代；也由于港澳的存在，广府文化比其他民系文化更早更多地吸收了西方文化养分，形成自己的文化风格。

澳门本为珠江口外一个小渔村，后来随着明朝朝贡贸易开展而成为外舶停靠的一个港口。明中叶以前在珠江三角洲还有新宁之广海、望峒、奇潭，香山之浪白、十字门，东莞之虎头门、屯门、鸡栖诸澳，但澳门有靠近广州的方便地理区位和依山傍水的建港条件，比其他港口处于更为有利的地位，故到"嘉靖初，诸澳尽废，惟濠镜（即澳门）为泊薮"⑤。澳门作为番舶交易之地已初具规模。明嘉靖十四年（1535年），明政府将市舶司移至澳门，标志着澳门作为一个海外贸易市场已发展到一个新阶段。嘉靖三十二年（1553年），葡萄牙殖民主义者行贿明朝官员，取得在澳门的赁居权。以后葡人"负老携幼，更相接踵"⑥而来，还有很多珠江三角洲居民纷纷涌入澳门谋生。到万历中，弹丸之地的澳门人口已达10万之众⑦，"外国宝货山积"⑧，前来澳门贸易的国家和地区达

---

① 光绪《北流县志》卷九。
② 民国《雷平县志》第二编。
③ 饶任坤、陈仁华：《太平天国在广西调查资料全编》，广西人民出版社，1989年，第437页。
④ 钟文典：《广西近代圩镇研究》，广西师范大学出版社，1998年，第377页。
⑤ 廖士相、杨士骧：《广东图记》卷九。
⑥ 印光任、张汝霖：《澳门纪略·官守篇》，上卷。
⑦ 王临亨：《粤剑篇》卷三。
⑧ 霍与瑕：《霍勉斋集》卷十一。

46个，"皆以澳门为津市"①，澳门成为欧亚海上贸易枢纽和国际性商业都会。至于澳门与广州的关系，澳门是广州一个外港和番货采购地，诗曰："广州诸舶口，最是澳门雄"②，"诸夷相继通商于粤，皆倚澳夷为东道主"③；广州船几乎都经澳门再放洋，"闽由海澄（漳州）开洋，广由香山澳"④，广州则是澳门的番货销售和批发市场，每年春夏间番舶抵港时，不少"客纲""客纪"，"群自广州赴澳门承买番货，获利甚丰"。⑤ 明后期每年冬夏还在广州举行定期市，每次开市数星期或长至数月，主要买卖澳门番货。广州濠畔街、高第街、卖麻街就是经营番货的著名街市，那是"商民绸缪"，被称为"奇货之地"。广州、澳门互相依存，各具功能，成为珠江三角洲两大经济中心，并构成南北向经济轴线，中间有顺德大良、香山、石岐等商业重镇。这条轴线与广佛陈龙四大镇所形成的东西向经济轴线及其东至惠州、西及肇庆甚至溯西江抵梧州的延伸线相交，构成"T"字形空间格局，成为珠江三角洲乃至整个广府系地区最主要的经济空间框架。

香港也本为珠江口东侧一个小岛，历史上先后属番禺、宝安、东莞县辖，为海上交通要冲。港岛西北对面的屯门为优良港湾，唐代闻名中外的"广州通海夷道"即经屯门放洋。明清时香港已成为广州外港。由于澳门港有接纳珠江口泥沙沉积的先天不足，在帆船时代对港口影响不大，进入汽船时代就严重制约了港口发展。特别是随着葡萄牙国势衰落，海上霸权丧失，到清雍正年间，澳门衰落已极，不复为广州外港。光绪年间"葡国既无商舶往来，澳门别无地利可图，市面萧条，人情涣散，其坐困情形，可立而待"⑥。而香港地位则在此前日益上升，鸦片战争前夕林则徐说："而就粤省海道而论，则凡东越惠潮、北往闽浙之船，均不能不由该处经过。"⑦ 闽浙总督颜伯焘也指出："香港为商船内驶必由之路，其岛曰红香炉，上有营汛居民，并非偏僻小岛可比。"⑧ 正是由于香港交通区位优势，故在鸦片战争中为英国侵略者看中而要求割让绝非偶然。

鸦片战争后，香港依靠转口贸易、走私鸦片和贩卖人口等发达起来。1869年苏伊士运河通航，欧洲往东方的航程大大缩短，香港作为一个自由港，迎来"万商云集"，成为远东商业贸易中心和近代工业中心。1907年香港人口突破40万。第一次世界大战后，香港利用欧洲经济不景气的机会，积极扩充远东市场，经济进入黄金时代。1937年全面抗战爆发前夕，香港人口达100万。虽然太平洋战争期间香港沦陷于日军，经济受到很大破坏，但光复后很快得到恢复，迅速成为一个强大的经济中心。在20世纪30年代，

---

① 屈大均：《广东新语·宫语》卷十七。
② 释今种：《澳门诗》，见印光任、张汝霖：《澳门纪略·官守篇》上卷。
③ 民国《香山县续志·海防》卷六。
④ 宋应星：《天工开物·舟车》卷中。
⑤ 梁嘉彬：《广东十三行考》，商务印书馆，1937年，第14页。
⑥ 《清季外交史料》卷七十三，北平清季外交史料编纂处，1931～1934年，第15、16页。
⑦ 林则徐：《夷务始末》卷九十。
⑧ 文庆等：《筹办夷务始末·道光朝》卷三十。

香港对华南贸易额约占其对内地贸易额的一半，以后更呈上升趋势。以后香港更利用内地资源和劳力，以及各种机遇，崛起为世界性经济中心城市。

香港的迅速崛起虽然使广州地位受到一定冲击，但这并不能削弱、动摇广州作为华南经济中心的地位；相反，广州通过香港进入世界市场，走上与世界经济交往的道路，向近现代工商业、贸易和交通中心方向迈进，演变为多功能中心城市。这样一来，鸦片战争前以广州、澳门为顶点的"T"字形经济轴线由于港澳经济易位而东移，形成广州—香港经济轴线，以及广州、香港并峙的两个中心城市。1911年广九铁路通车，带动了沿线小城镇发展，莞城、增城、南头，以及石龙、新塘、太平、樟木头等城镇发展都与此有不可以分割的联系。其间人口也向这些城镇集中，如东莞、增城县一般圩镇服务人口达1万～2万人，比鸦片战争前有成倍甚至10多倍的增长。一些大圩镇的功能进一步多样化，如石龙，清政府在这里设立军事、政治、经济等官衙。同治五年（1866年）和宣统元年（1909年）各厂厘金收入比较，新塘超过广州，而石龙与广州差不多①，说明广州—香港这条经济轴线的地位在上升，以后更成为广府系地区东翼最重要的经济走廊和与客家地区的经济过渡带，并延及近现代。

港澳的崛起，不但深刻改变了广东城市分布格局，而且它们作为中西文化交流中心，也极大地改变了岭南文化，尤其是广府文化景观。早期西方天文、地理、数学、工艺、建筑、医学、宗教等经澳门传入内地，首先是珠江三角洲和西江、北江流域，使广府文化更具有多元性和开放性。而香港取代澳门地位以后，西方近代科技文化、制度文化、精神文化等更以巨大势能辐射岭南各地，在各个层面上改变它们原来的文化风貌，进一步加强了西方文化在广府文化中的地位，这也成为广府文化区别于其他民系文化的标志之一。当然，岭南文化也通过港澳传播到世界各地。港澳这两座华洋杂处、中西合璧的城市，在岭南、在珠江三角洲城镇和文化体系中始终占有特殊地位。

二、传统的客家系城镇

客家系大部分地区或由于开发迟，或由于交通梗阻不便，以及其他自然、社会经济因素制约，商品生产不发达，社会停滞不前，生产品交换也很微弱，社会经济发展水平在总体上要落后于广府系和潮汕系地区。在这种传统农业社会背景下，客家系地区城镇数量少，功能比较简单，分布分散，体系欠完整，形态也单调，与其他两个民系地区城镇形成较强烈的反差。

历史早期，客家系地区已建立一些政区型城镇，如秦之龙川、傅罗（博罗），汉之桂阳（今连州）、阳山、阴山、曲江、含洭、浈阳等，后来大部分保留下来。所以客家系地区一些城镇照样很古老。但不管怎样，它们分布很稀疏。在广东境内政区建置最多

---

① 民国《广东通志初稿》卷六。

的萧梁时期，即中大同元年（546年）设14州39郡146县，分布在后来客家系地区的跨8郡22县，只占全省郡总数的20.5%和县总数的15%，① 其中客家系在广东源地粤东北又比粤北和东江地区要稀落得多。这是因安置移民，就地封官，巩固对少数民族统治，推行"以俚治俚"的政策所致，故史称"岭外酋帅，因生口（奴隶）、翡翠、珠玑、犀象之饶，雄于乡曲者，朝廷多因而署之，以收其利，历宋、齐、梁、陈皆因而不改"②。

宋元客家人更多入居岭南，地方建置大为增加，仅南宋在广东客家地区建立7府州19县，占全广南东路14府州40县的50%和47.5%。这些府州县治自然成为新的城镇。宋代地方县分6等，曲江、翁源、龙川、兴宁、桂阳、保昌、浈阳等7个客家县属望县，非客家地区仅南海和海阳属望县，客家望县为广东望县主体；紧县有潮阳、河源，客家地区亦占一半；上县有番禺、长乐、含洸，三分之二在客家地区；全路中县有18个，客家地区有乐昌、仁化、建福、阳山、连山、程乡、始兴、博罗、归善9县，也占一半；其余中下县和下县，无一在客家地区。③ 这说明客家地区开发程度提高，政区建置走向成熟。在宋代广东15个建制镇中，客家地区也有曲江濛瀼镇、翁源玉壶镇和龙川驿步镇，皆在交通要道上。这些州县治和建制镇所在，除了政治中心，物资交流和交通功能也渐渐兴起，有些城镇成为区域性中心城市。五岭南北经济文化交流枢纽韶州，唐代皇甫湜《朝阳楼记》说，"岭南之属州以百数，韶州为大，贡朝之所途"。宋代韶州商业尤盛，余靖《新建望京楼记》指出："广之旁郡一十五，韶为大。在楚为边邑，在越为交衢。治城在武水东、浈水西，压骑田、大庾二岭，故地最善而名著均之。"④ 故元代建曲江录事司，成为广东仅有的三个县级建制城市之一。广东西北连州，秦汉以来即为湖南入粤孔道，城市贸易甚盛，宋代有"人物富庶，商贾阜通，常有小梁州之号"⑤。宋代惠州修筑完整城墙，手工业有一定发展，人力物力已甚丰富，故苏东坡写有不少赞美惠州的诗句，如"糖霜不待蜀客寄，荔枝未信闽人夸"。东江中游循州治佗城，被《舆地纪胜》称"于番禺都会中最为富饶"云云。深处粤东北的梅州，宋称程乡，宋周必大《续学记》碑说："南海属郡，潮为大，潮之属邑，程乡为大。"⑥ 到清雍正十一年（1733年）程乡升格为直隶嘉应州，梅城为州治，清末形成功能分区格局，成为客家文化在广东的中心城市，奠定了后来成为国家历史文化名城的基础。

虽然如此，客家系地区毕竟商品经济落后于广府系和潮汕系地区，即圩市一项，不

---

① 司徒尚纪：《广东政区体系——历史·现实·改革》，中山大学出版社，1988年，第31页。
② 《隋书·食货志》。
③ 《宋史·地理志》。
④ 徐俊鸣：《岭南历史地理论集》，中山大学学报编辑部，1990年，第136页。
⑤ 王象之：《舆地纪胜》引陈若冲《连山县纪》。
⑥ 光绪《嘉应州志·古迹》。

但数量少，规模也不大。据嘉靖《广东通志》罗列圩市统计，韶州府和惠州府以及潮州府部分客家县，约有圩市87处，占全省圩市20%左右，不及广州府（136处）。清光绪年间广东圩市发展到1635处，客家系地区有452处，占全省总数27.7%，相对地位有所提高，发展速度也比其他民系地区要快。如同期对比明嘉靖圩市数量，广州府增加2倍，肇庆府增加2.3倍，高州府增加1.3倍，而客家系各州府总增长额为2.7倍，① 在一定程度上显示客家系地区商品交流趋于活跃。有些地方也出现专业圩市，如罗浮山的药市等。但总的看来，客家系地区农业未能突破自然经济藩篱，农民还是以剩余农产品和家庭手工业品彼此交换，小农经济只能形成小市场。志称"市肆贸易，珍货无所售"，"间阎小民……取给衣食而已"②，故这类圩市也是综合性的。

  农业自然经济不但决定客家系地区城镇数量少，规模小，分布集中，而且造就了它们体系的空间格局，即呈树枝状分布。这个城镇体系也可分为三级。一级即府州治所在，包括浈、武二水交汇的韶州府城，东江和西枝江交汇的惠州府城，粤赣两省水陆交通转换重镇南雄州城，梅江和程江交汇的嘉应州城即梅城，北江与滃江交汇的宋元英德府（州）城等，都是绾毂两江的城市，拥有较大腹地，为流域性物资交流中心。二级城镇为县治或重要圩市，多沿河岸分布，接受上一级城镇辐射，纵向联系多，相互间横向交流少。梅江水系有大埔、丰顺、蕉岭、平远、兴宁、五华等县城，在东江水系有和平、龙川、河源、紫金、博罗、新丰、龙门等县城，在北江水系有始兴、仁化、乐昌、乳源、翁源、连县（今连州市）、阳山、佛冈、清远等县城。在同一水系内，这些城镇呈单一的上下游方向上交流，形成前店后码头的布局。例如上述梅江水系几座县城，皆沿"S"形的梅江和榕江沿岸建立，并由市场型城堡发展为市镇。组成兴宁县城的市镇遗迹至今仍保留在县城东门、南门、西门等完好的城门之中。兴宁作为粤东商业重镇，清代至民国时期有"小南京"之称，清代不少诗人吟咏其繁华景象。其中陈其藻诗云："繁华旧号小南京，样样时新点子清；毕竟勤俭方是计，卤粗莫笑种拳人"③，充满客家山区城市风情，与商业文化发达的广府系地区市井毕竟有异。又惠州半山镇明初以来成为集市，依西枝江布局，前店后码头，保留至今苔迹斑斑的旧民居足为凭证。因为地势低，易罹水患，后店铺迁至南部高阜地带，形成新的商业集市，河流仍是影响这座城市选址的重要因素。三级圩市也是多沿河岸或小盆地，以及多个自然村中心地分布。其功能为满足当地居民日常交换所需，志称其"为买贩鱼盐，懋迁布粟之处"④。据《龙川文物志》载，自宋以来龙川境内先后有佗城南门、东坝、大东门、华光庙、五合、老

---

  ① 司徒尚纪：《广东历史地图集》，广东省地图出版社，1995年，《明清以来广东圩市发展示意图》，第69页。
  ② 万历《广东通志》卷二十七。
  ③ 胡希张、莫日芬等：《客家风华》，广东人民出版社，1997年，第294页。
  ④ 康熙《龙门县志》卷三。

隆、黄石、郑马、贝岭、岩镇、四都、黎咀等码头，有些遗址留存至今。明清城乡交流进一步活跃，龙川先后形成老隆、回龙、雒鸡笼、铁场、园宝、丰稔、黄石、谷前、麻布岗、下挙、黄布、天阳丫、洋岗头、四都、黎咀、车田、鹤树下等圩镇，①可视为客家系地区圩镇发展的一个缩影。

在自然经济笼罩下，客家系地区城镇景观除具有一般城镇共同特征之外，最鲜明的一点是它们的军事防守功能与坚固城防。因为城镇所在地区，多土客杂处，相互矛盾、冲突在所难免，筑城是避免矛盾、解决问题的方法之一。客家系中心城市梅州当初即由此而筑城。梁伯聪《梅县风土二百咏》有云："程乡（梅县旧称）官署迹寻求，曾井东隅旧地留。隋代筑城明圮位，土名犹自号更楼。"宋明还有过多次筑城之举，梅城遂成为粤东北政治中心。曲江即今韶关城，为五岭南北门户，历代用兵岭南必争之地，也是客家系在北江的中心城市。历史上屡次搬迁，在河东、河西和两河中洲都多次筑城，仅中洲城宋代有两次，明代九次，清代六次，皆由其特殊军事价值所致。不但州县如此高度重视筑城，即客家人聚居小城镇，也出于安全需要而广筑城堡。如南雄县（今南雄市）境即有明代嘉靖年间筑乌迳镇水城（即"七星世镇"城堡），洪武十年（1377 年）筑百顺镇黄屋城堡，以及延村水城、中站城等。居住在城堡里的客家人，民风淳朴，生活方式与州县城颇多差异。另外，客家妇女是当地主要劳动力，故在城镇里有很多客家妇女从事手工业、运输、商贩等，与男子无异。这种景象，比其他民系城镇要普遍和鲜明，也是客家妇女地位的一种折射。

三、潮汕、雷州地区港市型城镇

潮汕、雷州系沿海岸分布，族群和区域交往多依赖海路，陆路和河运仅起辅助作用。这不仅与广府系和客家系的分布和运输方式有显著异样，而且由此兴起的两系地区的城镇也属港市型，与海洋经济有不可分割的联系；城镇分布也是呈带状或环状格局。异于广府系和客家系地区的同心圆状或树枝状及其组合分布格局。

鉴于考古材料所限，唐代以前潮汕系地区城镇分布和景观很难勾画其概貌，但它们作为港口城镇或聚落，仍有遗迹可以钩沉。近年发掘被疑为汉揭阳县治的今澄海龟山遗址，出土大量海河贝类遗骸、网坠等，说明它至少是一个渔业生产聚落或小镇。遗址建筑形制、构件及各类遗物遗迹为中原风格，既与广府系地区中心城市广州相同或很相似，说明它与粤中关系很密切，但在陶器组合等方面又与广州有些不同，②隐示潮汕地区的古越人汉化程度滞后于广府系地区的先民。

唐代，潮汕、雷州系地区筑城的可能有潮州和海丰古城，明确记载并出土相关文物

---

① 龙川县博物馆编：《龙川县文物志》综合材料，1985 年印。
② 广东文物考古研究所等：《澄海龟山汉代遗址》，广东人民出版社，1997 年。

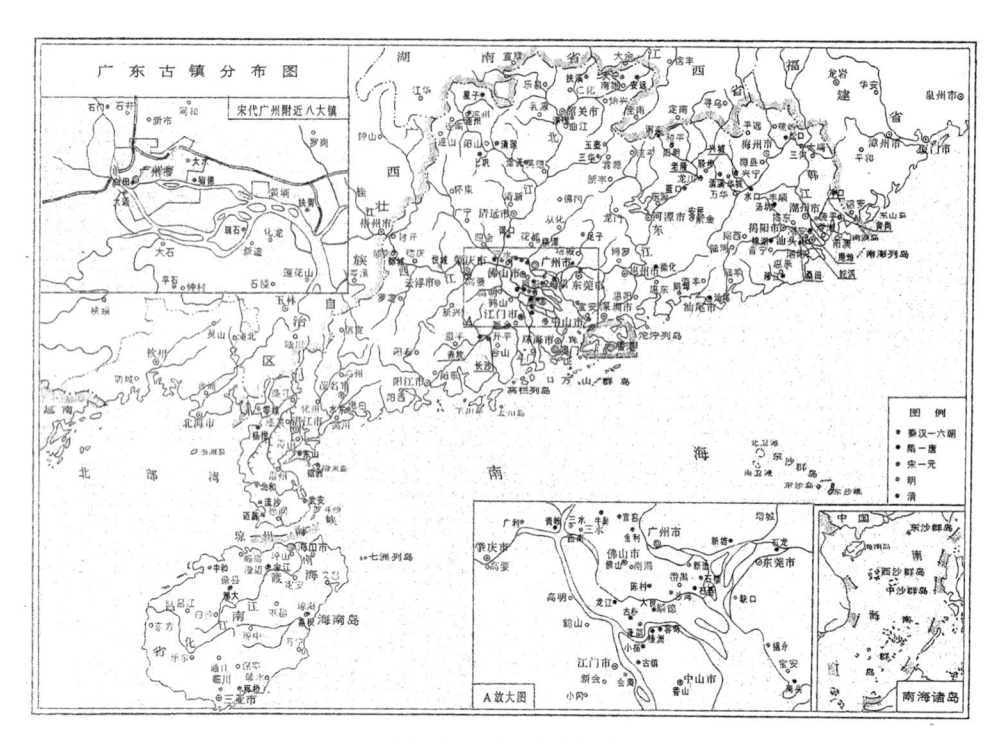

图 4-3　广东古镇分布图

（图片来源：司徒尚纪：《广东历史地图集》，广东省地图出版社，1995 年，第 68 页。）

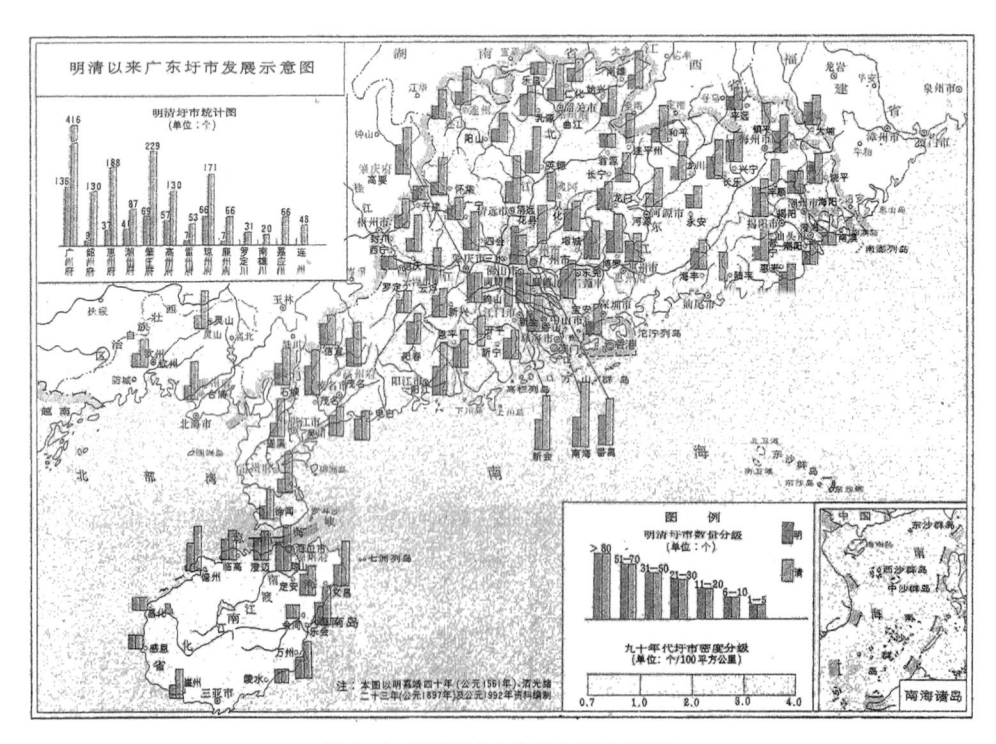

图 4-4　明清以来广东圩市发展示意图

（图片来源：司徒尚纪：《广东历史地图集》，广东省地图出版社，1995 年，第 69 页。）

的雷州城，出土唐砖上书"雷郡城砖"。有治无城的包括海南环岛的一些州县治所，如崖州舍城、文昌、澄迈、琼州琼山、临高、曾口、乐会、颜罗，振州宁远、吉阳、落屯、临川，儋州义伦、昌化、感昌、洛场、富罗，万安州万安、陵水、富云、博辽等。李德裕贬崖州（在今琼山），在《登崖州城作》（一作《望阙亭》）诗中有"青山似欲留人住，百匝千遭绕郡城"① 之句；又唐初建琼州，州治在今南渡江三角洲以外约23公里，"其广三里"②。故有些州县也是有城的。唐天宝七年（748年）鉴真和尚滞留海南期间曾主持重修振州大云寺和崖州开元寺，需要一批巨木，并很快竣工，③ 说明这项工程规模不小，城里也会有相当人口。海南岛对面的徐闻港，唐代有"欲拔贫，诣徐闻"之谚④，是一个重要港市。大抵唐代潮汕、雷州系地区沿海已形成一批雏形港市。

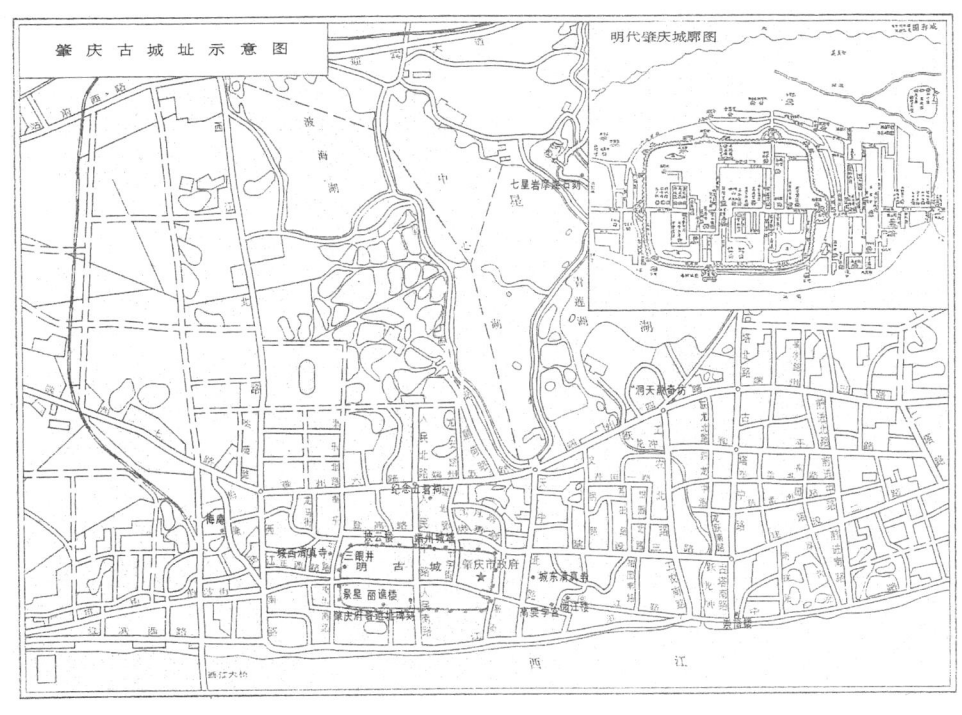

图4-5 肇庆古城址示意图

（图片来源：司徒尚纪：《广东历史地图集》，广东省地图出版社，1995年，第70页。）

---

① 郭沫若：《李德裕在海南岛上》，见光绪《崖州志》，广东人民出版社，1983年，第518页。
② 道光《琼州府志·建置志·城池》卷六。
③ （日）真人开元著，汪向荣译：《唐大和上东征传》，中华书局，1979年，第70页。
④ 李吉甫：《元和郡县图志》卷三十四记牛鼻镇在南海西北50里，已无考。

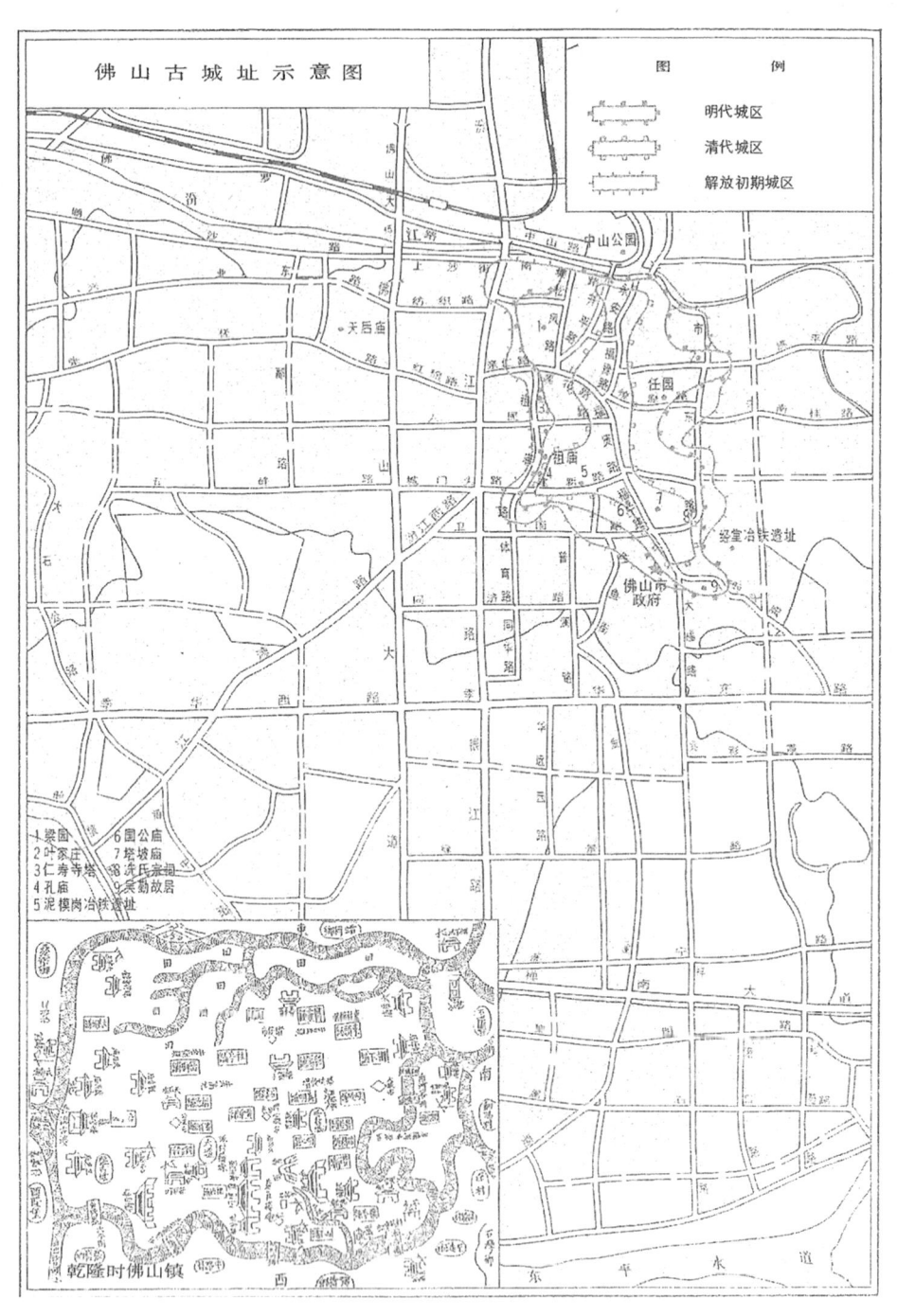

图 4-6　佛山古城址示意图

（图片来源：司徒尚纪：《广东历史地图集》，广东省地图出版社，1995 年，第 71 页。）

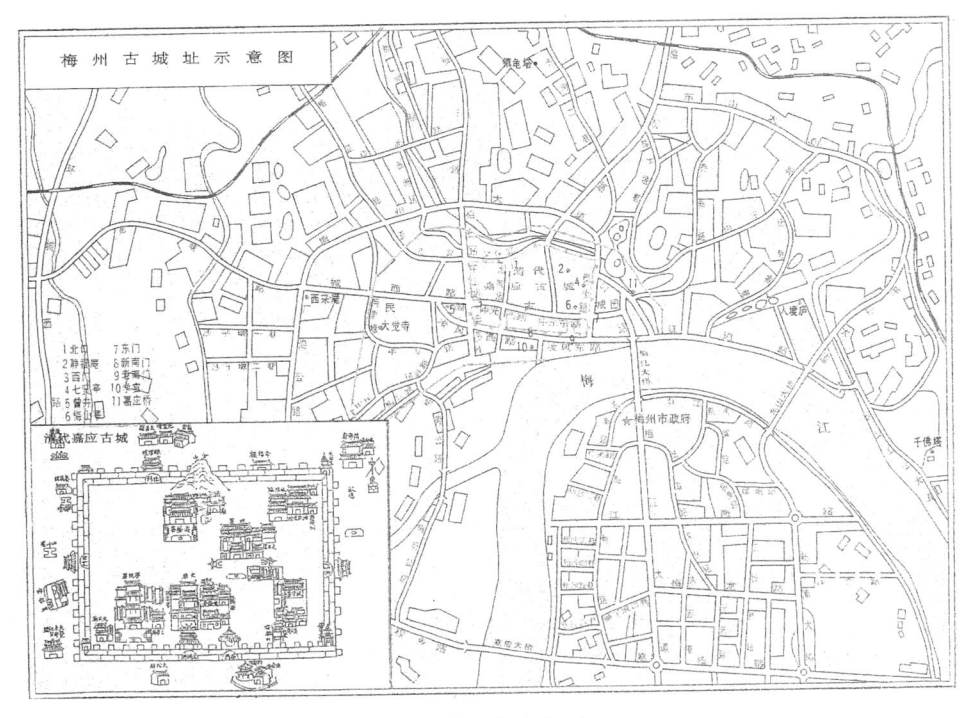

图 4-7　梅州古城址示意图

（图片来源：司徒尚纪：《广东历史地图集》，广东省地图出版社，1995年，第71页。）

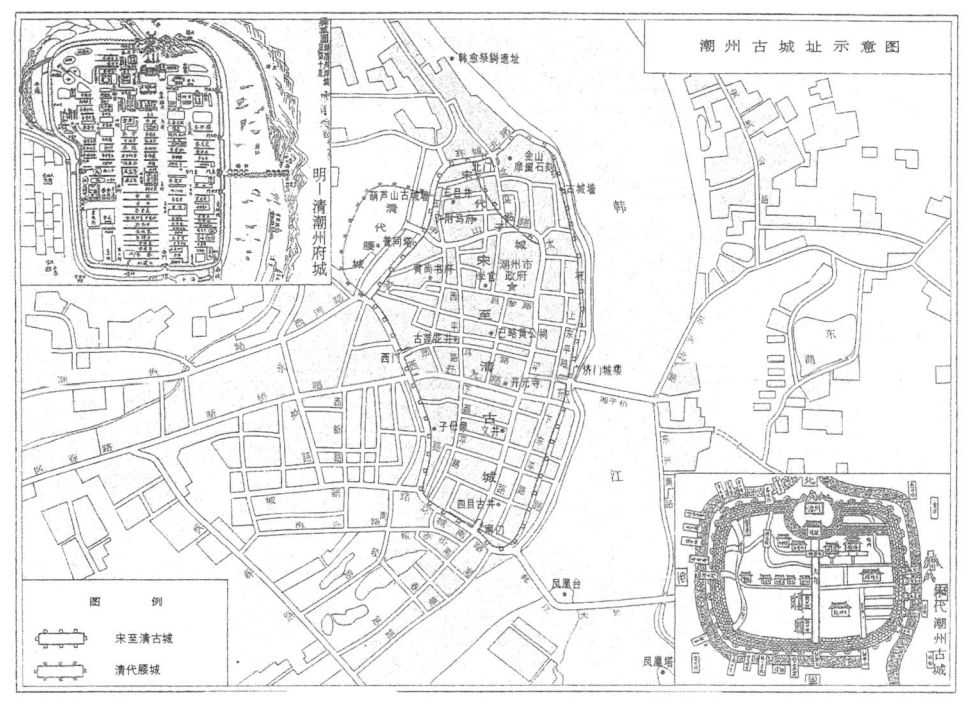

图 4-8　潮州古城址示意图

（图片来源：司徒尚纪：《广东历史地图集》，广东省地图出版社，1995年，第70页。）

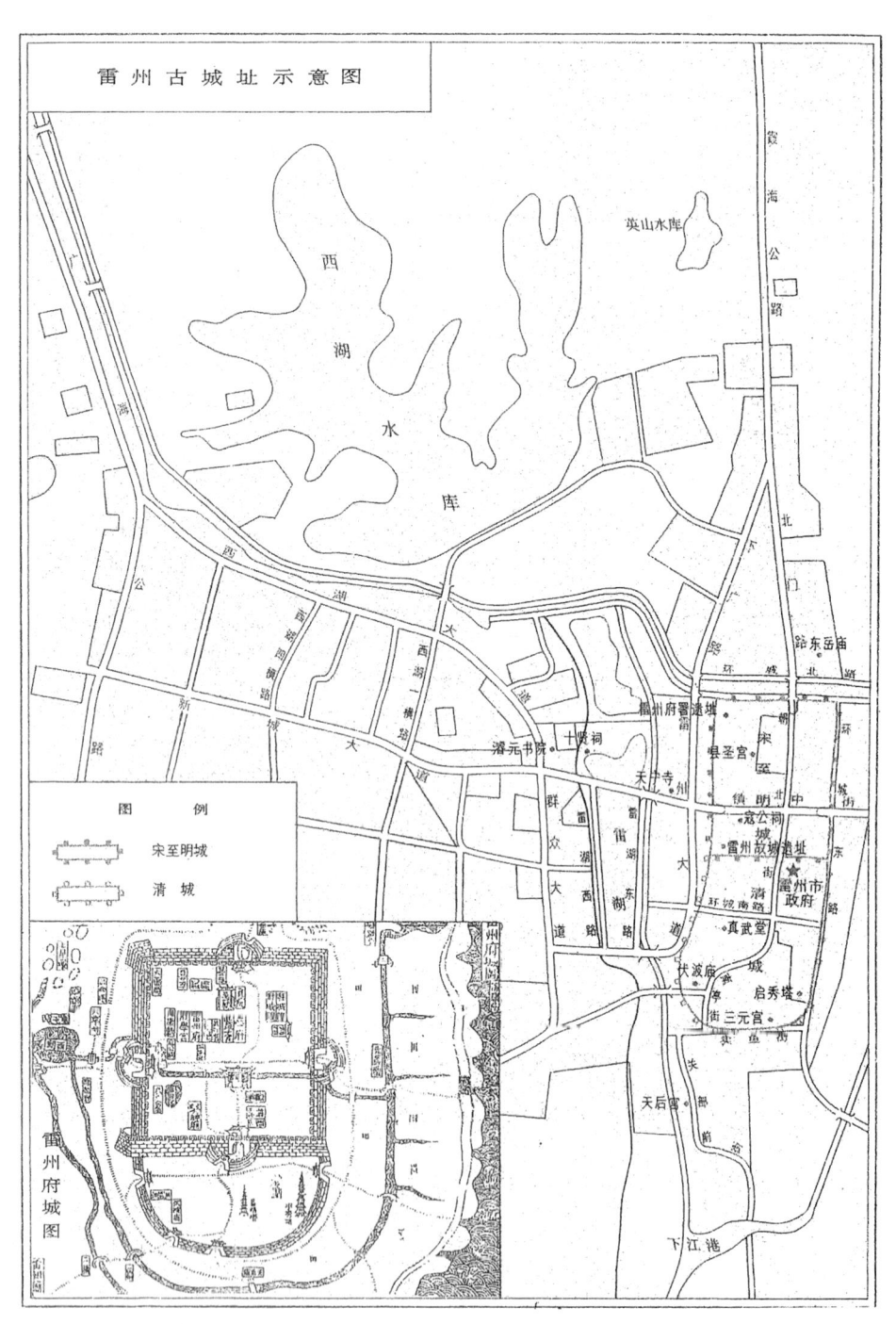

图 4-9 雷州古城址示意图

（图片来源：司徒尚纪：《广东历史地图集》，广东省地图出版社，1995 年，第 72 页。）

宋代，中西陆路交通由于河西走廊被西夏政权控制而经常中断，南海成为波斯湾、印度洋沿岸国家与我国交往最主要的通道。这有力地推动潮汕、雷州系地区港市发展。其时除广州、泉州是我国两个最主要港市以外，夹在它们中间的潮州也成为最重要商贸港。《宋史·外国传·三佛齐传》记"太平兴国五年（980年）……是年潮州言，三佛齐国番商李甫海乘舶载香料、犀角、象牙至海口，会风势不便，飘船六十日，至潮州"。潮州城市依托港口发展起来，宋代修筑城墙，周长约10里。城内街巷纵横，坊里相接，仅井泉即有36处，街面铺设石板，两旁有排水沟，"砥道轩豁，有中州气象焉"①，还开辟金山、韩山、葫芦山、西湖等风景区，重修开元寺。城外笔架山一带生产大批精美瓷器，主要供外销。近几十年来在东南亚等地不断发现潮古窑制品，显示潮州是一座外向型生产城市。20世纪30年代以来，潮州附近多处出土海舶桅杆、锚碇、船板、船缆、瓷器和铜钱等，保留至今的北宋初"兴国丁丑"年（977年）"永兴街"石匾，同样说明它是一座贸易港市。正因为如此，潮州对港口和航道条件依赖也很大，宋代选择通航良好的韩江东溪作为出海航通，并利用澄海的凤岭港作为它的外港。此外，宋代在韩江出海口附近兴起的还有鮀浦港、揭阳港、辟望港等，都属港市型小城镇或聚落，与潮州城市相互促进而获得发展。元代设置潮州录事司，使它成为一座有独立管辖范围的城市。据载，潮州录事司有3358户②，按元代潮州路平均每户7口计算，③则潮州城区有23506人，这是潮州第一个较为可靠的城市人口统计数字。与广府系地区的广州录事司、客家系地区的曲江录事司一样，潮州录事司作为一种城市型政区设置，乃城市经济发展需要所致。

宋元时期随着入居琼雷的闽人日渐增多，以及南海交通兴盛，琼雷沿海兴起不少港市。有代表性的为雷州海康港，王象之《舆地纪胜》说："州多平田沃壤，又有海道可通闽浙，故居民富实，市井居庐之盛，甲于广右。"经海康港出口商品有"谷、米、牛、酒、黄鱼"④。宋代两次拓建雷州城，设置有保护海上贸易和缉卖私盐的巡检官。宋宁宗嘉定年间（1208～1224年）雷州知府郑公明、赵伯东先后犯禁用铜钱博易番货而受放罢。⑤又据顾祖禹《读史方舆纪要》云，"海康港三十里皆可泊舟"，而宣统《海康县志》也说南渡河口的"南浦津埠，县南二十里，自闽广高凉至此泊舟，仍通郡城"。由此可见，雷州城发展离不开海上贸易。宋代海南沿海兴起的有琼山白沙津、澄迈石矍港、三亚崖城港、昌化港等，那里聚集着一批商人阶层，专事海上贸易。琼州槟榔"岁

---

① 《永乐大典》卷五三四三。
② 陈香白辑校：《潮州三阳图志辑稿》卷之三，《田赋志·户口》，中山大学出版社，1989年。
③ 梁方仲：《中国历代户口、田地、田赋统计》，上海人民出版社，1980年，第182页。
④ 《宋史·食货志》下八。
⑤ 徐松：《宋会要辑稿·职官》。

过闽广者，不知其几千万也"。① 据道光《广东通志》载，"北宋神宗熙宁十年（1077年）以前，诸州商税岁贡三万贯以下者有广州（内有十四务）、昌化军（即南宁军）（内有三务）与潮州（内有五务）；一万贯以下者有南雄（内有六务）、英州（内有八务）；五千贯以下者有循州（内有四务）、韶州（内有二务）、连州（内有四务）、封州（内有三务）、端州（内有一务）、南恩州（内有一务）、惠州（内有四务）、梅州（内有二务）、春州（内有九务）、化州（内有五务）、高州（内有六务）、钦州（内有一务）、古安军（内有一务）、朱崖军（内有一务）、廉州（内有五务）、琼州（内有一务）"②，显见，除广州以外，潮汕和海南西北沿海商贸最盛。

明初和清初一度海禁，但弛禁后海上交通贸易又兴盛起来。特别是广州重新成为我国南方最大港市，粤东与广州的关系进一步加强。这时潮汕地区一方面是农业和手工业发展，提供大量外销货物，另一方面人口过分增长，又使之成为缺粮区，"米所由来，多赖海舶"③，故港口数量大增。明代潮汕沿海即有柘林、深澳、青澳、长沙尾澳、大埕、云澳、伍塘、东陇、大洲、飞钱、旗岭、大港、辟望、鲍浦、庵埠、海门、靖海等26个港口，清代则上升到33个港口。④ 海陆丰地区也兴起汕尾、马宫、遮浪、后门、捷胜等多个港口，与潮汕沿海港口联成一线。这些港口在珠江口被隔开，进入琼雷沿海重新出现。在雷州半岛有吴川芷芎、梅菉、遂溪赤坎（今湛江）、徐闻海安港等，道光《遂溪县志》说赤坎港其时"商船蚁集，懋迁者多"，雷州城附近还有以福建云霄、诏安、漳州命名的港口，港碑现存湛江市博物馆，说明闽商在雷州半岛活动之盛。清末海南岛沿海有港口61处。⑤ 明末海口港"帆樯之众，森如立竹"⑥，依托港口发展起来的"海口城商贾络绎，烟火稠密"⑦。大批圩市也应运而生，仅海南岛在明中叶以前就有较大圩市123处⑧，到万历末增加到179处⑨，清中叶又发展到310处⑩。这些圩市大多沿海岸分布，如据嘉靖《广东通志》所列海南圩市，岛北部沿海和临高、儋州有些圩市分布在距离海岸数公里到10公里左右，像临高泗洲、讨滩、新兴和儋州长坡、木棠、归美、松林、大英等，均可连成一条与海岸平行的弧线，代表了潮汕、雷州系地区港市型城镇分布格局。这种带状或环状港市格局，不仅相互间联系方便，而且各港市都有一定纵深的陆向和海向腹地，在建立海洋经济、实现海陆资源互补方面发挥重要作用。如闽

---

① 王象之：《舆地纪胜·琼州府》。
② 道光《广东通志》卷一六七。
③ 乾隆《潮州府志·艺文》卷四十。
④ 黄挺、杜经国：《潮汕古代商贸港口研究》，见《潮学研究》（1）汕头大学出版社，1994年第54页。
⑤ 光绪《广东舆地全图》下，《琼州府图和各县图》。
⑥ 万历《琼州府志》卷三。
⑦ 咸丰《琼州县志》卷二十九。
⑧ 正德《琼台志》卷十二，《乡都·圩市》。
⑨ 万历《琼州府志》卷三。
⑩ 道光《琼州府志》卷九，《建置志·都市》。

粤交界的柘林港，"外抵暹罗诸番"①，"商船凑集于此，就此以东起货至大城，或肩担至大巷、上里、岭后、神前、上下湾诸村"②，堪为这种格局港市一个范例。然而更有代表意义的是汕头的崛起。在明初今汕头市区仍是一片汪洋，嘉靖年间渔民在水面上设栅捕鱼，称"沙汕"。后来淤积范围不断扩大，嘉靖四十二年（1563年）归入新置的澄海县。清初已有炮台、盐场之设。嘉庆年间，潮州其他外港先后淤浅，汕头遂成为商舶云集的港口。1860年根据《中英天津条约》规定，汕头（另有琼州即海口）被辟为对外通商口岸，以后迅速发展起来。1864年设海关，当年进口贸易额仅407万关平两，到1921年猛增至3050万关平两，增长7.5倍；差不多同一时期，进出口船只从520艘、货运量21万吨上升到3090艘、391万吨，分别增加了4.9倍和17.6倍。英、德、日等多国轮船公司在汕头设分支机构。潮汕铁路和多条公路建成，加速城市发展。1920年汕头人口达6万，1921年设市，成为继广州之后广东第二个省辖市，并逐步取代潮州的地位，成为粤东最大的中心城市。20世纪30年代广东经济持续发展，汕头出口贸易额在1933年达7755万关平两，③在我国沿海各港仅次于上海、天津、广州、青岛、大连，居第六位。1934年市区人口达20.96万人，老城区面积约3平方公里，不但是粤东首位城市，而且是全国的重要城市之一。虽然汕头也建立起罐头、火柴、榨油、制糖等近代工业，但它们在城市经济中始终居于从属地位，商业贸易才是汕头的主要功能和基本活动，这与广州相类似。汕头崛起，很快带动潮汕地区城市发展，形成以它为中心的带状城市分布格局和向内陆一侧的扇形辐射态势。这个城市带包括次位城市潮州，第三位城市揭阳榕城、潮阳棉城、澄海澄城、饶平凤冈（今黄冈）、惠来惠城等。而汕头的经济腹地除了潮汕平原，还包括梅江流域和海陆丰地区。清雍正六年（1728年），蓝鼎元游汕头，在诗作中预见"千里江山现海底，五百年后作都城"④；但不到200年，作者的预言已经实现。此外，汕头还有广阔的海向腹地，它通过海上丝绸之路，与暹罗（泰国）、新加坡、马来亚、安南（越南）、荷属东印度（印度尼西亚）、中国香港等国家和地区发生密切贸易关系，输出农副产品和手工艺品，进口以大米为主，次为布匹、肥料、石油、五金制品等，当然也有苦力和鸦片贸易。在我国沿海，汕头与省城广州、上海以及天津、青岛、大连等北方港口，汉口、芜湖等内河港口相互往来，不仅是粤东，而且是闽西南、赣南物资集散中心，以及东南亚商贸中心。

海口（时称琼州）与汕头同时开埠，也很快成为全岛中心城市。1926年海口设市，成为继广州、汕头之后广东第三个建制城市，时人口达4.1万人；而琼州府城琼山只有1600余家，人口约1万人，完全沦为海口的附庸。由于地缘、物缘、族缘等关系，海口

---

① 《大清统一志》第41册，上海商务印书馆，1985年，第16页。
② 陈天资：《东里志》卷一。
③ 蔡人群、李平日等：《潮汕平原》，广东旅游出版社，1992年，第174－178页。
④ 《潮学研究》（6），汕头大学出版社，1997年，第369页。

与潮汕系地区的贸易占主导地位,包括潮州府属及福建各地,当然也有广州府船只往来其间。而海口海外交通则与暹罗、新加坡、海防等地往来,与汕头海向腹地港相类似。汕头、海口两座城市在鸦片战争后兴起,展示潮汕系地区海洋经济在新历史条件下,已走出传统的以耕海为主的海洋农业经济模式,向更加广阔的海内外市场和空间发展,逐渐向海洋商业经济模式转变,从而引起新城市产生、旧城市衰落,以及城市风貌等嬗变。其速度之快、规模之大、影响之深远,是客家系、广府系地区城市难以相比的。

第二节 交通网络和分布格局比较

一、广府、客家系树枝状交通线的开辟

秦汉以降,岭南与中原北方交通日渐频繁,以西江、北江和东江为骨架的水上交通线从北、西两个方向,越过五岭间低矮分水岭或直接由河谷进入岭南各地,辐辏于番禺,形成树枝状交通网络。这个网络主要经过广府系、客家系地区,对民系形成及其社会发展发挥重要作用。根据历史文献和实地考察,这些水陆交通线有如下数条:

1. 横浦道,即今大庾岭道,下浈水循北江南下番禺。《淮南子·人间训》列举秦"一军守南野之界",即指由此道入南雄盆地路线,后为历代所袭用。唐开元四年(716年),张九龄奉令开凿大庾岭山道,使之成为广州北上最重要的交通线。张九龄在《开大庾岭路记》中指出此路竣工,"则已坦坦而方五轨,阗阗而走四通,转输不以告劳,高深为之失险。于是乎镂耳贯胸之类,珠琛绝赆之人,有宿有息,如京如坻"。著名中西交通史专家张星烺也说:"广州者,海舶登岸处也。唐时广州之波斯、阿拉伯商人,北上扬州者,必取道大庾岭,再沿赣江而下,顺长江而扬州也。"① 两宋时每天往返这条山路的伕力不下千人。岭下重镇珠玑巷,为客货水陆转运主要口岸,明代设置珠玑街、石塘街、里东街、灵潭街、中站街、大迳街、小岭街等七条商业街,两旁茶坊客栈,各种店铺鳞次栉比。万历年间西洋传教士利玛窦取道珠玑巷逾岭北上,他看到"许多省份的大量商贾抵达这里,越山南远;同样地,也从另一侧越过山岭,运往相反的方向。运送广东的外国货物,也经由同一条道路输往内地。旅客骑马或乘轿越岭,商货则用驮兽或挑夫运送,他们好像是不计其数,队伍每天不绝于途。这种不断交流的结果,使山两侧的两座城市真正成为工业中心,而且秩序井然,使大批的人连同无穷无尽的行装,在短时间内得到输送"②。利氏所指两座城市,在南者即南雄州城,"是一个商业城市,水陆交通极为方便。欧洲、印度、麻(马)六甲、摩洛哥与其他地方的货物,这里可说应

---

① 张星烺:《中西交通史料汇编》第二册,中华书局,1977年,第185页。
② 《利玛窦中国札记》,中华数据,1990年,第278、279页。

有尽有。它和中国各地大半皆有往来，许多货物经此而输往他省，因此船只往来不绝"①。直到鸦片战争后同治年间茂名籍举人杨廷桂仍在《南还日记》中说这条古道"行旅如蚁，挤拥如观剧"；珠玑巷是一个"商贾如云，货物如雨，万足践履，冬无寒土"的繁华市镇。只到1936年京汉铁路全线通车，客货在粤北过境而不留，粤北交通地位一落千丈，这条古道才成为历史陈迹，不复为商旅过往矣。

图4-10 南雄珠玑巷

横浦道是历史早期南下迁民主要通道之一，他们一部分发展为客家系，另一部分发展为广府系，特别是现居珠江三角洲的广府系居民，几乎都说他们的祖先来自南雄珠玑巷，实际是取道珠玑巷南下珠江三角洲各地而已。这条古道对分流迁民，形成岭南民系固然作用甚大，对沿线城市商业文化繁荣，以及中西文化交流和传播都贡献匪浅。

2. 桂阳道，即骑田岭道。又称折岭道，其路线是沿湘江、耒水上溯至湖南郴州，转陆路越过折岭抵宜章，再乘舟顺武水下北江达番禺。《淮南子》所说"处番禺之都"的一支秦军可能由此入粤，武水乐昌峡有九泷十八滩之险，危及航行安全，经多次整治，改善了航行条件，成为沟通岭南与中原最快捷径，商旅往来，甚为繁忙。清光绪《韶州府志·周昕传》说东汉时"（桂阳）郡又与南海接比，商旅所经，一由此水（武水）。……大道则通利，抱布贸丝，交易而至"。汉代岭南贡献荔枝上长安，亦走此道。唐张九龄开大庾岭道后，此道地位有所下降。但据李吉甫《元和郡县图志》广州条载，长安到广州有两条路线，其一取道郴州，出骑田岭南下为4200余里，其二取道江西虔吉，出大庾岭南下为5200余里，故走前者比后者要短千余里，为商旅乐用。明末清初

---

① 《利氏致罗马总会长阿桂委瓦神父书》，见广东炎黄文化研究会编：《岭峤春秋——珠玑巷与广府文化》，广东人民出版社，1998年，第307页。

屈大均《广东新语·木语》指出："每岁估人……与诸瑰货向台关而北，腊岭（在乳源西）而西北者，舟车弗绝也。"1943年地理学者吴尚时在《乐昌峡》一文中记昔时此道"挑夫比肩接踵，皆湘贩也。南下者负猪、蛋、油、豆，北返者则肩糖盐或其他洋杂货，来往人数，当时日凡一二千，伙铺饭店，沿途皆是。而去岁（1941年）吾人由坪石经蔚岭关，步行至乐昌城，冷落稀人，不胜使人有今昔之感。旅客和货物改乘火车，挑夫绝迹，伙铺亦随而消灭"①，反映了这一条通道的历史沧桑。不过它为后来公路选线提供了依据，中华人民共和国成立前兴建的乐（昌）坪（石）公路即与此道大部分相符。

3. 都庞岭道。此都庞岭不是今地图中所标都庞岭（它是唐人误指，讹传至今），而是古都庞岭，是五岭中从广东东部算起的第三岭，旁有隘口南风坳。此道沿湘江及其支流春陵水上溯蓝山，过南风坳，抵连县之东陂，下连江入北江至广州，亦为广州至中原里程最短的交通线之一。此道西有九嶷山，《淮南子·人间训》亦列举秦"一军守九嶷之塞"，想见秦时已为行军路线。1973年长沙马王堆出土西汉长沙国《地形图》，在今湖南蓝山与广东连州之间标有"龁道"县治，该县不见于汉代以来任何史籍，是汉初立的县，显见此道汉初进一步开通。汉武帝平南越国，伏波将军路博德所部水军即循此道下连江，攻克番禺。此后交通往来很频繁，唐代连州刺史蒋防曾疏浚连江楞伽峡，改善航行条件。直到鸦片战争前，此道商务往来仍十分兴盛。容闳《西学东渐记》对此写道："凡外国运来货物，至广州上岸后，必先集中于湘潭，由湘潭再分至内地。又非独进口货为然，中国之丝茶之运往国外者，必先在湘潭装箱，然后再运广州放洋。故湘潭及广州间，商务异常繁盛，交通皆以陆（指过岭一段）。劳动人民肩货往来于南风岭（按实为南风坳，原文为Nanfon pass）者不下十万人。南风岭地处湘潭与广州之中途，为往来必经之孔道。道旁居民咸赖肩挑背负为生。"② 历史学家范文澜认为："鸦片战争前，广州是唯一通商港口，出入口货经两条大路，一路起广州经大庾岭沿赣江北上至九江；一路起广州经南风岭（坳）过湘潭……两路水陆运输、护商、旅店、商贩等业及依附为生的人数不下百万。"③ 五口通商的结果，我国外贸重心由广州转移到上海，北上货运大为减少。这条交通线也和其他南北通道一样，骤然衰落，许多人失去生计，相继参加太平天国起义军，结束了它的历史使命。

4. 萌渚岭道，从湘江支流潇水过萌渚岭低矮分水岭（海拔200米），下贺江经封开入西江即可东下番禺。长沙马王堆出土《驻军图》所标范围即在萌渚岭一带。图上有许多居民点、军队驻地、城堡、烽火台、水库、道路等地理要素，表明这一带交通已较完善。汉初陆贾两次出使南越劝说赵佗归汉，即走此道。汉武帝平南越国时，下濑将军田

---

① 吴尚时：《乐昌峡》，中山大学地理系《地理集刊》，第12期，1943年6月。
② 容闳：《西学东渐记》，见《走向世界丛书》（一），岳麓书社，1985年，第84页。
③ 范文澜：《中国近代史》上册，人民出版社，1955年，第106页。

甲所部水军即循此道南下，会师番禺。近年，广州学者陈乃良经实地勘察，发现在都庞岭和萌渚岭之间一片低丘上有秦始皇修筑的一条长约170公里的"新道"，连接潇水、富江和贺江①，使之相互沟通，极大地方便了贺江流域的交通。直到唐开大庾岭道后，这条交通线才渐渐衰落。中原人循此道南下的也不少。据最近一次人口普查，位居贺江和西江交汇处的封开县43万人中，竟有268个姓氏，并保留八、潦、陀等极为罕见的姓氏，以及刘传、刘观、欧阳、司徒、康有等复姓，②为多次移民聚居此的反映。封开古代文化兴盛一时，曾被一些人誉为"岭南文化古都"。不管此说是否成立，它仍显示，封开凭借这条交通线而成为广府文化的一个重要源地。

5. 越城岭道，即著名的湘桂走廊。跨过湘江与漓江低矮分水岭海洋山，南下漓江、桂江，至梧州入西江。在此可西溯西江上游入滇贵，顺流东下至番禺，南溯北流江下南流江，出北部湾，远达东南亚诸国。这一四通八达的水陆交通网络，都有赖于秦始皇用兵岭南所筑灵渠，即兴安运河。自秦汉以来，湘桂走廊一直是五岭南北最重要、最便捷的运输线。最早一批中原移民和中原文化也凭借这条运输线在西江流域定居和传播，故封开、梧州一带有"初开粤地"之说。近年流行一时的"岭南文化古都"，也包括梧州地区，湘桂走廊对其形成无疑起了关键性的作用。唐开大庾岭到和宋代珠江三角洲经济发展，岭南经济重心东移，湘桂走廊交通地位虽有所削弱，但仍不失为重要运输线。直到1937年湘桂铁路通车，灵渠水运遂停，继在灌溉、生活和工业用水方面发挥效益。至于灵渠作为与关中郑国渠、蜀中都江堰齐名的水利工程，无论从历史、水利、建筑、园林、艺术等角度，都有无穷无尽的研究价值，它既是中国文化的瑰宝，也是岭南文化比雄于其他地域文化的一朵奇苑。

6. 牂牁道，即今北盘江、浔江、柳江、黔江等西江水系支干流。汉武帝建元六年（前135年），唐蒙出使南越，在番禺见到蜀地出产的枸酱，是经夜郎地区运来的，唐蒙又了解到夜郎国"临牂牁江"，"江广数里，出番禺城下"，"牂牁江广百余步，足可行船"。③唐蒙于是上书汉武帝，建议联络夜郎伐越。汉武帝采纳了他的意见，征发巴、蜀士卒，在秦"五尺道"基础上继续"凿山开阁，以通南中，迄于建宁（云南曲靖），二千余里"④，史称这条道路为"南夷道"。元鼎五年（前112年），汉军进攻南越国，即由驰义侯何遣率领一路大军顺牂牁江东下番禺，实现了借牂牁江进攻南越计划，也证明这条水道能通航。这条横贯黔西两广的交通大动脉，后来一直在发挥着重要作用。虽然由于唐开大庾岭道以后西江失去秦汉时交通地位，但由于其流域面积广大，水量也比北江丰沛，故仍不失为重要的交通线。特别是它沟通两广，建立流域经济的作用是其他河

---

① 陈乃良：《封中史话》，广东省地图出版社，1998年，第27、28页。
② 《小县还是姓氏大观园》，《羊城晚报》，2000年8月16日第11版。
③ 司马迁：《史记》卷一一六，《西南夷列传》。
④ 郦道元：《水经注·江水》。

道替代不了的。宋周去非《岭外代答·花木门》即说广西出产大量木材,"舟下广东,得息倍称"。端州(肇庆)即为西江水道交通枢纽之一,西江中下游货物多集中于此,再转输广州等地。如明中叶以后广东开始缺粮,广西桂、梧二府产谷甚多,即借西江运来广东。道光《高要县志》记"清雍正五年(1727年)三月运广西积谷贮肇庆仓"。此前明神宗万历四年(1576年)在肇庆城东和城西两边江岸设黄江厂(税所),征收过往西江船只商品税。① 佛山、广州等地的手工业品不少经肇庆运销西江中下游地区;同样,佛山铸造业所需原(燃)料,如铁矿来自云浮,铜矿来自云南,锡矿来自广西,这些矿石均依靠西江水运,且必经肇庆。西江对广府系地区商品交流和商品意识培养与传播,远胜于其他河道。

7. 筠门岭道。筠门岭在今江西会昌县南,从梅州溯石窟河,经筠门岭,顺赣江东源贡水而下赣州,经赣江抵南昌,辗转至杭州北上。宋代以前,很多客家先民循此道南下梅江流域各地。明清时期,梅州、潮州商旅及举子进京应试者多由此道入京。梁伯聪《梅县风土二百咏》云:"舶未通行海阻程,江西大道达燕京。百花洲尾花船集,风送笙歌十里声。"并附注曰:"在昔海运未通,潮郡(时含梅州)九属人上北京中原地方,由梅县经过,向江西大道而去。来住辐辏,市场热闹,百花洲尾花船群集,夜静笙歌声达十里外。"② 梅州成为这条交通线的中转站。

8. 汀江道。韩江上源汀江,流经被誉为客家系在闽西的中心的宁化石壁,南下大埔三河坝转粤东各地。宋代以前,这条水道没有开发,闽西所需食盐依赖闽江从福州起解。由于闽江滩多险恶,盐运十分困难,价钱昂贵,汀州百姓怨声载道。宋绍定五年(1232年)汀州知州事李华、长汀县令宋慈恳请"更运潮(州)盐",获得批准。"汀(州)人之食潮盐,自是时始"③,也揭开此道交通新的一页。梅城、三河坝、汀州等城镇成为商旅、货运中转站。北上的主要为海盐,南运的有江西和闽西各地木材、毛竹、土纸等特产。直到明清,此"路通闽汀,货贩不绝"④。特别是明末清初,闽西、粤东客家人倒迁入赣多走此道,包括闽西宁化、清流、长汀、连城等县客家人倒迁入赣多走此道,包括闽西宁化、清流、长汀、连城等县客家人经武夷山进入江西石城、宁都、兴国、瑞金、会昌、于都、赣县等。故有论者说到客家人文中心,曰:"赵宋一代,当以汀州八属及韶州各属为代表"⑤,指出了这条鲜为人论及的交通线的历史地位。

9. 循梅道,即东江上游过岐岭(又称蓝关)入梅江流域的交通线。东江支流定南

---

① 民国《高要县志初稿》卷七。
② 徐俊鸣:《岭南历史地理论集》,中山大学学报编辑部,1990年,第128页。
③ 光绪《长汀县志·盐法志》。
④ 康熙《程乡县志》卷一,《舆地志》。
⑤ 张鸿祥:《论汀州都市在客家形成中的作用与地位》,见谢剑、郑赤琰主编:《国际客家学研讨会论文集》,香港中文大学、香港亚太研究所海外华人研究社,1994年,第150页。

水和寻邬水（今寻乌水）沟通江西，两水交汇后流经重镇佗城（为秦在广东建立的最早的一个县城），南下惠州、番禺。故嘉靖《龙川县志》评曰："郡据上游，当江赣之冲，为汀漳之障，则固三省（粤、闽、赣）咽喉，四州门户，可不谓岩邑哉。"驻守龙川的秦兵从哪条路线到来，至今虽仍是个谜，但有人认为可能有一支秦军从东江上源南下，在今佗城建立治所①。宋周去非《岭外代答·五岭》认为，"自秦也有五岭之说，皆指山名。考之，乃入岭之途五耳，非必山也。自福建之汀（州），入广东之循（龙川）、梅（州），一也"。南汉至元龙川为循州治，由东江越分水岭（蓝关）即进入梅江水道。周去非把从福建入广东的交通线称为梅循道，作为五岭上重要通道之一。部分客家先民即从此道入居东江和梅江流域。南宋绍兴十六年（1146 年），殿前司摧锋将军韩京兼知循州，曾率师由梅江顺流南下，镇压潮州人民起义，路过梅江蓬辣滩（在今梅县松南镇），触石舟坏，晒甲于滩上，故蓬辣滩又名晒甲滩。② 可见韩京走的是梅循道，也是联结东江和韩江流域、客家系和潮汕系地区的一条主要交通线。

二、广府、潮汕、雷州系的海上交通

广府系部分和潮汕、雷州全部地区临海，族群和区域交往多依赖海路，河运在不少地区仅起辅助作用。这与全赖水陆联运的客家系地区有显著差异，也影响到各系地区经济生活和文化风貌。

古越人善水和使用舟楫。史称先秦我国东南越人"以船为车，以楫为马，往若飘风，去则难从"③。后来广府系和潮汕、雷州系先民也继承这一传统，很早就假道海洋开展军事、经济活动。1973 年长沙马王堆汉墓出土《地形图》第一次将珠江口和南海表示在地图上，反映广府系先民对海洋的认识。而据《汉书·地理志》记载，汉武帝时由宫廷派出的译使、商人、水手等，从徐闻、合浦、日南（今越南顺化）三个港口出发，途经都元国、邑卢没国、谌离国，再从谌离国步行十余日，到夫甘都卢国，自夫甘都卢国乘船到黄支国，然后南下己程不国，返航途中经皮宗国，最后在象林县（今越南维川南茶桥地方）边境地方登陆。携带出去的是黄金和丝织物，换回来的是明珠、璧琉璃和奇石异物。书中所列地名，除出航港口和登陆地点以外，其余地名至今仍无统一认识，但不出东南亚和印度洋各地。这表明后世所称南海海上丝绸之路已经开通。番禺虽然不是始发港，即须经上述港口转运才能与这些国家发生联系，但已形成联系番禺的四条航线：一为由番禺至今越南和柬埔寨航线，二为由番禺至今印度尼西亚爪哇和苏门答腊航线，三为由番禺至今印度、斯里兰卡航线，四为由番禺至今波斯湾转罗马帝国航线。番

---

① 魏平：《赵佗龙川故城考辨》，《广东史志》，1991 年第 2 期。
② 光绪《嘉应州志·兵防》。
③ 《越绝书》卷八。

禺作为海上商贸中心,对邻近地区经济文化发展的作用是无可置疑的。近年广州南越王墓出土波斯银盒、非洲象牙、犀角、海外金花泡饰等,即由这些航线带回的物品。而据《南越志》载,南越国时期,潮州"北连山数千,日月蔽藏,昔(赵)建德伐木,以为舟船之处","其大千石,以童男女三百人牵之",① 有与番禺一样颇为发达的造船业。1975年12月在揭西出土一艘汉代独木舟,长10.7米,宽1.3米,证明了潮州地区拥有一定的造船技术。汉武帝平南越,"东越王余善上书,请以卒八(千人)从楼船将军击吕嘉等。兵至揭阳(今粤东),以海风波为解,不行,持两端,阴使南越"②。可见粤东至番禺的海上交通亦已开始。到东汉时,"旧交趾七郡,贡献转运,皆从东冶(今福州),汛海而至,风波艰阻,沉溺相系"③。福建与交趾航线已与汉初开辟的从徐闻、合浦、日南发航的海上丝绸之路相连,并上接江浙航线。例如东汉末,桓晔、袁闳、许靖等人自会稽"浮涉沧海,南至交州,经历东瓯、闽越之国"④。东晋元兴三年(404年)卢循起义军从福建取海道入粤,攻克广州。粤东一些港口谅已成为航海补给点或中继站。南北朝时期,由广州首航,经过海南岛东部海域,直下西沙群岛的航线已经开辟。域外一些高僧浮海而来,先后在广州、曲江等地创建我国最早一批寺院,佛教文化得以在岭南首先传播。广州光孝寺、西来初地等成为这一时期海上交通兴起的历史见证。

唐代广州崛起为世界性贸易大港,其中一个重要原因是"广州通海夷道"的开辟,它是南海航运业进一步发展的结果。《唐书·地理志》记载了这条闻名中外的海上交通大动脉。它从广州出发,经今九龙半岛、西沙、南沙海域,西南行到达西亚、东非乃至欧洲,沿途经过30多个国家和地区,航程1.4万公里,是沟通亚、非、欧海上丝绸之路的最远航线,保持到16世纪。假道前来广州的外商络绎不绝。诗人刘禹锡描写珠江河面"连天浪静长鲸息,映日帆多宝货来"⑤,韩愈写广州"外国之货日至,珠、香、象、犀、玳瑁、奇物,溢于中国,不可胜用",⑥ 广州成为唐帝国仅次于长安的对外开放城市。恩州即今阳江,也是这条航线重要的港口。李吉甫《元和郡县图志》说:"是州滨海……凡自广至勤、春、高、潘(州)路所必经。……然因当五州要路,颇有广陵(扬州)、会稽贾船循海东南至者,故吴越所产之货物不乏于斯。"因此,则恩州亦可能与东南亚地区有贸易往来,为广府系地区另一个海运中心。

宋代,南海交通地位上升,广州、泉州成为我国最主要的港市。史载通过广州与宋朝通商的国家达50多个,输入商品在北宋时为70~80种,南宋时上升为330多种。除

---

① 《永乐大典》卷五三四三,《潮字门》。
② 司马迁:《史记》卷一一四,《东越列传》。
③ 范晔:《后汉书·郑弘传》。
④ 范晔:《后汉书》卷三十七,《桓晔传》及卷四十五,《袁闳传》;《三国志》卷三十八,《许靖传》。
⑤ 《全唐诗》卷十三,《南海马大夫远ször著述兼酬拙诗》。
⑥ 韩愈:《送郑尚书序》,见《全唐诗》卷五五六。

广州以外，处在南海航线上，与海外通商的尚有潮州、南恩州、雷州、钦州、琼州等港口。如南恩州西南海中有螺洲，亦称㴖洲（即今海陵岛）。朱彧《萍洲可谈》称："广州自小海至㴖洲七百里，㴖洲有望舶巡检司，谓之一望，稍北又有第二、第三望，过㴖洲则沧溟矣。商舶去时少需以诀，然后解去，谓之放洋；还至㴖洲，则相庆贺，寨兵有酒肉之馈，并防护赴广州。"① 而钦州则为海北及交趾所产香料集散地。范成大《桂海虞衡志·志香》指出，沉香"其出海北者，生交趾，及交人得之海外番舶。而聚之钦州，谓之钦香"。钦香还贩往四川，一年往返一次，交易额动辄几千贯。

元朝实行对外开放政策，对商舶出海鼓励有加，南海的交通贸易盛于赵宋。这时与广州有贸易往来的国家和地区多达140多个，占元代全国外贸涉及220多个国家和地区的64%。通商地域范围进一步扩大。元人著作记广东，"海外真腊、占城、琉求诸国番舶岁至，象、犀、珠玑、金、贝、名香、宝布，诸凡瑰奇珍异之物，宝于中州者，咸萃于是"②，而广州"为番舶凑集之所，宝货丛集，实为外府"③。而据汪大渊《岛夷志略》记，夹在泉州与广州之间的潮州，已形成三条到东南亚的航海作业线："石塘之骨，由潮州而生，迤如长蛇，横亘海中，越海诸国。……一脉至爪哇，一脉至渤泥及古里地闷，一脉至西洋遐昆仑之地。"潮州城市依靠海上交通和贸易而发展起来，潮州录事司的建置即显示了这座城市经济已达相当规模。

明清时期虽严行海禁，但弛禁后海上交通和贸易又隆盛起来，南海"海上丝绸之路"达到历史鼎盛时期。这时已形成以广州为中心的全球大循环交通格局，除沿袭和发展唐宋以来的航线以外，还开辟了多条新航线。明代开通的第一条航线是广州—马尼拉—拉丁美洲航线，此后，广州得以与西半球国家和地区发生贸易往来。第二条航线是广州—果阿（印度）—里斯本航线，这是继唐代"广州通海夷道"的延伸，远至东非、欧洲各国。清前期，又开辟了第三条即从美国纽约至广州的北美航线，第四条俄罗斯到广州的俄罗斯航线，以及第五条从广州到南威尔士的大洋洲航线。④ 这些航线不但使海洋空间得到有效利用，而且在它们经过的沿海兴起一些港口，成为当地经济发展的依托；西方近现代科技文化也假道这些航线在岭南沿海传播，并整合为区域文化的一部分。这都使广府文化和潮汕文化具有比客家文化更多的海洋商业文化色彩，继而深刻影响当地历史进程和社会经济发展水平，这容后述。

---

① 朱彧：《萍洲可谈》卷二。
② 杨嗣：《送王庭训赴惠州照磨序》，见《佩玉斋类稿》卷四。
③ 陈大震：《南海志》卷七，《舶货》。
④ 黄启臣：《广州海上丝绸之路的兴起与发展》，见广东省社会科学院等编：《广州与海上丝绸之路》，1991年，第64、65页。

三、以广州为中心和河运发展

元朝统治者颇注意发展海内外交通,大运河在元代被裁弯取直,缩短航程千余公里,但未能充分发挥效益,所以我国南北交通仍以海运为主,岭南地区才有上述兴旺的海上交通。这有利于加强珠江水系和沿海地区的联系,使河海运输结合成网络。广州不仅是海运中心,而且也是河运中心,对珠江流域经济区形成、发展发挥了巨大作用。这同时也使水运成为广府系地区主要的运输方式,并作为一种历史传统影响至今。

元代在各个运河沿线多有马站、水站、馆驿、递铺、长行渡、横水渡之设,此实为我国交通史上一项创举。据陈大震《南海志》载,番禺、南海、增城、清远设马站6处,具马126匹,番禺、南海、增城、清远、东莞设水站11处,拥有船90只;设馆驿14处;设递铺40处;长行渡在南海有33条,在番禺有17条;横水渡在南海有45条,在番禺有33条。① 这些交通设施和节点,构成以广州为中心的三个方向的交通网络:其一是北江线,即广州—石门—金利—官窑—西南—芦苞—胥江—鸭步—迴歧—横石,再上英德、连江北上;其二是东线,又分为增江和东江两支线,前者为广州—鹤子—增城—龙门,后者为广州—黄家山—归善(惠州);其三是南线(珠江线),即广州—狮子洋。再加上元代在广西地区设置的几处驿道,即以静江(桂林)为中心通过广东新州(新兴),或经梧州通北流,西南通邕州(南宁),乃接通云南以及安南的驿路,或经宾州(广西宾阳),通过钦州、雷州、徐闻,渡海至琼州(琼山)的驿路,② 将西江水系和雷州半岛、海南岛联系起来,主要在广府系和部分潮汕、雷州系地区形成四通八达的水运网络。故志称"广(州)为扬州尽处,去京师万余里,然叶舟风递,驷骑星驰,不十余日可至,何其速也"③,其社会和经济效益是显而易见的。

明代大运河经过整治已发挥运输效益,而大庾岭道经多次修治,也极大地方便了南北往来。特别是明景泰年间(1450~1456年)由赣南转销粤盐以后,经南雄过岭的货物日益增多,北江交通地位得到加强。顾炎武指出,"北货过南者悉金帛轻细之物,南货过北者悉皆盐铁粗重之类。过南者,几无百驮;过北者,日有数千"④。例如广州、佛山所需棉花,由商贾以糖霜从江苏松江府运回,北江上"楼船千百,皆装布囊累累"⑤,一派繁忙运输景象。而西江作为两广交通大动脉仍保持它的优势地位。明清时期一个重要变化是开辟流经肇庆南面的支流新兴江,越过低平的新兴天堂与阳春春湾之间的山隘,连接漠阳江,下接高雷的水陆交通线。明末清初有人动议在天堂开凿运河,或曰:

---

① 陈大震:《南海志》卷十。
② 熊梦祥:《析津志·天下站名》。
③ 陈大震:《南海志》卷十。
④ 顾炎武:《天下郡国利病书》卷八十二。
⑤ 褚华:《木棉谱》。

"陶三广公尝从高州开一河,直达肇庆。功垂成,为人所沮";又说:"开浚河头小河,新兴河头有渠形,在林阜中,可以疏凿,使水南行三十里许,直接阳春黄泥湾,以通高、雷、廉三郡舟楫,免车牛挽运之苦。谷米各货往来既便,则东粤之利也。此宜亟行。"① 虽然这些建议未果,但后者仍不失为一条重要水陆交通线。顾祖禹《读史方舆纪要》新兴县条云:"凡商贾往高雷,必拖舟至河头,乃登陆。"河头成为一个重要水陆转换码头。也是出于交通需要,明清时漠阳江流域划归肇庆府辖,有利于加强粤西广府系地区与广州、肇庆中心城市的联系。

西江支流潭江流域系今五邑地区,既为珠江三角洲一部分,又是沟通南路雷州系地区的过渡地带,历史上海陆交通都较发达。明清时在潭江沿线设下不少驿站。嘉靖《广东通志·驿传》记"自新会、东亭、蚬岗、恩平、莲塘至高雷廉琼"设有驿站路线;另从"崧台(在肇庆),由腰古(在云浮)、新昌(在今开平)、独鹤(在今开平)至恩平止"。② 此线沿开平河延伸,同上面潭江干线交汇于恩平。从恩平西南行至阳江交界的黄竹桥,乃明清"通高廉雷琼要冲"③。由此桥向西南行,"抵电白,东一百里而往西南,出限门,则川流皆放于海"④,与海上航线接通。电白成了广府系与雷州系在雷州半岛的分界。

自元创长行渡、横水渡以来,广东水网地区水上交通线进一步扩展。据有关地方志统计,现今珠江三角洲15县市,清康熙到道光年间(1662～1850年)有长行渡500条,横水渡485条。这些航线从各县治或重要圩镇出发,抵达广佛陈龙四大镇或肇庆等水运枢纽,再返回原地。比如西江水系长行渡,就有江门至广州、佛山、香山、石龙、西南、古镇,古劳至广州、江门、甘竹滩,西南至肇庆、英德、广州、佛山、鹤山、圣潭、胥江,河塾至佛山,白坭至广州,肇庆至广州、佛山、梧州,四会至广州、佛山、西南;珠江三角洲河网水系有香山(石岐)至广佛陈龙、澳门、顺德、江门、会城,佛山至沙头、九江、澳门、香港,九江至官窑、广州,沙头至江门、陈村,里水至佛山等;东江水系有增城至广州、佛山、石龙、新塘,莞城至广州、石龙、太平、南头,石龙至西乡,楹岗至石龙等。这些长行渡多为后来所沿用,成为珠江三角洲最主要的运输方式。另外,珠江三角洲陆路交通配置也受到重视,明崇祯年间(1628～1644年)修筑了从广州城西渡珠江经大通、神安、佛山、黄鼎通顺德、新会、香山、三水的陆路交通线。⑤ 这些水陆交通线进一步强化了珠江三角洲的经济地位,广州更由此突出了城市的政治和经济功能,故志称"五岭之南,郡以十数,县以百数,幅员数千里,咸执秩拱

---

① 屈大均:《广东新语》卷四,《水语》。
② 嘉靖《广东通志》卷三十九,《政事志》八。
③ 孙承泽:《春明梦余录》卷二十三。
④ 顾炎武:《天下郡国利病书》卷七十九。
⑤ 熊文灿:《修广州城西渡海陆路碑记》,见雍正《广东通志》卷六十。

稽受治于广州之长"①。

四、广府、潮汕系近代兴起的新式交通

随着铁路、公路、货轮等近代交通及运输方式在鸦片战争后渐渐兴起，肩挑背负和内河帆船等传统交通方式日趋没落。而全国政治经济形势的改变，地区之间关系的重新确立，特别是香港崛起以及各大城镇的新发展，向交通运输提出了许多新的要求。加上经营方式的改革，使首得海外风气之先的广府系、潮汕系沿海地区的交通网络不但有了再造的必要，而且具备了这种可能。

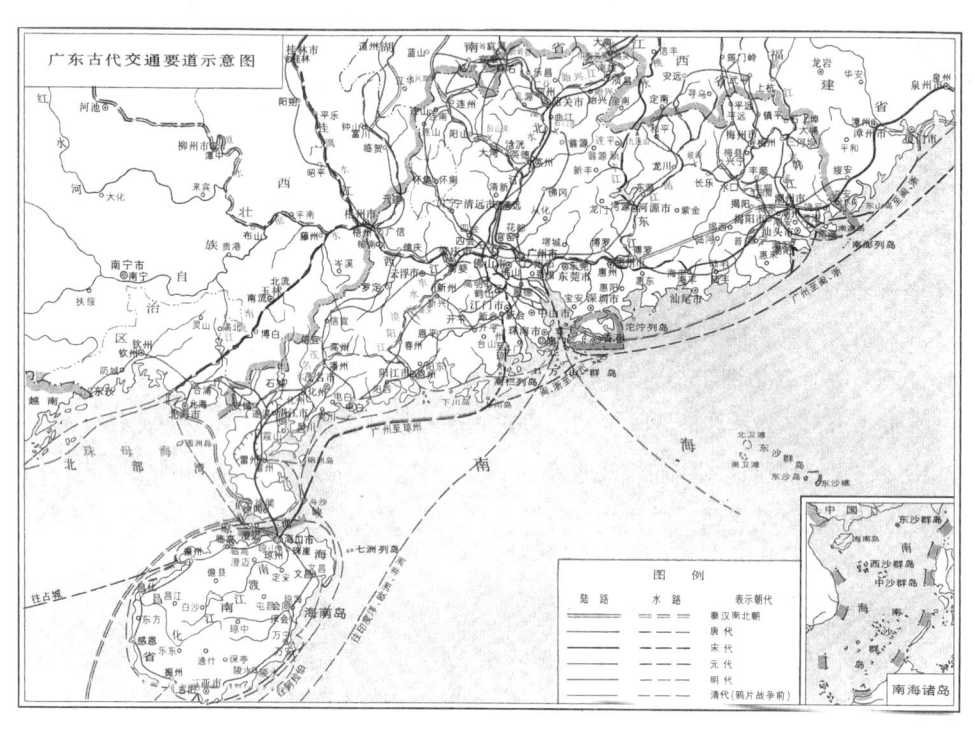

图 4-11 广东古代交通要道示意图

首先，由于商业中心从广州转移到上海，长江流域货物不再陆运来粤经广州出口，五岭中陆运通道，包括大庾岭和骑田岭道突然衰落了。1858年以后，原先设在韶关、英德的太平桥等关已征收不到关税。② 另外，香港被割让以后，我国与外国的直接贸易都移到香港。东南沿海各省皆借助于海上运输与香港联系，南北陆路交通地位自此一落千丈。

西江航运也受到很大冲击。第二次鸦片战争后不久，广西龙州、梧州开埠。龙州郁

---

① 光绪《番禺县志》卷十。
② 光绪《曲江县志·食货志》。

江贸易走越南海防；梧州浔江、桂江贸易走香港，从肇庆转运广州的西江货物大为减少。江门、惠州开埠后，潭江、东江贸易也直走香港，直接影响到广州对外贸易。"至江西、湖南、云南、贵州等省因轮船及铁路关系，均渐渐与广州脱离，至是，而素称中国南方第一商场之广州工商业一落千丈，无复昔年之盛矣。"①

而另一方面，随着近代产业的兴起，新的交通方式又在广东沿海建立起来，成为当地经济运行的生命线。其中最重要的事件是广三、广九、粤汉、新宁、潮汕五条铁路的新建。

广三铁路在广东完成最早，清光绪二十九年（1903年）竣工通车，由广州石围塘到三水（今河口镇），全长49公里。全线在珠江三角洲内，工程容易，客货源丰富，可以弥补西江水运之不足。

广九铁路始筑于光绪三十二年（1906年），宣统三年（1911年）建成通车。全长178.56公里，跨广州市郊、东莞、增城、宝安三县，称华段；进入九龙地区称英段。全线大小车站34个。华段人烟稠密，市镇殷盛；而英段所过多为山区，人口不多，市镇疏落。自此沿线水陆运输竞争十分激烈，结果铁路承担的大部分客运和货运，但广九铁路建成之初，因未能与粤汉铁路接轨而使运输量受到极大限制，直到抗战开始才改变这种局面，加入全国铁路网，业务日有长进，成为珠江三角洲东部运输干线和辐射主轴。

粤汉铁路由广州黄沙站至韶关段长224公里，光绪三十一年（1905年）开始兴建，但直到民国五年（1916年）始得通车，成为南北交通大动脉，使珠江、长江流域联为一体。抗战开始时与广九铁路接轨，业务大有改观，有力地促进了珠江三角洲开发和经济发展；对粤北客家地区的发展也是一个有力的推动，不过这种作用多限于铁路沿线。因客货多过境而不留，其他地区受铁路影响很弱小。

新宁铁路为台山旅美华侨陈宜禧集资兴建，光绪三十年（1904年）动工，民国三年（1914年）全线竣工。全长127.3公里，起于斗山，经公益、台城、新会、江门，抵北街。其中由台城至白沙支线长33.41公里。这条铁路对改进四邑地区陆上交通作用十分巨大，特别是作为县城和铁路中枢的台城镇发展尤为迅速，1920年前后人口增至2万以上。建路前仅有两户人家的公益，到1908年已发展为拥有数千居民的县内第二大镇。斗山也从一个仅有10余户人家的荒僻村落成为县南部商业和交通中心之一。沿线其他圩镇，如白沙、水埠、冲蒌、大江、四九、五十、三合、大塘、沙坦等，店铺林立，商业繁荣。大量商品和资金通过新宁铁路进入四邑，使它们卷入世界市场，同时也带动了当地近代工业、公路、航运、聚落的兴起。可惜它未能与其他铁路接轨，其作用受到限制。1939年沦陷时为日寇彻底破坏而无法利用。

潮汕铁路筹建于光绪二十九年（1903年），初由詹天佑设计，梅县华侨张煜南、谢

---

① 宣统《番禺县续志》卷一二。

荣光集资兴建，后由日本人设计承包。光绪三十年（1904年）动工，光绪三十四年（1908年）全线竣工通车。全长42.1公里，南起汕头，北经潮州至意溪，为潮汕平原运输大动脉，对潮汕近代产业的兴起贡献匪浅。1929年由民办改为官办。抗战时被日机炸坏，1939年6月被国民党政府拆毁，不久潮汕沦陷，所剩部分路轨被拆运回日本。其路基后被改建成潮汕公路。

20世纪20年代后，两广相继修建的公路。抗战前已形成以广州为中心，向四方辐射的公路系统。主要有：1. 东路干线，由广州经增城、博罗、惠来、潮安至福建，全长425公里。2. 西路第一干线，由广州沿广三铁路经德庆至梧州，全长213.5公里；第二干线由三水经四会、广宁至广西怀集（今属广东），全长103.5公里。3. 南路公路较多。其中第一干线由广州经南海、鹤山、开平、恩平、阳春、茂名、防城至安南（今越南），全长583.5公里，为两广交通干线；第二干线由高明经鹤山、台山到赤溪，全长140公里；第三干线由佛山经顺德、新会至台山，全长112.5公里；第四干线由顺德经中山至澳门，全长73公里。4. 北路第一干线由广州经花县、从化、南雄至江西（大庾岭道），全长287公里；第二干线由四会经清远至英德，全长98.5公里。此外，珠江三角洲还有公路支线100条，总长3058公里，占全省公路总条数的20%，占全省公路支线总长的17%。① 这与珠江三角洲占全省面积20%相比较，地位并不突出，表明公路在珠江三角洲水网地带受到很大限制。但在珠江三角洲边缘一些县份，公路发展仍是很快的。如台山县在新宁铁路推动下，1920年始策划修筑公路，到1937年全县已建成公路31条，总长400公里，初步形成以台城为中心，连接县内外各大圩镇的公路网络。在海南岛，1919年开始修筑海口至琼山公路，1922年成立琼崖公路局。此后各县修路蔚然成风。到1928年全岛修成公路849公里，到1934年增至2964公里，增长了2.5倍。这些公路主要环岛分布：东线自海口，经文昌、琼东、万宁、陵水至崖县（今三亚）；西线自海口，经澄迈、临高、儋县至昌江北黎。两线总长1100公里。此后又修筑北黎至榆林一段，形成以海口为枢纽的环岛公路干线，同时辅以一些支线深入五指山地区，加速沿海潮汕、雷州系地区开发。

广西在宣统年间有公路萌芽，1926年制定兴建五大公路干线计划，即：北横干线，由西林东下至怀集（时属广西）；南横干线，由龙州起，西接安南（越南），东抵梧州；西纵干线，由南丹直达钦州，出北海；中纵干线，由三江经长安，南下至陆川；东纵干线，自黄沙河，经全州转至梧州。到1929年全省公路总长2165公里②，初步形成覆盖全省的公路网络，但主要在传统驿路上修建，客家山区和少数民族地区交通仍很闭塞。只是在全国比较，广西仍不失为公路建设领先地区。

---

① 《中华民国统计提要》，商务印书馆，1933年，第1051－1058、1106页。
② 覃延欢、廖国一主编：《广西史稿》，广西师范大学出版社，1998年，第320、321页。

岭南古代运输主要依靠舟楫。即使到了近现代，水运在岭南地位仍未动摇。1932年由九龙往来的外国船舶数居全国各航区之首，压倒上海，而广州则居全国第二位，同年广州港拥有的码头数量为全国各航区第一[①]，1933年广东八大海关全部在广府系、潮汕系地区，即广州、九龙、拱北、江门、三水、琼州、北海、汕头。进口船舶63904艘，珠江三角洲占全省92%；吨位1401万吨，为全省总吨位69%。[②] 此外，珠江三角洲航线还有较大增长，据有关方志不完全统计，晚清珠江三角洲地区有长行渡12223条，横水渡440条，主要以广州、佛山、江门、肇庆、惠阳为区域性航行枢纽，次为以各县城为中心的县内航线，深入大小流域。如顺德在清咸丰年间（1851～1861年）由县内各圩镇开往广州长行渡38条，往佛山19条，江门16条，香山11条，市桥6条，往县外其他城镇29条，县内27条[③]；四会县在清光绪年间（1875～1908年）有长行渡59条，其中顺德出境至西南18条，广州17条，佛山16条，其他圩镇8条[④]。一般说来，长行渡增加都很快。如番禺，同治时（1862～1874年）为188条[⑤]，宣统时（1909～1911年）为753条；[⑥] 东莞嘉庆时（1796～1820年）仅57条[⑦]，宣统时172条[⑧]。这种转变，正如《四会县志》所指："乾隆以前，邑人重去其乡，长行渡尚少，只佛山渡西南渡一。道光初乃有省城渡。今则添设益伙，而邑人之外出谋生者日众，故渡亦日增。"[⑨] 但一由于战后社会治安不宁，二由于陆路交通发展，不少地区长行渡反见稀疏。例如增城嘉庆时有长行渡50条[⑩]，宣统时仅剩28条[⑪]。最明显的是顺德，咸丰时记载长行渡为169条，民初降为85条[⑫]。而且后期长行渡与广州、香港等通商口岸的联系比与地方城市的联系更为密切，反映顺德以出口为目的的航线不同于过往以联结地方乡镇为目的的航线。这种情况在珠江三角洲卷入资本主义世界经济体系的地区当不乏其例，也表明水运网络渐渐由分散趋于集中。

在广西方面，清咸丰九年（1859年）英法联军兵舰从广州驶至梧州，后又进逼西江中上游，是为广西出现外轮之始。光绪二十三年（1897年），梧州被辟为通商口岸，中外客货轮溯江航行至南宁、柳州、桂林等港。光绪二十五年（1899年）出入梧州港

[①] 《中华民国统计提要》，商务印书馆，1933年，第1051-1058、1106页。
[②] 《中华民国统计提要》，商务印书馆，1933年，第1097页。
[③] 顺德县县志办公室编：《顺德修志》，1987年9月第2，3版统计。
[④] 光绪《四会县志》编二，《建置》。
[⑤] 同治《番禺县志》卷十八。
[⑥] 宣统《番禺县志续》卷六。
[⑦] 嘉庆《东莞县志》卷十七。
[⑧] 宣统《东莞县志》卷二十。
[⑨] 光绪《四会县志》编二，《建置》。
[⑩] 嘉庆《增城县志》卷四。
[⑪] 宣统《增城县志》卷十。
[⑫] 民国《顺德县志》卷二十七。

的轮船增至3000余艘，总吨位19万吨。① 20世纪30年代，广西当局先后对桂江、郁江、右江、左江、柳江、红水河等进行疏浚，改善通航条件，使全年可航行轮渡船的航道达1522公里。全省有电船、轮船200余艘，民船万余艘，② 为省内主要交通工具，对广西近代经济，特别是西江水系沿岸城市经济发展起了一定促进作用。

这个再造的新式交通网络在历史过程中相互促进，共同发展，把原来彼此分离的城镇腹地变为各级经济中心的吸引面，经过进一步叠交、拓展，形成更加稠密的经济地理网络，覆盖岭南广大地区；再把各级经济中心吸收的社会经济技术能量辐射出去，反过来又促进了各地经济发展。不过，这主要发生在广府系、潮汕系交通较方便的地区。至于广大客家山区，传统运输方式仍居统治地位。如北江小轮航线，清光绪二十五年（1899年）始由广州开辟至清远，后延伸到湛江口、英德。宣统二年（1910年），东江始有小轮航行于广州、惠阳、河源之间。深处内陆的梅州，直到民国中期才开始筹建第一条梅（城）松（口）公路，1926年开始整治梅江航道。这种时间层位之差，从侧面说明客家系地区经济发展水平与广府系、潮汕系、雷州系地区存在着梯度之别。

---

① 水利部珠江水利委员会：《珠江志》第四卷，广东科技出版社，1994年，第162、163页。
② 覃延欢、廖国一主编：《广西史稿》，广西师范大学出版社，1998年，第409、410页。

第五章 岭南汉民系聚落与建筑文化

第一节 聚落选址与布局

一、广府系历史建筑与聚落

为适应古代岭南瘴疠充斥的地理环境，生活在广府系地区的古越人以"干栏"，即高脚屋为主要建筑形式。时代约为战国到秦汉的高要金利镇茅岗遗址，即为一个靠山临水的原始聚落。这种屋式以木桩构造，上盖树皮或茅草，前低后高，坐北向南，呈台阶式布局。上居人，下居畜。茅岗遗址长达千米，宽约百米，为广东目前发掘最大的一处建筑遗址①，也是古越人典型的聚落建筑。它是适应沼泽湖泊地带的一种居屋，反映西江地区广府人祖先处理人与环境关系的概貌。类似的建筑遗存在南海灶岗贝丘遗址中也有发现。在汉代墓葬中出土的陶屋模型，乃至近代珠江三角洲河边仍可见这种干栏建筑，故晋张华《博物志》曰："南越巢居，北朔穴居，避寒暑也。"巢居即"干栏"屋式。明代南海人邝露在广西壮区，看见"干栏"很普遍，在所著《赤雅》中说"干栏"分两层，"人栖其上，牛羊犬豕畜其下"，显示这种建筑在岭南长盛不衰。

秦汉以降，中原建筑技术传入岭南，西江、北江沿线是最早接受地区。广州、佛山、香港等地汉墓出土不少陶居模型中，就有民居、井亭、仓库、作坊、畜栏、城堡等建筑式样，多为木框架结构。平面呈长方形、曲尺形、日字形或三合院式，包括平房、干栏式高脚屋和组合复杂、富于变化的楼阁等。既有平民住宅，也有富贵人家府第，如城堡式陶屋应为坞壁经济时代的地主庄园，而很多住宅的穿斗式结构则显示了较高工艺水平。大约在汉代，岭南建筑风格已经形成，广府系地区尤其是广州是它的代表。其中又以广州中山四路、五路一带南越王宫御花园和南越国宫署遗址代表了秦汉岭南建筑最早水平。遗址出土大量石柱、砖瓦、木料等建筑构件，以及水池、水井、石渠、水槽、水闸、步石、石板桥、殿堂、亭、廊等建筑遗存，显示这是一大片干栏式建筑宫署园林

---

① 《文物》1983 年第 12 期。

区,其"积沙为洲屿,激水为波澜"的造园艺术,与西汉京畿高级园林没有多少差别。① 时广州为南越国都城,荟萃了汉代岭南建筑的精华,显示了它不亚于中原的建筑成就。现上述遗址已辟为博物馆,定为全国重点文物保护单位。

隋唐时期,岭南建筑技术已融入中原建筑体系,砖、瓦、石等建材和建筑艺术得到推广和提高,整体建筑水平较前代有所升级,但在地区分布上很不平衡。从现存城址遗存和这一时期最兴盛的宗教建筑来看,这些建筑遗址主要分布在粤西,少数在粤东。例如已知隋唐26座古城遗址,分布在广府系地区的即有22座,如新州城(新兴)、钦州城(灵山)、泷州城(罗定)、威州城(怀集大岗)、罗州城(廉江河唇)、电白郡城(高州长坡)、勤州城(阳春春湾)、单牒县城(新兴东城镇)、索卢县城(新兴集成镇)、西城县城(阳春三甲)、铜陵县城(阳春石望镇)、钦州县城(钦州)、建水县城(罗定素龙镇)、潭峨县城(信宜水口镇)、干水县城(廉江大安镇)、潘水县城(吴川雅塘镇)、陵罗县城(化州那务镇)、凌绿县城(廉江营仔镇)、罗水县城(阳春八甲镇)、涪水县城(怀集梁村镇)等。而在粤东的仅有万川县城(大埔都寮镇旧城村)和安陆县城(陆丰大安镇陆军村)②,与前面形成强烈对照。这些古城城墙皆有夯筑,最大的罗州城面积约6万平方米,仿唐都长安形制布局,深受中原建筑文化影响。虽然汉代广州已用砖瓦盖房,但仅指官衙一类建筑而已。直到唐代,茅草房仍占民居大多数,唐中期几位岭南节度使都有改造城市建筑用材之举。《旧唐书·宋璟传》云:"广州旧俗,皆以竹茅为屋,屡有火灾。璟教人烧瓦,改造店肆,自是无复延烧之患。"可见,广州从唐代开始以外以砖瓦屋为主,结束广州"茅舍都市"的历史。

图5-1 阳江北山石塔

图5-2 佛山祖庙

---

① 杨鸿勋:《积沙为洲屿,激水为波澜》,《中国文物报》,2000年8月16日第三版。
② 陈泽泓:《隋唐时勘的岭南建筑》,《广东史志》,1997年第2期,第5、6页。

宋元时期，随着移民大量入居，广府系地区村镇聚落也大量建立，民居、寺观、庙坛、塔幢、学校、亭阁、牌坊、城墙等各类建筑接踵而起，标志着地方建筑步入成熟时期。宋元民居难以保存至今，但从现存各级文物保护单位，如广州六榕花塔、肇庆梅庵大殿、德庆学宫大成殿、阳江北山石塔、佛山祖庙、广州萝岗玉岩书院，以及广西桂林《桂林城图》、柳州柳侯祠《荔子碑》石刻等，即可窥见宋元公共建筑的杰出成就。

明清时期，广府系地区社会经济持续高涨，手工业和商业尤为发达，广州保留全国唯一对外通商口岸地位，更利于吸收外来建筑文化，并深刻地影响周边地区。这都是广府系地区建筑地方风格日益显著，以适应民系各群体生活地区的气候、生活习惯和审美观念。不过与其他民系地区一样，现存的民居实物中，明代及其以前的已经很少，大量的是清代建筑。如广州西关大屋、珠海唐家湾和三水乐平大旗头村的镬耳屋即为地方民居代表。至于书院、祠堂、庙宇等公共建筑如雨后春笋般大量兴建，所谓"顺德祠堂南海庙"，即展示这些建筑在珠江三角洲地区非常普遍。但由于地域条件的差异，明清时期珠江三角洲村镇的茅房仍然不在少数。陈白沙《江门圩》诗云："十步一茅椽，非村非市廛"，圩镇尚如此，乡村自不待言。珠江三角洲沙田或洲渚地区盛行"寮"建筑，实际上也是一种茅屋。屈大均《广东新语·地语·沙田》说："广州边海诸县……。农（者）以二月下旬，偕出沙田上结墩，墩各有墙栅二重以为固"，即一种临时性茅屋。中华人民共和国成立后这种茅屋仍然留存，直至20世纪60年代后才消失。鸦片战争后，西方建筑文化更多地传入广府系地区，并与当地特点相结合，出现一批中西合璧城镇建筑，如五邑地区碉楼、许多城镇骑楼、广州沙面欧陆风情建筑等，都体现了西风东渐时代的建筑特色。

图5-3 广州西关大屋　　　　图5-4 开平碉楼

为适应复杂多样的自然环境和不同形式的经济活动，广府系聚落选址又比客家系、潮汕系更具多样灵活形式，并成为它们建筑文化差异的基础。

广府系农村选址要求也和其他民系一样讲究风水，尤其要求近水、近山、近田、近

图5-5 梅家大院骑楼群

交通线，前塘后村，达到既适应当地自然环境，又方便耕作、用水和对外联系的目的。不少族谱都记载开基的村落因"山川秀发""绿林荫翳"而成为迁民选择定居之地。如新会古井镇文楼《吴氏始祖开基实录》云："始祖吴乐公，垦草莱，剪荆棘，相度形势，见风水攸集，曰：'此吾子孙万世基也。'"① 在这里，风水好坏成为聚落选址的主要依据。而理想的风水模式是"枕山、环水、面屏"，山水成为聚落环境不可或缺的组成部分。例如，潭江流域开平县（今开平市）松朗乡恒升社的选址环境是："整个村成矩形，背山面池。池塘是人工挖的，里面养鱼。……矩形的两侧都种着竹林……。侧边近海处各有一闸门高高筑起，门与门间是一个大广场。东边闸门，一进来有一个'灯寮'。寮分两间，一间内供奉着全村祖先、关公、华佗等神祖……寮前一棵大榕树，是整村的公共场所。……西边闸门有一井，该是女人打水常聚的地方了"，"村后的山坡植有松树及尤加利（一种高大乔木），并有宗祠的祭田"，"整个村坐南朝北，大约是地理环境受限不得已的吧"。② 这代表了按照风水模式选址的通例。但同一模式之下，各地条件不尽一致，聚落选址也有不同。在广府系地区主要有以下五种地形。一是平原山麓交接地带，聚落规模囿于场地不会很大，几十户一村落为多。潭江、新兴江、漠阳江中上游，西江在广西一些支流上述交接地带，这种聚落颇为常见，一般为长条形。二是谷底、海河岸或交通线两旁，因方便交通、劳作和用水，聚落也呈长条形。珠江三角洲沙田区，村落都沿堤围分布；从珠江口到北部湾海路接触线上，村落也散落其间，兼具农耕和渔盐之利。当然，很多潮汕系村落也采取这种选址。三是平原和山间盆地，这类地形在珠江水

---

① 张国雄等：《五邑文化源流》，广东高等教育出版社，1998年版，第105页。
② 关华山：《民居与社会、文化》，（中国台北）文明书局，1992年。转见刘沛林：《古村落：和谐的人聚空间》，上海三联书店，1998年，第87页。

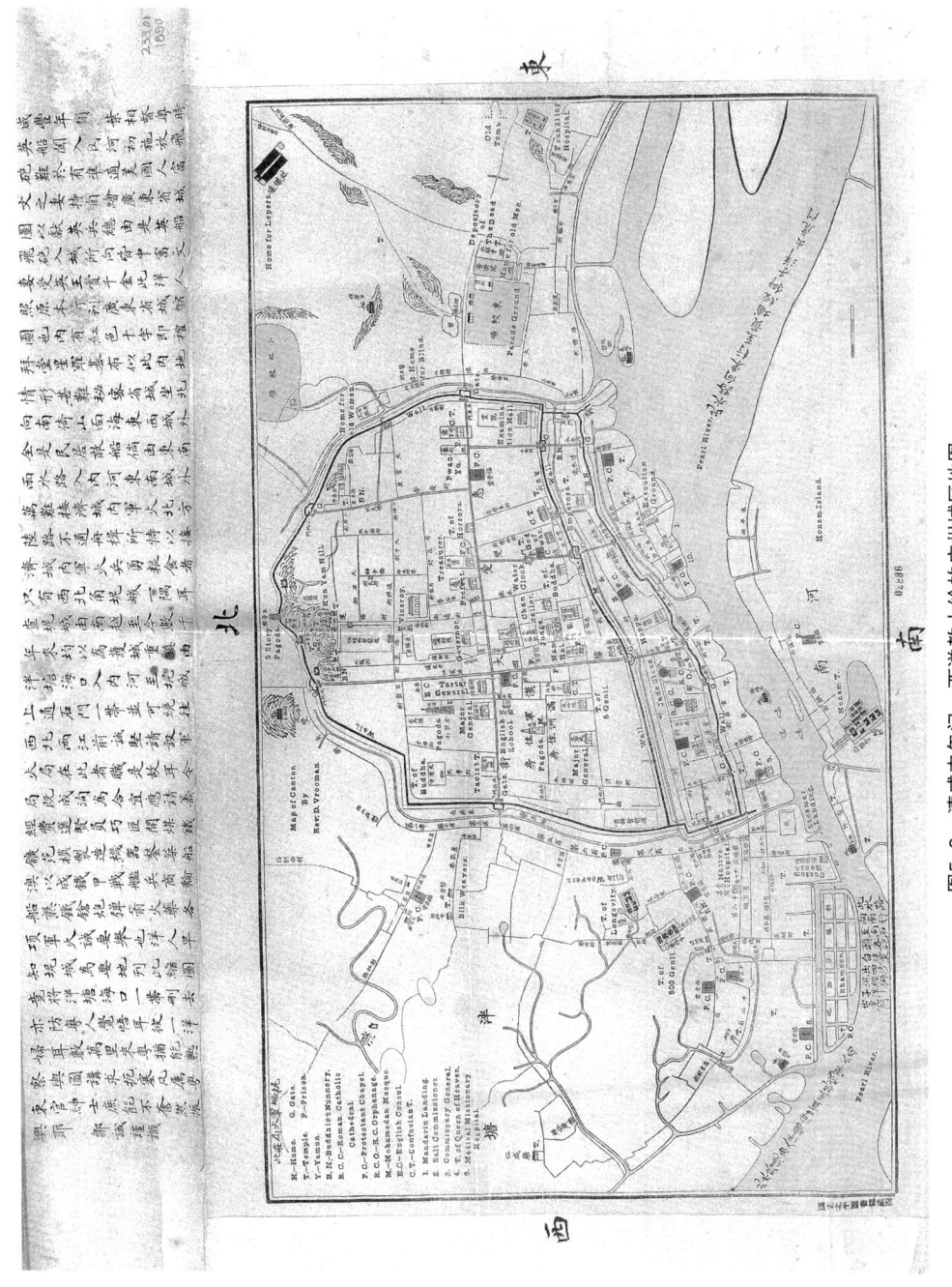

图5-6 清咸丰年间 西洋教士绘的广州城区地图
资料来源：原国立北平图书馆藏图

系各大河下游和三角洲地区、丘陵或山地间盆地，因土地资源丰富，水源充足，聚落规模较大，可达千人以上，也有几十户、百余户为一村落的，多呈团块状。在传统农业社会里，耕作半径约为2.5公里，往返路程约需1小时，所以村落分布比较密集。四是山坡或高台地，村落依山就势，拾级而上，屋瓦层层，向高处发展。各民系所在山区都不乏这种聚落，规模较小。西江在广东肇庆地区这类数十户或十余户为一村的就不少。五是特殊地形，即按不同需要，选择特殊环境营造的聚落或建筑群。道光《开平县志》对此作了概述："或依竹树、果园别造成亭馆书房，谓之'别墅'；立柱架板，结屋于塘上，曰'水寮'。水寮，守鱼也；或蓬于田上而居，曰'禾寮'，禾寮，防禾也；枕山傍水，搭葵结茅而居，曰'茅寮'；植桩于水上，建平台，周围护以栏干，谓之'后栏'。村落无井，近河便于汲也。远水之村或有井，否则汲池塘逵为爨（读cuàn，烧火做饭）。"① 这是村镇选址对地形环境主要的要求，但对城市尤其都会城市显然不足，后者选址条件更为严格复杂。解剖岭南最大都会广州古城的选址，是可窥见广府系先民在这方面的聪明才智，也是中原文化在岭南传播的结果。

广州古城坐落方位，符合风水地理关于水势与安宅的原则。风水地理认为，发源于万山丛中的大江大河在长距离奔腾之后，汇入大湖或大海，在汇水处形成所谓"聚水格局"。著名风水著作贾履上辑《水龙经》云："大荡大江收气厚，涓流点滴不关风，若得乱流如织锦，不分元运也亨通。"由于水是生产、交通等不可或缺的要素与资源，故汇水处宜为都邑所在，"凡京都府县，其基阔大。其基既阔，宜以河水辨之，河水之弯曲乃龙气之聚会也"②。中国古代都城、近代大城市选址都证明古人论断。翻开中外地图可见，凡在大江大河弯环处（河曲）或入海处几乎都有大城市，或为首都，或为商业中心，如古代西安、南京、杭州、武汉、莫斯科、开罗、汉堡、布宜诺斯艾利斯等。广州古城位于珠江溺谷湾，东、西、北江交汇之处，即属这种聚水格局。广州旧称番禺，一说为越语，即盐村，说明海水抵达这里，可以煮海得盐。考古发现，广州附近沉积物多为海相沉积，有不少咸水贝壳，尤以牡蛎（蚝）壳为多。今广东省政府大院、省科学馆、文化公园、光塔路、南方大厦等地下均有此类海相动物遗迹遗存，说明广州古城地处珠江溺谷湾的湾口河口区，兼具海港和河港性质。故《汉书·地理志》说番禺"处近海"，即为海滨城市。东汉末交州刺史步骘登高视察广州地理环境，"见土地形势，观尉佗旧治处，负山带海，博敞渺目，高则桑土，下则沃衍……睹巨海之浩茫，观原薮之殷阜。乃曰：斯诚海岛膏腴之地，宜为都邑"③。直到宋代这个溺谷湾水面还很宽阔，珠江河面称为"大海"。这个溺谷湾原有不少岛屿出露湾面上，它们作为泥沙沉积核心，加

---

① 道光《开平县志》卷十。
② 吴鼎：《阳宅摄要》卷一，《总论》。
③ 郦道元：《水经注·浪水》。

速了泥沙沉积和陆地成长，为城市扩展提供充足用地。故珠江三角洲特殊的发育模式，无疑为广州古城选址提供了得天独厚的条件。另外，由于地球自转偏向力（科氏力）作用，在北半球河流往往在南岸形成凹岸，在北岸形成凸岸。前者被侵蚀，挖深，导致坍塌；而后者泥沙堆积成滩，年长日久，露出大片陆地，故城址选在凸岸一般说来更利于城市发展。广州珠江北岸近2000年来不断南移，今文明路、一德路等皆昔日岸线，今已为繁华商业区，这正是广州古城选址于珠江北岸的结果。

广州古城环境，符合风水地理关于城市聚落"负阴抱阳"选址原则。所谓负阴抱阳，即背山面水，"欲知都会之形势……必先考大舆之脉络。朱子云，两山之中必有一水，两水之中必有一山，水分左右，脉由中行，郡邑市镇之水旁拱侧出似反跳。省会京都之水横来直去如曲尺。……山水依附，犹骨与血。山属阴，水属阳。故都会形势，必半阴半阳，大者统体一太极，则其小者亦必各具一太极也"。① 山水结合为城市聚落选址的理想模式，即：城基址后有主峰（来龙山、主山）耸峙，左右有次峰或冈阜为左辅右弼山（风水中称为砂），山上保持丰茂植被覆盖；基址面前为弯曲水流，水流对面还应有一个对景山；轴线方向最好从北向南，基址最好在这个山怀水抱格局中央，地势平坦且具有一定坡度。② 此即风水地理认为"山怀水抱必有气"，"山环水抱者必有大发者"。这是优选城址最重要的规律之一，已为古今中外许多都市乡镇和名人故居选址所证实。广州古城选址与这一模式基本吻合。

广州古城虽有楚庭（廷）、南武城之说，但传疑成分甚多，难以定论。可靠的应是秦始皇三十三年（前214年）秦任嚣城和汉初赵佗城，为广州建城之始。这个最初城址北倚南北走向的白云山（摩星岭海拔382.5米）和越秀山（今中山纪念碑处海拔72.3米），即风水说中的"来龙山"。郭棐《广东通志》云："北城上有粤秀山。……登其巅则百粤形胜了然在目，真岭海之雄观也。"③ 城左（东）为番山，右（西）为禺山，即风水说中的左辅山和右弼山。番山在今文德北路原中山图书馆北馆"九思亭"处小丘，高差4～6米，《水经注·泿水》说："今入城东南偏，有水坈陵，城倚其上。"禺山地望历有争议，据考在今西湖路东部北侧。李吉甫《元和郡县图志》云"禺山在县西南一里"。方信孺《南海百咏》称"两山旧相联属，刘龚凿平之"。可见，番山禺山作为广州城址次级地形，完全合适。古城址以南、以西、以东为珠江平原，地势自白云山、越秀山往南逐渐降低，符合风水地理对城址坡度的要求。而珠江即流溪河流经广州这一段河道，自北向南流过城西到白鹅潭折向东流，注入狮子洋出海，造成环抱广州地理格局，广州城东也有文溪河、沙河南流汇入珠江，加强了广州城一面靠山、三面临水的形

---

① 清江子：《宅谱问答指要》一卷。
② 一丁等：《中国古代风水与建筑选址》，河北科学技术出版社，1996年，第102页。
③ 雍正《广东通志》卷十五，《城池》。

势。古代珠江比现在宽阔得多,约在2公里以上,故古代称"珠海"不称"珠江",后世仍保留有称过江为"过海"的习惯。到元陈大震《南海志》仍说宋"三城南临海"①。这片汪洋巨浸恰为风水地理对城址要求提供了最佳选择。

风水地理中把山脉比作龙,《管氏地理指蒙》曰,"指山为龙会,象形势之腾伏",并把长江以南山脉划为南龙,都邑所倚靠山脉为来龙山。山峦起伏,行止有致,生动形象,变化丰富者称为生龙,山脉走向谓之龙脉,即今日成语"来龙去脉"。还把龙脉聚结按规模大小划分为大中小三种"聚局",指出"大聚为都会""中聚为大郡""小聚为乡村"。这对不同等级城市选址甚为重要。广州城附近诸山"由大庾岭来,尽于南海而融结于羊城"②,越秀山、番山、禺山"三山之脉自白云山蜿蜒而来,为岭者数十,乍开乍合,至城北耸起为粤(越)秀,落为禺,又落为番,禺北禺南相引如长城,势至珠江而止"③。风水地理认为,山之大小,自高而低,由粗变细,自老变嫩,这才有生气融结,钟灵毓秀,吉气长存,为理想风水地形。广州城附近山脉即属这种地形格局,故能成为"大聚",被选择为城址用地。《考工记》说中国古代城市"非于大山之下,必于广川之上",广州城则二者兼得其利。

古人又认为山也是气之源,因为山环境优美,植被茂盛,赋予城市以生气。风水著作《望气篇》谈到山势与气的关系时指出:"凡山紫色如盖,苍烟若浮,云蒸霭霭,四时弥留,皮无崩蚀,色泽油油,草木繁茂,流泉甘洌,土香而腻,石润而明,如是者,气方钟未休。"相反,"凡山形势崩伤,其气散绝谓之死"。广州白云山、越秀山即属前一类山势。例如白云山"每为秋霁,有白云蓊郁而起,半壁皆素,故名曰蒲涧,水甘温,微有金石气"④,汇为文溪、甘溪,为古代广州城市用水之源。正因为广州之山有如此良好的环境,故能成为建城依托,也引起迷信者的猜忌,如"城北五里马鞍岗,秦时常有紫云黄气之异,占者以为天子气,始皇遣人衣绣衣,凿破是岗"⑤,传为历史上破坏广州风水的第一个事例。

现代地质学认为,一个山系形成需要一个漫长的地质时期。山系越大,山脉越大,形成需要时间越久,其地质构造越稳定。这对城市建设最为有利。宋廖禹《金精廖公秘授地学心法正传》指出:"山系高耸宏大,由其根基盘踞,支持于下者厚重地。根脚之大,必是老硬石骨作体,非石不能胜其大。低小之山,必根枝(基)迫窄,土肉居多。"白云山地质基础最古,下以下古生界变质岩为主组成,山体形成于白垩纪,距今约6000万年,其间有花岗岩入侵,后经断陷、上升等地质运动,形成越秀山、象岗山、瘦狗岭

---

① 陈大震:《南海志》卷八。
② 仇巨川:《羊城古钞》卷二。
③ 仇巨川:《羊城古钞》卷二。
④ 屈大均:《广东新语》卷三,《山语》。
⑤ 屈大均:《广东新语》卷一,《天语》。

等山体，主要由坚硬砂页岩组成。白云、越秀二山间的断陷盆地，属坚硬的"红色岩系"，也是广州古城基础。故广州古城地基稳定，少受地震等地质灾害破坏，古人选城址于此不无道理。

风水地理中负阴抱阳的另一层含义是城址坐北向南，以取得充足阳光，抵御北风和接纳南风吹拂。因为广州处于北回归线附近，每年夏天太阳有两次直射头顶，即使冬天太阳入射角也在45°以上，故太阳辐射多，户可向北开门，即古书所谓"北向户"之地："广州治背山负海，地势开阳，风云之所蒸变，日月之所摩荡。"[①] 白云、越秀诸山冬季阻挡寒冷北风，夏天又是迎风坡，形成雨泽，故广州能维持良好气候，冬暖夏凉。又岭南卑湿，易生瘴疠，而广州城址倚山而地势高，较干爽，人不易生病，于健康有利。

风水地理除喻主山为龙以外，也很重视次山群体作用，形成地形上隶属关系。次山即"砂山"，因故人以砂堆拨山形，故名。在城市环境中，砂山位于主山之前，互成对景，对维护城市生态平衡和心理感受有不可忽视作用。《青囊海角经》云："龙（主山）为君道，砂（山）为臣道。君必位乎上，臣必伏乎下，垂头伏行，行无乖戾之心。布秀呈奇，列列有呈祥之象。远则为城为郭，近则为案为几；八风以之而卫，水口以之而矣。"广州古城内外，属这类砂山甚多，近者处禺山、番山，还有坡山、浮丘石、海珠石、海印石（三石已湮）、席帽山、象山、马鞍山等，较远者有河南七星岗、万松山（今万松园）、赤石岗、鱼珠山、石门山等。这些山冈皆为广州主要构景，为古城增色不少。如根据《羊城古钞》载，番山"迤丽而北，其上旧多木棉"；禺山"其上多松柏"；海珠石昔有"慈度寺，古榕十余株"。这些景区皆为市民常履之地，故曰"仁者乐山"。

在风水地理的山、水、方向三要素中，水比山对城镇、聚落选址更为重要。风水师有："未看山时先看水，有山无水休寻地"之说。《管子·水地》说得明白："水者，何也？万物之本原也，诸生之宗室也。美恶、贤不肖、愚俊之所产也。"宋代胡舜申《地理新法》说得更具体，指出山是静止的物体，属阴，水是运动的物体，属阳，阴的特征是恒定不变，而阳性则变化不常。风水中的山可作人体，水即为人体中的血管。人体生长、衰老皆取决于人体血管状况。当血液绕周身循环、顺流畅通，则人体健康强壮；反之，则身罹疾病或者死亡。这是人生自然法则，用于处理山水关系亦无不可。此即为风水地理所认为的"山环水抱必有气"原则，主要取决于水的作用。这里所说的"气"，不仅指空气之气，而且包括宇宙之气，即微波。现代射电天文学研究结果显示，这种"气"属于宇宙创生时的微波辐射，包括星体电磁辐射。微波近乎光波，直线传播，碰到物体有反射、折射、绕射等现象，而圆形或喇叭形状最利于吸收这些微波。山环水抱这种地理格局，形成一个天然蓄气场，吸收微波能量或信息，水就是一个最好的吸气场或介质。故堪舆家把这种地理格局称为"藏风聚气"的风水宝地。《管子·枢

---

① 屈大均：《广东新语》卷一，《天语》。

言》曰："有气则生，无气则死，生则以其气。"而气又与风不可分割，晋郭璞《葬经》云："气乘风则散，界水则止，古人聚之使之不散。行之使之有止，故谓之风水。"清人范宜宾进一步解释："无水则风到气散，有水则气止而风无，故风水二字，为地学之最重。而其中以得水之地为上等，以成风之地为次等。"① 广大水域可以吸收更多微波，"界水则止"即此道理。水既吸收和释放微波能量，不但利于调节城市小气候，也是生产、生活、消防、维护城市生态平衡、营造城市景观所不可或缺的，因此水是宝贵资源和财富。历代风水理论都认为"吉地不可无水"，"地理之道，山水而已"。《管子·水地》关于水的理论每为后世风水家引用："水者，地之血气，如筋脉之流通也，故曰水具材也。"一些风水家把它具体化，曰："水飞走则生气散，水融注则内气聚"，"水深处民多富，浅处民多贫；聚处民多稠，散处民多散"。② 唯其如此，广州城下三江交汇，烟波浩渺，舟楫交击，商旅云集，成为一个千年不衰贸易港市。其重要原因即为有珠江水域和被河流与潮流反复冲刷而不淤的航道；假如珠江变成一条小河，广州的生命力也就枯竭了。故广州不仅是仁者乐山，更为智者乐水之地。

广州古城选址符合风水地理关于城市腹地的要求。城市必须拥有一定腹地，以供应市民所需物资，即城市规模与环境容量相关。这种腹地要求是一个相对封闭环境单元，类似地理学上区域单元或地貌单元，风水说把这个单元称为太极。《地理止知》解释："既有天地，天一太极，地亦一太极，所生万物又各一太极。故地理太祖，一龙（山）之终始，所占之疆域，所收之山水，合成一圈，此一太极也；少祖一龙之终始，所开之城垣，合成一圈，此又一太极也；祖宗一龙之终始，所开之堂局，合成一圈，此又一太极也；父母、主星所开之龙虎，合成一圈，此又一太极也。"即太极分四级，各宜建相应等级城市或聚落。战国时《管子·乘马》提出："上地方八十里，万室之国一，千室之都四；中地方百里，万室之国一，千室之都四；中地方百里，万室之国一，千室之都四；下地方百二十里，万室之国一，千室之都四。"管子后来进一步阐发城市密度分布思想，指出"夫国城大而田野浅者，其野不足以养其民"，"凡田野，万家之众，可食之地五十里，可以为足矣；万家之下，则就山泽可矣；万家之上，则去山泽可矣"。③ 虽不必拘泥于这些数字大小，但各级城市对腹地都有自己的要求。资源丰富、人口众多、经济发达之区，城市规模必定较大，风水学称之为"大聚"，即太极一级，宜为都城；太极二、三级为中聚，宜建为州郡县治；太极四级为"小聚"，宜建乡镇或家宅。秦汉时岭南为荒蛮之区，珠江三角洲大部分地区尚未成陆，广州虽为都会，但腹地毕竟有限，故城池规模不大。如西汉初作为南越国都城周长 10 里，三国时步骘城规模没有扩展，

---

① 一丁等：《中国古代风水与建筑选址》，河北科学技术出版社，1996 年，第 109 页。
② 一丁等：《中国古代风水与建筑选址》，河北科学技术出版社，1996 年，第 134 页。
③ 《管子·八观》。

到隋唐广州城规模也不足1平方公里。只到宋代珠江三角洲大规模开发，经济有相当发展，广州城才多次修筑，建成东、西、中（子）三城，全城面积约20平方公里①，为广州城建史上一个转折时代。明代珠江三角洲已跻进全国先进地区之列，财力雄厚，又有筑城之举，宋三城合而为一，是为明城，周长3796丈，约21里。广州"规模宏敞，洵足以襟带全粤而压倒诸夷，为岭南一重镇矣"②。这充分说明广州城市规模是随着其腹地扩大和开发程度上升而同步增长的。

二、山区客家系聚落与风水选址

在客家先民到来之前，生活在客家系地区的土著居民，其建筑选址和形式与广府系、潮汕系有异同。在曲江鲶鱼嘴山岗遗址发现的新石器晚期建筑遗存，为五根立柱支撑屋顶。平面呈方形，属有斜坡门道半地穴式建筑。同样建筑遗存也见于韶关市北郊走马岗，四柱支撑屋顶，呈硬山状，与现今农村简单茅舍相似，平面呈椭圆形，亦属半地穴式建筑。这种建筑与后来文献所载干栏式建筑有所不同，可能因地处山区，为干栏式建筑的补充。在粤北始兴白石坪山战国遗址中，出土有规模较大的筒瓦、半瓦和绳纹板瓦建筑遗存，为客家系地区早期盖瓦房的见证。而在客家先民入居以前，生活在当地的畲民也在山上砍柴结茅而居，同样采取干栏式建筑。在南越国时期，赵佗在五华修筑长乐台，与在广州中山四路发掘出的南越国宫署建筑形制相同，显示岭南各民系形成以前，各地建筑文化处在差不多同一地点和水平线上，只是建筑形式略有差异。

客家系是后起族群，条件优越地区已有主人，故他们只能进入山区，所到之处皆有其村落，而不受垂直和水平方向限制。因在岭南千米以上山地不多，气候垂直变化不大，皆适宜人类活动。客家人村落也可以建至这个高度。20世经40年代，曾昭璇教授发现，在乳源县北部大桥下开封桥一带，从海拔200米到800米，甚至900米岩溶高原，亦有客家人村落，且已历十余代，当为清中叶开村。但一般而言，这些村落主要分布在700米山地中。又仁化县北部高峻的澌溪，也有明代迁来的客家人在开垦，村落在望。③这些事例说明客家人村落在岭南不受高程影响，可在任何垂直地带上选址。从这个意义上说，客家系是一个山地民系，与生活在平地或谷底的广府系、潮汕系有显著不同。但客家人在迁移过程中，也逐步据有河谷盆地，在那里选址定居。这主要发生在客家人集中的东江、梅江流域，如兴宁盆地、灯塔盆地、梅县盆地、东江谷地等即属其列。岭南海岸丘陵和一些海岛也是外迁客家人建立村落之地，台山、阳江、中山等地沿海即有不少这种村落。北部湾最大岛涠洲岛，全岛约1.58万人，80%为清代土客械斗中逃亡而

---

① 陈代光：《广州城市发展史》，暨南大学出版社，1995年，第95页。
② 仇巨川：《羊城古钞》卷首，《图舆》。
③ 曾昭璇：《客家"围屋"屋式之研究》，见《岭南史地与民俗》，广东人民出版社，1994年，第302页。

来的客家人，他们半渔半农，建立起海岛型客家人村落。

我国各民族和民系都相信和应用风水原理来处理人与环境关系，指导改造环境工程，如上述广州古城选址即反映了风水学说价值。但深受中原文化熏陶，又处在恶劣环境的客家人笃信风水远远超过广府人和潮汕人，在聚落选址和布局各个层面上强化了风水的指导作用。一是特别讲究聚落朝向。客家人很看重"天人感应"，常用天干地支、八卦和五行表示朝向，将大地山峦分为24个方位，在不同年份所建房屋地点和朝向都不一样，非按规定方向营建不可。例如新建民居一般只在原来基地和朝向上摆布。若原有朝向按风水说不利于新宅朝向，称为"犯忌"，须在大门、厅堂、屋脊三个部位采取补救措施，称为"破忌"。在粤北客家系地区，采取大门偏开或侧向开门等方法来辟邪，实也是纠正朝向的一种措施。而潮汕地区潮汕人遇到这种情况，则在大门木栅上画一个八卦图来驱凶，具有异曲同工效果。二是特别重视以山为聚落的背景。山势是客家聚落的依托，有山靠山，无山靠冈，或借景于远山，以上应苍天，下合大地，达到吉祥目的。后山被视为龙脉，事关一族一姓兴衰，要求山势雄伟，状如龟背，且来势辽远，有"玄武"之气；前方地形开阔，景观秀丽，有"朱雀"之象；左右也要山势逶迤，水势环回，有龙虎相护之意。乾隆《嘉应州志》对这一空间模式总结为"坐坎向离，形如奔江之龟，且西来之环抱，如献金牌"①。蕉岭丘逢甲故居所在村落，背倚雄山，山岚不时氤氲成云，前面两山逶迤而至，两山之间有一弧形山丘徐徐而起，宛如沧海旭日，构成"岭云海日"共生意境，故丘逢甲作品也名为《岭云海日楼诗钞》。这是以山为聚落背景的一个最佳例子。三是营造风水林。客家人聚居村落坐北向南，前低后高，利于采光、日照和通风，以维持良好的生态平衡。还有重要的一项是倚重风水林。每见村落背后山岭上都生长一片浓荫绿盖的树林，少则几亩，多则数百亩。有红椿、松柏、杉、楠等种类，称为祖林。它们不仅美化环境，而且护坡防险，涵蓄水源，使村落得益匪浅。在客家地区乡规民约中，历来就有保护风水林的条款，违例者将受到惩罚。在兴梅、广西陆川等客家人聚居地，到处可见一片片郁郁葱葱的风水林，表现出无限生机。四是人工造景，即"配风水"。对不符合理想模式的地形，客家人在聚落选址和营建中很注意人工造景，除植树造林以外，还有修路筑桥，沟通地形之间的"龙脉"。如有的路修成莲花状，以增加灵妙之气；深受风水说"吉地不可无水"影响，修堤挖塘对村落尤不可或缺，以增地灵之气。乾隆《嘉应州志》说："接巽水以匝文峰"②，以壮山川气势，造就英才。塘坐落村前，呈圆形或半月形，称"风水塘"。具有消防、排污、灌溉、养鱼、调节气候、美化环境等功能。据近年新编《蕉岭县志》载，古代面积不到2平方公里的蕉岭县城，即有36口池塘，几十个牌坊和不少石旗杆，这些人文景观几无不因风水

---

① 乾隆《嘉应州志》卷七。
② 乾隆《嘉应州志》卷七。

所致。

以宗族关系联结起来的客家人，在客居地特殊的社会背景下，出于安全、防卫等需要，聚落布局多呈组团式，即一个姓氏宗族为一个组团，三五个组团配置在山腰、坡地、高冈或山麓上，外挖壕沟，栽竹桩等，设置多种防卫措施，形成封闭格局。《广东民居》介绍兴宁县泥陂镇二乡中心村由五个组团构成，两个在山坡，三个在独岗地；这个县石马镇新群乡中心村坐落在三山夹峙的谷地上，分成三个组团，依山布置。① 这种聚落布局相对集中，不占或少占耕地，利于内部相互关照；但组团间往来不便，就这点而言，不及广府系和潮汕系聚落布局方式，这容下述。

三、临海环境下的潮汕系、雷州系聚落

潮汕系地区处岭南沿海，临近海上交通线和港口所在地，最早的建筑遗址也在这些地区发现。澄海龟山汉代建筑遗址属官衙府第，依山冈平台而建，有板瓦、筒瓦、砖础石等构件，夯土墙，鹅卵石铺地，悬山式屋顶，是一组三合院式建筑。龟山遗址反映临海地理环境，又有仿中原建筑风格，显示中原文化自汉代传入潮汕地区。秦（一说汉）置揭阳县，龟山遗址即在其疆域内，另在今揭阳白塔、东山、新亭、埔田、曲溪、梅云等都有汉墓葬或遗物，说明榕江流域在汉代人口较密集，聚落也有一定规模。在雷州半岛南端今徐闻海滨二桥和仕尾一带，发掘出不少汉代建筑遗址，有绳纹瓦，"万岁"瓦当及各种花纹铺地砖。汉徐闻港是通东南亚的始发港之一，其地望至今仍有争议，有论者主张在今雷州市区附近，可继续讨论。但今徐闻海滨出土大量汉文物，证之西汉海上交通形势，结合宣统《徐闻县志》关于汉徐闻县城"前临海，峙三墩，中有淡水，号龙泉"的记载，则二桥、仕尾一带很有可能是汉徐闻港和县城所在地。倘如此，则在历史早期，潮汕系、雷州系先民在海滨聚落是比较多且较兴盛的。这与分布在粤北乐昌、英德、仁化城口、南雄横浦、连州湟溪、阳山、清远中宿峡等客家地区城关遗址相类似，都因古代交通、军事活动需要而兴起，只不过一种在沿海、一种沿河岸分布而已。但汉代建立的聚落已难考，据近年面世的《揭阳县地名志》载，倚靠桑浦山的乌美村即建于晋代。另据考，建于唐代以前的村落还有潮阳歧北村和歧北圩、普宁东栅村、海阳（潮安）鸭湖、揭阳石牌村等②。唐代，潮汕地区聚落已发展到一定规模，揭阳新亭镇落水金钟山发掘唐代大型居屋遗址，七间并列，有砖墙，以木柱支架悬山顶，瓦片渗沙厚胎，并采取先竖柱、后架梁、铺瓦，继以砖砌墙，最后铺地砖的程序，表明使用砖瓦为辅的木构建筑已在潮汕系地区推广。宋代潮州人口比唐代增加16倍，所建村落比比皆

---

① 陆元鼎、魏彦钧：《广东民居》，中国建筑工业出版社，1990年，第30、31页。
② 黄万德、王林乾：《谈潮汕过去的宗族社会生活中祠规乡约的作用》，见《潮学研究》（6），汕头大学出版社，1997年，第68页。

是，仅澄海县（今澄海区）即有52村，且多以姓氏为村名，如潮安刘垅为刘姓，薛垅为薛姓，郭垅为郭姓，澄海余厝为余姓，王厝为王姓等。潮汕人多地少，必然建立大村才能少占耕地。清道光张海珊《聚民论》说："今者强宗大姓所在多有，闽广之间，其俗尤重聚居，多或至万余家，少亦数百家。"据近年地名普查，揭东县锡场村林姓有2.5万多人，澄海槐泽村王姓有2万余人，永新余姓、李厝营李姓，聚居人口数以万计。仅个别村落由于战乱、天灾等原因，人口增长缓慢，村落规模不大。如揭阳登岗许畔村，开基历史数百年，人口不过200人，是一个30～40户的小村落。高密度人口不但使居民点规模大，而且造成村镇连绵区。潮汕的这个聚落分布特点比广府系地区更鲜明，更为客家系地区所欠缺。据有关研究，潮汕拥有40多个人口超过万人的聚落连绵区。如人口密度最高的澄海莲下—莲上（旧称莲阳），含集镇和相连村落，长达6公里，总人口8万余人，为全国罕有聚落群。该县尚有东里—樟林、外砂、上华、溪南、湾头、盐鸿等聚落连绵区，人口在1万～5万。练江中下游和今潮汕公路沿线都有不少万人以上的聚落连绵区。人口增长又使大村落发生分化，形成新村落。因而在地名上往往有新寨老寨、新村旧村之分。建立新聚落也要求同时建立作为宗族标志和凝聚核心的新祠堂。这种风气，如乾隆《潮州府志》说"聚族而居，族必有祠"，其中"望族营造屋庐，必建家庙"，故潮汕也是祠庙林立之区，与珠江三角洲顺德、南海颇相似。但潮汕祠庙比珠江三角洲更为密集。如澄海樟林镇即有祠堂51个，其中陈姓一族人口约6000人，有宗祠、支祠14个，林姓一族约3200人，也有宗祠、支祠9个，[①] 即300～400人供奉一个祠堂。不过这些祠堂多建于明中期以后，因为明永乐以前，法令是禁止普通百姓建祠堂的。

在潮汕以外的雷琼地区，由于人口较潮汕为疏，聚落规模和分布密度自不能望其项背，大抵从潮汕经海陆丰，绕过珠江口，下雷州半岛和海南岛而不断减弱。例如据1981年地名普查，人口较密的海南文昌县，村落规模多在30～40户，超过千人的村落只有两个，即福锦村（1310人）和良梅村（1157人）。[②] 这些村落规模大抵与客家系和部分广府系地区聚落颇相似。

图5-7　徐闻古港大汉三墩

---

① 黄万德、王林乾：《谈潮汕过去的宗族社会生活中祠规乡约的作用》，见《潮学研究》（6），汕头大学出版社，1997年，第68页，第71页。

② 文昌县人民政府：《文昌县标准地名录》，1982年，第68页。

临海环境和受福建文化影响，潮汕系地区聚落多建于平地，少数选址于山坡。一般说来，民居坐北向南，前有河流或水塘，接受东南风或南风吹拂。如文昌白延镇湖畔十八行村，民居顺坡而建，沿纵轴线向南排列成行，南风直吹到巷尾。但这个县头苑镇苑上村，却是纵横两向，应当地临海，盛行风向时有变动，这两种朝向，可受南风和东风吹拂，获得通风和清凉效果。但沿海常受台风侵袭，台风风向不定，时为北向，登陆后转南向，俗称"回南"。所以南北向布局易受台风吹袭，应为坐南向北，与台风主要方向形成很小夹角。而为阻挡台风，也多建围墙和采取多进式，且采用贝灰、砂、土，夯实三合土，甚至加上红糖、糯米，所筑土墙厚实，坚固异常，可抗台风。特别是海南岛和雷州半岛，台风登陆次数多而强度大，聚落须有防护林为屏障，故多在树林后或背风坡选址，在外表很难看出隐藏在林下的村落。当然，或考虑到风水，或深受宗法制度影响，潮汕系聚落同样以祠堂为中心摆布，密集式布局，中轴对称，前者半圆形池塘，塘前为晒场（潮汕称埕），布局严谨，有的村后还有风水林，其程式与广府系、客家系地区大同小异。如康熙《徐闻县志》云："徐之居处屋宅多简陋，滨海多风，地气复湿，风则飘摇，湿易蠹朽。城中惟官署始用砖砌耐久，巷则土垣素壁，仅蔽风雨而已。不数年，俱圮坏。豪族宅颇完善，然亦稀睹。乡落间瓦盖者少，农家竹篱茅舍有太古风。但终岁拮据，未可以为安也。"显示除经济欠充以外，临海地理环境仍是制约当地聚落布局和建筑形制的重要因素。

第二节 建筑文化地理比较

一、广府系风格多样的建筑文化

"不同的房屋类型标志着不同的文化背景。"[①] 在复杂多样的自然条件和比较发达的商品经济下，广府系地区形式多样的聚落选址也显示它风格多样的建筑文化，并以此优于其他民系地区。

在平原或台地、山坡聚落，以梳式（也称耙齿式）布局为主。即聚落民居整齐划一，像梳子一样南北向排列成行，前后建筑之间保持一定空间，作防火用；两列建筑物之间设一小巷，称为里，古称"火巷"，为聚落内主要交通道路。聚落前沿建筑物排列整齐，后沿则不规则。如前后距离过长，则在中间设一横巷，以联系东西交通。这种布局形式的朝向、日照、通风良好，民居内有天井，外有巷道，起对流作用，适应岭南气候；又建筑密度高，间距小，各家独立成户，封闭性强，有利安全，与广府系地区人口

---

① （美）H. J. 德伯里著，王民等译：《人文地理—文化、社会与空间》，北京师范大学出版社，1998年，第180页。

较密，土地资源有限等条件相适应，故成为最流行的布局形式。典型的有广州郊区沙浦村，开平长沙镇石海乡、百合区北降乡、蚬岗镇横石乡等中心村，三水乐平镇大旗头村等。大旗头村建于清光绪年间，有200多户，全由镬耳屋组成，梳式布局，村落前低后高，前面开阔，后面封闭，集民居、祠堂、家庙、广场、池塘、文塔等于一体，巷道均铺砌条石，并设暗渠排水，构成一组完整、严谨的建筑群，堪为梳式布局聚落的一个典范，具有很高的建筑文化价值，现已开辟为风景旅游景点。

按建筑形式和占用空间差异，广府系民居建筑又有竹筒屋、明字屋、三间两廊屋、组合屋、楼房等类型。

竹筒屋，有的地方称"直头屋"，为单开间民居，由厨房、天井、厅、房组成。面宽较窄，进深视地形长短而定。这种屋式适应人多地少，尤其是小城镇采用。

明字屋，平面形状像"明"字，故名。为双开间，由厨房、天井、厅、房组合而成，但可灵活变通。功能明确，布置紧凑，使用方便。适合人口较多的独户使用，在农村、城镇皆有其分布。

三间两廊，为三开间建筑，由两廊和天井组成三合院住宅。平面内，厅堂居中，房在厅两侧，厅前有天井，其两旁为廊，分别为厨房和杂物间。天井内通常打井一口，供饮用。厅后墙不开窗，风水说怕"漏财"。井侧屋向天井倾斜，以示财即"水"要内流，不外泄。这是广府系地区最主要的居屋形式。

组合屋，基本上由三间两廊发展组合而成，有横向、纵向发展或两座纵向三间两廊屋联体等形式。进深大，房间多，适宜大家庭使用。

以上这些传统民居，因密度大，屋屋相连，光线不足，通风不畅，设备简陋，环境欠佳。虽然如此，它们毕竟是适应当地条件，满足不同需要而产生的，不失为富有地方特色的建筑形式。

广府系地区一般说来人多地少，故城镇中多采用楼房建筑。旧为二层或三层砖木结构，布局比较自由，可包括以上各种屋式。典型的有番禺沙湾进士里何宅为明字屋楼，刘宅为三间两廊式楼房，广州文德南路厂后街还有竹筒式楼房等。[1] 但最具独特风格的楼房式建筑当首推广州西关大屋。因它分布在广州城西旧商业区西关，故名。西关大屋兴起于清后期，主要为官吏、富商居室，多为竹筒屋深化发展。其面积宽大，有两三个或更多的开间，门面多明口或水磨青砖，花岗岩墙脚，上为砖木结构。大门设挡门（趟栊），吊脚双扇短门及硬木双扇大门，以策安全和保障通风。内设多重小天井，室内施刻满洲窗、硬木刻花挂落及彩色屏风，再饰以中西式家具、古玩，屋前后筑以亭台假山、水池花榭、彩鸟金鱼、乔木盆景，显得高雅古洁，洋溢着富贵、大家气派，被视为广州古典建筑的杰作。其初建于广州宝华坊，后扩展到多宝路、逢源坊、华贵坊等。过

---

[1] 陆元鼎、魏彦钧：《广东民居》，中国建筑工业出版社，1990年，第51页。

去数量不详，现保留下来的不足200家，著名的有多宝路"泰华楼"等。此外，楼房建设在五邑地区又表现为碉楼，因其风格独特之处颇多，容后再述。

这些无论是平房还是楼房建筑的外观都朴实无华，景观主要反映在大门、山墙、墀头和屋檐上，它们富有节奏的艺术处理与地理环境相协调，获得高度的文化价值。如广府系民居在空间处理上，还有厅和房顶上开天窗（气窗），有拉开式、撑开式、风兜式等，皆取得良好的通风效果。又民居山墙也有多种形式，小型民居用人字形山墙，一般民居多用镬（锅）耳山墙，即半圆形山墙，而大型民居或祠、庙宇等公共建筑则用方耳山墙，呈三级平台，这可能吸收岭外马头山墙特点所致，如江浙地区即很流行方耳山墙。一些大型建筑构件，材料上使用木、石、砖、陶、灰、铜、铁，工艺上又分雕（刻）、塑、铸、绘等；题材上有各种图案、历史人物、故事等。广州陈家祠、佛山祖庙、德庆龙母祖庙等即为集这些建筑文化之大成者。其中陈家祠以建筑合理布局、精美的结构和装饰，凝聚了清代广东建设艺术的精华，备受中外各界人士赞誉，1988年被评为全国重点文物保护单位。此外，许多村落设门楼，上书对联，展示自己的历史和追求。如开平市楼岗乡门楼联曰："出入凤凰池上客，往来龙虎榜中人"，即洋溢着文化之乡的气息；这里是我国近代地理学家吴尚时先生的故乡。道光《开平县志》对当地，实也代表广府系地区建筑形制做了总结："盖屋以瓦，横过三间。富厚之家，自一进至七八进不等。中为厅堂，上起阁，以奉神及祖先，神诞、家祭，俱祭于此。两旁为房，上皆置阁，以避水湿。屋内开天窗，以透日光。屋上密排木桁，以防盗。厅前三面，以瓦为檐，谓之廊。天光下射如井，谓之天井。置门于左右廊，不开前垣。其有由前启门另起围墙环之者，曰兜金。仕宦之祠，于屋脊上竖立高砖，烧成人物、花卉、鳌鱼之形，谓之鳌头。"[①]

广府系地区对外开放早，深受外来文化影响，在村镇规划布局、建筑艺术等方面都留下西方建筑文化痕迹。光绪新宁（台山）知县李平《宁阳存牍》云："自同治以来，出洋之人多获资回华，营造屋宇。焕然一新。"该县白沙镇望楼岗、双龙等33村即出现200多座新楼房[②]；海宴镇甄姓5600多人由原来分布在4条村重新规划，建成新旧两围93村[③]。这里的新村除按传统的风水学选址布局以外，更强调外观整齐划一，内部采取网络状布局，与梳式布局有明显差别。所有材料也多种多样，包括了水泥、钢筋和特种木材（如印度尼西亚坤甸产木材），与传统砖木结构不一样，为广府系侨乡一个历史特色。其中又以五邑地区碉楼建筑最富代表性，为广府系地区也是我国近代建筑的一项瑰宝。清初，在开平一带已出现一种碉楼式建筑，现赤坎镇鹰村即保存一座有300多年历

---

① 道光《开平县志》卷十。
② 台山县县志办公室：《台山县华侨志》，1992年铅印本，第162页。
③ 宣统《海晏都乡土志》卷四。

史的三层碉楼，称"迎龙楼"。清末至20世纪二三十年代，兴建碉楼在五邑蔚为风气，成为防止盗贼、保村安家的重要建筑设施，故碉楼取名有"振武楼""长安楼""永宁楼""安怀楼"等，起威慑匪盗的心理作用。开平过去有碉楼数千座，经历代战乱，现在仅存2460多座；[①] 台山盛时有碉楼5000多座；恩平、新会、阳江等地也有这类碉楼。不过仍以开平数量为多，分布为广。但也有个别地方，碉楼特别多，主要是因社会不宁所致。如台山斗山镇南华村，仅60多户，即有碉楼18座。碉楼一般为3~5层，少数5~7层，最高可达9层。立面采用夹心墙，及外砌砖作墙面，中浇灌混凝土为墙心，异常坚固，可抵御炮火轰击。开平赤坎"南楼"，1945年7月遭日军7昼夜猛烈炮火攻击，仍岿然不动；后日军施放毒气，才将"南楼"攻陷，有司徒煦、司徒昌等7位守楼壮士在此殉国。

碉楼建筑的时间年代有不同，楼主人侨居世界各地，故其建筑风格丰富多彩，五邑地区堪为世界建筑文化的博览馆。一是传统屋顶式，属早期碉楼，有悬山顶、歇山顶、硬山顶、攒尖顶等；二是仿意大利穹隆顶式，为意大利文艺复兴时代大教堂屋顶简化形式；三是仿欧洲中世纪教堂式，体形硕大，尖顶有十字架；四是仿中亚伊斯兰教寺院穹顶式，屋顶呈圆拱形；五是仿英国寨堡式，外观呈方形，上有圆柱形和半六角形瞭望台；六是仿罗马敞廊式，主要在挑台柱廊中有拱形和椭圆拱形空间，具瞭望、生活两种功能；七是哥特式，立面挺拔，尖顶直插云霄，意象升腾向上；八是折中式，保留西方古典拱券，尖顶窗洞，卷草托脚，仿石柱式等；九是中国近代式，为中国传统建筑形式与外来形式结合的产物，既有稳健的实体，又有

图5-8 南楼

传统柱廊挑台，还有坡顶与平顶相结合的屋顶。这些形形色色的碉楼，也有不少雅称为"庐"，象征豪华富贵，其实也是一种别墅建筑。近年侨乡和珠江三角洲经济发达地区新建一些别墅，也往往袭用"庐"作为其通名。旧瓶装新酒，仅此一端，即可窥见碉楼建筑的历史文化意义。开平碉楼于2001年7月被评为全国重点文物保护单位，2007年6月被联合国教科文组织列入"世界遗产名录"，举国庆贺。

二、风格独特的客家屋式

客家系地区木材、石材丰富，几乎随地可取，成为建筑主要用料，也是优越于广府

---

① 《南方日报》1997年12月2日报道。

系、潮汕系地区的长处之一。客家屋墙壁甚少用烧砖，间或有用泥砖砌就，但以夯土墙为主。因这种由沙砾、鹅卵石、石灰等揉成三合土，含有丰富的钙质，时间既久，氧化物越坚固，凿破困难，利于防守，不肖子孙典卖也不值钱。另外，客家系地区深处内陆，台风至此也为强弩之末，故村落建筑屋顶由瓦片相互覆盖而成，无须石灰胶结瓦缝。屋顶呈金字形，倾角在30°以下，比较和缓，因暴雨不及沿海地区猛烈。自然地理环境差异，成为客家屋式与广府系、潮汕系不尽一致的基础，但主要基于社会和风俗原因，客家屋式具有一系列鲜明的文化特色。

客家屋平面形式多样，组合灵活，基本类型有门楼屋、锁头屋和堂屋等，其形式固有其个性，但主要在建筑文化内涵方面比其他民系居屋要丰富多样、独特无朋。

门楼屋，也称一堂屋或单栋屋，为三合院式，为最简单屋式。按曾昭璇教授分法，属原始期屋式，为客家人移入未久所建屋式。①

锁头屋，平面像旧式锁头，故名，为独立式横屋，两端有门厅及厨房组成。

这两类客家屋多见于贫困地区和新垦地区，尤以粤北、粤中最为常见，如仁化、乐昌、乳源、增城、从化等。其外观与广府系竹筒屋无异。

堂屋，以厅堂为中心，对称组合而成的客家居民代表，可由门楼屋，锁头屋发展组合而成，也可由双堂屋和横屋，或由三堂屋与横屋，包括三堂双横屋，三堂四横屋等组合而成。按曾昭璇教授分期，堂屋已属客家屋式少年期和壮年期。少年期说明客家人移入时间不长，经济欠充，人丁未盛，财力有限，故居屋较小而简单。主要分布在粤北一些盆地，如仁化董塘盆地即不少，另西江地区和广西也有这个时期的客家屋式。壮年期说明所在地区开垦历史较长，区域经济已有相当发展，生息繁衍，故居屋规模大，布局复杂，达到发育成熟阶段，以梅江、东江流域分布最广。

除上述几种类型以外，客家系地区还有楼和围龙屋两种特殊民居，最能体现客家建筑文化的特质与风格。

楼平面为四方形，称方围或四角楼。最早为建于清初紫金县龙安镇桂山乡的"老石楼"，高五层。楼体外观封闭、坚实、稳固，开窗者称为"炮眼窗"，四角设碉楼，作防御用，如兴宁黄陂镇东风乡四角楼可为一范例。

围龙屋是客家地区最常见的一种集居室家屋，主要建于山坡或高地，也有建于平地上的，当地称为"太师椅"。前半部为堂屋与横屋组合体，后半部为半圆形杂物屋，称围屋，围龙屋平面为扇面形、正中间为龙厅，其余为围屋间，前为禾坪和池塘，后为树林（风水林）包围，构成一个完整的人文生态系统。围龙屋高3～5层，10～20米，规模大小不一，初时一围，可住数十户，以后人口增加，加围至数围，住户可达数百，

---

① 曾昭璇：《客家"围屋"屋式之研究》，见《岭南史地与民俗》，广东人民出版社，1994年，第292页。

皆随人口繁衍而定。福建永定"承启楼"有300多个房间，最多时住80户，600多人。广东蕉岭县广福镇粟坝大围屋，现仍居70多户，380多人。围龙屋发展到如此宏大规模，按曾昭璇教授说法，已属"老年期"，故主要分布在客家人定居时间较长久的闽粤赣交界地区，在广东则为梅江流域，其他地区极为个别。现存的围龙屋多为明清建筑。除梅州地区广泛分布以外，在粤北、广西客家地区也不乏其例。建于清咸丰年间南雄珠玑镇灵潭井鸳鸯围，内有民房200多间，是南雄最大的围龙屋。这个县古市镇溪口围楼，建于清同治三年（1864年），原高四层，今存三层，内有90多个房间，也是当地一个较大的围龙楼。广西客家地区土楼主要为围龙式五凤楼，多为广东、福建移民所建，造型和风格与梅州地区如出一辙。香港、深圳原也为客家人居地，以五凤楼最多，有人作过实地调查，仅香港地区仅存有112座[①]，基本上都是清中叶至清末入居香港的客家人所建。在深圳宝安坪山镇有建于乾隆年间"大万世居"围龙屋，占地1.6万平方米，世居100多户曾姓人家，内设九渊格、九天街、十八井，按中国古代营城九经九纬法则布局。各家又有独立天井，连接天街排水沟。屋外为半月形池塘，楼阁为茶壶耳山墙，中竖"快耙"（一种山字形铁制装置），既可避雷，又作装饰，颇为壮观，加之门楼各类雕刻，堪为围龙屋的杰作。

图 5-9 围龙屋

客家民居，除平房以外，还包括方形土楼、围龙屋，尚有上述五凤楼、四点金、九栋楼、走马楼、纵列式多杠楼等，皆依山就势而建，适应客家山区环境特点。仅这些民

---

① 林嘉书：《土楼与中国传统文化》，上海人民出版社，1995年，第32页。

居外观就颇有独到之处，如山墙既有至为普遍的人字形，也有两翼翘首的马头墙和镬耳墙。但在交通发达城市，镬耳墙很常见，如南雄县城建于清光绪年间的广州会馆东西厅即为镬耳墙，显示广州会馆为广州帮商人联络点，广府系民居建筑在当地也占有一席之地。然而镬耳墙在广府系地区又甚为普遍，说明岭南民系文化传播无处不留下深刻印记。

以客家围龙屋为代表的客家民居，不仅是适应地理环境所生，更是客家人宗族制度的产物。它是客家人凝聚力的核心。"因为血缘是稳定的力量，在稳定的社会中，地缘不过是血缘的投影，不分离的。'生于斯，死于斯'，把人和地的因缘固定了"，"地域上的靠近可以说明血缘亲疏的一种反映"。① 客家围龙屋居户虽多，实为一个特殊大家庭，他们亲仇同情、祸福同沾，形成一个强大的传统文化空间。乾隆《潮州府志》载，粤东大埔有个叫林油然的人，"子孙几及百，五世同居不分灶"，自然是以围龙屋维系的一个庞大家族制度。又这些围龙屋、土楼或祠堂，设祖宗牌位，标上堂号，如"颖川堂""陇西堂""南阳堂""汝南堂"等，南雄珠玑巷即有许多这类堂号，说明宗族地源来源。还以姓氏命名为村落，如张屋、刘屋、李屋的，都在观念文化上独具一格，而有异于广府五邑侨乡碉楼。因为前者是中原文化传入岭南山区的产物，而后者则是近代西方文化传入，并与当地文化融合的结果。客家各式土楼夯土筑就，历史古老，富于乡土气息，是家族制度的象征；而五邑碉楼使用砖石及水泥、钢筋等近代建材，更具西洋建筑风格，为千百万海外赤子在国内根基的标志。虽然如此，两者在防守、以策安全功能方面却是共同的。由于客家围龙屋、土楼等特有的外观和丰富的建筑文化内涵，故能与北京四合院、陕西窑洞、广西"干栏"、云南"一颗印"一样，并列为中国五大民居，在海内外建筑学坛上享有盛誉，也是客家文化一项宝贵文化遗产，值得认真整理、发掘和保护。

三、精巧的潮汕民居

潮汕系在潮汕地区的民居深受狭小空间和临海环境影响。在精明的潮汕人那里，建筑风格非常纤巧、别致，有限空间包容很丰富的文化内涵，折射出潮汕文化的光辉。

潮汕民居一般分为简单式、复合式和特殊式三种，与广府系、客家系民居类型既有相似，又有区别，民居称谓更不一样。

简单式包括：1. 竹竿厝（即单开间式），通常是厅房合一，这点与广府系竹筒屋厅房分开不同。当然，竹竿厝也有厅房分开的，前带小院，后设天井厨房。2. 单佩剑，即双开间式，由竹竿厝发展而成，进门为大厅，旁为卧室，后带天井、厨房，颇类广府系的明字屋，但后者厅、房较多。3. 双佩剑，为单佩剑式扩大，即三开间式，由三合院后

---

① 费孝通：《乡土中国》，三联书店，1985年版，第72页。

带天井组成,在城镇内较多采用。4. 爬狮,当地有下山虎、瓦双虎、抛狮等名称,为三合院式,前为天井,中为大厅,厅两旁为卧室,两侧为厨房和杂物房,与广府系三间两廊式相似。5. 四点金,即四合院式,由爬狮加前座合成,中为天井,前后为厅,两旁为卧室,厅和旁房占据整座院落的四角,故曰"四点金",多为人口较多的家庭采用,是潮汕地区常见屋式。6. 三座落,亦称三串厅,由前、中、后三厅连贯、中隔天井,两旁为卧室等合成,规模较大,为大家庭采用。7. 五间过,由四点金发展而成,中为天井,四周为厅、房和杂物室。以上诸种屋式可以灵活组合成多种屋式和做成楼房,是为复合式,包括竹竿厝、单佩剑和双佩剑组合、爬狮组合、四点金组合、三座落组合、五间过组合等,而每种组合又有不同形式,展示潮汕民居空间形式比广府系、客家系地区更为丰富多彩。

例如,以两座四点金为基础,中间加一座五间过祠堂,三屋相连,再加爬狮,组合成的院落称为三(金)壁连,澄海即有不少这种民居,又有三座落、四点金组合的院落,称为"图库"或围,为一种大型集居式平面住宅,源于客家围屋,但又与它不同。客家围龙屋外部封闭,内部以廊相互交通,是开放的,而潮汕的围和下述的寨,外观与前者无异,但内部无廊,各家相互封闭。四角有碉房,外围土墙,出入有大门,以厅堂为活动中心。潮阳峡山的桃溪乡、普宁洪阳新寨等地即有这种建筑组合的实例。规模更大的还有以五间过为基本单元组合发展的大宅,多为名宦旧家府第,保存至今的有潮州东府埕许府、三达尊黄府等。此外,为防海盗、防兽和集居,潮汕地区还修建被称为"寨"或"楼"的特殊民居,类似客家系地区的四角楼。民国《潮州志·兵防志》说:"堡寨,古时大乱,乡无不寨",最早建于宋末元初,如潮安县古巷象埔寨、兴宁县下堡龙兴寨等,但大多数建于明末清初,平面有圆寨、方寨之分,特殊的还有八角形、二十边形、马蹄形、椭圆形、布袋形等。如圆寨民居按圆周布局,每单元一开间,有20、24、28、30、32、36个等偶数单元,居住人口数以百计。代表者有潮安县凤凰缵美楼、铁铺东寨和坑门乡杨厝等。而方寨民居按梳式布局,四周为二层或多层围屋,住家众多。如上述象埔寨,仅水井就有76口,想见人口规模之大。寨因门楼高耸,给人以庄严、雄壮感觉。又潮汕人多来自福建,故寨形式与闽南楼寨有很大关系,例如圆形的潮安县铁铺东寨与福建南靖县怀远楼,方形的潮安县铁铺石丘头寨与福建厥宁楼在外观上如出一辙。

无论哪种形式的潮汕民居,都很讲究建筑艺术,力图营造一个优美的居住空间。天井地铺卵石或条石,摆设花盆,简洁明快。门廊立面装饰浓重,包括门簪、门匾、对联,侧壁则多绘风俗彩画,富于家庭气氛。门厅与天井间置通花屏风隔扇,以挡视线,使空间转折变化,内涵而不外露,充满宁静安谧情调。即使是三分院落、半壁残垣,一经潮汕人之手,也会被装点得玲珑剔透、落英缤纷。故志称潮汕过去"家有千金者,必购书斋,雕梁画栋,缀以池台竹树。民居辄用蜃灰和河土筑墙,地亦如之,坚如金石,即遇飓风摧扑，烈火焚余，而墙垣卓立无崩塌者。界过惠州、嘉应，虽间有之，然不及潮州"①。其中潮汕近海，建筑材料每取材于贝壳，特别是墙体，称蚝壳墙，比广府系地区更普遍。此外，各民系地区民居立面装饰，如门框、柱梁、柱础、栏杆、台阶等都用石雕，尤喜用瑞兽狮子，木雕与石雕一样普遍使用，但都不及潮汕地区精致，故有"潮汕厝，皇宫起"之谚。受酸性海风吹拂，潮汕地区不像广府系地区采用砖雕，而广泛采用灰雕。各个民系都用陶塑，但客家系不及广府系、潮汕系突出。又嵌瓷也仅在潮汕地区采用，坚固耐风雨侵蚀，题材也丰富多彩，为潮汕民居一绝。

风水说在各民系聚落选址、布局上都有广泛应用，但在客家系那里采用的是强调地势作用的以江西为代表的"形势派"；而在福建一带盛行讲究以方向论风水的"理气派"。潮汕地区以地缘、人缘关系，采用的是"理气派"来选址和布局聚落与民居。就民居朝向而言，因受主人生辰八字影响而复杂多向。例如，位处盆地潮州铁坑门镇分布多个村落，其中东寨、杨厝寨、洪厝埔为东南向，新曾、西埔为南向，松柏楼为西向，路头为西北向；又潮州登塘镇的聚落，朝向也丰富多变，各个朝向兼备，显是由于人口繁衍、支脉分化、村落扩大所致，这自然增加了聚落布局的无序和神秘化。② 又如墙头形式在潮汕地区特别多样，按五行分为金形、木形、水形、火形、土形五大类，每类又可派生出几种形式，如水形分大幅水星、小水星，火形派生出龙头楚花火星，土形派生出重叠土星等。这些形式多样、色彩明快的墙头配上富有起伏韵律的马头墙，使潮汕地区民居景观更加绚丽多彩。当然，潮汕地区不少民居同样有外墙不开窗、天井狭窄、空间挤塞、阴湿等现象，繁杂的装饰和众多神龛难免带有较多的封建迷信色彩，都属应予革除、改善之列。现在随着时代和家庭结构变化，这些居民空间尺度和景观已不合时宜。

四、热带临海的雷琼地区建筑文化

海南岛沿海民居与大陆相类似，大致可分为单开间式、双开间式和三开间式。单开间式与广府系地区一样，称竹筒屋，在农村和城镇多有采用；双开间式采用较少，因这种形式房间少、不敷应用所致；三开间式则广泛应用于农村，布局为一厅两房，无天井，这点与大陆不同。但以三开间为基础，向纵横发展所组成的多进院落，又是海南民居的一种建筑特色。这主要有横向多开间式、合院式、多进院落式、护厝式四种。护厝即正房与侧屋（护厝）组合而成，相当于潮汕四点金加从厝，也类似客家地区堂屋加横屋。文昌、琼海、陵水等东部沿海城乡多有这种屋式。"厝"为吴越语与闽南语对村落的称谓，广府系地区无此称，客家系地区很个别，海南沿海则称侧屋为"护厝"，反映

---

① 乾隆《潮州府志》卷十二，《风俗志》。
② 刘沛林：《古村落：和谐的人聚空间》，上海三联书店，1998年，第131、132页。

海南与闽潮文化的渊源关系。过去海南经济落后，聚落环境比潮汕地区恶劣，建筑水平也较落后。民国《海南岛志》说："其乡村间居室，则茅屋，瓦屋互用，屋式亦同城市，但低小而窗少，或竟不开窗。其低者檐高仅四五尺，户矮狭，出入必磬折。……溲溺亦无定所，早晚觅屋外僻静处行之。如屋前后有园林草地，即其圊溷所在也。牛猪栏设于大门外或屋后，上无盖，下无垫。矢（屎）溺恒堆二三尺。此外，琼山、定安，人家门首书'天香'二字，垂竹笪如屏。屋面悬八卦或陶质物事，亦见特别。筑屋用石用砖，或亦用泥。大抵琼（山）、澄（迈）、临（高）各地多用乱石，儋（县）、文（昌）各地则石砖并用。……乡村则用泥者多。大抵海南屋宇除寝室及厅事外，多不另辟厨房厕所，盖不重视也。"① 又由于台风影响，"公私宫室不得为高敞"，一般"民居矮小，一室两房，栋柱四行柱，圆径尺，中两行嵌以板，旁两行甃以石，俱系碎石，以泥甃成，亦鲜灰墁，其木俱系格木，质坚重，钉不可入……皆购自黎山"②。其建筑文化特色与自然资源不可分割。独具一格的还在于，海南村落几乎全隐藏在树林里，或地势稍高有水田的台地上，四周栽种高高的凤凰树、无花果或椰子树作为标志。村落间构筑凤凰竹、防御沟、土墙、竹签等作为防线，拱卫村落安全，反映当地治安不宁，也因海南热辐射强，需树林遮阴、调节小气候所致。

  雷州系民居与潮汕、海南都有相类之处，但以气候炎热和经济欠发达等原因，村落绿树环抱，尤多榕树，地铺玄武岩石板或青石板，梳式布局，外观封闭而内开敞。除少数殷实、仕宦之家的深宅大院以外，一般民居比较矮小，一般在2.5米左右，但很注意通风。山墙、屋脊、门窗、影壁、梁架、屏风、神龛、遮檐板也都造型朴实，不及潮汕民居精巧讲究。另也受风水说影响，建屋须择黄道吉日；升梁有6个次序皆以辟邪、追求官福禄寿、子孙繁衍为内容；进宅或称"入伙"，也有复杂的程式，有"吉日进华堂，子孙有千万，财源多广世，福禄寿无疆"的所谓"打四句"，旨趣同上。有的屋顶饰龙凤呈祥，有的大门外立"泰山石敢当"石柱。特别是雷州系狗崇拜盛行，石狗塑像被广泛饰以屋脊或屋檐。石牛、石马以及各类奇石遍及村边路旁，并成为拜祭对象。雷州城郊邦塘村，即为当地古民居代表。其中一座有70多个房间的李姓院落，体现了雷州古民居建筑水平，今已成为游人常履之地。

  实际上，以上各民系建筑文化风格，不但在各民系之间有明显差异，即使在同一民系内部，也有共存现象，广西桂平市即为一典型地区。志称当地"屋式有广肇派（即广府系）、有嘉惠派（即客家系）、有闽派（即潮汕系），皆以民族来源之异而各为风气。广肇派每于后一进为正厅，厅前檐下为壁，壁间开门，是即古之所谓寝室。《左传》云'吾侪小人，有阖庐以蔽风雨'即指此也。其北为祖龛，龛式架板为楼，高逾半墙，故

---

  ① 陈铭枢：《海南岛志》第二十三章，上海神州国光社，1933年。
  ② 道光《琼州府志》卷三，《风俗》。

又名神楼。龛下有小室，南北深三尺或四尺，东西与寝室齐，是即古之下室，俗名'中间房'，丧时妇女哭泣在焉。中间房东西有小门，通左右大屋房。南面蔽以密室，左右有门，俱南向，主妇见宾及子女归皆从此出。嘉惠派正厅之前无壁，即古之所谓堂，俗名'开口厅'，其后为龛于土墩上，高与香案齐，左右与大屋房不通。又广肇派外进出入共一大门，嘉惠派则三门排列，此其大较也。闽派与嘉惠派大同小异。（按以上所论各派之分，乃昔日各族新来，截然不同如此，故观其门户，即可知其言语，明其族谱。近年相处两忘，多混合无分矣。）凡正厅两旁为大屋房，即古之左右房，具此者名二间头。大屋房左右房为耳屋房，具此者名五间头。地广者多于厅房外设廊，东西相对名横廊。设厅，名横厅。凡厅户前露天处名'天井'。大门方向随家不同，多以形家所占咎为准。"[1] 广西桂平居民来源广泛，各民系都占有一席之地，风格迥异的建筑及其布局，展示了多元文化的共存和融合。

---

[1] 民国《桂平县志》卷五十九。

第六章 岭南汉民系方言

第一节 方言形成历史比较

马克思说:"方言是经过经济集中、政治集中的一个统一的民族语言。"① 即方言的统一反映了经济和政治的统一关系。岭南各民系形成历史早晚不一,方言作为它们主要的标志,也随民系历史相始终,具有较大形成时差。

一、粤方言形成于唐,定型于宋

岭南地区古代流行古越语,今粤方言地区则主要为南越语覆盖地区。南越语后来主要演变为今日壮语,"壮即古越人"早为世所认同。顾炎武《天下郡国利病书》说:"广东有壮瑶两种,瑶乃荆蛮,壮则旧越人也。"这些旧越人亦广府系先民一部分。他们使用南越语,有特殊音、义,词汇和语法结构,不能按汉语来理解,如称"那"为水田,"南""浦"为水,"板""思""都""云"为村落,称"客人"为"人客","公鸡"为"鸡公"等,后作为底层文化积淀下来,并作为今日粤语一部分。先秦时期,楚、吴越方言先后传入岭南,并被吸收入粤方言,一说广州旧称番禺,音同吴越语"朱余",意为盐村。秦汉岭南并入中央王朝版图,大批中原人到来,传播中原汉语,当地人"乃稍知言语,渐见礼化"②。东晋南朝第一次移民高潮兴起,汉越人杂居,中原汉语与古越语融合进一步扩大,发展为一支与中原汉语有较大差异、又颇近今日粤方言的汉语方言。如晋嵇含《南方草木状》说,"五敛子……上有五棱,如刻出。南人呼棱为敛,故以为名"。五敛子即阳桃,今日粤语仍保持这种称呼,与嵇含所记相同,可为晋代粤方言已见雏形的例证。唐宋时代,汉人已成为岭南居民主体,广府民系亦已形成。南迁汉人带来中原汉语书面读音,使粤方言语音体系进一步规范化。南汉政权割据岭南,也为粤方言发展提供了一个稳定环境,中止了中原汉语的同化。宋代推行强干弱枝政策,地方与中央关系松弛,粤方言得以重新大量吸收古越语成分,朝着与中原汉语相

---

① 《马克思恩格斯全集》,第三卷,人民出版社,1965年第500页。
② 范晔:《后汉书·南蛮西南夷列传》。

背方向发展，成为一支独立的方言。宋周去非曾将疍民（属广府系）使用语言与中原汉语比较："余又尝令译者以礼部韵按交趾语，字字有异"[①]，说明宋代粤方言读音已与中原汉语读音有很大距离，定型成熟为与今粤方言基本一致的一种方言。宋代以后粤方言完全按自己规律发展，虽也有不少变异，但仍保持唐宋形成的基本格局，只是分布区域从珠江三角洲、西江流域向北江、东江地区扩布而已。

图6-1 广东汉族、少数民族语言分布图

（图片来源：《广东省地图集》，广东省地图出版社，2003年，第42页。）

二、客家方言形成于宋末元初

客家先民是以板块转移式（或称集团式）进入岭南的，这种方式极利于保持自己的语言特质和内部统一。但直到唐代，客家先民在岭南人数毕竟有限，作为一个民系尚未形成，客家方言也未完成从中原汉语分化的过程。唐末五代，大批客家先民入居岭南，主要集中于粤东北和粤北，有了一个比较稳定的繁衍生息之地，渐渐发展为一个独立民

---

① 周去非：《岭外代答》卷三。

系。与此同步发展，客家方言也彻底完成从中原汉语分化过程，朝着独立方向发展。宋元之际，又有大批客家人迁居岭南，作为一个民系即完全形成，其主要标志客家方言也完全脱离中原母语，定型成熟为一种独立方言。明清时期，部分客家人先后迁居广西、海南岛和广东省内其他地区，客家方言从粤东北和粤北扩布这些地区，形成大集中、小分散的空间格局。清郑昌时《韩江闻见录》论及潮汕地区语言说："潮音仅方隅，其依山而居者，则说客话。而且潮音为白话……而客音去正音为近。"① 说明客家方言与闽南方言已有很大差异，各为一种独立方言。

三、闽南方言形成于唐宋

据有关研究，闽南方言主要由古代吴越语、中原汉语、古越语等交融、发展而成。三国以前，潮汕地区先民主要接受吴越语，并融合进土著语言中，即闽南方言分化开始。南北朝时期，大量北方移民南下，部分人进入潮汕地区，中原汉语在闽潮地区传播。唐代，避乱南来汉人更多，部分入居潮汕地区，进一步加强了中原汉语的影响。以韩愈为代表的一批著名学者的到来，加快了当地文化发展。这时闽南方言已从闽方言中分化为一种次方言，被称为福佬话或潮州话。韩愈贬潮州，曾"以正音为潮人诲"②，即以中原汉语统一当地语音，但未见成效，可见潮州话已基本定型，难以改变。宋代入居潮汕汉人更多，当地出现经济文化兴盛局面。杨万里诗云："旧日潮州底处所，如今风物冠南方"，这进一步加强了闽南方言发展，成为与粤方言并存的一种方言。

宋代以降，随着大批闽潮移民入居雷州半岛和海南岛，闽南方言即与当地土语发生交流、融合和变异，最终发展为闽南方言的两个分支，即雷州话和海南话，亦即闽南方言两大板块。光绪《电白县志》称："唐宋以前，壮瑶杂处，语多难辨。……今城中人语曰，旧时正海旁，声音近雷琼，曰海话，山中声音近潮嘉，曰山话。"康熙《海康县志·风俗志》云："雷之语有三……有东语，亦名客语，与漳、潮大类。"而道光《广东通志》则说"琼岛孤悬海外，音与潮同，杂以闽人"，同时的《琼州府志》也记"琼语有数种，曰东语，又曰客语，似闽音"。可知雷琼两个闽南方言板块主要是明以来形成的。

闽南方言与客家方言一样，还随闽潮人迁移，在沿海和内地形成方言岛。在中山环五桂山地区即有7万多人使用闽南方言。宣统《阳江县志》载："惟西境儒洞等处接近电白，与电白、雷琼音同，与土音迥异，谓之海话。"此外，清远、德庆及广西博白、陆川、玉林、北流、贺县、平乐、柳州、罗城、来宾、邕宁等地也有闽南方言岛，形成时间应晚于雷琼两个方言板块。

---

① 郑昌时：《韩江闻见录》卷十。
② 陈香白辑校：《潮州三阳志辑稿》卷三，中山大学出版社，1989年。

第二节　方言文化内涵比较

一、粤方言文化与经济发展关系密切

南越语作为粤方言本底语，后演变为壮语，今属壮侗语族，在粤方言中无处不留下深刻的痕迹。许多词汇、构词法和语法至今仍在使用，如前述水田曰"那"，村落曰"板""古""都"，山曰"罗"，以及倒装词、句等。

楚越在先秦时已有交往，故楚方言也被吸收为粤方言养分和组成部分。唐徐坚《初学记》引《通俗文》曰："南楚以美色为娃"①，其音义类似今日粤方言称"威"，表示美丽、姣好。语言学研究显示，这类楚方言在粤方言中遗迹甚多，对应的例如"崽"与"仔"（子），"鸡抱"与"抱"，"搴"与"揭开""掀开"，"㳇"与"咁"，"嬉"与"儿嬉"等。也有些楚方言原封不动地注入古越语，并为后者使用，在两地保留至今且仍在使用的如"睩"（睁大眼睛看物），"纫"（缝衣服）等。它们成为粤方言来源之一。

吴被楚灭后，部分吴越人流落岭南。其方言随而融入古越语，并保留至今日的粤方言中。屈大均《广东新语·文语》说："广州语多与吴相趋近，如须同苏，逃同徒，豪同涂，酒同走，毛同无，早同祖，皆有字有音。"今日广州话，舟车停靠曰"埋"，公共汽车停站曰"埋站"。据中山大学罗香林教授考证，"埋即买仪尘之买所转称"②，因《越绝书·吴芮传》有"买仪尘者，越人如江也"之说。吴语与今粤方言相对应的还有"阶多""阶好"与"嗽多"，"侬"与我，"朱余"与"番禺"等。

秦汉以后岭南并入中央王朝版图，中原文化更多地传入岭南，汉语逐渐融入粤方言并与时俱进，最终成为粤方言的主体。因为粤方言渊源于汉语甚早，保留的古汉语语汇甚多，有些词汇在许多地方已经不用，仅在粤方言中保留下来，故被称为古汉语的一个"活化石"。例如称肋骨为"骭"，洗米水为"潲"，排泄为"疴"，给东西为"畀"，手拿为"拎"，孵小鸡为"菢"，食物发馊为"饐"等。粤方言这些词汇都可在古汉语工具书《集韵》《广韵》中找到，展示两者有非同寻常的源流关系。

粤方言中心地区珠江三角洲对外交往甚早，深受域外文化影响，故许多外来词被吸收为粤方言一部分，就这点而言，无论是闽南方言还是客家方言都难望其项背。唐宋时居住在广州的阿拉伯人甚多，于是邋遢（lata，脏）、污糟（wuzao，脏）、霖（好）、躐（la，不是、没有）、冚（bome，盖、或打耳光）等阿拉伯词汇也变成粤方言常用词。明清以来，广东与英美等西方国家交往密切，大量英语词汇融入粤方言中，从早期摩登

---

① 徐坚：《初学记》卷十九。
② 罗香林：《百越源流与文化》，中国台北中华丛书编审委员会，1979 年，第 18 页。

(modern)、菲林（胶卷，flim）、波（球，ball）、蚊（钱，money）、冷（毛线，法语，line）到近年风行的波士（经理，boss），咭（名片，card）、柯（打电话，call）、干邑（法国白兰地，法语 cognac）等，都为粤方言广泛采用，当然也传入其他方言。

多元文化融合，使粤方言产生许多其他方言没有的词汇，表现了它鲜明的地域特色。例如黑社会头目称"大天二"，妓女称"老举"，解雇曰"炒鱿鱼"，收摊曰"执笠"，危险曰"牙烟"，能干曰"叻"，漂亮曰"靓"，谈恋爱曰"拍拖"，厉害曰"交关"，好色曰"咸湿"等。外地人对这些词汇的含义甚难理解，简直不知所云；当地人则说他们"一头雾水"，即不解其意。又渊源于古越人迷信，故粤方言忌讳用词甚多，多使用与之意义相反或相对的词语。例如亏损本为"蚀"，粤语方言将与"蚀"同音的"舌"说成"脷"，所以猪舌曰"猪脷"；忌讳"干"，故猪肝曰"猪润"；又"空"与"凶"，同音，故不称"空屋"，而曰"吉屋"；"丝"与"输"音似，故不称"丝瓜"而曰"胜瓜"；如此忌讳用词不胜枚举。故明陆容《菽园杂记》说："民间俗讳各处有之，而吴中尤甚。粤方言加上吴越方言这种影响，忌讳用词比其他方言有过之而无不及。"

粤方言地区商品经济比其他民系地区发展早，且水平较高，商业文化词汇在粤方言中间占有重要地位，且为社会各界广泛采用，同时传播到其他民系地区，反映粤方言地区有商品经济的优势，而好些词汇为粤方言所特有。

这些与商品经济相关的词汇甚多，如"水货"（非法流入货物）、湿柴（贬值货币）、炒更（兼职）、跳槽（转换工作单位）、炒鱿鱼（解雇）、执笠（倒闭收摊）、出粮（发工资）、发钱寒（梦想发财，贪财）、捞世界（谋取利益）、高买（商店中盗窃行为）、吊沙煲（失业）、大耳窿（高利贷者）、去金山（出洋）等。至于与商业相关的地名更触目皆是，这容后述。

二、客家方言的突出特色

客家方言，虽然受当地和其他民系语言影响，但本体仍然是中原汉语，又因其产生于封闭的山区环境，故能保持浓重的中原文化内涵，并以此有别于粤方言和闽南方言。

其一，客家方言，语言比较接近中原汉语，从元代《中原音韵》语言系统到现代普通话都如此。有人做过统计，以常用汉语是四五千字为对象，客家方言读音与普通话没有区别的占30%～40%[①]。这样，客家方言易为其他民系听懂，方便交流，不像粤方言、闽南方言那样易使人产生隔阂。

其二，客家方言较为保守。保留大量中原古词汇。后者虽非客家方言所独有，但客家人眷恋故土，恪守"宁卖祖宗田，莫忘祖宗言"的祖训，在山区环境下少受外来语言

---

① 李昌韶：《为客家人学普通话说几句》，《客家研究辑刊》1996年第2期，第160页。

渗透，故能保持其固有的语言风貌。光绪《嘉应州志·按语》曰："嘉应之话多隋唐以前古音，与林太仆所谓合中原之古音隐格符契。"黄遵宪曾指出："此客人者，来自河洛，由闽入粤，传世三十，历年七百，而守其语言不少变。有《方言》《尔雅》之字，训诂家失其意义，而客人犹识古义者，有沈约、刘渊之韵，词章家误其音，而客人犹识古音者。"语言大师章太炎在《岭外三州语》中同样指出客家方言"雅训旧音往往而在"①。例如折断曰"拗"，是曰"系"，茶缸曰"钟"，擦、抹曰"拭"，他曰"渠"，柴火曰"樵"，倒霉曰"衰"，晒场曰"庭"等，外地人颇感陌生，恰是客家方言的一个地域色彩。

客家系地区历史上以小农经济为主，商品经济欠发达，与广府系、潮汕系地区形成鲜明对照。即使有一定商品经济，也是小本经营，有些地区甚至以物易物为主。这些经济形态也在方言中多有反映。例如农民进城换粪曰"告肥"，买肉称"斫肉"，买药曰"点药"，买布曰"撕布"，买豆腐曰"托豆腐"，经商称"做生理"，来购商品曰"掇货"，经纪人曰"中人"等，很少使用商品交换中常用的"买"和"卖"等词汇，甚至把它们念成一个音，分不出"买"和"卖"的区别。这在粤方言和闽南方言中是罕见的。

三、闽南方言的文化内涵

在特定历史背景中形成的闽南方言，古音特别多，包括声母、韵母和口语在内，仅在潮汕地区即有2617个音节，远远超过粤方言和客家方言。潮汕系以外的人群，很难掌握和听懂有如此繁多复杂音节的方言，这成为社会交往的一道巨大障碍。难怪当年韩愈在潮州对此深感不便，有"无可与语者"之叹②，并试图以中州音取代它，但没有成功。闽南方言同一个字，说话时一种念法，读书时又一种读音，这种"文白异读"现象也比客家方言要多。如据中国科学院语言研究所编《方言调查表》有3758个单字，若按闽南方言分支海丰话音来读，其中"文白异读"的竟占一半，③ 折射出这种方言的古代文化光辉。另外，很多古词语也沉积在闽南方言中，其数量多于粤方言和客家方言，如粥曰"糜"，筷子曰"箸"，晚曰"晏"，瘦曰"疮"，泥曰"涂"，晒曰"曝"，袖口曰"裾"，婆婆曰"大家"，儿媳曰"新妇"，扫墓曰"过纸"等，无不说明这种方言同样是语言的活化石。

闽南方言产生于沿海环境，潮汕人、雷州人又擅长耕海，海洋文化也深蕴其中。闽潮人奉为神明的妈祖的故事就广泛流传于民间。海陆丰一带小孩取名喜带一个"妈"

---

① 谢永昌：《梅县客家方言志》，暨南大学出版社，1994年，第262页。
② 陈泽、吴奎信：《潮汕文化百题选》，潮汕历史文化研究中心、《汕头特区晚报》，1997年，第244页。
③ 古汉儒：《海丰方言初探》，见《海丰文史选辑》，政协海丰县委员会，1997年，第407页。

"娘""佛"字为通名，与海洋资源开发利用相关的地名也广见于沿海各地。这在下面有专节论述。闽南方言和粤方言一样，借用外来词甚多，但粤方言外来词主要来自英语，而闽南方言除有一部分词汇来自英语外，多数来自印度尼西亚—马来语。例如，斟（接吻）、啉（饮）、洞角（手杖）、吗淡（警察）、巴特（合理、事情）、朵隆（可怜）、巴萨（市场）等。这是明清以来大批闽潮人到南洋谋生，引入侨居地语言所致。

第三节 方言地名特色比较

地名是一种可视可悟又稳定的文化景观，深刻反映地域文化特色。它作为一种语言现象，也折射出各方言区的地理、历史、民族、经济、社会等性质和分布规律，故民系语言地理的比较决不可忽视地名。

一、古越语与粤方言

粤方言的一个来源是古越语，今日壮人所操壮语即从古越语发展而来。壮语地名有通名在前、专名在后所谓齐头式命名方式，在文化内涵上也异于汉语地名。留存至今的主要有如下几类壮语地点。

1. 那字为起首的地名集群表示稻作文化区

壮语那字的汉语意义为水田，为稻作文化的一个标志。据研究，那字地名有90%集中在北纬21～24°，主要又在河谷和三角洲平原。除广西广泛分布以外，它主要集中在粤西和琼雷地区，其他地区较少，粤东则很个别。在粤方言区内，阳江有那峒，阳春有那阳，恩平有那吉，开平有那坡，台山有那扶，番禺有那都，清远有那落，新兴有那康，高要有那落，封开有那冲口，等等。显见土著居民早就以种稻为生，其后土著被汉化或他迁，而那字地名仍作为底层文化保留至今。

2. 洞（峒、垌）、夫（扶）、罗、冲、濑、猛、冯、封等为起首的地名表示自然地理实体或区域

洞字地名本指山间谷地、盆地或群山环抱的小河流域，后演化为某个血缘氏族居地，含义有所扩大。例如隋唐时粤西冼夫人"世为南越首领，跨据山洞，部落十万余家"①。洞也成为历史上古越人留居地常见地名，主要分布在北江以西，粤东已很少见。在粤方言区台山有洞美，新会有洞角，阳春有大洞，阳江有高洞、隋洞、儒洞，德庆有垌表，四会有垌心、垌坑，深圳有南洞、白花洞、高应洞，中山有梅花洞等。按壮语地名齐头式结构，洞字应在地名起首，但现在被加上一些修饰语，显示与后来汉人到来冠以新含义有关。

---

① 《北史》卷九十一，《列女》。

夫（扶）字作为壮语地名通名为方位词，汉译意为那边，广西有扶绥县，县内有扶岜，德保有扶平，广东广宁有扶楼、扶罗，怀集有扶溪，封开有扶示、扶学、扶塘、扶赖，德庆有扶号，四会有扶利等。三国至唐宋间在粤西地区这类地名用于行政建置，如刘宋时晋康郡有夫阮县（今罗定境内），东晋时有夫宁县（今广西藤县北）等。

罗字地名，大量散见于广东省内各地，但粤东很少，以粤西南较多。在粤方言区的阳春有罗银，阳江有罗琴山、罗引山，粤中有罗岗、罗林、罗溪、罗坑、罗仔、罗秀等。西江流域在今肇庆市境内即有50处①，其余则计有罗定、罗镜、罗坪、罗逢、罗孔、罗荔、罗沙、罗求、罗冲等。粤东则以饶平罗坑为代表。

冲字地名，除了小河意义以外，也有类似洞字含义，也广见于粤方言区。如顺德有冲鹤，新会有冲塘、冲廉、冲茶、冲花，从化有冲岭，台山有冲洋、冲华、冲柴、冲云，封开有冲等、冲陵等。

濑字地名，《汉书·武帝纪》曰："濑，湍也，吴越谓之濑，中国谓之碛"，即河滩之意。它也是壮语地名，为《广西壮语地名选集》收录，但在东江，粤东北和粤东地区不流行。而粤方言区在阳江则有上濑、下濑、西濑等，与阳江曾是俚人分布区有关。

两粤交界地区有以猛、冯、封为起首地名，有人认为可能是壮语地名②。汉置猛陵、封阳、冯乘、冯岗、冯溪等县，属苍梧郡。这些壮语地名意为地方、区域、地区，后世岭南仍保留此类地名，如西江地区有封川、封开、封溪、封山（今广西合浦北）、封开（今开平东）、封门所（今郁南县西南）、封乐（今新会北）、封兴（今封开县东北）等。

3. 古、边、都、思、良、云为首尾的地名表示村落人文景观

古字地名多见于广西，但在珠江三角洲和西江地区也不少。如广州有古田，佛山有古灶，番禺有古坝，顺德有古楼，中山有古镇，台山有古斗，鹤山有古劳，高要有古旁，新兴有古伦，德庆有古杏，封开有古今，郁南有古番等。

据民族学家徐松石教授解释，遍及广西和琼雷的壮语板字地名，在广东许多地区又把板字从土音译为边字，并将原始土语倒装为顺装，故称村为边，但绝无边缘、靠边意思。佛山南海边字地名有80多处，如有谢边、潭边、欧边、高边、邝边，三水有麦边、罗边、蔡边等，阳江也有葛边等，皆为聚落地名。

都、思地名表示村落规模似乎较大，在广西少而在粤中、粤西较多，应与社会经济发展水平有关。如顺德有都宁，新会有都会，高明有都权，新兴有都斛，德庆有都洪，云浮有都骑，罗定有都门，封开有都缕，怀集有都布等。思字地名多见于西江地区，如封开有思六，郁南有思和，德庆有思恩，新兴有思来，云浮有思劳，高要有思霖、思可

---

① 司徒尚纪：《肇庆市地名志》，广东省地图出版社，1999年，第365，366页。
② 李锦芳：《百越地名及其文化蕴意》，《中央民族大学学报》，1995年第1期。

等。在壮语中思与虚等同音义。"粤谓野市曰虚"①。虚后演变为圩，即集市。以圩为地名者大量见于岭南各地，当地人曰，"趁圩""等圩"，圩规模当然较大。

云字地名在广西较常见。云字壮语指"人"，引申为村落，而绝不是天上的云。云字地名在广东多见于高雷和西江地区。后者如高要有云解山，德庆有云贞、云邦，封开有云逵，郁南有云霄塘，罗定有云罗凤，怀集有云田等。在珠江三角洲也见其踪迹，如顺德有云路，中山有云汉，深圳有云林，鹤山有云勇，博罗有云步等。在粤东云字地名已很罕见，如有潮安的云步、普宁的云落、海丰的云路等。

良字壮语意为平地，不能按汉语解为良好。良字地名在粤中、粤西与广西连成一片，构成大面积分布区。如南海有良村，顺德有良教，东莞有良边，新会有良溪，开平有良洞，中山有良都，三水有良岗，广宁有良田，新兴有良洞，德庆有良义，清远有良湾等，皆为有一定规模的聚落。而按徐松石教授解释，良为壮族一支，因良或俍字壮语意为黄色。按他解释，顺德大良即黄族居地之意②。明朝南海人邝露的《赤雅》也指出"大良与壮同类"。照此看来，从良字地名分布亦可追踪壮族迁移路线。

二、粤方言的蓝色地名文化

粤方言区多为水乡泽国，河道纵横，低地遍布，与人类生产生活关系极大，故反映人类对水资源认识、开发利用以及防洪治涝活动的地名甚为普遍。这类与水有关的地名是蓝色文化的一部分，在珠江三角洲和西江河网地区地名中则占优势。它们很多属壮语或后来形成的粤方言地名，凡带有涌（冲）、塱（塱）、涡、旺、垠、垙（滗）、坭（埔、埗）、滘、滘、沥、氹、槺、塘、菩、基等字为起首的地名，即属蓝色文化地名。

涌（冲），即河，广州城内有西关涌、东濠涌，花都有芦苞涌，佛山有佛山涌等。水沟曰滘（也写作滘），广东不少地区有此类地名，但不及珠江三角洲常见。广州附近有沥滘、新滘、横滘、增滘、东滘、步滘，顺德有北滘。番禺有三善滘、濠滘，南海有沙滘等。田边水沟曰圳，除了深圳，广州有圳口南，南海有梅圳，三水有圳东，德庆有圳边，封开有圳田、圳竹等。冲积平原或水网沼泽地称为塱（塱）。珠江三角洲、西江沿岸和粤西一些小河入海口地区多此类地名。如广州有塱口、塱边、塱头、塱溪、郭塱、黄竹塱、松柏塱，东莞有大塱，阳江有新塱、阮塱、司塱等。镬底状积水洼地曰涡，三水区有涡地名33个；旺即汪洋一片，三水有大旺，昔为血吸虫渊薮。

据研究，古岭南有很多带"镡""谈""中"的地名，为百越语"水塘"或"湖"的译音字，故今日称塘的地名，亦属壮语地名。在粤方言区古有中宿县（今清远）③，

---

① 屈大均：《广东新语》卷二，《地语》。
② 徐松石：《徐松石民族学研究著作五种》，广东人民出版社，1993年，第346、347页。
③ 李锦芳：《百越地名及其文化蕴意》，《中央民族大学学报》1995年第1期。

若取"湖"意义，则与通常含义相悖。至后来直称为塘的地名，大量见于珠江三角洲和西江地区。如广州有白蚬塘、蟠塘、菱角塘等。无独有偶，壮语地名"㙟"在西江地区也很常见，其意也为塘，在广西各地，比较大的㙟地名有21处。① 如今封开县一带即有㙟狗、㙟田、㙟吉、㙟武，德庆有㙟黄顶、㙟雪顶等，乃古越文化遗存。

古越人以舟楫为渡河工具，在地名上通用步（埗）、埔、甫等表示津渡码头。宋人吴厚处《青箱杂记》说："岭南谓水津为步"，这类地名在北方固然绝迹，在岭南山区也较少，但广见于水网和依靠河流交通的地区。广州有十八甫、黄埔、增步、盐步，花都有官禄埗，深圳有上步，皆为货物转运码头或渡口，反映商业文化兴盛。另一说埔同坭，为平原上高地，由沙质堆积物形成，西江在肇庆地区多见，如四会有华坭、罗坭、鹿坭等，不是村落就是水田地名。

宋代以降，在西江沿岸和珠江三角洲各地，为取得耕地和防洪治涝而大规模围垦，于是以围、基为首尾的地名大量出现，如珠江三角洲有桑园围、长利围、赤项围、罗格围、景福围、龙利围、大有围等。所筑基堤也不少，广州即有长堤、东堤、西堤、黎家基、水松基等，也是水文化的一种反映。

此外，古人认为"龙"生于水，凡有水的地方就有龙。广府系地区水网密布，是潜龙之地，故带"龙"字的地名非常普遍。仅广州市旧日的街道、巷、里、坊、约等，就有100多处以"龙"字命名，如龙藏街、龙津路、龙翔里、龙溪首约、龙船涌街等；也有将"龙"字插入地名中间，如蟠龙里、青龙路、游龙坊等。在肇庆市境以"龙"字为起首的较大地理实体地名就有26处，如龙江、龙凼、龙须、龙湾、龙塘、龙冲、龙垌坑等。在江门市境，带"龙"字的地名多至55处，如龙口、龙子潭、龙田里、龙村、龙护、龙泉、龙珠、龙脊、龙蟠、龙潭等。在阳江市境，"龙"地名也有43处，如龙冲、龙渊、龙窟、龙仔、龙池等。在深圳则有46处，在珠海有11处。"龙"字地名虽非广府系地区独有，但至少比其他民系地区更广泛，显示水文化很发达。

三、广府系的商业文化地名

广府人重商，除上述城乡货物集散交易的"圩"字地名和水上交通"步"字为代表的商业地名以外，无论大小城镇，均多有"栏"字地名，"栏"本是壮语房屋之意，后引申为同行业商品集聚的地域组织。如广州有豆栏、蚬栏、浆栏等，阳江有鱼栏，香港有果栏等。此外，广州还有米市、造币、海味、京果、白糖、白灰、蓑衣、丝线、猪、豆腐、花生、宝珠、玛瑙、稻谷、麻、盐、故衣、咸虾、芽菜、鱼翅、雨帽、香料等街、巷、行等专业性商贸地名，反映广州商贸业之盛。又五邑地区也有猪仔街、板仔行、猪栏街、水谷埠、屎粪地、女人街等。这一地区的台山还有三八、四九、五十等以

---

① 张声震：《广西壮语地名选集》，广西民族出版社，1988年，第57页。

数字命名的村镇，其中端芬镇就有六家、八家、九家等以数字命名的村落。① 这些数字都是当地圩期，标志城乡贸易兴旺发达。著名商埠香港，兴起较迟，大量地名更显示出它浓厚的商业文化色彩，如摆花街、磅巷、船街、电气道（街）、花圃街、花圩道、木厂街、炮仗街、糖街、糖水街、通莱街、西洋菜街、鸭蛋街、银行街等，堪为粤方言商业地名的代表。

四、客家方言特色

客家人居地多为山区，客家文化即在山区孕育和发展，故普遍使用嶂、崠、埠、背、崀、磜、嫲、墩、坂等为首尾表示山区地貌形态或地域空间。客家方言母语为中原语言。虽然进入新居地以后，客家人所操语言受当地语言影响发生变异而形成客家方言，但它毕竟保留了很多母语成分。这在地名上也不例外。所以客家地名意义可在一般汉语工具书或地名词典里查到，而不像粤方言一些地名的含义那样难以寻找。如上述各地名用字，高耸如屏障的山峰曰嶂，梅州市境内有明山嶂、铜鼓嶂、鸿图嶂、黄沙嶂、七目嶂、鳄鱼嶂、山北嶂、九龙嶂、大峰嶂等不下20座高山。山脊曰崠，集中在梅州市的有樟坑崠、尖笔崠、鸡妈崠、狮子石崠、斋公崠、鹰子崠、猴子崠、释迦崠等。低湿地曰埠，多用于小地名。山间水滨曰磜，本方言区有磜下、磜面、小磜、白水磜、七娘磜等，有些已成为聚落地名。山坡曰坂，也用于小地名。这类地名皆古汉语用字，反映中原文化在当地传播和生根。而在珠江三角洲常见的表示水网低地的粤方言如沥、塱（塑）、滘、涌、埔等在客家文化核心地区几乎绝迹，经常使用的则为上述冷僻用字表示山区环境，实为客家文化继承中原文化的一种折射。香港原属宝安，为客家方言区，山区地名至为常见，如以屋（孤村）、坑、头、尾、坪、地、窝、墩、畲、背（贝）、寮、径、岭、沥（坜）、洋（阳）为通名即是。英占香港后，大量广府人入居，原有客家方言地名改为英语或粤方言地名，例如吊颈岭改为调景岭，浅湾改为荃湾，咸田改为蓝田，芒角改为旺角，狗爬径改为九华径，屙尿水改为马料水，狐狸峡改为和宜合，乾塘改为官塘，扫墓坪改为秀茂坪。其中乾、浅、芒、尿等为地名通名，广府系居民选用，尤不喜欢吊颈、扫墓作地名，而客家人却不忌讳，说明民系文化观念在地名上也大相径庭。可是在客家方言很流行的新界，仍有不少客家地名，如赤柱、铜锣湾、油麻地、火炭、伯公凹、鸡麻峒、石古垅、乌溪沙、牛牯湾等，与其他方言地名并存，反映新界客家山区的地理环境。

客家地区过去为畲或瑶族所居。畲、瑶族人实行刀耕火种，谓之烧畲。实行刀耕火种的坡地名为畲地（田），这种游耕文化是畲、瑶族人主要的文化形态。唐刘禹锡贬连州时作《竹枝词》云："山上层层桃李花，云间烟火是人家。银钏金钗来负水，长刀短

---

① 张国雄等：《五邑文化源流》，广东高等教育出版社，1998年，第158页。

笠去烧畲。"后来畲、瑶族人他徙或者汉化,其地为后到的客家人所居。文天祥《文山全集》说:"潮与漳、汀接壤,盐寇畲民群聚。"(按元代潮州辖境含今梅州地区)清光绪《嘉应州志》曰:"梅地古为畲、瑶所居。"客家文化覆盖土著文化,但畲字地名仍大量保留下来,广泛分布于客家地区。据统计,梅州市现存畲字地名超过100多处,成为岭南最大的畲字地名集群。如梅县有畲坑、周屋畲、三家畲、双螺畲、孔畲、桥畲、坪顶畲、九家畲、猪畲坑、叶畲等,平远县有欧畲、下畲、香花畲、良畲、小畲、梅子畲、大畲、丙子畲、周畲、黄畲等。其他县市畲字地名也不在少数。这些畲字地名可为聚落、城镇或区域,但其文化蕴意过去是游耕,即没有农田基本建设的土地利用方式,后则指梯田,即按山地或丘陵等高线开辟、有农田基本建设的田地。游耕代表的是旱作文化,主要种植杂粮,而梯田因有水利设施,种杂粮属少数,以种植水稻为主,是一种很大的进步。当然梯田稻作文化景观与广府系三角洲或河谷平原稻作文化景观有很大不同,反映了两种地名文化的区域差异。

岭南是我国有色金属之乡,黑色金属也很丰富,主要分布在山区,故矿冶历来为客家地区一项重要产业,在地名上也充分反映出来。这类地名虽非客家地区所独有,但其点多面广,仍不失为客家方言特色之一。

以陶瓷业言之,历史上梅州、惠州是广东重要陶瓷生产基地,故首尾以窑、厂、瑶等为通名的地名不少。如梅县有瑶上村、瓦坑口,大埔有碗窑、陶溪,兴宁有瑶岗,五华有上陶、碗窑坪,惠州有窑头山、瓦窑岭,始兴有碗厂下,英德有碗子窑、碗窑坪、碗山背等。这些地名不但反映客家地区陶瓷文化的辉煌成就,而且为古窑址调查、发掘指明了方向。

以铁业言之,粤北、粤东北是铁矿主要产地,故历代多有开采。宋代曲江有铁屎岗,乐昌有铁屎岭,连南有铁屎坪,英德有铁屎塘等。明清时阳山有铁屎坑,曲江有灵溪炉,紫金有铁嶂、铁炉峰,平远有铁嶂、打铁寮,连山有铁坑,龙川有铁场、铁坑,翁源也有铁场,蕉岭也有铁坑等。

以金、银、铜、锡采冶业言之,历史上归善(惠阳)有流坑银场、永吉锡场、信上锡场,英德有铜钟银场,清远有钱纠锡场,五华有锡坪,乐昌有铅锡坑,始兴有银龙嶂,河源有银坑,梅县有银溪、银场,清远有银盏坳,曲江有银山,英德有金山迳,梅县有金坑口,韶关也有金坑口等。

此外一些非金属矿开采痕迹也留在客家地名中,如英德产英石,有地名英山;曲江产煤,有东水煤山、西水煤山等。反观粤方言和闽南方言区,这些地名甚为寥落,实际上也是区域文化的一种差异。

五、潮汕系移民文化

潮汕与福建地理上本为一体,故明人王士性说潮州"而与汀、漳平壤相接,又无山

川之限。其俗之繁华既与漳同，而其语言又与漳、泉二郡通"。① 福建人多地少，唐代以降，进入潮汕的闽人日渐增多，大抵在这时闽方言在粤东已经定型。许多福建常用地名传入粤东，成为那里地名文化的重要特色。这些闽南语地名包括以厝、埭、坂、垅、社、浦、汕等为首尾地名。其中厝为典型闽南语，意为房子、家，扩大即为聚落。闽人南迁粤东，为纪念故土，以其命名新居地，也是一种移民文化。厝这个闽台常用字，在福建用作聚落等地名有3643处②，至于粤东有多少，难以一一统计。举凡聚落很多用它命名，如饶平有张厝、李厝、陈厝、林厝、崔厝、施厝等，澄海有刘厝、黎厝、蔡厝、廖厝、灰厝、王厝，海丰、陆丰也有不少以厝为聚落地名。而丰顺则有罗厝、张厝、林厝、洪厝、胡厝等，但已属个别地名，说明丰顺为客家文化区与潮汕文化区过渡地带。又从一厝一姓，说明移民聚族而居，地名文化特色更明显。至于埭、坂、垅、社、浦等字地名，俗字不少。有些不见古书（如埭、垅），作为地名在闽台很常见。而据《广东省今古地名词典》和《中华人民共和国地名词典·广东省卷》，这类地名在粤东很个别，说明它们多为小地名，不为一般地名工具书所载。如海丰有田垅，陆丰有水垅，饶平有上社等。

闽潮人迁居雷州半岛和海南岛，许多聚落地名也在两地传播。福建常用的一些表示人文地理的地名在海南很常见，这已在第二章关于宋元以来闽人迁移琼雷的历史中做了阐述，兹不重复。而在雷州半岛，也有很多闽南语地名，容见下述。

六、闽南方言文化的海洋性

潮汕系地区海洋经济发达，海洋文化兴盛，与水相关的地名甚多，在闽南方言中占有重要地位。这与蓝色地名文化在粤方言中的地位相类，而与山地文化地名在客家方言中的地位迥异。

闽南方言分布在岭南沿海，作为政区名称反映了临海特点，如汕头、汕尾、潮阳、潮安、澄海、海丰、南澳，以及海南、海口、琼海、海康、徐闻等，皆离不开与海有关的含义。

潮汕人以耕海为主，"汕"即为一种捕鱼工具。港湾、海滨在当地经济生活中占重要地位，这类地名很多，如牛田洋、靖海、海山、海门、洋背、鸭头洋、鮀浦、浮洋、湾头、官田洋、秀浦、海埔底、遮浪，以及海安、清澜、潭门等。特别是带"牛"字地名，鲜明地反映了农耕文化，除牛田洋外还有不少这类地名，如澄海有牛埔，南澳有白牛，海丰有牛湖、牛头港、牛巴脊、牛脚村、牛皮地、牛母笏等。潮汕人围海造田，称为塭，以塭为通名的地名很多，如澄海有咸塭、新田塭、公塭，汕头市郊有周厝塭、草

---

① 王士性：《广志绎》卷四。
② 李如龙：《地名与语言学论集》，福建省地图出版社，1993年，第140页。

塭、金山塭，陆丰有町下塭、新塭、大塭头等。此外，煮海采珠也为潮汕人经济来源之一，这些产业地名有灶浦、珠浦、盐鸿、蟹地、盐屿、盐町、盐町头、珠池等。这些产业多依托海滨沙堤兴办，当地称沙堤为陇，即土埂，潮汕有东垅、北垅、内垅、陇尾、营垅、塘垅等。

两广沿海，特别是海南岛渔民远涉鲸海，开发南海诸岛，那里很多地名也属闽南方言。海南渔民称环礁为"筐"或"圈"。西沙群岛羚羊礁也称"筐仔"，华光礁也称"大筐"或"大圈"，南沙群岛榆亚暗沙在深水中，称"深筐"或"深圈"。环礁中潟湖，称为"石塘"，西沙永乐群岛多环礁，渔民称之为"石塘"。宋周去非《岭外代答》曰："传闻东大洋海，有长沙、石塘数万里"①，西沙华光环礁则称"大塘"。这些渔民名称，说明南海诸岛自古以来为我国人民认识、开发和经营。

妈祖作为闽潮人奉祀至笃的海神，以其为通名的地名广见于沿海，尤以航海、渔业发达地区为甚。例如在汕尾，中华人民共和国成立（1949年10月1日）前后7个街区中有4个以妈祖命名，即新宫妈、凤山妈、后寮妈、千金妈。在妈祖（天妃、天后）庙分布地区，这类地名甚多，包含着深刻的海洋文化底蕴。

七、雷州地名文化内涵丰富

雷州半岛群族迁移频繁，中外文化交流不断，多种方言荟萃，区域开发历史较早，积淀在雷州文化层里的各种地名，实是一座巨大语言宝库，剖析其结构、内容、分布，不但有助于对雷州文化特质的理解，而且对其作为一项非物质文化遗产的保护、开发利用也有重要意义。

先秦到隋唐时期，生活在雷州半岛的古越族，虽然代有其称，但从他们使用语言归属而言，都是壮侗语族各语支。这些古越族后演化为壮、侗、黎等少数民族，在语言上留下很多地名，后来闽南人迁来，又带来汉语地名。语言学者认为雷州半岛存在壮、侗、黎语等三种古越语地名，构成地名层次。这些地名含义，不能按汉语解读，更不可能望文生义，牵强附会，否则，会闹笑话。如雷州西北客路镇有个迈哉（村），曾被解释为"迈步前进有何难"，是典型的望文生义，实是古越语"荔枝树"之意。据统计，壮、侗、黎语地名约占雷州半岛地名的五分之一，而分布在农村的约占总数的四分之一。壮、侗、黎是明中叶以后才从半岛中消失的民族，他们的民族语言也同时消失，但地名却保存下来，成为雷州文化一项吉光片羽。

在雷州半岛古越语地名中，以壮语地名数量为数最多，约占古越语地名80%以上，分布遍及全半岛，包括沿海和内陆，但比较集中于西部、西北部和西南部。屈大均《广东新语·文语》说："自阳春至高雷廉琼，地名多曰那某、罗某、多某、扶某、过某、

---

① 周去非：《岭外代答》卷一。

牙某、峨某、陀某、打某，……地黎称峒名有三字者，如那父爹、陀横大、陀横小之类；有四字者，如曹奴那纽，曹奴那劝，曹奴那累之类；有六字者，如从加重伯那针，从加重伯那六，从加重伯那挣之类；有七字者，如从加重伯那白吾之类。"这些地名构词法是壮语成分在前，黎语成分在后，反映民族迁移时间先后，即壮人作为古越族一支先入海南，后来发展为黎族，于是在壮语地名后面加上黎语成分，形成两个层次。雷州壮语地名计有以那、麻、调、潭、博（卜）、昌（畅）为地名起首，其释义相对于汉语如下：

那—田
麻—村
调—地
谭（覃、潭）—塘、坑
博（卜）—口
昌—溪
迈—树

据《湛江市地名志》载，含"那"字地名有65处，"麻"字地名17处，"马"字地名14处（按麻、马同音ma），调字地名27处，"谭（覃、潭）"字地名36处，"博（卜）"字地名23处，"昌"字地名9处，"迈"字地名21处。① 实际上，由于资料来源不同，这些地名统计差异很大。例如据20世纪80年代地名普查结果，"那"字地名在徐闻有56个，海康30个，廉江也有30多个，遂溪有8个。② "那"字既指水田，则稻作文化发达，是古越族文化特质之一。雷州半岛东西洋田即为水稻生产区，另也适于早稻种植，如海康英利镇"那亭村"意为"红田村"，所在地为砖红壤，与地理环境符合。遂溪旧有"麻烈林"，意为"小（山）林"，岘名"韶山林"，实际上道光《遂溪县志·乡都志》已记"麻烈村，又名小山村，县南一百四十里"，已对这个壮语地名作了解读。又海康县北和镇有"调罗村"，意为"下地（坡）村"，当地人称"坡头村"，村落在一个山坡下，也符合地理环境。海康龙门镇"潭黎圩"，意为长坑圩，今名平湖圩，圩以村得名，村场选址于平坦坑田上③，也名实相符。

20世纪40年代，著名地理学家吴尚时教授在南路考察后指出，"基于那字地名分布之辽广，占领土地之优良，内容之齐备等项现象测之，吾人可断定，'那'人实为两广

---

① 广东省湛江市地名志编纂委员会编：《湛江市地名志》，广东省地图出版社，1989年，《词目索引》。
② 司徒尚纪：《广东文化地理》，广东人民出版社，1993年，第334页。
③ 蔡叶青：《海康方言志》，中山大学出版社，1993年，第268页。

一大部分土著，不少当属于彼等之后裔，而上古史上所称之'百越'或以为一重要分子"。① 后来语言考古和民族学研究成果验证了这结论，说明雷州壮语地名蕴含了丰富历史、民族及其变迁等文化内涵。这些壮语地名，在雷州半岛都有其代表性村落或城镇。最广泛的"那"字地名，在海康有那利（长田），那宛（弯田）、那双（高田）、那尾（肥田）、那南（低田）、那停（田红）、那卜（北田）、那里（梯田）、那毛（新田）、那澳（海湾田）、那灵（石头田）、那葛（葛塘）等。在徐闻有那寮、那泗（水田）、那城、那斗（很陡的田）、那练（烂泥田）、那洪（大田）、那郎（傍山田）、那老（壮人田）、那屋（海湾田）等。遂溪有那略（海边田）、那仙。廉江县（今廉江市，下同）有那梭（沙田）、那贺（草田）、那毛（帽形田）、那罗（山田）、那榔（大片田）等。吴川有那邓（山坑田）、那良（好田）、那仅（祠堂田）、那界（养鸭田）、那郭垌（弯田）、那津（井田）、那孔（大田）、那贞（板硬田）、那园（圆田）、那隶（山坑田）、那亭（红色田）、那陵（旱田）、那邹（角头田）、那余（船形田）、那梧（蛇形田）、那柳（漏洞田）、那晏等。

含"麻"字地名作"村"解。在湛江市郊有麻斜、麻弄（平地村）、麻登（屯田村）、麻俸（烂泥地）、麻章（樟树下村）。徐闻县有麻城、麻鞋。海康县有麻亭（红村）、麻演（上来村）、麻扶（船伕村）。遂溪县有麻蕾（旱地村）、麻公（角落村）、麻烈（小山村）等。

含"调"字地名意为地，见于雷州半岛不少地区。如湛江市郊有调罗（路边地）、调东（田桐地）、调安、调高（高坡地）、调白（石山地）、调浪（一排村）、调和（谷子地）、调文（伐林地）、调逻（下坡地）、调论（落石之地）、调山（山地）、调塾、调顺（舌头地）。海康县有调风（大坡）、调元（咸碱地）、调铬（沟地）、调神、调排、调匀（石头地）。

含"谭"（潭、覃）字地名意为坑、塘，在雷州半岛也较常见。湛江市郊有谭井（谭礼）、谭北。海康有谭典（大水塘）、潭杰（干池塘）、潭郎（伞形塘）、谭板（村前坑）、潭龙（大坑村）。廉江县有谭福。遂溪县有谭葛（葛塘）、谭九（山坑塘）。吴川有覃巴（山塘）、覃文（山猪塘）、覃华、覃榜（烂泥塘）。含"博（卜）"字地名意为"口"，在雷州半岛有少量分布，但在海南岛却很多。在湛江市郊有卜品（在泉水口）、博立。在徐闻有博有。吴川有博厚、博吉（锅盖状）、博历（坡地）、博茂（猪口坡）、博崖（艾有村）。海康有卜礼（桥头）、卜昌（溪口）等。

含"昌"字地名意为溪，在徐闻有昌发、昌寸。海康有昌金（黑水溪）。吴川有昌洒。遂溪有昌洋、昌梓。这些壮语地名，相当一部分在广西出现，可知古越人在雷州半岛和广西之间发生频繁民族和文化往来，故在地名上留很多痕迹。

---

① 吴尚时、曾昭璇：《广东南路》，见《岭南学报》7卷1期，1947年。

雷州半岛和海南岛民族关系很深，黎族历史上在两地实为一体，雷州半岛黎族迁入海南，作为壮侗语族黎语支的黎语地名，也仍在原地保留下来，成为当地语言一部分，约占雷州半岛少数民族地名总数的19%。[1] 这些地名主要有以"茂""后""高""南""黎""豪"等开头地名。它们相当汉语如下：

茂—村
后—山
高—山
南—水
黎—山
豪—大

含"茂"字地名在海康有茂莲（水沟村）、茂胆（水田村）、茂良（形如月亮村庄）。含"南"（湳）字地名除有一部分表示方向以外，还为水之意。如海康有南董（烟水河）、南宙（原写永茂，洋田）。含"黎"字地名意为山，故黎人即"山里人"。海康有黎敦（黎山）。含"豪"字地名作"大"解，如海康有"豪郎"（大岭）。

雷州半岛的古越人，不同时代有不同名称，唐称俚、僚，宋代称僮或侗、黎，故也有侗语地名，有人统计约占雷州少数民族地名的8%。[2] 凡以"迈"字为起首地名，大都是侗语地名，"迈"汉语作"村"解。海康客路镇有迈里村，意为高树村，村周围原有一大片原始林，乔木森森；另有迈哉村，意为荔枝村，昔时村子荔枝蔽野。此外，海康还有迈坦村（高树村）、迈炭村（黑树）、迈港（丛林树）、迈特（龙眼树村）；遂溪有"迈机西"（黄皮树西村）等。在湛江市郊则有迈龙（榕树村）、迈合；徐闻有迈陈（一片林地）、迈戴（高地树）、迈谷（产谷村）、迈坷、迈汶（泉村）、迈颜等。

实际上，无论是壮语、黎语还是侗语地名，它们都属倒装结构地名，与汉语相反，但经过长期语言交流和融合，在雷州半岛地名中，产生了一种混合结构地名，即意译加音译，汉语壮语（黎语）一半对一半，使壮、黎、侗与汉语的相互融合，构成混合地名。

海康下岚（村）—下河
徐闻北潭（村）—塘（村）（一说潭口）
海康南罗（村）—南山（村）

---

[1] 蔡叶青：《海康方言志》，中山大学出版社，1993年，第268页。
[2] 蔡叶青：《海康方言志》，中山大学出版社，1993年，第289页。

海康上郎（村）—上坡（村）①

同一种含义的事物在壮语中使用不同形的同音字或近音字来表示，使地名形和音更复杂化，难以寻找其规律，此即一义多形地名。在雷州就有这种地名现象。例如调会地名，"会"意为"水牛"，"调"为"地"，合称水牛地。但在"押花"地名中，"花"意为水牛，"押"同"轭"，合称牛轭村。海康北和镇有鹅感村，意为黑土田，非常肥沃，为水稻丰产区，"鹅"音同"那"，但不写"那"而写"鹅"。这种现象，显然是民族语言长期交流所致。可通过地名读音比较其异同，寻找地名含义。这种一义多形，更加剧了雷州地名的复杂性。

雷州半岛壮、侗、黎族演变先后不一，历时性长短有别，形成同一个地名，有汉语和壮（侗、黎）语两种表示方法，同时并用。如海康有平步村，俗称那遂村，为壮语地名，意为烂泥田；又雷城东有龙头村，俗名那头村，为壮语地名，意为田心村，这类地名，书面或地图上多用汉语，当地人口语用壮语。另有一种情况是同一个地名，汉语称谓使用至今，但其壮语称谓早已消失，或仅在旧志书或族谱中找到，已成为历史地名。如海康田头圩，原名那卢圩。"那卢"为壮语，意为田头，后被取代为今名。又海康山内村，原称那山，②周边为山包围之意，现用山内而不称那山。这些历史地名，已积淀在地名底层，成为一种非物质文化遗产。

闽潮人宋元以降，不断移居雷州半岛，带来闽南语地名，也可称雷州话地名。这些地名带有闽南语命名习惯、特点和景观，也是雷州语言文化一大个性。这类地名占雷州地名多数，归纳起来，有如下特色。

一是小地名皆称以"仔"，与闽南语相似。在海康，即有井仔、网门仔、下寮仔、坑仔、六洲仔、下元仔、东塘仔、英龙仔、新村仔、坡仔、调错仔、贤样仔、塘仔、培家仔、油河仔、迈创仔等。遂溪县有钗仔、石塘仔、打铁仔、分界铺仔、牛圩仔、湾仔、田头仔、黄川仔、石滩仔、那梭仔、急水仔、岭尾仔、迈典仔、河图仔、高塘仔、高田仔、新塘仔、莲塘仔、新围仔、尖仔等。湛江郊区有铺仔、后塘仔。徐闻县有田亩仔、枝仔、梁村仔、龙仔、南村仔等。廉江市有新屋仔、田头仔、良村仔、塘仔、坡仔、黄塘仔等。吴川市"仔"字地名则未见于《湛江市地名志》。显见"仔"字地名有较强的地域性，因吴川方言介于雷州话与广州话之间，"仔"字地名罕见于广州话中。

二是地名夹海洋词汇，无论闽南人还潮汕人都是海洋族群，他们进入雷州半岛，也把很多海洋词汇带来，在地名中反映出来。雷州半岛现有南田（塍）村、林宅（厝）寮村、平余（村）、平原（村）、白院（村）、那卜（村）、那双（村）、麻扶（村）等。

---

① 蔡叶青：《海康方言志》，中山大学出版社，1993年，第269页。
② 蔡叶青：《海康方言志》，中山大学出版社，1993年，第270页。

据有关考证，其中"田""宅"与闽南语"塍""厝"读音一致。"余""原""院"韵母与闽南语相同，而"那""麻"声母与闽南语相同，都说明闽南人移入雷州半岛留下地名。它们读音差异和用字不同，为后来音变结果，但无改于移民带来语言转移的事实。当然，如上述，"那"和"麻"又同为壮语地名，其读音又与闽南语一样，应是民族或民系迁移引起地名音变的结果。闽潮人亲海，"洋"字地名也带到雷州半岛，湛江市郊有洋村、洋溢，海康有草洋、北泮洋、洋家，徐闻有洋尾，遂溪有洋青、洋林等，都是海洋文化在雷州半岛的烙印。

第七章 岭南汉民系风俗文化比较

第一节 风俗历史渊源比较

风俗是文化系统中最具有传承性的一个层面。千百年来,"相沿成风,相习成俗"。《汉书·地理志》说得更明白:"凡民涵五常之性,而其刚柔缓急,声音不同,系水土之风气,故谓之风;好恶取舍,动静亡常,随君上之情欲,故谓之俗",即自然条件相同形成的习尚为风,而社会环境不同形成的习尚谓之俗。风俗内容非常广泛,举凡岁时节令、婚嫁、丧葬、祭祀、饮食、生育、医药、礼仪、风尚、习惯等社会现象或行为都可归入这一范围,且与地理环境、生产方式、生产力水平和人们心态意识等有非常密切的关系。风俗虽是一个历史范畴,但其变化远远落后于社会政治和生产方式改变,所以从现存风俗可以追溯它的渊源、演变的来龙去脉,导出发展规律。风俗的载体是不同人群,而人群是按地域划分的,故风俗也有强烈的地域差异,即"千里不同风,百里不同俗"。风俗已成为民系文化特质的重要标志之一,也是划分民系的一个基础。岭南民系很复杂,他们的风俗即反映了这个特性。

一、广府系古越人的古风遗俗

广府系先民包括南越、瓯越(西瓯)、骆越等古越人,他们大抵到唐代先后被汉化、他迁或演变成其他少数民族。汉族和古越族长期的文化交流、融合,不能不在后来形成的广府文化各个层面中留下古越族风俗文化的印记。

古越人"俗信巫鬼",迥异于中原,如以鸡卜定吉凶即广为流行。汉武帝灭南越国后,在长安建越祝祠,延越巫入住,为他鸡卜决策。广州南越王墓出土龟甲片,说明南越王也用中原龟甲占卜,为汉越文化交流的一个佐证。后世广府系地区普遍流行"占卜"议事习俗,想也由"鸡卜"演变而来。唐柳宗元贬柳州,诗作中有"鸡骨占年拜水神"[①]之句。宋代鸡卜在岭南尤其在广府系地区很盛行,广西宾州、邕州、贺州、象

---

① 柳宗元:《柳州峒氓》,见《柳宗元集》卷四十二,中华书局,1979年。

州及广东新州等"以鸡骨卜吉凶"①。直到明代广州府地区居民"每有所事，辄求珓祈签以卜"，怀集地区"占年用鸡卜"；嘉靖《肇庆府志》也说"好事巫祝，名曰没鬼"②。此俗历久未衰，至今仍在一些山区有残存，实古越人遗风所致。

粤俗重铜鼓。《汉唐地理书钞》载晋裴渊《广州记》说："俚僚铸铜为鼓，鼓唯高大为贵。……风俗好杀，多构仇怨，欲相攻击，鸣此禁鼓，众到者如云，有是鼓者极为豪雄。"岭南铜鼓主要分布在北江以西、西江、高雷和广西、海南等地，在粤东很个别。《晋书》记"广州住民用铜，大半铸为铜鼓，贵重现金，不绝投于熔炉，因此政府禁之"。晋代广州政区不包括粤东，与铜鼓出土地区相符。广州南海神庙即藏有隋代铸大铜鼓，阳春市博物馆也保存多面当地铜鼓。屈大均《广东新语·器语》云："粤之俗，凡遇嘉礼，必用铜鼓而节乐"，并列举廉州、钦州、灵山、博白等地有铜鼓地名。据此可以认为，两广主要是广府系地区是铜鼓在岭南的故乡，古越人高超的铸铜技术一直为后人叹为观止。广府系居民从中得到启发并继承之。

图7-1 南海神庙

古代岭南土著盛行族外婚，如骆越人"无嫁娶礼法，各因淫好，无适对匹，不识父子之性，夫妇之道"③。直到汉人南来，中原婚俗传入，这类族外群婚或遗风才逐渐消失，并向对偶婚和一夫一妻制婚姻转变。但其影响不仅在少数民族，且及汉人，其中在广府系中形成不落夫家和自梳女习俗与此不无关系。不落夫家自古即延续不衰，在珠江三角洲清初已盛，高峰时占当地女性人口10%左右④。乾隆《顺德县志》载"乡之处

---

① 王象之：《舆地纪胜》卷一〇五。
② 嘉靖《广东通志》卷二十，《风俗》。
③ 范晔：《后汉书》卷七十六，《任延传》。
④ 叶汉明：《权力的次文化资源》，见马建钊等：《华南婚姻制度与妇女地位》，广西民族出版社，1994年，第80页。

女，强之适人者，归宁久羁，不肯归其夫家"。又据《屈翁山年谱》记："翁山（屈大均）因前妻仙岭乡刘氏不落家，而以王华姜为继室"。在番禺"乡中女子，习染归宁不返之风"①。近世有人在珠江三角洲一带旅行，仍见"此辈女人在台山、新会、顺德最多"②。但她们可能属"金兰契"，又名"金兰恋"，俗称"契相知"的女子。因珠江三角洲自明中叶蚕丝业发展起来以后，需要大量女工，形成一个独立谋生、摆脱封建婚姻制度、终身不嫁的女子集团，被称为"自梳女"。她们仿效古越人"箕踞椎髻"，即把头发梳成高高发髻，以区别于其他女子。清张心泰《粤游小志》云："广州女子多以拜结姐妹，名'金兰契'。女子出嫁后归宁恒不返夫家，至有未成夫妇礼，必俟同盟姐妹嫁毕，然后返回夫家。若促之过甚，则众姐妹相约而自禁。……此风起至顺德村落，后传染至番禺沙茭一带，效之更甚，即省会亦不能免。"有论者以为自梳女所结"金兰契"是一种同性恋关系，说她们"情同伉俪……二女同居，虽不能具男女之形式，实具有男女之乐趣"③。清曾苏绍《顺德竹枝词》曰："绮罗丛里契相知，姤合居然伉俪随。筮得坤爻空血战，无阳毕竟使阴疑。"④ 五邑地区昔有供未婚女子居住活动的"女仔屋"，供男子娱乐专用的"散仔馆"，都与海南黎族青年男女"放寮"用的"青年馆"相类似，应是古越人性观念开放的残余。

图7-2 全国最高的汉代铜鼓阳江周亨铜鼓（左章杰提供）

广府系山区，晚禾收毕，架木为棚，堆放草料，这种棚架实为古越人"干栏"建筑的变异。在西江流域各地，这种人文景观至为触目，漠阳江流域也如此，乃这些地区为古越人一分支隋唐时称为俚人的居地保存下来的生产风俗。

越人能歌善舞，不但后来由越人演化的黎、壮等少数民族以歌舞著称，而且汉人也深受其影响，广府系也不例外。为庆丰收或祈望丰年，西江流域、广西钦州、珠江三角洲等地流行"跳岭头"或"跳禾楼"乐俗。明广东方志即载"八月中秋，假名祭报，装扮鬼像于岭头跳舞，谓之跳岭头，男女聚观唱歌互答，因而淫乐，遂假夫妻父母兄弟而生，恬不为怪"⑤。阳江、台山、四会等地方志也多有所记，如民国《四会县志·礼仪民俗》云"若跳禾楼，则乡间始有之，且举于获稻后，所以报赛田事也。"这都与古越人稻作文化发达、世代传承有关。

---

① 胡朴安：《中华全国风俗志》下篇卷七，中州古籍出版社，1990年。
② 向南：《西南旅行杂写》，厦门大学《人类研究》（试刊号），1985年，第107页。
③ 胡朴安：《中华全国风俗志》下篇卷七，中州古籍出版社，1990年。
④ 新编《顺德县志》，中华书局，1996年，第1143页。
⑤ 《民族民间艺术研究》（第二集），广东人民出版社，1986年，第147页。

岭南炎热，流汗消耗大，需及时补充水分及养分，故食粥很适应这个地理环境，也是古越人的一种风俗，并流传至今。有论者曰："壮人据地甚广，其大部百谷皆宜，然其人犹秉祖宗以前穷守山谷之遗训，以饭食为暴殄，朝夕餐膳，无不食粥。虽然积谷盈仓，而日亦如此。"① 按壮人为古越人后裔，其习俗深刻影响广府系。虽然客家系、潮汕系、雷州系也食粥，并且潮汕地区更普遍，但就粥品文化内涵之深广而言，无疑以广府系为冠。1956年全国名菜美食展览会上，广州历史传下来的参展粥品有84种之多，古越人食粥遗风在此中功不可没。

二、客家系中原风俗的演变

客家人从中原进入岭南封闭山区，一方面继承中原风俗，另一方面又受新环境感应和土著文化影响，许多风俗发生变异，最终形成客家系自己的风俗文化，并以此作为民系特色区别于广府系和潮汕及雷州系。

深受儒家文化影响，客家人俗重出身门第，扬家声，多标榜自己为中原世胄，乡土和群体意识强烈。志称"俗重宗支，凡大小姓，莫不有祠，一村之中聚族而居，必有家庙，亦祠也"②。祠必有堂号，往往以反映祖先居地或发祥之地命名，故名姓堂号大都不同。如兴宁陈姓堂号为"颍川堂"、丁姓为"济阳堂"，五华李姓堂号为"陇西堂"，梅州吴姓堂号为"至德堂"、王姓为"三槐堂"，蕉岭严姓堂号为"富春堂"等。堂号都有堂联，多以客家人原居地郡或官名入联，以示不忘故土，且上下联中分别有"世泽""家声"之类专用词语，反映他们怀念祖宗功德，溯本追源心态。例如梅州范姓源于山西高平郡，故堂联为"高平世泽，良相家声"；蕉岭严姓，源于甘肃天水，堂联云"富春世泽，天水家声"；平远蓝姓堂联为"汝南世第，节度家声"；兴宁高姓堂联为"供侯世德，渤海家声"，李姓堂联为"龙门世德，柱史家声"等。逢年过节都在祠堂、家门等处挂上标志该姓姓氏、堂号的灯笼，贴上堂联，内容多为祖宗来源、宗风祖德、史实功名及其原因等。这种风俗景观，在广府系、潮汕系地区难以见到。据有关调查，仅梅县刘、李、杨等116姓，即有130个堂号、210种堂联。③ 而这些堂号所反映客家移民来源也在实地调查中得到印证。梅州162姓郡堂号，其中从河南迁来的有12郡号37姓，从河北迁来的有12郡号18姓，从陕西迁来的有5郡号18姓，从甘肃迁来的有6郡号25姓，从山东迁来的有6郡号12姓，从山西迁来的有6郡号21姓，总共131姓，占梅州姓郡堂号总数81%④。这些堂号使一姓人内聚力大为加强，大乡村中往往不见一个外姓人。宗族隔阂也由此而生，可保持至几十代不变，也是维系中原风俗的一种原动力。不

---

① 刘锡蕃：《岭表纪蛮》，商务印书馆，1934年，第55页。
② 光绪《嘉应州志》卷八。
③ 吴炳奎、李造祥：《客家姓氏的堂号堂联》，《梅县文史资料》第十九辑，1991年，第199-207页。
④ 《梅州文史》第十辑，1996年。

过宗族界线过分明显，也有其负面效应，即造成宗族间对立、纠纷，甚至导致械斗。这类事件屡见不鲜。

客家人也必须适应新环境，在居地人口、资源和环境矛盾不断尖锐、剧烈的情况下，客家人也不得不放弃自我标榜的所谓中原世胄那种清高习俗，形成适应山区环境的尚武、狩猎、妇女走出家门从事田间劳动、男子外出谋生，以及山歌艺术等习俗。除了读书作为求上进的谋生手段在客家系地区蔚为风气，反映儒家文化牢牢地占据客家人精神阵地以外，其他人看不起的一些职业，客家人往往干得很起劲，并颇有成就。过去广州的理发师几乎全是客家人，现在流动于各地的石匠、钟表匠以及其他手工艺者，很多也是客家人。这说明客家人风俗已产生很大变异，其程度比广府系、潮汕系、雷州系要深广得多。

三、潮汕、雷州系与闽风俗溯根同源

明代地理学者王士性指出"潮（州）在南支之外，又水自入海，不流广。且既在广界山之外，而与汀、漳平壤相接，又无山川之限，其俗之繁华既与漳同，而其语言又与漳、泉二郡通，盖惠作广音而潮作闽音，故曰潮隶闽为是"①。即潮州地理形势、居民成分、语言、风俗等与闽南一体，具有共同风俗渊源，实属同一个风俗文化群落区。宋以后，闽潮人大量移居雷州半岛和海南岛，并成为当地居民的主体，故两地风俗也是闽潮风俗的延伸。虽然在王士性之后，潮州风俗因受广府系、客家系风俗及海外文化影响不无改化，如海丰地名，除闽南方言常用的厝、墟、汕为通名以外，还有粤方言常用的塱（塱）、冲（涌）、浦（埔）等通名，以及嶂、磜、塅、輋、崀等客家方言地名通名，以及陆丰县（今陆丰市，下同）"岁朝伏腊，纳节时庆与通省同"②，都可为事例，但并不能改变海陆丰仍属闽南风俗文化群落范围。闽潮人迁入琼雷，受当地地理环境，包括古越族遗风影响，如狗崇拜，接受和参与纪念俚人首领冼夫人各项风俗活动等，其固有风俗随而发生一定变异。然就文化本质而言，雷州半岛和海南岛风俗还是闽风俗一部分，或者说是它的一个变异和亚群落。

第二节 岭南汉民系的风俗文化

一、神灵崇拜

1. 广府系多神崇拜并存

广府系地区地理环境复杂多样，人与环境感应整合，形成生态文化多样性；而明清

---

① 王士性：《广志绎》卷三。
② 乾隆《陆丰县志》卷二。

以来发达的商品经济，使人对变幻难测的市场充满神秘感，谋取商业利益驱使人们求助于各种与此有关的神明；与外来文化的交融、渗透：这样，它的文化多样性比其他民系要绚丽多彩，反映在精神文化层面上即有多神崇拜并存于社会生活的各个角落。

一是水神崇拜。水与人类生活关系极大，发生在水网、河口、海岸地区的与水有关的自然、人文现象被神化，赋予某种超现实意义，形成诸神，受到人们崇拜。在广府系地区这些水神主要有如下几种：

龙母崇拜，流行于西江流域。大小龙母庙遍布，中华人民共和国成立前数以千计，其中高要、肇庆、顺德、广州、港澳、梧州、藤县等较为集中，仅德庆县内就有300多座，又以德庆悦城龙母祖庙最为著名。这座规模宏大的庙宇始建于秦汉，代有修葺，至今已有2000多年历史。从南朝沈怀远《南越志》、唐刘恂《岭表录异》到清初屈大均《广东新语·神语》等都有龙母为温姓夫人，秦始皇闻其有德于民，有功于国，欲纳进后宫，夫人不从，后化为龙的传说记载。自汉以来，各朝对龙母封赠有加，甚至由道教"三天上帝"封为"水府元君"，显示这位龙母由人变成水神。龙是鳄的化身，都是古越人图腾。从神话回到人间，龙母实是母系社会时期西江地区古越人某个支系的首领，被神化以后，成了当地保护神。农历五月初八为龙母诞，届时悦城龙母祖庙来自西江两广地区、珠江三角洲乃至湖南、江西等省的善信数以万计，形成狂热的祀拜盛会。宋靖康年间吴揆撰《赐额记》云："自秦迄今，凡二千载，康人得神之惠，愈久愈深，而庙食愈盛"；清康熙卢崇兴《悦城龙母庙碑记》也载："从此往来之士庶农绎报赛祝者络绎如织，千百年如一日也。"叶春生《岭南民间文化》引有关资料，说1946年一届龙母诞，组团来贺诞者总数在30万人左右。近年当地以此为资源发展旅游，龙母诞期间香客仍保持30万人左右，年收入约2000万元，成为德庆支柱产业。在佛山龙母庙，过去"男女祷祀无虚日"[①]。顺德清咸丰年间（1851～1861年）有乡庙84座，2座为龙母庙，并与天妃庙一起致祭[②]。广西贵港、广东增城等地龙母诞同时演神戏，轰动四方。肇庆至今尚存宋代白沙龙母庙和清代护龙祖庙，成为龙母崇拜代表之一，也是当地旅游景点。

天妃崇拜。天妃为我国东南沿海航海保护神，尤为闽、台、粤人崇拜。天妃初兴于福建，称"妈祖"，元代才封为"天妃"，清晋封为"天后"，都泛指海神。在宋代，福建与广东海上贸易非常兴旺，天妃信仰随而传进广州等地。南宋任职广州的刘克庄最早记载"某持节到广（州），广人事妃，无异于莆（田），盖妃之威灵远矣"[③]。宋代东莞已建有妈祖庙。元代天妃已由朝廷致祭，其发展势头有取代南海神之势。又因两神祀日

---

① 乾隆《佛山忠义乡志》卷十八。
② 咸丰《顺德县志》卷十六，《胜迹》。
③ 刘克庄：《后村居士集》卷三十六。

（农历三月廿三日）相同，结果出现争祭现象，但最后还是天妃既由官祭，也由民祭，无论富者、贫者、贵者、贱者、舟者、陆者，莫不奉祀，形成热烈的拜祭气氛。志称在佛山"天妃，司水乡，人事之甚勤，以居泽国也。其演剧以报，肃筵以迓者，次于事北帝"①；在东莞，老百姓"衣文衣，跨宝马，结彩栅，陈设焕丽，鼓吹阗咽，岁费不赀"②；在广西贵县，"其他赛会迎神演戏，则关帝、观音、天后、龙母、北府、东岳、三界各庙宇，昔日亦各有神会"③；在郁林，有"念（三月）三日，天后神诞"的盛大活动。这都因为"吾粤水国，多庙祀天妃"④。著名水乡顺德，清咸丰年间即有天后庙47座⑤。举凡河网发育和临海地区即有天妃庙。据有关方志，广州、佛山、开平、高明、鹤山、高要、封开、四会、广宁、新兴、德庆、郁南、阳江、阳春、中山、花县（今花都区，下同）、台山、赤溪（今属台山）等地，并溯西江入广西沿江各地都有数量不等的天妃庙。广东增城新塘、仙村等水乡的群众每出海前都要到庙里拜祭一番，心里才感到踏实。这种虔诚致祭实际风靡天妃崇拜一切所到之处，形成从沿海向内地扩散的格局。不但天妃庙宇林立，天妃地名也很普遍，如广州即有6条天后街（巷），即一德路天后巷、西华路天后里、带河路天后直、光复北路天后庙前、芳村天后庙前街等。

潮汕系地区对天妃崇拜比广府系地区尤甚，说明这两个民系有着共同的深厚亲水文化根源。而在客家系地区，天妃庙并不普遍，仅在水路交通要冲地区建立，如东江河源、紫金即有天后庙，从名称知道为清代所建。地理环境和经济生活方式的差异，成为各民系对天妃崇拜取舍不一的根源。

南海神崇拜。南海神作为海神，至迟从隋代就流行于珠江三角洲地区，唐天宝年间被封为广利王。宋康定二年（1041年）又赐封"加洪圣"，故南海神庙又称洪圣庙。据叶春生教授估计，中华人民共和国成立前广东南海神庙（含称洪圣庙、广利庙）不下500座，超过天后庙数量（300多座），但分布不平衡。南海神庙在珠江三角洲地区甚多，中华人民共和国成立前仅南海、番禺两县就有100多座，有的乡多至8座，佛山镇内就有4座，其他地区没有或偶有，带有强烈的地域性。广州南海神庙（又称波罗庙）建于隋，历史最长，阴历二月初十至十三为波罗诞，三角洲各地参拜者甚多，旧有"第一娶老婆，第二游波罗"之谚。顺德清代有南海神庙14座。珠江三角洲边缘或外围，南海神庙极少或绝迹，如清远还有洪圣庙，博罗则没有，而到高州、化州一带甚至梅县、新兴、阳山等县又出现，不过有的称为龙王庙，有人认为这位龙王即南海神广利王。如江门潮连洪圣殿即供奉南海洪圣龙王，把南海海神和南海龙王合在一起了。这个

---

① 乾隆《佛山忠义乡志》卷十一，《岁时民俗》。
② 民国《东莞县志》卷一〇二。
③ 民国《贵县志》卷十八，《礼仪民俗》。
④ 屈大均：《广东新语》卷六，《神语》。
⑤ 咸丰《顺德县志》卷十六，《胜迹》。

分布格局，反映广州作为海上丝绸之路最大港口地位和珠江三角洲航运、水产业兴盛。

北帝神崇拜。真武帝或北帝在岭南也属水神，亦因地理位置和环境所致。屈大均释曰："粤人祀赤帝，并祀黑帝。盖以黑帝位居北极而司命南溟，南溟之水生于北极。北极为源而南溟为委。祀赤帝者以其治水之委，祀黑帝者以其司水之源也。"① 赤帝一说为祝融，司南海，如屈大均《广东新语·神语》说："祝，大也，融，明也。南海为太阳之地，其神沐日浴月以开炎天，故曰祝融。" 所以广州南海神庙也是祝融享受人间香火的庙宇。而黑帝亦称北帝、上帝、真武帝，"粤多庙祀真武"，因"吾粤固水国也，民生于卤潮，长于淡汐"。② 珠江三角洲多水，水又为农业命脉，北帝庙也最多，以佛山真武庙（俗称祖庙）规模最为宏大，影响最广，"岁三月上巳（三月初三），举镇数十万人，竞为醮会。……凡三四昼夜而后已"。③ 广西西江地区也多北帝庙，北帝诞这天，梧州一带"士民贺神酬愿"。北帝庙虽非广府系地区特有，但以河流稠密，无疑是北帝崇拜最勤地区。

图7-3 雷州伏波庙

伏波神崇拜。汉代进军岭南和平乱有功的西汉伏波将军路博德、东汉伏波将军马援身后受到岭南人设庙奉祀，从粤北到海南，从桂北到北部湾，主要在他们进军水陆交通线上，即有伏波庙。屈大均说："以海神渺茫不可知，凡渡海自番禺者，率祀祝融、天妃，自徐闻者，祀二伏波。"④ 两伏波被列入海神之列，"伏波祠，广东、西处处有之，而新息侯（指马援）尤威灵"。⑤ 广府系和潮汕系及琼雷一带，是两伏波主要活动地区，

---

① 屈大均：《广东新语》卷六，《神语》。
② 屈大均：《广东新语》卷六，《神语》。
③ 屈大均：《广东新语》卷六，《神语》。
④ 屈大均：《广东新语》卷六，《神语》。
⑤ 屈大均：《广东新语》卷六，《神语》。

受奉祀也最诚，留下遗址遗存、传说等也最丰。而在客家系地区，除粤北以外，伏波神地位和待遇已被大打折扣。

二是谷神崇拜。广府系地区稻作文化发达，凡与此相关的神话人物被都纳入谷神系统设庙受到崇拜。广州五仙观，源于古代五位仙人骑羊负五谷降临楚亭的故事，五仙成为五谷神，羊被奉为图腾，是珠江三角洲稻作起源的一个意象。中山村落也多祀禾谷夫人，认为她是后稷之母姜嫄，本居陕西武功，然能在岭南立祠，反映华夏农业文明在岭南的传播，珠江三角洲应是一个首途之区。屈大均云："社，土神也；稷，谷神也。新年报赛，以二神为归足矣，乃立淫宇而享祀无度。"① 据明嘉靖《广东通志·政事志》载，各府州县治均有社稷坛，即奉祀谷神场所，但唯上述广州、中山另多谷神庙坛，表示谷神崇拜在珠江三角洲地区更为风行。

三是其他诸神崇拜。广府系地区不但崇拜神明多，种类庞杂，而且连一些怪石、巨树也成为崇拜对象。清杏岑果尔敏《广州土俗竹枝词》云："粤人好鬼信非常，拜庙求神日日忙。大树土堆与顽石，也教消受一炷香。"此竹枝词专为广州风俗而作，想见求神风俗在广州要比其他地区更加泛滥。甚至一个家庭也供奉多种神祇，大门有门神，院子有天神，堂屋有观音、白帝、天后、华光帝、关帝、金花娘娘、马王等神，住房有阿婆神，水井有井神，厨房有灶神，厕所有紫姑神，此外还有雷神、紫微神等。故《广东新语·宫语》说广州地区"其大小宗祖弥皆有祠，代为堂构，以壮丽相高。每千人之族，祠数十所；小姓单家，族人不满百者，亦有祠数所"，即展示了明清时期广州地区祠庙林立的盛况。直到中华人民共和国成立前，南海所辖佛山镇在6平方公里城区内即有各类神庙、佛寺、道观等202座②。据叶春生先生在《岭南民间文化》一书中统计，中华人民共和国成立前，广州神诞表列神明就有40多位，金花庙供奉的尊神达98位，东莞城隍庙收录的神明也有65位之多，以至广东省当局惊呼："无论山野乡曲之间，仍有牛鬼蛇神之俗，即城市都会所在，亦多淫邪不经之祀。"1928年还下了一道《神祠存废标准令》，但收效甚微，显见神明崇拜风俗根深蒂固，绝非短时可以废除。嘉庆《龙山乡志》载，顺德这个乡有家庙200多座。过去这个乡每个家庭每天烧香一次、两次或三次；神诞每月至少有一次，多则七次，如白衣观音诞、土地诞、张王爷诞、关帝诞等，这自然伴随着频繁的拜祀活动。据两广地方志民俗资料，很多州县都有上述《广东新语》所载祭神活动，如广西贺县（今贺州市，下同）除"敬祖宗外，祭天地，建祠庙，拜神佛，甚至连井、灶、门槛、猪牛栏、田头、社、路头、伯公等，莫不崇祀，迷信实深"③。如此庞杂的崇拜神明系统，

---

① 屈大均：《广东新语》卷六，《神语》。
② 佛山市志编委会：《佛山史话》，中山大学出版社，1990年，第30页。
③ 民国《贺县志》卷十。

实为广府系多元文化共存、平行不悖发展的一个缩影。

这些不同神明,大多为某一地域群体共同崇拜的对象,形成层次不同的祭祀圈,即某一信仰文化空间占用形式。例如龙母主要属西江和珠江三角洲地区祭祀圈,天妃属沿海祭祀圈,南海神属珠江三角洲祭祀圈。有些影响较小的神明,则为某些聚落群或某一村社所供奉,因而祭祀圈较小。龙母为河神,天妃为海神,但广府系居民两神均拜,正好反映广府系地区海河交汇地带风俗文化特色。另据学者研究,广府系郁南县拥有105平方公里、2万人口的桂圩地区,即有以供奉邓公(一位来自广西的打虎英雄)的百担庙和供奉孔明、关羽的文武帝庙为中心构成的最高一级地区性祭祀圈,以邓公庙和北帝庙为中心的聚落性次级祭祀圈,以土地神为偶像的最基本一级聚落性祭祀圈。这三个祭祀圈涵盖了整个桂圩地区。① 这种多神明共祭现象虽在各民系都会存在,但广府系多神崇拜所形成的多层次、多等级祭祀圈,无疑会比其他民系祭祀圈更具有多样、复杂和相互叠加的文化品格,并显示它们分布的圈层性空间结构。

2. 客家系突出祖宗神和功名神崇拜

祖宗神崇拜对各民系毫无例外,但对客家系却显得更为隆重、突出。这一是客家人来到岭南的陌生环境,筚路蓝缕,以启山林,自然会碰到许多困难,对比他们原来的居地,反差很大,故令他们更思念故土;二是客家人聚族而居,亟须对自己所属宗族的认同,以巩固内部团结,适应艰苦创业;三是标榜自己为中原世胄,以扬家声、褒名节。所以祖宗神崇拜成为客家系最主要的民间信仰和祭祀形式。不少家谱都说:"参天之木必有其根,怀山之水必有其源,人之有祖,亦犹是焉。"② 故客家居地处处有族姓宗祠,祀奉族姓共同祖先;户户民居有祖堂,祀奉列祖列宗。每逢大节日、婚嫁、喜庆之日必有祭祖活动。地方志上所记祀奉祖先的礼仪烦琐,程式复杂,较其他民系为甚。如民国《新修大埔县志》,即记祭礼分普通礼和大礼,其中大礼又有序立、降神、盥洗、跪、焚香、叩首、开樽、祭酒、奉馔、读祝、焚祝文、化财帛等程式③,实不一而足。这样的祭祀活动,即使迁居外地的族人,届时也要回来参加。如五华县华城镇乐洞村卓氏族人,春节前后拜祭祖先特别隆重,拜祭时所念神语曰:"祖公、祖婆、房叔、房伯,生为人,死为神,今日是某节日,备有酒肉三牲,请你回家聚餐,保护老少安康,财丁兴旺。"④ 这个祖宗神系统涵盖面广,渊源深,通过祭祀来强调宗族的群体意识和内部团结,与上述客家地区祠堂林立,且必有堂号和堂联异曲同工。

客家人秉承中原礼教,尤重名节,故对文治武功的历史名人崇拜有加,往往请进祠宇供奉,以作为教育族人、谋取功名的一种手段。原香港中文大学谢剑博士根据光绪

---

① 陈运飘:《粤西桂圩地区祭祀圈研究》,《岭南文史》1993年第3期。
② 平远黄畲:《杨氏族着·明朝老谱序》。
③ 民国《新修大埔县志》卷三十九。
④ 黄淑娉:《广东族群与区域文化研究》,广东高等教育出版社,1999年,第419页。

《嘉应州志》所列神坛作了分类统计①，清代该州由官府主祭一般性庙坛共84间，其中职掌天庭神祇（如三帝、玄帝）庙宇19间，职掌地府神祇（如城隍）庙宇4间，职掌人间事务神祇（如山川、土地神祇）61间，各占23%、5%和72%。可知当地客家人对天、地、人三种神祇的取向，以分布最多最广的人神祇膜拜最勤。同样地，在当地民间祭祀神祇的122座庙坛中，属于名宦贤吏（如徐公祠）的有38座，艺文功名（如文昌庙）的有30座，武德军功（如关帝庙等）的有29座，三者共97座，占总数的80%；其他如航海贸易的天后宫，农事的五谷宫，贞节孝悌的节孝祠，医药保健的药王庙，养生添寿的白鹤宫，鸿运发财的财神宫等总共才25座，占20%。这种反差，说明客家人追求成为前述三种名人；令人诧异的是全境财神庙仅得一座，又反映客家系地区商品经济不发达，钱财意识淡薄。谢剑博士还对比了清末民初全国9个地区文武人物庙坛数量，其中在广东的有广府系罗定、佛山和客家系嘉应州，结果如表7-1②：

表7-1　各类名人庙坛在部分民系地区分布

分布区	庙坛总数/间	艺文功名人物庙坛		武德军功人物庙坛		其他人物庙坛	
		数量/间	比重/%	数量/间	比重/%	数量/间	比重/%
嘉应地区	122	30	24.60	29	23.80	63	51.60
佛山	240	8	3.33	15	6.25	217	90.42
罗定	146	6	4.11	93	63.70	47	32.19

表7-1数据显示，客家人对文武功名人物至为推崇，这类神祇庙坛比例大且集中；部分广府人也有同样取向，但佛山两类人物庙坛比例很低，其他杂神比例占绝对优势。这说明客家人比广府人更追求功名，而以佛山为代表的珠江三角洲恰是崇拜多种文明典型地区。以外出谋生为风尚的客家人自然希望建功立业，对文武功名人物祭祀也最笃最勤；相反，佛山地区杂神如此之多，正是商品经济发达，各行各业都有自己供奉神祇所致。

3. 潮汕系雷州系重海神、人神和其他自然神崇拜

广府系、客家系虽然都是泛神论者，也非常注重自然神和祖宗神崇拜，但都比不上潮汕系和雷州系对自然神崇拜有加，其中海神和山神又占重要地位，说明临海近山地理环境赋予这两个民系很大的影响力。

特别是雷州系地区，土著文化复杂多样叠加，汉文化成分使这里神明崇拜五花八门，庙宇多达125处，反映对神的信仰相当强大，占据了当地人的精神世界。

---

① 光绪《嘉应州志》卷十七。
② 谢剑：《清代嘉应地区客家神统的结构与功能分析》，见谢剑、郑赤琰主编：《国际客家学研讨会论文集》，香港中文大学、香港亚太研究所海外华人研究社，1994年，第394-397页。

据有关方志统计，明清时期，雷州半岛民间神庙有125座，30余种。实际上，这是指志书所记神庙，而遍布雷州大地，到处可见的土地庙，却没有统计在内。据嘉庆《雷州府志》载，海康县有村落156个；道光《遂溪县志》载，遂溪县有村落160个；宣统《徐闻县志》载，徐闻县有村落750个。三个县村落合1066个，如果按照每个村落至少有一座土地庙，则雷州土地庙数量十分可观，至少在1000座以上，甚至难以历数，反映雷州人对土地依赖，是农业文化兴盛的表现。

按照神庙功能，主要可以分为两大类，一类是自然神祇的神庙，另一个是人神庙。

（1）自然神庙，包括土地庙、城隍庙、文昌庙、火雷圣母庙、火神庙、三官庙、三圣庙、真武庙、四帅庙、仓神庙、东岳庙、五岳庙等。这类神庙是雷州人对自然崇拜的产物，体现了人们对自然力量的崇拜。这些神祇被视为主管人间风调雨顺、祸福安危、功名利禄、生老病死，因为受到崇拜。从上古土著民族和后来迁来的汉族都崇拜这些神祇，反映了雷州文化与中华民族多元一体的关系和格局。

（2）人神庙，包括雷神庙、关帝庙、天后庙、白马庙、伏波庙、宁国夫人庙等，这些神庙所奉祀的神祇原为人，因有功于朝廷或当地，身后被晋升为神。这是对祖先、功臣和英雄的崇拜，是一种社会力量的表现，反映人们对适应自然、改造自然、改造社会力量的崇敬和怀念之情。

图7-4　雷州天后宫

这两类神祇的庙宇分布遍布整个雷州半岛，可列表如下：

表7-2 各类名人庙坛在部分民系地区分布

县、府	神庙名称	数量（座）
海康县	医灵庙、灵山庙、镇海雷神祠、雷庙2、伏波庙4、城隍庙、县城隍庙、英山雷庙、天师庙、关王庙、天妃庙（天后庙、天后宫、天妃龙应宫）11、文昌庙3、真武庙/堂2、天福庙、龙王庙2、二元宫、三官堂、准提阁、显震庙、风神庙、马王庙、威德王庙、康皇庙、白马庙	42
徐闻县	伏波庙/祠2、土地祠、关帝庙6、火神庙2、天后宫/庙5、文昌庙、武庙、城隍庙2、马王庙、龙王庙2、玄坛庙、华光宫、太华庙、邬王庙、北府庙、雷祖庙2、真武庙2、白马庙2、五岳庙、三元堂、三官堂、火雷圣母庙、文武火雷庙、城隍庙	40
遂溪县	关王庙、天后庙/宫9、仓神庙、城隍庙2、文昌庙2、真武庙2、龙王庙、风神庙、关帝庙5、火神庙、雷祖庙4、东岳庙、南天宫2、两仙宫、准提阁、三官堂、四帅堂、三圣宫2、广福庙（即旧东岳庙）、元坛庙、华光庙、康皇庙、三灵庙	43
雷州府合计		125

资料来源：本表据冼剑民、陶道强《试论明清时期雷州民间神庙文化》统计，载《岭峤春秋——雷州文化论文集》，中山大学出版社，2003年，第121–126页。

在这个庙宇林立、神祇众多的神灵系统中，最受雷州人崇拜的主要有妈祖（天妃）、雷祖、伏波神，以及狗图腾等，充分反映雷州神明文化的多样性和复杂性，比佛、道、儒、天主、基督等宗教神明崇拜要热烈、普及和流行得多。但雷州系与潮汕、海南环境、居民来源和历史进程又颇多共同性，仍以下面神明崇拜为主。

(1) 海神崇拜。潮汕毗邻福建，是福建海神妈祖首先传入之地。宋代妈祖"神之祠不独盛于莆（田），闽、广、浙、甸皆神速也"。① 到明清时期，天后庙已林立沿海各地，并广泛见于台湾和东南亚。据有关方志统计，目前广东存天后庙100多座②，潮汕系地区占多数。中华人民共和国成立前，汕头一埠就有近10座，著名的如出海口妈屿上的新妈宫、老妈宫、升平路关老妈宫、杉排路新妈宫、厦岭妈娘宫、崎石天后庙等。面积仅130平方公里的广东第一大岛南澳岛现仍存15座天后宫，最早的建于宋。揭西天后宫建于清光绪九年（1883年），以宏敞见称。潮安旧称海阳，也是妈祖崇拜中心之一，光绪时有天后庙10座以上③，同期潮阳也有5座。④ 这两地天后宫庙多在城内各地

---

① 丁伯桂：《顺济圣妃庙记》。
② 陈泽泓：《广东民间神祇》（下），《羊城今古》，1997年第5期。
③ 光绪《海阳县志·建置志》。
④ 光绪《潮阳县志》卷六。

会馆附近，皆为民间私建，指实为商业兴盛所致。澄海天后庙也有7座①，著名的一为后沟妈宫，位于水陆交通方便的河边，二为樟林即潮汕古代著名港口的天后宫。闽船云集樟林，天后宫大门联曰："海不扬波，稳渡星槎道迩；民皆乐业，遍歌母德恩深。"放鸡山天后宫，有用鸡放生祀天后宫仪式，为当地特有习俗。海陆丰多港湾，志载天后宫不少，还流传许多天后显灵故事。在汕尾，不但以妈祖命名的街道甚多，连小孩取名也不例外，往往与妈祖或佛祖相联系。男孩常以"妈""娘""佛"为通名，过去男孩不是叫"佛泉""佛有"，就是叫"娘包""娘兴""娘溪"，或称"妈禄""妈水""妈吉""妈炎"等，希望得到妈祖保佑，也是妈祖崇拜的反映；女孩取名，则与"妈""娘""佛"等无关，从侧面反映潮汕人对海洋的依赖，因女子不便于出海之故。从海陆丰以西，天后宫继续大量出现，经珠江口两侧、台山、阳江，至雷州半岛，直下海南沿海。志载电白有5座，见于县城、水东、博贺等港口或近水处；吴川有8座，位居南海神、冼太夫人、龙母庙之先，在当地人心中地位甚高；海康有多座，其中最大一座县城南天后庙门联曰"闽海恩波流粤土，雷阳德泽接莆田"，雷州半岛妈祖信仰与福建莆田关系很深远；又今湛江东方街原名"天后街"，以旧有天后庙得名，惜今已废为民居。高雷地区本盛祀冼夫人，庙宇林立，妈祖传入，也有被请进庙中并祀的，但称"宣封庙"，今湛江市南郊即有一座。湛江硇洲岛为航海冲要，明正德元年（1506年）修天后宫，代有重修，属名庙。徐闻海安港为通海南岛要津，明代修有妈祖宫，香火颇盛。此外，雷州半岛还崇祀三婆婆神（也是海神），传为妈祖之姐。民国《海康县续志·坛庙》云："雷俗亦多祀三婆婆神。云是天后之姐，以三月二十日为诞辰。考刘世馨《粤屑》云，浔州天后庙有碑记叙述天后世系言自莆田庙中抄出者，称天后有第三姐，亦同修炼成仙。则三婆婆有来历，非子虚也。"这实是从妈祖衍生出来的海神崇拜。从宋代起闽潮商人即活跃于海南，故岛上妈祖庙甚多。嘉靖《琼州府志》曰："今渡海往来者，官必告庙行礼，而民必祭卜方行"，这位护航女神已深入官民之家。志载天后庙在岛南端崖州有6座②，西北儋县有4座③，其他州县难以历数，以海南四周多港湾之故也。因妈祖是源于民间的神祇，比官封的南海神更贴近群众，所以庙宇多、祭祀盛，每逢妈祖诞日（一般为农历三月二十三日）多有游神、演戏等群众性风俗活动，如岛内陆定安县这天"各会首设庆醮，或请神像出游，谓之'保境'"④，反映妈祖作为勇敢、无畏、正义的化身，有涉波履险、热爱公益、济世救民的美德，正是潮汕系、雷州系、广府系人民勇于开拓、冒险、进取精神的表现。此外，潮汕人还有自己独创的海神，称为"使者公"。其庙宇兴建于韩江、榕江、练江出海口处，传有预告海盗入侵消息、保境安民的

---

① 乾隆《澄海县志》卷七，《庙坛》。
② 光绪《崖州志》卷五。
③ 民国《儋县志》卷五，《坛庙》。
④ 光绪《定安县志》卷十，《岁时民俗》。

功能。汕头港外航海标志水鼓，古代被崇拜为"水鼓伯"神，也建有庙宇，保佑出海安全。这些少数地方性的神祇，皆因特殊环境和功利需要而立，说明不管外来神还是本地神，都是人造出来的。

（2）雷神崇拜。潮汕、雷州系地区位处海陆相互作用地带，气候蒸郁，故雷雨极多。唐李肇《国史补》曰："雷州春日无日无雷。"雷州半岛即因雷多得名。这些民系先民出于对雷电的恐惧，以为雷神在作祟，故设雷神庙以祭之。最大的雷神庙在雷州城西英榜山上，称雷祖祠。这个雷神，当地人称为"雷首公"，形状骇人。人们认为"雷为万物之首"，宣统《海康县续志》称："雷出万物出，雷入万物入。入然除弊，出然其利"，所以人们对雷神"畏敬甚谨慎，每具酒肴奠焉"，"或有疾即扫虚室，设酒食，鼓吹幡盖，迎雷于数十里外，即归屠牛豕以祭"。后又由雷衍生出异人陈文玉，长大后任唐雷州刺史，死后有灵，当地人奉为雷神，设庙祭祀，庙名"灵震"，即今雷祖祠。昔时为官民共祭，这种祭雷仪式，昔称"雷州换鼓"。《雷祖志》载"至于……雷车雷鼓等物，各以板图藏于庙内，今郡民当里役者依样修造，逢上元日，齐候文武各官送入庙致祭，名曰'开雷'。……官民同乐，始得风调雨顺，不然则岁悍年凶，自是有祷则应，雷郡获享国泰民安之福"。但这种祭雷仪式早已失传，今仅从当地典籍中窥其一二。此外，电白、遂溪也有雷祖庙。雷州半岛出产玻璃陨石，为流星散落物，当地人称之为"雷公墨""雷公石"或"霹雳砧"，视为神器，有避邪、镇惊功效，也得到崇拜。屈大均《广东新语·神语》云："六月二十四日，雷州人必供雷鼓以酬雷，祷而得雷公之墨，光莹如漆，则以治邪魅惊恫。"雷州雷祖祠犹存，占地面积约5000平方米，为国家重点文物保护单位。雷州半岛上还有擎雷山、擎雷水等地名，有"雷歌""雷剧""斗雷"等故事，器皿上有云雷纹，无处不体现对雷神的崇拜。

图7-5 雷祖祠（王伦三、陈则晓摄）

潮汕地区雷电虽不及雷州半岛多而骇人，但雷神崇拜也大行其道。在饶平东界区鸿埕有建于明崇祯十年（1637年）的雷神庙，所祀雷神是一尊半鸟半人塑像，与福建漳、泉州一带"鸡头人身"、广西壮族地区"鸟嘴人身"、广东南海"鸟喙雉翼"的雷神塑像相似，因雷神也是古越人崇拜的神明。饶平雷神庙是粤东现存唯一的一座大型雷神庙。但历史上潮汕地区雷神庙应不少，如宋代潮州有"雷、雨师坛，在北厢摧锋寨之左"[①]。今潮州尚有雷神庙，与雷州雷祖祠同一形制。想见明清时代潮汕地区雷神崇拜还很盛行，以后越见淡薄，庙宇也越来越少了。

（3）雨神崇拜。粤东沿海有多条与海岸平行的山脉，如桑浦山、莲花山等，与盛行东南季风方向几乎垂直相交，形成多雨区。潮汕平原又是岭南主要稻作区之一，故降雨的季节和地区分布与农业丰歉关系甚大。当地古人求雨，形成雨神崇拜。相传这位被称为"风雨圣者"的异人生于宋乾道九年（1173年），是今揭西县登岗乡人，孙姓，有挥笠成雨的法力，飞升后被列入仙班，立像请进神庙，"凡水旱祷之，皆立应。地方官上其事于朝，敕封为'风雨使者'，祀之"[②]。当地人称之为"雨仙""雨仙爷""仙爷"等，孙姓族人则直称为"祖叔公"。宋代以来皆建有祠，仅登岗镇现就有6座，其中规模最大的一座称"圣者古庙"，建于宋，门联云："自古护农功恩大，潮州城外圣者亭。"雨仙信仰者甚笃，祭祀者不绝，该庙今为县级文物保护单位。不过雨仙庙都分布在榕江支流枫江境内、韩江三角洲中心，大抵东至澄海县城，西抵揭东曲溪枫口，南达潮阳河溪，北止于潮安枫溪长美，为潮汕主要农耕区所在，也是孙姓居民聚居之地。显见雨仙是一个带有明显地域色彩的神祇，但后又被请入广州三元宫供奉，据此它又成了潮汕系、广府系共同崇拜的神祇。此外，潮汕还有祭清水圣王习俗。这位圣王也是一位雨神，原型为福建人陈应，宋元丰年间祈雨飞升，后被立庙祭祀。虽其影响不及"风雨使者"神，但也是闽文化传入潮汕的一种见证。

雷州半岛地势平坦，不利于地形雨生成，气候干热，苦旱危及禾稼，故雨神自古也得到崇拜。今雷州西湖即为古代官民求雨的地方。后在湖边建"龙宫"，设龙王像和彩塑龙母、龙女、虾兵、蟹将等水族像，同样反映雷州先民"风调雨顺"的愿望，龙王成了雨神代表。当然，龙王庙过去遍于岭南各地，各民族、民系都视之为水神，但对干旱的雷州半岛，作为雨神更有它的现实根源，这与潮汕雨神如出一辙。又雷州半岛盛行傩祭，主要内容是雨祭，雷神又为其中主神，反映人们对雷雨神的崇拜。

---

① 陈香白辑校：《潮州三阳志辑稿》卷六，《坛场》，中山大学出版社，1989年。
② 郑昌时：《韩江闻见录》卷一，《风雨使者》。

图 7-6 三元宫

（4）山神崇拜。粤东沿海有不少丘陵、山地。古代山民多以狩猎、伐木为生，敬奉称为"界石神"的山神。秦汉以降，初来粤东的闽人换了环境，自然对高耸的山峰产生神秘和恐惧感，另在开发利用山区资源中，也需得到神灵的保护，使收成有望，山神崇拜又由此而生。这位"界石神"至迟到唐代演变为三山国王，并风行潮梅各地，成为地域神，为潮汕人和客家人共同崇拜的神祇，但以前者为主。韩愈贬潮州时，因见百姓祀于神庙，得止雨护禾稼，故为此撰写了《祭界石神文》，感谢界石神保佑"蚕谷以成"。想见唐代潮州已有相当的农业开发，界石神也增添了一份护农职能。明《永乐大典》收入韩愈此文，并在下注"或言即三山国王"，故界石神即三山国王的前身。按三山即今揭西县河婆镇北部的独山、西南部的明山和中山。传说隋代有三位神人奉天命镇守于此，护国救民，受百姓崇拜，得以庙食。宋初经宋太祖诏封，三位山神才被称为三位国王。后《宋会要辑稿》记载"三神山神祠，在潮州。徽宗宣和七年（1125 年）八月赐庙额明贶"。可见，北宋末三山国王庙宇为数不少，后来更越建越多。揭阳明贶庙门联云："在昔辅唐与宋，于今护国庇民"，三山国王成为地方保护神。清郑昌时《韩江闻见录》说："三山国王，潮福神也，城市乡村，莫不祀之。"① 其庙俗称"王公宫"，遍布潮汕各地，后又沿韩江、梅江、东江传入客家系地区，成为这些地区两个民系共同崇拜的神祇。同时还传到福建、台湾和东南亚等地。现台湾就有三山国王庙 170 余座。② 潮汕、兴梅、东江各地昔时几乎村村供奉三山国王，庙宇难以统计。元刘希孟《潮州路明贶三山国王庙记》云："潮之三邑（潮阳、揭阳、海阳），梅、惠二州，在在有祠。远

---

① 郑昌时：《韩江闻见录》卷一，《风雨使者》。
② 陈泽泓：《广东民间神祇》（上），《羊城今古》，1997 年第 4 期。

近人士，岁时走集，莫敢逗宁。"① 著名的三山国王庙有其诞生地揭阳霖田的"霖田祖庙"（又称大庙、明贶庙）、梅州城附近的"泮坑公王"庙等。每到农历正月廿五日（也有以农历五月或九月）三山国王寿诞，各地都有大规模游神活动，祈求风调雨顺、国泰民安。三山国王崇拜也随客家人迁移而传播，如台山赤溪为后来移入客家人聚居地，同样有三山国王庙。但在粤北客家系和广府系地区，这种庙宇已绝迹。所以三山国王崇拜也是区域性质的，明显地受地理环境限制。因为他们是自然神，离不开他们诞生的特定自然条件和社会背景，不像"人神"那样可以四处庙食，受人供奉。

图 7-7　三山国王崇拜

（5）蛇神崇拜。蛇为古越人崇拜图腾，后演变为蛇神，为不少民族、民系崇拜。清代广州城西有祀蛇神的三界庙。屈大均《广东新语·神语》记载有听蛇神决是非的状况。明邝露《赤雅》也记广西平南县有三界庙，也叫青蛇神庙，当地人祀祭甚勤，倘许愿不兑现，虽数百里外也必有蛇来索取祭品云。又关于德庆悦城龙母祖庙传闻中，同样流行"五龙太子朝母"之说。龙实可理解为蛇的化身。龙母诞期，例有五条青蛇盘踞在神案枝丛间，有人说这是庙祝设的骗局，蛇是饲养放出来的。不管怎样，蛇神传说遍于西江流域，说明广府系也有蛇神崇拜。因为蛇喜湿，栖息于山洞间，粤西、桂东多石灰岩地形，以蛇多出名，故蛇神崇拜在那里有深厚的地理基础。

但在各民系对蛇神崇拜的比较中，又以潮汕系为甚。汉许慎《说文解字》曰："闽，东南越，蛇种也。"即闽越人以蛇为图腾，这个人文因素比自然环境影响更大。潮汕人既为闽南移民，对蛇神崇拜即为一种精神文化转移。蛇在潮汕称为青龙，潮州有庙曰

---

① 胡希张、莫日芬等：《客家风华》，广东人民出版社，1997年，第307页。

"青龙古庙"。青龙庙祀祭的是安济圣王王伉。王伉是蜀汉永昌郡人，传因守城捍贼有功，被川滇人奉为神明，后骑蛇飞升，变为蛇仙。又传明代有位云南人来潮州为官，在城南建"青龙古庙"，祀祭蛇仙王伉，民间称王伉为"青龙爷"或"大老爷"。这一传说与潮汕当地的蛇神崇拜相结合，很快在各地掀起建青龙庙热潮。到清咸同前，潮州已有三界庙、青龙庙多座。吴震方《岭南杂记》云："潮州有蛇神，其像冠冕南面，尊曰游天大帝"，一般多在元月二十三日开始游神活动。光绪《海阳县志·信仰民俗》云："正月青龙庙'安济王会'……届时奉所塑神像出游，箫鼓喧阗，仪卫煊赫，大小衙门及街巷各召梨园奏乐迎神。其花灯则各烧烛随神驭夜游，灿若繁星，凡三夜，四远云集，糜费以千万计。" 1935 年 2 月一次游神"赛会三昼夜，万人空巷，盛况罕见。邻近县市及海外华侨来潮赴会者不下十余万人，而杀生祭神者几遍全城"①。更有甚者，过去当地人每见小蛇即接回家，让其蟠伏于香案上，然后敲锣打鼓，游行于市，再送回庙中，形成炽烈的祀神风气。这种景观，在广府系地区难以见到。此外，蛇神崇拜也流行于雷州半岛，湛江一带即有"黄蛇仙"的传说，后在湖光岩北面建立蛇仙塑像，供人奉祀。

梅州地区也属蛇神安济圣王祭祀圈范围，形成历史并不比潮州晚。宋王象之《舆地纪胜》谓梅州有"安济王行祠，在城东隅。其庙在恶溪（韩江）之滨，崇宁三年（1104）赐额"②。又乾隆《嘉应州志·杂记部》也记："安济侯庙，梅溪岸上，俗名梅溪宫，祀梅水之神。"在这里安济圣王又变成助人泅渡的水神或河神，而不是予人福祉的蛇神。这当是安济圣王传说同源不同流的反映。大抵客家山区水流湍急，常有山洪暴发，危及途人安全，更须神明庇佑，故多建有蛇王宫之类庙宇，安济圣王的职能也可能由此而改变了。一般说来，蛇神崇拜是各民系共有风俗，但也有些迁居异地的客家人，受当地风俗影响，将蛇视为妖孽或怪物加以消灭，如在广东信宜的客家人即认为蛇是鬼的化身，碰见蛇在交配是一件倒霉的事。一些地方流行"见蛇不打三分罪"之谚。这说明同样一种信仰和崇拜在不同民系中固然有很大差异，即使在同一民系内部，也每受环境或原文化影响而发生变异，蛇神在各地的际遇即反映这种状况。

4. 狗崇拜在潮汕、雷州系、客家系中的特殊地位

粤东古代为畲族所居，潮州凤凰山被认为是畲族策源地。畲族以盘瓠即龙犬为祖宗和图腾，后世每逢节日，畲族人以各种方式祀祭盘瓠，形成狗崇拜风俗。闽人迁居潮汕，也不能不受此风俗影响。后来畲人多被汉化，但所留下此风俗残余也被融合为汉文化的一部分，这使狗崇拜在潮汕系中占有重要地位。而客家系地区昔时也是畲人居地，发生过上述同样过程。作为山居族群，客家人更视狗为珍而产生崇拜，与潮汕、雷州系

---

① 释慧原：《潮州市佛教志·潮州开元寺志》（上），潮州开元寺，1992 年，第 335 页。
② 王象之：《舆地纪胜》卷一〇二。

一起，是崇拜狗的三个民系。

图 7-8　雷州石狗

狗崇拜和吃狗肉在许多地区并不相悖，这种看起来矛盾的现象实是古人对动物崇拜的一种方式。古代潮汕人不但吃狗，狗死后还要隆重安葬。桑浦山靠近汕头大学附近还有狗眠山，即为厚葬死狗之地，也是狗崇拜风俗的遗存。不过后来此风在潮汕渐渐淡化，而狗作为食物，历史上有著名的潮汕狗全席，现已绝少或绝迹。

古越人有狗崇拜风俗，在粤西和海南俚人（黎）中尤盛。宋元以来大量闽潮人移来，强化了狗崇拜在雷琼传播，特别是汉唐时雷州半岛为瑶人居地之一，瑶人以龙犬为图腾，结果主要在雷州半岛形成一个石狗文化圈。据估算，今湛江、茂名及广西合浦一带石狗塑像可达数万个。几乎村村都有，多者每村 10～20 个，少则一两个；大者高约 1 米，小者仅 20 厘米。或立于村口、树下，或蹲伏于门前、天井，甚至窗门顶部飘板上。例如原海康县博物馆内，即陈列有该县竹卜村石狗守在村口照片；在雷州城内大新街，昔有高 2.5 米的石狗塑像，可惜已经被毁。据悉，这些石狗最早为宋代雕刻，与闽潮人大规模入居雷琼时间吻合，但更多的为明以后作品，也有现在制作的。从广西北海至湛江公路沿线，无论新旧公私建筑都可见这种石狗景观。其中母狗塑像又比公狗多，应与古代生殖崇拜有深刻联系。如保存在原海康县博物馆里雷州城下里河出土腆着大肚子的汉代女性石像，即反映了增加人口的愿望。在这个石狗祭祀圈里，每月初一、十五为祭祀定例，但平时有难解问题，村民也会以香烛祭祀，以求得石狗的启示或心里踏实。另据传，每逢水火灾异、人间祸福都可以在石狗身上反映出来，或眼睛出血，或汪汪直叫引起人们警觉，石狗成了当地吉凶的一个晴雨表。雷州石狗崇拜还传到海南、粤中，乃至东南亚等地，乃潮汕、雷州人冒险开拓精神的一种表现。另外，在雷州半岛，还有不少狮子石狗，不是当地狗种，而是佛教传说中瑞兽狮子与当地狗结合产物，反映西方文化在雷州半岛的传播。

客家人对狗崇拜一是受入居地畲、瑶人盘瓠崇拜影响；二是在山居环境，狗是生产生活不可或缺的助手；同时狗也是客家人肉食的一个主要来源，狗肉热量高，恰是补充客家人繁重体力劳动消耗所需，所以客家系地区狗崇拜的遗迹较为普遍。粤东大埔松柏坑和高陂河唇街下侧曾有"狗头皇宫"，今已毁。现在岭南保存下来的盘古庙和盘瓠庙，都以狗头或狗首人体塑像为祭祀对象，很多都在客家人分布区。志记花都狮岭、肇庆北岭山、博罗、南雄、四会，广西桂林、柳州、柳江、马平等县市都有这类庙和坛。这些地区有些原为瑶、畲人居地，后来瑶、畲人迁走，这些地区遂主要成为客家人的地盘，说明客家人也接受了狗崇拜，并融合为自己风俗文化的一部分。

二、饮食风俗

1. 广府系品类繁多的饮食风俗

广府系地区生物十分丰富多样，可供人类食用种类甚多。且四时不绝，为加工和定向生产各种食品奠定了物质基础。土著古越人本有自己独特的饮食习惯，后不断吸收邻近地区和中原以及海外饮食文化的养分，滋润和丰富自己的文化，遂形成广府系品类繁多的饮食风俗。广府系菜式是作为驰名中外的"粤菜"的基本成分，与潮汕系"潮（州）菜"一样，相互辉映，比雄于川菜、鲁菜、吴菜等我国各大名菜，并赢得"食在广州"的美誉。

杂食成风。广府系杂食风气盛于客家系、潮汕系。举凡可以果腹而无害者，一经人们加工炮制，即可为食品，甚至佳肴，走进寻常百姓，乃至仕宦、官府、宫廷等处。岭南各民系都食蛇，但无疑以广府系食用种类多样，制作精美见称。东汉番禺人杨孚《异物志》最早记广州人用蚺（蟒）蛇"宾享嘉宴，是豆是觞"；宋朱彧《萍洲可谈》说"广南食蛇，市中鬻蛇羹"；元代欧洲旅行家鄂多立克游历广州，在游记中特别说广州人食蛇，"这些蛇很有香味，并且作为如此时髦的盘肴，以至如请人赴宴桌上无蛇，那客人会认为一无所得"[①]，这是外国人对广州人食蛇最早记录。在广州以蛇为原料可制出30多种菜式。著名的有"三蛇羹""五蛇羹""龙虎凤（即蛇、猫、鸡）大烩"等，蛇身还用于制酒药，蛇胆为蛇中之宝。广州发展为岭南传统食蛇中心，后来影响到香港，使之成为第二个食蛇中心。现在两湖、西南各省区的蛇类几乎都集中在珠江三角洲，特别是广州、香港、深圳等城市消费，同时又作为一种商业文化辐射到内地，使不少城市形成食蛇风气。如湖南长沙、湘潭等城市蛇餐馆招牌至为触目，其中湘潭一家"女蛇王餐馆"即食客如云，谅是从广州学得烹蛇技术而发展起来的。

---

① 邓瑞本：《广州与海上"丝绸之路"的兴起与发展》，见《论广州与海上丝绸之路》，中山大学出版社，1993年，第22页。

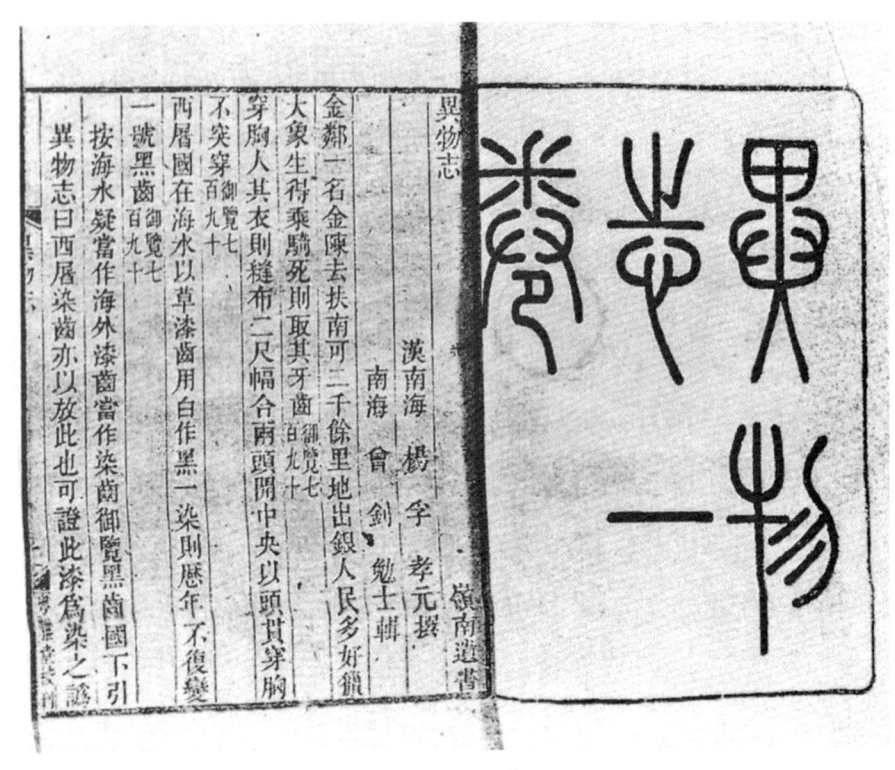

图7-9 异物志

岭南人普遍食狗肉。炮制方法和花式品种各民系都有所不同，但无论食用历史之长或是炮制之精，当首推广府系，特别是广州人。在珠江三角洲狗肉被誉为"香肉"，四时食用不绝，连盛夏也不例外，夏至杀狗成为农耕区风俗。志称"夏至，农历播种……是日，屠狗以食，谓之'解疟'"①。因为狗肉具高热量，尤适农忙补充体力，故在劳动强度大的农耕区和山区，食狗肉成为时尚。但后来随着商品经济兴起，城市食狗肉已改为冬令。过去有人惊讶"只有两广人才懂得狗肉异香美味"②，这个评论虽适用于各个民系，但对广州人尤为恰当。诚然，客家人食狗肉更为普遍，也很讲究程式；另外，著名的雷州白斩狗肉也别具风味，说明当地雷州人同样是烹狗能手。正因为如此，各民系在狗肉价值取向上是一致的，只不过制作风味有异罢了。

鼠类也为岭南人喜食。无论汉族还是少数民族都不例外，苏东坡在海南所写《闻子由瘦》诗中即有"土人顿顿食薯芋，荐以熏鼠烧蝙蝠。旧闻蜜唧尝呕吐，稍近蛤蟆缘习俗"③之句。这种杂食风习不限于黎族，在珠江三角洲鼠的身价就不低，前些年鼠肉被美曰"嘉鹿肉"，在食肆上大行其道。顺德人对鼠肉偏好有加，有腊、蜜饯、焖等多种

---

① 民国《东莞县志》卷一〇二。
② 《漫画吃狗肉》，《北平晨报》，1936年12月25日。
③ 《东坡全集》卷二十四．

食法，还是送礼佳品。五邑地区食鼠也成风。不过以上所用皆为田鼠。客家人也有以鼠肉为菜肴的习惯，又作补品。例如梅州地区食鼠以干品为主，与广府系地区有异。

岭南人还有食虫类风气。如禾虫、蚕蛹、禾虾、龙虱、桂花蝉、地老虎、蜂蛹、竹虫等，它们既为家菜，也见于街边食肆，至今有的已进入高级酒楼宾馆。由于广府系和潮汕系都精于烹调技艺，同样的食料在他们那里即可炮制出不同花式品种的菜肴，故他们都是杂食家。如珠江三角洲河口区和漠阳江河口区出产禾虫及中山、顺德等桑基区的蚕蛹烹调都很出名。

饮茶独领风骚。岭南产茶，唐代已有记载，但长期为少数人享用。饮茶成为社会风气，主要是百多年前之事。鸦片战争后，广州作为对外通商港口之一，华洋贸易非常兴旺，洽谈生意、政治交易和其他礼俗往来被转到茶楼、酒馆里进行，饮茶渐渐成为一种社交方式而不仅仅是单纯的喝茶旧习，茶楼也成了社交场所。至20世纪二三十年代，广州开设的茶楼越来越多，由1922年380多家增加到1928年446家，[①]饮茶变为广州市民生活的一大景观。广州多家著名百年老字号茶楼即创办于清末民初，计有咸丰年间成珠茶楼，光绪元年（1875年）惠如楼、六年（1880年）陶陶居、十五年（1889年）莲香楼、二十三年（1897年）妙奇香酒家，1914年东亚大酒店，20世纪20年代北园酒家等。[②]以后随着铁路、公路等交通线延伸和商业拓展，饮茶之风从广州吹至珠江三角洲各地，以及西江、北江、粤东等交通沿线城镇，并带动了茶叶种植、加工和出口业发展，鸦片战争前后著名的广州"河南茶"即兴盛一时。广府系地区饮茶习俗实为商品经济的产物，与潮汕人饮工夫茶一样，具有共同的经济基础和时代背景；不过后者饮茶方式不同，这容后述。

2. 客家系浓重厚味的饮食风俗

客家人生活在山区，那里山高水冷、地湿雾重，加上劳动时间长、强度大，体能消耗多，需及时补充盐分及脂肪，故客家饮食以咸和厚味为主要特征。民间有"吃在客家，咸是一绝"之说，咸菜干、萝卜干、咸肉等为常备菜，著名的东江盐焗鸡即突出了盐的作用。这与广府菜、潮汕菜以清淡为主有很大不同。佛冈处于广府系与客家系分界地区，进入县境即可尝到以咸见长的客家菜，而入其南的从化河谷地带，又是一番广府菜风味了。另外，客家系地区商品经济欠发达，饮食原料多为自产，在保鲜技术落后时代，只有盐渍、烘（风、晒）干才是保存食物的最好办法，故自家腌制食物蔚为风气，梅菜即为一例。又客家人肉食来源主要取之于陆地，与相当一部分食材取之于江河、海洋的广府人、潮汕人不一样，所以食物作料突出禽畜肉类而缺少水产品，猪、牛、鸡、

---

① 广州市政厅总务科编辑股编：《广州市政概要》，1922年公布；广州市市政厅：《新年特刊》，1929年印行，第116页。

② 广州市志办公室：《广州著名老字号》，广州文化出版社，1989年，第1-34页。

鸭、狗肉等为大宗，且以肥、咸见长。加之水土寒凉，故菜多热食和熟食，少凉拌菜和忌生食或半生食，而后者恰为潮菜特色之一。

客家人对狗情有独钟，不但普遍养狗，而且四季吃狗肉，尤以夏季为盛，这恰与广府人冬令吃狗肉相反。如果说广府人吃狗肉以讲究烹调和时令著称，那么客家人则以普及为特色。据统计，目前梅州市仅专业狗肉店就不下百余家，500多家酒楼饭馆有狗肉菜谱，其他客家系地区也大致可如此类比，狗肉在客家系地区的突出地位，除了地理环境影响外，还在于它是由中原带来的饮食风俗。因为中原人很早就吃狗肉，汉代樊哙就是屠狗出身的。客家人虽来到岭南，但仍保持很多中原人的饮食风味，如用馅包成的食品，包括酿豆腐、酿肉瓜、酿猪肠、酿春卷等。又客家先民也长期生活在长江中下游地区，客家菜谱中酸、甜风味源于吴越，辛辣风味来自湖广等。客家菜中又有各类植物，如茄类、笋类、蕨类、草类，以及虫、蛇、鼠、螺等杂食性食物，显系受土著畲、瑶人饮食习惯影响。这都充分显示客家饮食文化也是庞杂的。

3. 潮汕系以海产品为主的饮食风俗

潮汕人临海，丰富的海产品是他们食物的主要来源。沿海大量的贝丘遗址说明古代居民就以海产品为生。唐韩愈贬潮州，在《初南食贻元十八协律》中即记当地人嗜食鲎、蚝、蒲鱼、蛤、马甲柱等几十种海鲜、河鲜。他"莫不可叹惊"，因"腥臊始发越，咀吞面汗骍"，简直不能忍受，想见潮汕饮食风俗与中原差异何其巨大。乾隆《潮州府志·风俗》说："所食大半取于海族，故蚝生、鱼生、虾生之类辄为至味。然烹鱼不去血，食蛙兼啖皮，或食狗、食猫，尚承蛮徼遗俗。"从潮汕到琼雷沿海，在食物来源上大概没有多少不同，这点既异于食物来源海陆并重的广府系，也有别于以陆地为主的客家系，只此一端即可说潮汕系是个海洋族群。

在以海产品为主料的基础上，作为潮汕系代表菜式的潮菜也是著名菜系之一，与广府系代表菜式粤菜大有平分秋色之势。据宋孟元老《东京梦华录》和《梦粱录》所载，大抵在宋代潮菜已渐渐形成。及至明清潮汕人更多地南迁琼雷，潮菜自然在这些地区传播，并博采南北菜色之长，发展为独树一帜的潮菜。

潮菜与粤菜相比，异同在于：（1）两者原料皆主要取于水产品，兼及禽兽野味，但侧重点不一。粤菜原料来源更为广泛，而潮菜更重在海鲜，这在很大程度上为地理环境和资源差别所决定。（2）粤菜口味清淡与浓重兼备，水产菜式以清淡为主，禽畜菜肴则以浓香见长；潮菜更多地讲究清淡鲜美，贝、鱼及植物性用料的烹调都体现了这种风味，著名的明炉烧响螺、红焖明鲍、鸳鸯膏蟹等即属其列。（3）潮菜比粤菜更讲究佐料，因潮菜极为清淡，须以佐料相配，才能饱人口腹，故席间小碟罗列，五味俱全，任由客人佐膳。（4）近现代粤菜深受西方饮食文化浸染，比潮菜更能反映中西合璧的饮食风尚，如西餐即能在广府系许多通商口岸流行，现在快餐更风靡上下。当然，加盟潮菜的外来菜式也不在少数，如脍炙人口的沙茶（沙爹）牛肉即从印度尼西亚传入。沙茶为一种辛辣酱料，用它可调配出多种菜肴。但不管怎样，粤菜包涵西方饮食文化成分毕竟比潮菜丰富得多，故谚曰"食在广州"。

潮汕人的主食以稀饭为主，或加入番薯间煮，在潮汕称食"糜"。过去一日三餐皆如此，并杂以腌、酱菜脯下粥。据考宋代潮州已食粥成风。苏东坡曾与好友潮人吴子野谈过食粥问题，后写有《养生论》记其事，内曰："吴子野劝食白粥，云能推陈致新，利膈益胃。粥既快美，粥后一觉，妙不可言也。"① 明代潮汕已成为地狭人稠之区，粮食短缺，食粥是缓解办法之一。加上潮汕系地区天气暑溽，人出汗失水，白粥是补充水分的上好食品。故无论贫富无不乐于食粥，此风保留至今。饶有兴味的是，客家人来到岭南也接受食粥习俗，大部分地区一日两稀一干（饭），少数地区一日三餐都食粥，与潮汕系地区相似。而广府系通常是早晚干饭，中午稀饭，与客家人相似。但广府系内部差异很大，五邑地区一日三餐非干饭不可，而毗邻的阳江则一日半干半稀。除非不得已，五邑女子很少嫁到阳江，因食粥对她们很不习惯。

4. 特殊的潮汕工夫茶

潮汕人嗜食海产，尤喜生食，容易引起肠胃病，需浓茶消解和治疗，故饮茶不可或缺。大抵唐代开始，潮汕地区已种茶，至明中叶饮茶已成为待客习俗，这反映在潮剧的台词或献茶情节中。及至清末，汕头开埠，潮汕商品经济日渐发达，饮茶不仅成为市井风情，而且遍及城乡千家万户，形成一种风格独特的工夫茶。按工夫茶源于福建，为武夷山所产一种岩茶，因制作过程精湛复杂，颇费工夫，故名。它既是一种茶叶品牌，又是一种饮茶程式，从茶具、用水到沏茶方式和饮用环境等都极为讲究，并有一套专用器具和技巧，体现了高雅的文化品位，故能蜚声海内外，成为我国茶文化的一项瑰宝。例如所用茶叶必须是半发酵的乌龙茶类；茶壶精致小巧，以江苏宜兴砂壶为上，并垫以瓷盘；沏茶以泉水为佳，井水次之；水烧开后，先烫洗茶壶，再放茶叶；冲茶必须高冲低洒，括沫淋盖，浇杯热罐，澄清滤歹，然后慢条斯理地品尝。完成这个饮用程式也需一定时间，这也是"工夫茶"得名的另一个缘由。工夫茶在福建兴起于商业贸易。嘉庆《崇安县志·风俗》云："茶市之盛，星渚为最……而贸易于姑苏、厦门及粤东诸处者，亦不尽皆土著。"大抵到光绪初年，工夫茶已风靡潮汕。张心泰（生卒不详）《粤游小志》说："潮郡尤尚工夫茶，有大焙、小焙、小种、名种、奇种、乌龙等名色，大抵色、香、味三者兼全。……甚至有酷嗜破产者。"可见此风之烈，所费不菲，同时引起一些社会问题。近人翁辉东《潮州茶经·工夫茶》总结了此茶之俗及其文化意义，其中说产茶区"如龙井、武夷、祁门、六安，视其风俗，远不及潮人之风雅"。又曰："潮人习俗风雅，举措高超，无论嘉会盛宴，闲处家居，商店工场，下至街边路侧，豆棚瓜下，每于百忙之中，抑或闲情逸致，无不借此泥炉砂铫，擎杯提壶，长斟短酌，以度此快乐之

---

① 黄挺：《潮汕文化源流》，汕头大学出版社，1997年，第82页。

人生。"这段文字淋漓尽致地表达了潮汕饮茶的风俗美、艺术美和程式美,无怪当代著名潮籍作家秦牧说"敝乡茶事甲天下"。

工夫茶能在潮汕长盛不衰,还在于这里人多地少,明清以来即发展起精耕细作农业,人们在劳动之余,尚有一定时间在饮茶上消磨。反观雷州半岛和海南岛,这种茶文化未能在此生根、发展,原因大抵一是当地自然和人文地理环境不及潮汕优越,粗放农业占主导地位,人们没有多少空闲消磨在饮茶上;二是社会经济也很落后,人们社会交往少,工夫茶自不能像在潮汕那样成为风俗。雷州半岛和海南岛所饮用的是普通茶或曰大碗茶、方便茶,其文化风格当然不会像工夫茶那样悠闲细腻、温文尔雅,而仅是解渴、助消化而已。工夫茶也向客家系地区传播,丰顺、大埔、梅县等地即有喝工夫茶的,但并不普遍,显然是这些地区缺乏工夫茶兴起的商品经济土壤。最后,潮汕人喝工夫茶不分时间,整天都可以进行,不像广府人那样饮茶多在饭后。这在一定程度上排挤了酒的地位,饮酒在潮汕不成为风气,这点大逊于广府系和客家系地区,这恐怕与潮汕粮食不足有关。饮酒不及饮茶,应是一种良好的社会风尚,从这个意义上说,工夫茶功不可没。

5. 雷州系主粮薯稻并重

雷州半岛旱地多,适宜薯类生长,另人口稀少,劳动力不足,只能广种薄收。在番薯未传入时,当地以薯蓣为主粮之一。古代文献常有这类记载,如东汉杨孚《异物志》指出甘薯"南人专食以当米谷"。① 雷琼尤甚。宋代以前"海南"一词所指区域,包括海南岛和雷州半岛。宋代以后才专指海南岛。苏东坡说:"海南以薯米为粮,几米之十六。"② 按苏东坡曾在雷州与兄弟苏辙相遇,停留过一段时间,对雷州有相当了解,故他所言的海南,当包括雷州半岛。明代番薯传入,雷州半岛是首途之区,又是最适宜种植地区,故番薯很快就成为当地主粮。嘉庆《雷州府志》和《海康县志》都说雷州稻谷不足以维持一年生活所需,唯番薯可以"稻早晚二熟之间民食大资接济"。当地通常将薯加入大米中做成番薯粥或直接加水煮食。番薯粥水分多,须多吃才能饱肚。如此,肚皮会渐渐鼓起,故当地有"穷人吃大肚"之说。如此一来,肚皮大,吃量会随之增加,消耗更多粮食,出现"大肚吃穷人",产生恶性循环。这主要发生在乡村。而城镇居民一般吃薯米参半的番薯粥或番薯饭,甚为益人。如李时珍《本草纲目》云"番薯有补虚乏气,益力气,健脾胃,强肾阴"功效。故无论对雷州乡下农民或城镇居民,番薯粥或番薯饭,因其水分多,尤适于热带气候下补充水分,有助解暑滑肠;另其含淀粉多,热量高,同样可补充劳动体力消耗,故番薯在雷州为主粮。

---

① (汉)杨孚:《异物志》卷二。
② 民国《儋县志·艺文志十三》卷十。

6. 雷州系特色菜肴

经过雷州人的长期筛选，同时吸收闽潮饮食精华，终于培育出作为雷州饮食文化代表的特色菜肴，跻进广东著名菜谱之列。

一是白斩狗。

广东吃狗肉蔚为风气，而对狗情有独钟的雷州人，既崇拜狗图腾，更将狗肉吃到无以复加的程度，且加工、烹调方法特别，白斩狗为当地饮食一绝。一个"斩"字更凸现了它的饮食风格，比称"白切狗"实胜一筹。

雷州白斩狗选用本地狗只为原料，要求砧板头、陈皮耳、筷头脚、辣椒尾。狗宰杀后放在大锅里煮熟，用生油、酱油、生粉、糖、辣椒等配料制成佐料，蘸着狗肉食用。在雷州城乡大排档上，倒挂的熟狗龇牙咧嘴，档主手起刀落，一个"斩"字，铿锵有力、粗犷麻利，顾客或站或蹲，端着盛满狗汤的大碗在辣椒、大蒜的刺激下，大啃其狗，大快朵颐，是何等的淋漓痛快。雷州人吃狗，不像广州人那样使用过多佐料，旨在保持狗的原汁原味，更执着要食夏至狗，才过瘾，有"夏至狗，没路走"之谚。个中原因是初时在农作任务繁重的夏季吃狗肉，以辟瘴气，增补体力。过去白斩狗只在家庭、大排档中占有地位而不登宴席。随着公众活动之频仍，人们饮食观念改变，白斩狗今已登大雅之堂，芋头扣狗、药材焖狗、火锅狗肉等名牌菜相继推出，不仅为当地人看中，更有省内外客人，甚至外国朋友慕名前来品尝，吃到白斩狗后大赞其美。

二是湛江鸡。

鸡是古越人图腾崇拜对象。吃鸡与鸡图腾崇拜就像吃狗与狗图腾崇拜意义一样，在雷州半岛具有同样的悠久历史渊源和丰富文化内涵。秦观贬雷州时在《雷阳书事》诗中即有当地人鸡卜风俗。其诗曰：

> 骆越风俗殊，有疾皆勿药。
> 束带趋祀房，用史巫纷若。
> 弦歌荐茧粟，奴士洽觞酌。
> 呻吟殊未央，更把鸡骨灼。

鸡既有如此厚重文化内涵，雷州人吃鸡也蔚为风气，不亚于吃狗。鸡在雷州半岛各地都有自己的吃法，但以湛江鸡最负盛名。按湛江鸡发源于信宜，后广泛饲养于雷州半岛。因信宜在中华人民共和国成立后属湛江地区，故习惯称为湛江鸡。

湛江鸡放养在山上、平地、林前屋后，以草籽、小虫、谷粒、矿物等为食料，喝山溪、小水渠、池塘水，不喂催生激素，按其生长自然规律放养，保证了鸡作为肉食的原生态和安全。湛江鸡的制作，一重选鸡，二重煮鸡，三重配料，每个环节，都有严格要求和操作范式，以保证鸡的质量。至其花式品种，计有盐焗、葱油、隔水蒸、浸、白

斩、烩翅、佛跳墙等。吃白斩鸡时配以沙姜，味道尤妙。特别是湛江鸡个体较大，肉质丰满，骨软肉脆，香甘味爽，嫩滑无比，故能在广东众多招牌鸡中占有一席之地，驰名省港澳，可谓一鸡闻天下，处处名飘香。在广州、湛江、深圳、珠海等城市，湛江鸡招牌至为触目，番禺茂德公草堂的湛江鸡就很出名，吃后令人回味再三。

三是合蒌饭。

合蒌饭作为雷州半岛特色饭式，为一种多年生草本植物制成，这种植物有香气，可入药。合蒌与米配伍炊做饭类，在粤中和南路广见于包粽子，尤以端午节最为时兴，俗称"合（蛤）蒌粽"。合蒌粽不但香气扑鼻，也能保存较长一段时间，便于节后上田食用。但合蒌饭唯雷州半岛盛行，且长年不断，除了合蒌谐音"合老"，在婚嫁礼仪中被赋予"合到老"的寓意以外，深层意义更在于这种植物资源非常丰富，可补充粮食不足；另其有祛风邪、温补、益气功效，适用于辟瘴气，起到药疗和食疗相结合的作用，故无论缺粮还是丰收年代，"合蒌饭"地位从未动摇。

四是艾子饭。

艾属菊科植物，艾广见于南方各地，举凡荒山野岭、村落周边、田园宅基地等，生长茂盛，几乎信手可采，用于治病、充饥等，一身是宝，几无弃物。

艾叶作为食品，在雷州可制作艾子饭，选取野艾嫩叶，加香黏米和本地鸡肉为原料制成。其味略苦带甘，口感甚佳。艾子饭老少咸宜，四时可用，特别为妇女冬季首选的温补佳品。此外，艾叶还可做炒豆腐干、鸡蛋汤、肉丸、饺子、菜团等，故艾在雷州身价颇高，但仍以艾子饭最受欢迎，归入风味小食之列。

五是白粑。

雷州半岛海陆饮食作料俱备，当地人外出劳作或人情往来，亟需一些容易携带、便于保存的食物。白粑即由此而生，为半岛最常见的一种特色小食。

白粑分粑皮和馅心两部分，有咸、甜两种。粑皮以当地出产的糯米制成，而馅以椰丝、芝麻、花生、红枣、虾仁、肉丁为原料，拌糖则为甜粑，不加糖即为咸粑，隔水蒸熟，以热食为佳。其黏滑香甜，令人百吃不厌。这种小食，以徐闻外罗、雷城嘉岭白粑闻名。过去雷州人有曰："进雷州城，一拜天宁寺，二吃雷州白粑。"可知雷州白粑是有足够吸引力的。因天宁寺建于唐，虽然有兴废，但名声很大，仅凭此语，雷州白粑与天宁寺齐名，其历史的悠久和古今闻名的知名度可想而知。

此外，雷州特色菜肴还有海康英利烧猪，城乡流行的甜糟、豆仁饼、公记糕、虾饼、糖胶、木叶挞、薯粉漏（薯粉条）、雷州大粽等，都以制作精巧，咸甜互见，风味独到，老少咸宜而备受雷州百姓喜爱，历久不衰。即使当今洋食品、时尚食品不断涌入，但这些乡土食品依然拥有广大消费者。其故在于这些食品有它存在的深厚土壤、悠久历史和独特的风味，作为一种区域情结、集体记忆和乡土文化符号，是不可能消失和被取代的。

三、丧葬风俗

1. 广府系流行多种葬法

丧葬风俗取决于古人对死亡的认识、态度和地理环境的特色。灵魂不灭观长期在各民系中占统治地位，对遗体的处理即首先受此支配。但由于古越族文化和海外文化对广府系地区影响最为深远，加之地理环境的多样性，反映在丧葬上莫不过于多种葬法相互嬗替或有时共存。这些葬俗要比客家系、潮汕系更为突出。

土葬，佛山河宕、增城金兰寺等许多新石器文化遗址发掘显示，古代岭南土著居民是实行土葬的，并实行公共墓地制。秦汉以后，随着中原文化更多地传入岭南，"入土为安"观念占了上风，土葬成为岭南各民族葬法主流。广府系先民也是以土葬为主的。在汉初南越国时期，在广西平乐银山岭、贵县罗泊湾，广东韶关乐昌，特别是在广州地区近300座墓葬中，汉人和越人都采用仰身直肢一次葬。但按死者生前地位高低，又分竖穴土坑墓、竖穴木椁墓、带墓道的竖穴木椁墓和石室墓四种葬式。① 广州象岗山南越国第二代君主赵昧墓就是一座规模巨大的土葬石室墓，深处地下20多米，呈"凸"字土坑，出土大量珍贵文物，并有人殉。在贵县罗泊湾墓葬中也有人殉现象，显示厚葬是南越国丧葬习俗的一个特色，不过平民百姓依然是简单的土葬。汉以后土葬亦长盛不衰，是一种延续时间最长、覆盖地区最广的葬法，直到现在仍在各民系中广泛流行。只在近年政府大力提倡或划定火葬区域，土葬才逐渐减少，但要转变土葬观念仍有一个相当长的过程。

火葬，即火化，是我国一种古老葬法。1982年在惠来县饭钵山发现春秋时期盛有人体骨灰的陶瓮②，为广东目前已知最早的火葬实例之一。这说明火葬在岭南自古有之，绝非从印度传入。当然，东汉以后，随着佛教传入，两广又为首途之区，加速了火葬流行。到南宋时民间纷纷效法僧人葬法，火葬成为社会风气。广府系地区即发现不少盛有骨灰的宋代墓葬，如中山石岐附近的张家边、大涌、牛扎湾、环城、小榄和海边下沙、中珠排洪渠，以及佛山鼓颡岗等地就有很多火葬墓，③ 说明火葬所具有的节省土地和开支、卫生简便等优点已为人们所接受。但火葬与儒家礼教相悖，所以从宋代起封建统治者便千方百计设法禁止，但对边陲地区的岭南收效甚微；直到明代统治者更严厉制止，火葬始大为减少，但没有绝迹。仅广府系地区，三水"亦有火葬者"，龙门"火葬者间有之"，新会"亦有火葬者"，清远"亲死既葬，期年必出而焚之"，新宁"小民安于火（葬）"等。④ 入清以后，火葬只限于少数地区，例如胡朴安《中华全国风俗志》引旧

---

① 黄淼章：《南越国的丧葬习俗》，《岭南文史》，2000年第3期。
② 《广东省博物馆馆刊》，1988年第1期，第8页。
③ 中山市博物馆：《中山历史文物图集》，香港《大公报》，1991年，第6页。
④ 嘉靖《广东通志》卷二十，《风俗》。

《清远县志》云："民火葬，视他邑为甚"①；在广西上林，"明末，（清）国初，邑中往往有火化之举"②；在横州"亦有火葬者"③，民国时代，火葬也只在大城市通行，广州是先行一步的城市。不管怎样，火葬在岭南历史上代有兴废，但始终作为一种葬习流行，广府系地区堪为一个代表。

地面葬，流行于广西钟山、凌云等汉区，不掘穴而葬，只在地面上以石板排砌成坟，棺上盖以大石。由坟顶坠棺者称"吊棺"，由侧面推进者称"槎棺"④，此为地面葬的两种方式，民国时期流行，古代尚不清楚。

水面葬，仅见于珠江三角洲河网地区，也是一种特殊的葬法。在东莞称"打水墩"，即将死者棺材平放在木桩支撑的水面上，任其风化。东莞道滘直到民国初年仍流行这种葬法。按这一带成陆较晚，至少清中叶已有此葬法，其他地区留存情况目前尚不清楚。水面葬所在河口区，无高地可依托，人多地少，土地珍贵，而三角洲前缘滩涂一时未开发利用，当地居民打桩架木为葬，也不失为节省土地的一种办法。也有在洲滩边缘，离聚落较远或未垦辟的荒滩上安葬的，潮水一般浸不到葬具，故能长期保存。时间既长，"打水墩"滩地成了公共墓地，形成特殊的人文景观。中华人民共和国成立后，这种葬法已不复存在。

以上各种葬法，特别是土葬中颇为流行二次葬。古代我国不少民族也和世界很多民族一样有这种葬法，岭南古越人也不例外。它是在人遗体入土安葬三年以后，待人体软组织完全腐烂，分解，再打开棺椁，捡骨，拭或洗干净，然后按人体结构，脚在下，头在上，屈肢，装入陶瓮（罐），重新埋入地下。这就是二次葬，亦称洗骨葬或捡骨葬。据人类学者和民俗学者解释，二次葬文化意蕴很复杂：一是要彻底断绝死者与社会生活的联系，使灵魂得到安息。因为有神论者认为"血肉是属于人世间的，灵魂可以离开肉体而单独存在，并且永远不死。因此，皮肉虽已腐烂掉，但灵魂则已进入另一个世界了。并且，人们还十分盼望死者的肉质尽快烂掉，以便迁移骨骸，举行正式的埋葬，使家庭成员在另一个世界里早日得到团聚"⑤。二是岭南气候湿热，土壤水分多，细菌活跃，尸骨不易保存。三是岭南民族迁徙频繁，捡骨便于携带。既如此，则二次葬在岭南各民系都有它深厚的社会和地理基础。战国时《墨子》指出："楚之南有炎人国，其亲戚死，朽其肉而弃之，然后埋其骨，乃成为孝子。"⑥ 这是关于二次捡骨葬的最早记载。楚之南当然包括岭南，广府系先民也实行这种葬法。作为古越人后裔的壮人唐宋以来盛

---

① 胡朴安：《中华全国风俗志》上篇卷八，《广东》。
② 光绪《上林县志·礼仪民俗》。
③ 光绪《横州志·礼仪民俗》。
④ 新编《广西通志·风俗志》，广西人民出版社，1992年，第299页。
⑤ 郭沫若：《中国史稿》第一册，人民出版社，1976年，第51页。
⑥ 《墨子》卷六，《节葬下》。

行这种葬法，广府系不仅在族源，而且在地缘上与壮人有千丝万缕的联系，当然受二次葬法影响，并以之作为本民系葬法之一。明清广西地方志，多记载了二次葬在各府州县存在和分布。在广东也不乏其例，其中广府系地区，如花县、增城、开平、番禺、恩平、阳江、罗定、郁南州县志都明确记载此葬俗。① 民国《清远县志·礼仪民俗》按语云："执金改葬之俗，广府各县多有，不仅吾邑为然，其俗自周时即已有之"，并引《开平县志》说："然南方卑湿，易生水蚁，保存骸骨，择地安葬，亦孝子之用心"。珠江三角洲一些田坎，甚至广州越秀山僻静处，也见保存二次葬骨骸的"金塔"（陶罐）。所以二次葬也是与当地环境适应的，有它存在的一定道理。

2. 客家系特别盛行二次葬

客家先民原居地并不流行二次葬，他们进入岭南，不但接受这种葬法，而且因转徙不定，特别重视先人骨骸的保存和安葬，另外客家系俗重祖宗神崇拜，都比其他民系强化了二次葬的意义而使它得以盛行起来。罗香林先生曾指出："考客（家）人向南迁移，每负祖骸俱行……而先人骸骨，又不可能久暴不葬，以是而专门为人们相地吉凶祸福的堪舆先生便应运诞生，久而久之，遂成为一种特别的风气。"② 据福建南靖县塔下客家人社区调查，当地二次葬、多次葬比例很高，其中二次葬超过50%，当地《张氏族谱》记还有四、五次葬的③。虽然粤东客家地区二次葬未有专门调查统计，但塔下这个比例当可供参考。地方文献对此记载不绝如缕。明嘉靖《广东通志》韶州府条云"死三日则权厝之土中，三年而后取遗骸为坟葬之"④，当是对客家地区二次葬较早的记载。光绪《嘉应州志·礼俗》说州境"葬惑于风水之说，有数十年不葬者，葬数年后必启视洗骸，贮以瓦罐。至数百年远祖犹为洗视，或屡经数迁，遗骸残蚀尚余数片仍转徙不已，甚至听信堪舆，营谋吉地，侵坟盗葬，构讼兴狱，破产以争尺壤"。黄钊《石窟一征》说蕉岭此习成风，"俗父母葬十年皆议改葬。改葬者以罂易棺，捡骸而置之罂"⑤。在东江惠州"或有惑于风水之说，停柩期年，三年而后葬者，或有葬不数年，启土剖棺，纳骸骨于瓦罐，名曰金城，迁葬他所者"⑥。类似的记载也见于乾隆《归善县志·礼仪民俗》："葬数岁，子孙有疾厄，则曰葬地独不利于我。清明、岁暮发出之，甚而剖棺火尸，剔肉取骨，甘为残酷，至不忍言。其纳骨于瓦瓶，名曰'金罐'，或加以美名，曰'金城'，迁葬他所。仍不利，又曰墓为祟也，再出之。岁月不吉，委之荒榛，或失其瓶，不知抛弃何地。即有子孙无大患害，亦惑于堪舆家，数数迁易。虽幸免于子妇之手，不

---

① 丁世良、赵放主编：《中国地方志民俗资料汇编·中南卷》（下），北京图书馆出版社，1997年。
② 罗香林：《客家研究导论》，希山书藏，1933年，第174页。
③ 罗美珍、邓小华：《客家方言》，福建教育出版社，1995年，第140页。
④ 嘉靖《广东通志》卷三十。
⑤ 黄钊：《石窟一征》卷四。
⑥ 光绪《惠州府志》卷四十五。

能免于其孙，此则惠俗之最伤于教者，仁人孝子宜深戒也。"在这里二次葬意义又与疾病祸福相联系，因手法残忍悖于礼教而受到谴责。在粤北曲江，"乡间葬后十年，开冢捡骸，瓮藏之。曰'金葬'。此或患水蚁不得已而迁，姑可，率以为常，非礼也，宜禁之"①。近百年来，这样的有识之士不少，道光二十九年（1849年）嘉应州知州文晟还写了《戒争坟洗骸》一文，痛陈二次葬陋习。但斥者自斥，葬者自葬，积习难改。时间既久，山坡、郊原、路边遍布"或大或小蓝蓝白白的坟墓"②，称为"人文坟"。其形制在客家系地区大抵相同，也为当地一突出景观。由于年代久远，金罂越积越多，于是被后人集中起来，请进阴屋，妥善保管。乾隆十四年（1749年）嘉应州知州捐资建义冢，一次就收得遗骨数百罐。③ 这种阴屋也主要流行于客家系地区，过去比较简陋，一般为三面，前面敞开，只有个别修得较堂皇。近年在富裕地区，这种阴屋越修越豪华，所费不菲。从广州至深圳，广州至梅州铁路、公路沿线，这种阴屋至为触目，其修饰之讲究，与附近民居形成强烈反差。作为一种陋习，此实属该革除之列。

图7-10 广东普遍流行二次葬，源于古越人

3. 潮汕系葬法地区差异大

潮汕地区潮汕系同广府系、客家系一样，认同二次葬文化意义，也采用这种葬法。光绪《潮州府志·礼仪民俗》说当地"其葬时筑坎用灰，掩坎用土，与江楚同。惟陋俗相沿，葬后十年或十余年则易其棺而贮骨于瓷罂，名曰'金罐'。骨黄者复瘗原穴，骨黑者另觅佳城。不经甚矣，非一二缙绅明理之家鲜不为"。可见二次葬很普遍，少有例

---

① 光绪《曲江县志·礼仪民俗》。
② 罗香林：《客家研究导论》，希山书藏，1933年，第175页。
③ 乾隆《嘉应州志》，中山图书馆整理本，1991年，第58页。

外。在澄海,"其择地营葬,酷信堪舆家言,不惜重资求福地,然其流辈各自为说,疑而难定,葬已复迁,惑之甚矣"①。其根源仍在笃信二次葬功效。另潮汕也尚厚葬,志称"民间丧葬……送葬动辄至数百人,澄海尤甚。……凡遇父母丧,无不罄囊鬻产,仿效成风"②。加上以后二次葬,费耗资财更多,加重了百姓负担。

闽人宋以来大量迁入琼雷,但不像客家人那样原封不动地将二次葬带到新居地(如台山赤溪即因客家人入居而盛行二次葬),而是广为流行一次土葬风俗。但当地仍有二次葬的历史记载,只是为数不多。如王孝《徐闻民间衣食住及生老病死风俗·丧葬》云:"徐闻……宋代盛行火葬并以魂醰敛骸骨二次葬,个别土葬棺内有前青龙、后白虎、左玄武、右朱雀等陶制随葬品。"③无论潮汕还是琼雷,也曾有火葬。嘉庆《澄海县志》载:"无力之家,旧间从火厝。今悉遵功令,故俗尽革。"火厝即火葬。明代雷州"贫者或有火葬"④。无论一次葬还是火葬都节省开支,琼雷地方经济落后,恐是二次葬难以流行的一个原因。此外,生活在潮汕江海里的潮汕系疍民,也有过水葬,即将死者穿上寿衣捆石沉入海底⑤,这种葬法早被摈弃。不过,从上述可知,潮汕系葬法较之广府系,虽不能说更为丰富多样,但至少是在伯仲之间。这两个民系葬法又比客家系特重二次葬复杂一些,皆由地理环境、经济生活方式和水平差异所致。

4. 雷州系一、二次葬和厚薄葬并存

雷州半岛和其他省区汉族一样,最为流行葬式当首推仰身直肢一次葬,即人死亡直接入土安葬,死者仰面朝天,四肢平放,为死者生前最自然仰卧状态。在岭南新石器时代遗址中,有很多是实行一次葬的,遂溪江洪鲤鱼墩等都属一次葬流行地区。此后这种葬式历代沿袭,至今仍为人们习用,已成为最普遍和最基本的葬式。

二次葬跟一次葬一样很古老,往往有两种葬式共存现象。但雷州半岛气候炎热,风化壳很厚,尸骨不易保存,故尚未发现这种出土事例,而历史文献记载二次葬的谅不少。新编《湛江市志·民俗风情》载:"乡下人死后,则在本村(族)土地范围内择一较好的地方,挖穴安葬。安葬之后,如两三年内,家人平安无事,甚至兴旺发达,就认为墓地风水好,即永久葬于此地。如果发生不吉之事,则认为墓地不好,便有进行第二次安葬,但多数是一次葬。"⑥

雷州半岛采用二次葬,也还有另外的理由。一是半岛气候炎热,土壤水分少,细菌活跃,尸骨不易保存,选择风水好的吉地,必须进行二次葬才能达此目的;二是雷州半

---

① 嘉庆《澄海县志·礼仪民俗》。
② 乾隆《潮州府志》卷十二,《风俗》。
③ 吴建华:《雷州传统文化初探》,天津古籍出版社2000年,第395页。
④ 嘉靖《广东通志》卷二十,《风俗·雷州府》。
⑤ 马风:《做风水》,见《潮汕文化百题选》,潮汕历史文化研究中心、《汕头特区晚报》,1997年,第433页。
⑥ 湛江市地方志编纂委员会:《湛江市志》,中华书局,2004年,第1974页。

岛旧为古越人居地,后为俚僚人居地,他们与壮族同一民族和文化渊源。壮族和西南不少民族至今仍流行二次葬。① 俚僚人虽然他迁,但二次葬作为一种文化遗存仍留存下来,为后来者继承或深受其影响而采取这种葬法。三是在雷州半岛的居民中,宋元以来迁入的闽人和客家人最重视二次葬,到了新居地,也将此葬法带来。

雷州半岛葬俗,并不限于儒家礼制,还有不少越、楚文化遗风,以及当地居民自行创立种种仪式,以烦琐复杂、禁忌多、场面盛大著称,但也得视丧主经济能力而定,故葬风薄厚不同,两者并存于半岛。

雷州丧葬程序,与岭南大多数地区一样,包括如下程序:

(1) 停尸。迨死者将断气前从床上抬到地上,死后停尸于厅中,由敛工理发、洗澡、更衣,清理生前衣物于户外,点灯,亲属痛哭,不能进食,称"孝粮",朋友吊唁。

(2) 出殡。停尸一两天后,经晚辈妇女对死者入殓后出丧,孝子扶棺,戚友随后,沿途哭泣,燃放爆竹,抛撒纸钱,吹鼓手鸣锣或击乐开道,直抵墓地。墓穴预先由堪舆先生选好,棺椁到达,举行哭祭,礼毕,下棺入土,众人绕道回家。

(3) 服丧。当晚起,延聘道士做斋,超度亡灵,时间从半夜到三四夜,视财力而定。传统做法是男性死者奉七七四十九天,女性死者五七三十五天。做斋时八音齐鸣,锣鼓喧天,僧尼道士念经祈祷,祝愿死者升天,到西方极乐世界;群众围观,情景热闹。中华人民共和国成立后,这个丧葬程序基本延续下来,但随着火葬推广,有些程序已经简化或放弃,只有土葬还占主流的少数地区,还存在着遗风,但已失去昔日的讲究和排场,正走上丧事简办、移风易俗的轨道。

然而,从雷州丧葬的历史演化考察,不难发现,即使像雷州这样的经济欠发达地区,基于贫富差异,薄葬和厚葬都同时存在,折射出当地社会阶级分化的某些特点。

一般来说,年轻人丧葬礼仪从简。夭折小孩不用葬礼,只用畚箕装出野外埋葬即完事。贫困逝者,入殓只穿一件寿衣,出殡后不做斋,或只做半天超度亡魂,一般人家或鳏寡孤独者,死后往往只用一张草席包着下葬。这就是薄葬。叫厚葬在雷州自古盛行,在当地出土的葬具明器中,从其材质、造型、色泽、图案、陪葬物品等反映墓主人身份、社会地位等差异。如最早汉代明器绿釉羊圈,陶质,施彩釉,内塑一只立羊,造型精美,显系有身份者陪葬品。唐代有陶质、灰白胎的黄釉陶猪,工艺精细、形象逼真;宋代有十二生肖陶俑和文官陶俑坐像生前在位形象;在宋代还有青釉褐彩四灵十二生肖瓷男女两棺、青釉褐彩送葬瓷棺、通花陶棺、青釉褐彩人物凤鸟纹盖罐(男、女)、青釉褐彩花卉钮盖罐、"长命富贵"荷叶盖罐、四耳盖罐、褐彩镂空四瓣花盖罐、楼阁盖罐、褐彩贴兽盖罐、青釉堆贴龙虎瓶;元代有褐釉镂空金线纹盖罐,阴刻十二生肖及四神图墓砖;也有外来窑产品,以宋代为主,都达到很高的艺术水平,也甚有文物价值,

---

① 黄现璠、黄增庆等:《壮族通史》,广西民族出版社,1988 年,第 713 页。

为当地文博部门所收藏，为它们的墓主人得到厚葬的标志。特别有意义的是，在雷州延德乡安仁里西湖坊出土宋孝宗乾道三年（1167年）二块地券砖，为墓主陈六郎夫妇子孙为父母购地砖文，写上地块四至，立下契约，声明以后任何邪精不得侵占字样。[①] 目的是让墓主人在阴间拥有和使用这些土地。这不仅是宋代厚葬成风的一个范例，也说明其时土地兼并、买卖盛行，雷州封建土地占有的关系，发展到成熟程度，也是社会经济文化发展水平的一个标志。

近现代，厚葬在雷州更有一整套繁杂程序，而且大量耗费。富贵或高寿者谢世，要发讣告或讣音、讣文，写明逝者身份、逝世时间、寿年、吊丧、出殡日期，通知亲朋好友，接到报丧的要给报丧者彩钱。至入殓、出殡、做斋等风俗，与普通逝者无重大差别，但其规格、场面要讲究得多，耗资也很巨大，故有"死不起"之说。这说明厚葬即使在当今也还有相当表现，一种风俗一旦形成，就会有顽强的生命力，雷州厚葬也不例外。

四、社会风气

1. 广府系重商

德国哲学家黑格尔这样评价海洋对人类文化的贡献："大海给了我们茫茫无定、浩浩无际和渺渺无限的观念，人类在大海的无限里感到自己的无限的时候，他们就被激起了勇气，要去超越那有限的一切。海邀请人类从事征服，从事掠夺，但同时也鼓励人类从事商业与正当的利润。"[②] 临海和江海相通的地理环境，自古就促使广府系先民假道江海，走上与海内外交往、从事商业贸易的道路。从三国广州成为南海海上丝绸之路始发港，到唐代"广州通海夷道"，以及以后各朝代内外贸易，广州作为一个商都长盛不衰，并深刻影响珠江三角洲和珠江水系沿江城镇商业发展；由此兴起的商品经济浪潮席卷广大城乡，重商成为一种社会风习，到明清时笼罩社会各个阶层和地区。屈大均《广东新语·事语》说广州"无官不贾，且又无贾而不官"，"民之贾十三，而官之贾十七"；同书《食语》又说"广州望县，人多务贾与时逐"，以致"粤中处处有市"。[③] 追求财富成为人们普遍的目标，对财神崇拜远远超过对观音菩萨、弥勒佛、太上老君等的崇拜，赵公明元帅被堂而皇之请进岭南百姓家居正堂中，占有最显赫位置，尤以珠江三角洲地区为甚，广州郊区农历正月二十四为生菜节，"菜"谐音"财"；又广府系地区特重"发菜"，为春节必备菜肴，"发菜"谐音"发财"；新春舞狮，有采青风俗，所采的实为一棵生菜，寓意同生菜节；这反映人们对摆脱贫困、发财致富的企求，已渗透到社会生活

---

① 牧野：《雷州历史文化大观》，花城出版社，2006年，第189-196页。
② 黑格尔：《历史哲学》，商务印书馆，1963年，第154页。
③ 范瑞昂：《粤中见闻》，广东高等教育出版社，1988年，第54页。

的各个角落。近年有论者对140个广府人、105个潮汕人、143个客家人作心理问卷调查，在"重利轻义"项目中，得出的频率（％）是广府人为1.43，潮汕人为0.28，客家人为0.43。① 显示广府人比其他两个民系更看重功利。这与广府人重商的社会风尚有直接关系，恰是这种历史沉积下来的商品生产观念形成今日功利泛滥的社会潮流。

图7-11　遂溪文车醒狮

图7-12　舞狮（佛山大沥，正月十四）

---

① 黄淑娉：《广东族群与区域文化研究》，广东高等教育出版社，1999年，第501-504页。

2. 客家系重教

客家人仅依靠当地资源不足以养活过多人口，故外出谋生成为时尚。为此，必须掌握一技之长，读书求学即为达此目的的一条重要途径，这也是秉承很多客家人自称为中原世胄传统的表现。南宋王象之《舆地纪胜》引绍兴年间梅州知州方渐的话说："梅人无植产，恃以为生者，读书一事耳。"可见宋代开始，读书成为社会风尚已在梅州兴起，但真正达到文风丕盛，还是明清事情。乾隆《嘉应州志》说："士喜读书，多舌耕，虽困穷至老不肯辍业。近年应童子试至万有余人。前制府请改设州治，疏称文风极盛，盖其验也。"① 清嘉应州含梅县、兴宁、五华、平远、镇平（蕉岭）五属，每年参加考试生员（秀才）竟有1万多人，想见读书人口比例是很高的。而这与一些官员的提倡也是分不开的。志称"嘉（应）人知穷经谈古，实倡自士奇"②。按惠士奇康熙末至雍正初任粤东学政，曾在嘉应州"劝学兴行，遴选真才"，并允许梅籍生员到潮州府属各县应考，以致"程乡（即梅州）进泮百余人，士气始扬"③。时广东督学吴鸿称"嘉应之为州也，人文为岭南冠。州之属四，镇平为冠，邑虽小，以余所评文章之士，莫能过也"④。乾隆嘉应州知州王之正曾在州衙照壁上题写"人文秀区"四字匾，从侧面反映当地学风兴盛。又当地民谣谚语中有不少是劝学的，如梅县童谣曰："唔读书，冇老婆……唔读书，大番薯"；又谚曰："子弟不读书，好比没眼珠""不识字，一头猪""养子不读书，不如养头猪"等等。在梅县还有"一科五进士"，大埔有"一科四进士"佳话，梅县故有"文化之乡"美称。1963年历史学家郭沫若来访，题梅州"文物由来第一流"。这表明"学而优则仕"在客家人中更有市场，于是除了从文、从教之外，也带动了从政、从军、从工等社会风气。光宗耀祖、衣锦还乡成为很多客家人追求的目标，读书求学是客家人走出贫困的重要出路。

在客家系其他地区，此风也不让于梅州，但时代变化较大。在粤北，英德"土俗淳朴，颇知诗书"⑤；连州"然名门望族，克（恪）守祭田……衣冠典雅，仿佛中州，至道绝乞丐，更他郡所不及"⑥；南雄宋代"人多习诗书礼乐之业"，但到清代"尚留余古之气"，⑦ 即学风已日下，不及宋代。当然，重教崇文风气在广府系、潮汕系中也一样如此。但问题在于，学风盛衰与经济发展水平并不一定谐调，经济发达之区未必就是教育先进地区，至少在历史上，经济落后的客家系地区文教反而先进。产生这种现象的原因，与其说源于客家人自称为中原世家后裔，毋宁说是客家山区环境恶劣，迫使他们寻

---

① 乾隆《嘉应州志》，中山图书馆整理本，1991年，第44页。
② 乾隆《嘉应州志》卷四，中山图书馆整理本，1991年。
③ 乾隆《嘉应州志》卷四，中山图书馆整理本，1991年。
④ 黄钊：《石窟一征》卷二，《教养》。
⑤ 同治《韶州府志》卷十一，《风俗》。
⑥ 同治《连州志》卷二。
⑦ 葛文清：《话说客家小香港》，见《客家纵横》，1992年，第104、107页。

找生活出路所致。

3. 客家妇女的特殊地位

条件恶劣的山区环境和沉重的封建礼教枷锁，使客家妇女成为一个迥异于广府系、潮汕系妇女的特殊群体，也使客家系地区在中国风俗地理上占有最具特色的一角。客家妇女不但从事日常家务劳动，上山采薪，教育儿女，而且充当田间主要劳动力，举凡犁田、收割、施肥、运输等，无论技术、经验、熟练程度等丝毫不让于男子，许多山区长短途运输这样繁重体力劳动也多为妇女承担。诗人黄遵宪在《山歌》题记中说客家妇女"岗头溪尾，肩挑一担，竟日往返，歌声不歇"，实为她们作为挑夫生活的写照。清嘉庆年间兴宁有一条"盐铺街"，盛时运盐挑夫不下3000人，大部分是妇女。因客家男子多外出谋生，即使留在家里，也不或很少参加田野和家务劳动，"饱食逸居无所事"。①"妇人为市，男子坐家"早在明代就为客家系地区一大景观。② 光绪《嘉应州志·礼俗》说："州俗土瘠民贫，山多田少，男子谋生，各抱四方之志，而家事多任之妇人。故乡村妇女，耕田、采樵、织麻、缝纫、中馈之事，无不为之。絜之于古，盖女工男工皆兼之矣。……古乐府所谓'健妇持门户，亦胜一丈夫'，不啻为吾州之言也。"近世不少客家男子漂洋过海谋生，进一步把妇女从家庭中驱赶出来，接受田间劳动。志称"自海禁大开，民之趋外者如鹜……田园庐墓，概责妇人为主"③。客家妇女这种主要劳动力的地位，主要是清海禁解除以后，而不是一来到岭南山区就确立的；另外，也受当地原住民畲、瑶族妇女参加田野劳动影响所致。反观广府系、潮汕系男子外出谋生也并不比客家系少，可是妇女参加户外劳动比客家妇女大为逊色。其原因大抵一是广府系、潮汕系地区平原不少，劳动力充裕；二是他们经济较发达，劳动力不足也有财力雇人。

客家妇女作为主要劳动力的角色，同时改变了妇女缠足的风俗。有研究指出，客家妇女并非一入岭南就不缠足，而是为适应农耕需要，大抵也经历了一个从缠足到不缠足的过程。清嘉庆年间（1796～1820年）惠州徐旭《丰湖杂记》载："客家妇女，其先亦缠足也。自经国变，艰苦备尝，始知缠足之害。厥后，生女不论贫富，皆以缠足为戒。"④ 据此可以推断，清中叶以后客家妇女才放弃这个陋习，故徐珂《清稗类钞》说客家妇女"向不缠足，身体硕健，而运动自如，且无施粉及插花朵者。日出而作，日入而息"。而广府系、潮汕系妇女改变这个风习要迟得多。明代潮剧《苏六娘》有"脚缠一付鞋一双"唱词，另一出《荔枝记》也道出"弓鞋三寸"之句。直到中华人民共和国成立之初，潮汕地区仍可见到"三寸金莲"女子。至于广府系地区，光绪《高州府

---

① 黄遵宪：《李母钟太安人百寿序》，载《梅州文史资料汇编》第4集，梅州文献社印（台北），1977年，第220、221页。
② 嘉靖《广东通志》卷二十，《风俗·惠州府》。
③ 光绪《嘉应州志·礼俗》。
④ 刘佐泉：《客家历史与传统文化》第99页，河南大学出版社，1994年。

志·舆地》记高州"惟尚缠足，弓鞋纤小"；广州地区民国初年还有不少女子缠足，政府为此提倡"天足"运动，以后缠足才渐渐消失。另外，客家妇女也不束胸，有利于卫生和健康，方便劳作。黄遵宪对此俗甚为赞赏，他引用一位西洋教士的话说："西人束腰，华人缠足，唯州（指嘉应州）人无此弊，于全世界女人最完全无憾云"；又曰："吾行天下者多矣，五部洲游其四，廿二省历其九，未见其有妇女劳动如此者"。① 1965年郭沫若访问梅州，挥笔题诗曰"健妇把犁同铁汉，山歌入夜唱丰收"，代表了中外人士对客家妇女的佩服和赞美。

当然，在封建礼教束缚下，客家系地区对待女性也有不少陋习。过去客家妇女盲婚之风比其他民系更盛行。光绪《嘉应州志·礼俗》说她们"婚自幼小时即定"，又云"州俗婚嫁最早，有生仅匝月即抱养过门者，故童养媳为多"。据福建省清流四保调查，现年60岁以上男子配偶，有70%以上是童养媳。② 相信这个比例也适于梅州客家地区。也有从小将女孩卖给没有配偶人家，或指腹为婚，即所谓"等郎妹"。另在客家侨乡流行"隔山嫁"，即侨居海外已有妻室的男人，在家乡另娶一个"看家婆"，结婚时多以公鸡为男方替身。此女子实为守活寡，过不得正常夫妻生活。这种婚俗，过去也为客家系独有。深受女子"从一而终"封建伦常影响，客家地区寡妇改嫁的甚少，光绪《嘉应州志》记载的贞、节、烈妇多达400多人，超过官宦、乡贤、科举人物数量。由此也形成客家人从不卖女为妾或当继室的习俗。旧社会做母亲的由于各种原因宁可溺死女婴也不愿她们长大后给人当奴婢，故有些地区有一家养女不超过两个的习俗，这又助长了溺女婴之风流行。虽然溺女婴风俗不是客家系地区独有，但基于以上种种原因，它比广府系、潮汕系地区炽盛也是无可置疑的。

4. 潮汕系坚强的内聚力

潮汕人面临浩瀚大海，长期开发利用海洋资源和空间，在惊涛骇浪、风涛侵袭中斗争和生活，逐渐养成冒险、刚直的性格和超越海洋的自我意识。在明代抗倭斗争和清初反"迁界"斗争中，又进一步强化了他们的群体观念和勇敢精神。特别是作为一个从外地迁入族群，面对着种种困难，需要团结协作，才得以生存和发展；对于外出谋生，更需要各种地缘、族缘、亲缘等关系，相互关照，才能在异地立足和发展。所以潮汕人具有一种比广府人、客家人更坚强的内聚力和共同对外的心态。这种民性曾使英籍潮州海关税务司辛盛在《1882～1891年潮海关十年报告》中惊叹："全帝国公认，汕头人的非凡的联合本领和维护其一旦获得的地位所表现的顽强固执精神，使他们的国内同胞们望尘莫及"，"不仅商人为了贸易的目的联合起来，而且劳动阶层，不管属于何种行业，无

---

① 杨宏海：《粤东客家妇女的民俗特色》，《岭南文史》，1986年第2期。
② 胡希张、莫日芬等：《客家风华》，广东人民出版社，1997年，第255页。

论是为了获得增加工资或是为了排除一个外来者也常用最微小的借口团结一块"。① 近年也有论者指出潮汕人有"为许多外地人所注目的高度凝聚力"②,"家乡观念强,有凝聚力"③ 等。无论他们彼此之间有多少恩怨,但在对外问题上总是团结一致的,由此养成一种刚劲的民风。加上在旧社会民族、阶级、族群、土客之间的矛盾尖锐,历史上也发生过内部械斗或仇杀,同样培植起这种刚劲民风,稍有冲撞,便挥拳相向,大打出手。这种心理素质和风气,并不因旧制度灭亡而很快消失,而在很多场合都有所表现,故谚曰:"天上雷公,地上海陆丰",即为这种民风写照。嘉靖《广东通志·风俗》潮州府条即说"风气大类八闽",潮阳"性多悍戾";饶平"濒海倚山,其性剽悍,一或倡之,彼此响应"。到清乾隆年间,潮阳"强悍负气"。澄海"多悍戾,难驯"。④ 至光绪《圣谕广训疏义·总跋》仍指出:"粤地濒山海,地大物博,蘖芽其间,往往弱者泣隅,强者悍。网得二三贤士,倡率讲说而导化之,俾消其悍鸷",这也包括了潮汕人。闽人迁移琼雷,也一秉昔日民风。嘉靖《广东通志·风俗》仍说电白"地偏,海濒,民性劲悍",遂溪"习俗轻悍,自文明书院建于宋,民渐知学",海南乐会(今属琼海)"民俗佻野,少循礼度",此后这类记载并不在少数。在外地使用闽南话的潮汕人聚在一起,即显得格外亲热、投入,甚至打架也会拔刀相助,但受助的必定是潮汕人,而不会是其他民系的人。潮汕人这种强劲的内聚力和认同感,在明清以来因人口剧增、土地有限而发生远走异国他乡高潮中进一步加强。汕头开埠后潮汕人在海内外建立的社团数量之多、分布之广,难以胜数,同样是这个民系内聚力在异地起作用的结果。当然,这种内聚力如果引导不当,任其发展,也很容易走上狭隘地方主义道路,不利于处理好与其他民系的关系。而在潮汕系内部,也和其他民系一样,不乏宗族、社区、房派争斗。如原潮州澄海县第二区斗门乡,陈姓大房和二房在清宣统三年(1911年)只因双方壮丁争抬戏班箱囊发生口角,继酿成械斗,讼诉经年,⑤ 使双方都蒙受损害。所以这种内聚力有它深厚的文化地理背景和历史根源,它的强大性也和客家人在海外的凝聚力一样为世人瞩目和惊叹,在这方面远优越于广府系。

5. 雷州风气的刚烈性

岭南民风刚烈,自古已然。而作为天南一角又处重地的雷州半岛,其民风之刚烈又不亚于岭南其他地区,并充分反映在雷州文化的特质上。

岭南古代早为南越、瓯越、骆越,后为俚僚人居地。晋裴渊《广州记》说"俚

---

① 陈景熙:《"林监丞破潮州风水"的传说与"排他"集体无意识》,见《潮学研究》(6),汕头大学出版社,1997年,第252页。
② 杜经国:《潮学研究发刊辞》,见《潮学研究》(1),汕头大学出版社,1993年,第1页。
③ 杜松年:《潮汕大文化》,中国科学技术出版社,1994年,第296页。
④ 乾隆《潮州府志》卷十二,《风俗》。
⑤ 陈礼颂:《一九四九前潮州宗族村落社区的研究》,上海古籍出版社,1995年,第39页。

僚……风俗好杀，多构仇怨"①。宋周去非《岭外代答·五民》记"三曰俚人，史称俚僚者是也。此种自蛮峒出居，专事妖怪，若禽兽然，语音尤不可晓"②，在这里，他们被视为异类。宋元以后，移居雷州半岛的闽人，以莆田人为代表，文献记载"莆田人十分好斗，独立不羁"③。明嘉靖《广府通志·风俗》仍说遂溪"商獠猥杂，习俗轻悍"。他们的后裔或多或少会继承这一传统，并作为一种社会风气世代相传，成为当地文化的一种潜质。

这种文化刚烈性，一有适当场合或机会，就会强烈地表现出来。在抗法租借广州湾斗争中，遂溪人民与法帝国主义者进行殊死斗争，其事迹可歌可泣；在抗日战争中，雷州人民不畏强暴反抗日寇入侵的斗争，惊天地，泣鬼神；在旧社会军阀混战时期，雷州土匪为患猛于虎患，部分人为生计所迫，铤而走险，沦为土匪，其烧杀抢掠、灭绝人性的罪行，罄竹难书。其中又以徐闻县受害至为严重，1916～1933年18年匪乱期间，徐闻县人口原28万人，有19万人被杀，占全县人口68%，4万人逃亡外地，留在当地仅5万人。故1924年《中国农民》第四、第五期合刊著文惊呼："南路土匪之多，为广东全省冠，亦可说为全国之冠。"④匪患有深刻社会政治、经济根源，但民风之刚烈又与此不无联系。

即使在一般情况下，雷州半岛也存在村族械斗现象。历史上曾有过重大伤亡的械斗例子。特侣塘为雷州主要水利工程，为争夺水源，附近村落长期为此纷争不止。附近一些村落为此结怨百余年，互不通婚、买卖，有些家族为避免卷入械斗而举家他迁。至于因山坟地界、风水、田土、水利等而发生的村斗、族斗时有所闻。近年，大规模械斗之风已逐渐消失。

民风之形成，有自然、人文环境两大因素。在旧社会，雷州半岛自然条件恶劣，使这里常有台风、暴潮、干旱、雷电、虎患袭击，伤及人畜性命；饥馑频仍，灾民遍地。为了生存，各种暴力事件难免发生，故自然环境恶劣影响推及人群，进而产生不良的社会风气。

在雷州历史人口结构中，行伍出身和屯军后裔不在少数，贬官罪犯中也有一些人本是亡命之徒，他们流放雷州，也会带来某些不良风气，给当地产生负面影响，同样有强化民风刚烈的社会倾向。

此外，雷州海盗猖獗，由来已久，除了在海面作案，还与陆上强盗互相呼应，同恶相济。如乾隆三十年至五十年（1765～1785年）钦廉雷地区频发水旱虫震等灾，百姓

---

① （清）王谟辑：《汉唐地理书钞》。
② （宋）周去非：《岭外代答·外国门》卷三。
③ （宋）黄岩仙：《仙溪志·唐及五代人物》卷四。
④ 徐闻县地方志编纂委员会：《徐闻县志》，中华书局，2000年，第844页。

死亡枕藉,沿海很多饥民被迫出海"掠食"求生。① 嘉庆皇帝说:"洋盗本系内地民人,不过因糊口缺乏,无计谋生,遂相率下海,往来掠食。"② 而清中叶雷州海盗与陆上天地会关系十分密切,兵科给事中陈昌齐在《奏海盗会匪形势疏》中具体说到广东西路海盗与会党关系。他说,雷州遂溪等县海滨人民向来以当海盗为"恒业","习俗相沿","大抵会匪之敢于煽聚,皆藉洋匪为之去路,洋匪一端则会匪之在洋者"③。这样,海陆盗匪的"一体化"关系,也极大地助长了他们的嚣张气焰,使民风更加刚烈化。

6. 雷州风气的务实性

雷州半岛古代环境恶劣,瘴疠充斥,自然界赐予虽然充足,但要将自然物变为经济产品,特别是商品,必须经过艰苦的劳动,故雷州人胼手胝足,在烈日下终年辛劳,不像其他地区那样有较多的农闲。加之雷州半岛远离中国政治中心、距离岭南首府广州也有较长路程,在政治上被边缘化,少受政治冲击,人们关心但不沉溺于政治,不尚空谈,即使雷州有陈瑸这样的著名清官,陈昌齐、陈乔森这样的著名学者,陈兰彬这样出色的外交家,但他们更关心的是做实事,为国家谋富强,为百姓谋福祉。如陈瑸即使在外地为官,仍心系家乡,不止一次建议修复东西洋田大堤,并为此提供自己俸禄;陈昌齐任温州处兵备道时,灵活执行海禁政策,允许渔民出海打鱼。朝廷派人前来巡查,他冒着极大风险痛陈海禁之弊,努力为渔民寻找一条活路。当地人无不感恩,将其名字写在牌位上,早晚烧香祝祷,仿如奉祀神明。陈昌齐此举,完全是从百姓生计实际出发,才敢冒天下之大不韪,冲破海禁。正是他作为雷州人民的儿子,深知海洋与沿海人民生死攸关,这完全是基于务实的理念,使他做出这种抉择。陈兰彬领命治理黄河水患,四处奔走,深入黄泛区考察,掌握许多实际资料,提出统筹治理黄河方案等。从他们身上,反映这些来自雷州乡间的官员,满怀经世致用之志,一旦进入仕途,即以国家、民族和地方公共利益为重,为此呕心沥血,竭己所能,故政声卓著,上下称誉。陈瑸身后,被康熙皇帝赐谥号"清端",即代表了这些出身雷州官员的品质。普通雷州百姓,绝大部分来于闽南,为的是养家糊口、维持生计,故抵雷后,以务实态度,辟草莱、开阡陌,自强不息,建设家园,过去在衣食住行等方面,都很注重器物的实用价值,如穿着简单的贯头衣,赤足,吃番薯等杂粮,住低矮茅草屋或砖瓦屋,有些则是继承古越人干栏建筑。特别是近世引入西方骑楼,前店后居,亦商亦住,遮阳避雨,被称为"风雨廊",堪为务实建筑的范本。雷城曲街、湛江赤坎、徐闻徐城、吴川梅菉、廉江安铺等城镇均有成片这样的骑楼。

在雷州人的思想观念、价值判断、审美情趣的行为方式上,也以务实为上,凡事讲

---

① 道光《重修廉州府志·记事》卷二十一。
② (清)王先谦:《东华续录》,嘉庆十五年(1810年)三月。
③ 道光《琼州府志·海黎·条议》卷十九。

究实用、实惠实利，而极少奢华。如群众喜闻乐见的雷歌、雷剧，演出场地、戏台布置甚为简朴，以满足演出需要为度，绝无张扬，戏终人散，恢复旧观。雷州庙宇甚多，供奉的有自然神和人神，两类神明往往共存一个庙宇，信仰者也不专祭某个特定神明，往往同时参拜。在他们心目中，只要有一个灵，就达到自己的目的。显见，这种神明崇拜带有鲜明的功利性，也是社会风气务实性的一个最好注释。

第八章 岭南汉民系宗教地理比较

第一节 宗教在各民系的传播历史

一、广府系地区为外来宗教首途之区

从严格意义上说，宗教在我国是指佛教、道教、伊斯兰教、天主教和基督教；儒教是否属宗教，目前难以统一，而前述祖宗崇拜和其他神明崇拜也不属宗教范畴，这里姑且勿论。广府系地区由于开发早，对外交往频繁，港口和城市发育，故在接受外来宗教方面比客家系、潮汕系地区历史悠长，文化景观占用空间深广，影响也较大，堪为外来宗教在岭南传播的代表。

佛教一说是东汉明帝永平十年（67年）由海路经交趾合浦港传入岭南，后经苍梧下广州。两汉时苍梧为岭南的一个文化中心，不但经学发达，而且以牟子及其《理惑论》为代表，显示佛教在我国的滥觞。而后来在广西合浦、贵县、梧州等水陆交通线考古发掘的陶僧俑，皆高鼻深目、颧骨突出、络腮胡子，属南亚或西亚人种，正是佛教由他们传入岭南的证明。三国时天竺僧真善沙门（强梁娄至）来广州，翻译《十二游经》一卷。西晋武帝时，梵僧迦摩罗抵广州，在城中修建广东最早的两座寺院，即三归寺和王仁寺。东晋隆安时（397～401年）罽宾国（今克什米尔）高僧昙摩耶舍来广州，在城西创建王园寺，即今光孝寺。宋文帝元嘉初年（424年）天竺僧求那跋摩来南海，后取道始兴入京；同期西域杯渡禅师也来南海，憩屯门，即今香港青山。梁武帝初，天竺僧智药禅师先到广州，继北上曲江曹溪，创建宝林寺，即今南华寺。梁武帝中，禅宗始祖达摩泛海抵广州，创建西来庵，其登陆地点后曰"西来初地"，今已为广州名胜。梁大同元年（535年）佛教传上罗浮山，建南楼寺，此后山上佛教建筑接踵而起，成为佛教在岭南的发祥地之一。在广西，南朝以前佛教遗物遗迹也不在少数：贵港出土有广西目前最早的雕刻佛像铜镜；合浦晋代建有灵觉寺，浦北南齐建有禅灵寺，刘宋时在越州城（今浦北石角乡）建有佛寺，出土莲花瓦当；同期在封阳县建四座寺院，其中一座曰禅封寺。① 六朝时期佛教在岭南大兴，仅在广东即兴建大小寺院87座，其中广州城有19座，罗浮山4座，始兴郡11座，② 表明后来广府系地区在数量上占优势。隋唐政府大力宣扬佛教，广州作为"广州通海夷道"的起点和终点，佛教兴盛一时，新建寺院28所，按天上28宿布局，"佛教热"席卷羊城。在广西唐代兴建寺院54座③，尤以交通要道上梧州和全州佛教至为兴旺。唐代梧州新建4所大寺院，鉴真和尚一行路过梧州，受到盛大迎送。另在广东西江地区建有白云寺、香山寺、峡山寺、龙山国恩寺、佛山塔坡寺以及东江地区罗浮山华首寺、明月寺等。特别是新兴人惠能创立南宗顿教，是中国佛教史上一次空前变革。此后佛教拥有更多信众，并不断向岭南以外传播。宋代，佛教在广西至为鼎盛，新建寺院达131座，连同以前所建，共达190座，④ 主要分布在桂东南和桂北，少数在桂西。而在广东，宋元以后佛教在一些地区式微，明清曾一度振兴，民国又归冷落。不管怎样，广州作为佛教中心地位没有动摇，西江沿岸一些城市如肇庆、梧州、玉林、贵港等地佛教仍然活跃，广府系地区继承着佛教首途之区的优势。

图8-1 西来初地

---

① 新编《广西通志·宗教志》，广西人民出版社，1995年，第188、189页。
② 据《大藏经·传记部》诸部统计。
③ 新编《广西通志·宗教志》，广西人民出版社，1995年，第202页。
④ 新编《广西通志·宗教志》，广西人民出版社，1995年，第193页。

图 8-2 南华寺

广州是伊斯兰教从海道最早传入我国的地方。隋开皇七年（587年）斡葛思自大食航海抵广，建礼拜寺于广州，赐号怀圣，为伊斯兰教传入岭南之始。唐代，海上贸易和文化交流空前活跃，入居广州的阿拉伯人和波斯人人数更多。据说黄巢起义军攻克广州时有12万（一说13万）阿拉伯教徒被害。他们在广州聚居之地曰"蕃坊"，住在那里的"波斯妇绕耳皆穿穴带环，有二十余枚者"[1]，此为其他地区罕见。宋代，少数从军的伊斯兰教徒留在广西，是为伊斯兰教传入广西之始。但更多的伊斯兰教徒入居广州、南海、番禺、顺德，以及潮州、海口、万宁、三亚、儋州等地，使珠江三角洲和广东沿海成为伊斯兰教传播的主要地区。如宋代有个叫辛押拖罗的大食商人，居广州多年，家资甚富，熙宁年间曾捐资助修广州城。这些教徒多蒲姓，居住在光塔附近普宁巷，时称蒲宜人巷。这些人很富有，每宴客"龙麝扑鼻，奇味不知名"，且爱以烤全羊待客，"皮色如黄金"[2]。明清之交和清道光、光绪年间，又有一批伊斯兰教徒从外地迁居肇庆、海南及广西桂林、临桂、柳州、百色、南宁等地，主要从事商业和手工业，少数人游宦、讲学而来。他们建立清真寺，自成社区，开展宗教活动，在广府系和潮汕系地区镶嵌一个个伊斯兰教文化板块。

---

[1] 庄季裕：《鸡肋篇》。
[2] 岳珂：《桯史》卷十一。

图 8-3 怀圣寺光塔

唐代传入我国的景教,被认为是基督教的前身。明天启五年(1625年)西安出土《大秦景教流行中国碑》记"而于诸州,各置景(教)寺,法流十道,寺满百城"。时两广属于岭南道,广州又为外贸大港,故景教在广州流行顺理成章。唐乾符五年(878年)被黄巢起义军所害12万外侨中当有景教徒在内。只是唐代景教在广州没有留下多少痕迹,此后也一蹶不振。1054年基督教分裂为东正派和天主教。16世纪,罗马天主教又分化出一个新教,即后来所称基督教。明嘉靖三十一年(1552年)第一个来华的天主教徒方济各·沙勿略乘葡萄牙船抵台山上川岛,因海禁未能进入广州,同年底病死岛上,其墓保留至今。明万历十一年(1583年)意大利耶稣会教士利玛窦从澳门进入肇庆传教,开启西方宗教在我国内地传播先河。万历十三年(1585年)另一位耶稣会教士罗明坚取道梧州进入桂林传教,为当局不容而被驱逐。利玛窦在肇庆前后留居6年,建立了中国内地第一间天主教堂——仙花寺,译出《天主十戒》和《天主实录》等最早一批天主教教义书籍,同时传播文艺复兴时代以来西方科技文化知识,使时人耳

目一新。利玛窦后来还到了韶关，在那里也建立了一间天主教堂，并经常往返韶关、南雄之间，使天主教在粤北发展起来。以后利玛窦北上南昌、南京和北京，受到万历皇帝接见。利玛窦对中西文化交流做出贡献。利玛窦入粤以后，天主教在珠江三角洲、西江沿岸城市有限制地发展起来。但直到鸦片战争以后，它才以广州为基地，继向全省各地传播。在广西，也是在鸦片战争后天主教才以梧州、北海、西林为起点，分别向广西内地传播。清光绪元年（1875年）天主教广西教区成立，1920年天主教已覆盖广西33个州县，主要在桂中、桂南和桂东南；1949年增至48个县市，与广东西江流域基本相连。这样，广府系地区大部纳入天主教布道区域。

图8-4 利玛窦写给肇庆知府王泮的信

基督教（新教）是1807年由英国传教士马礼逊传入广州，被认为是基督教传入岭南之始。但鉴于清政府禁止洋教政策，基督教只能在澳门和广州秘密传播。1823年马礼逊在广州出版6卷本《华英字典》，为我国英汉字典之嚆矢。同时问世的还有马礼逊翻译的《圣经》，取名《神天圣书》，凡21卷，亦为第一部中文版《圣经》。他的信徒高明人梁发也著有《救世录撮要略解》《劝世良言》等宣传基督教教义的著作。鸦片战争以后基督教得以在香港、广州等地公开传播，尤其是香港成为它最活跃的基地。此后成立了浸信会、中华圣公会华南教区、中华基督教礼贤会总会、崇真总会等多个布道组织。为工作方便，这些组织将按粤方言、潮汕方言和客家方言划分布道范围，使之与地域风俗相结合，后成为各民系宗教文化地域差异的基础之一。大抵早期基督教活动主要在珠江三角洲地区，后来才向西江、东江、北江流域及粤西南、海南岛和潮汕地区扩布。到19世纪20年代，只有粤西南与广西接壤边境、海南岛中部、英德以西部山区和连县附近由于种种原因尚未为基督教势力所及。基督教进入广西较迟，清咸丰五年（1855年）有教士试图到梧州传教，因民众反对而未果。直到清光绪十二年（1836年）基督教才根据《中英烟台条约》有关条款首先在北海立足，渐渐向广西内地传播，到中华人民共和国成立前夕覆盖广西今67个县市，形成与天主教传播相类似的分布格局。

图8-5　广州石室教堂

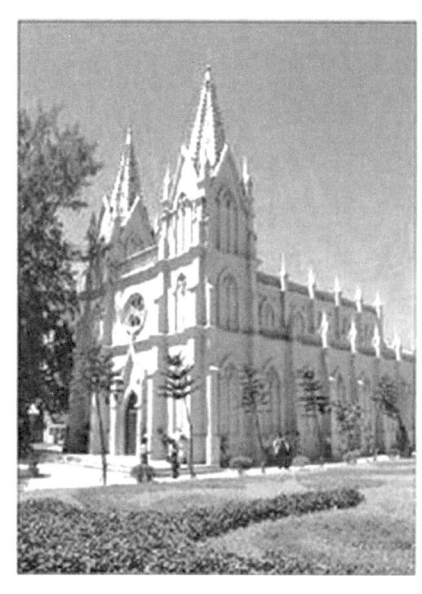

图8-6　湛江霞山（维多尔）天主堂

二、宗教传入客家系地区相对较晚

由于区位偏远、交通闭塞、地区开发较晚等原因，一般说来，外来宗教在客家系地区传播比广府系、潮汕系地区要迟。但客家系占地广大，有些地区为重要水陆交通线所经，外来宗教也可能在这些地区首先立足，所以它们传播的时空差异比区域性质相对均一的广府系、潮汕系地区要突出一些。

佛教在东汉已传入广府系地区，但对于客家系地区则在南朝。梁天监元年（502年）在曲江建南华寺和月华寺，普通三年（522年）在梅州城建大觉寺。上述六朝时期广东各地有寺院87座，其中始兴郡占11座，粤北不失为佛教在广东早期的分布中心之

一。唐代，佛教在客家系地区才获得较大发展，个别地区呈畸形发展状态。唐天宝年间"韶州生齿登皇籍者三万一千户，削发隶寺曹者三千七百名，建刹为精舍者四百余区"①。按当时韶州户口计算，不到10户就有僧职一名，不到百户有僧舍一区，造成地方沉重的经济负担。在梅江流域，唐元和十四年（819年）在大埔建万福禅寺，咸通年间（860~873年）在梅县阴那山建圣寿寺（明代改称灵光寺），光启年间（885~887年）建盘湖庵。宋代，佛教在客家地区才有长足发展，成为一种普遍的文化景观。兴宁、丰顺这时始建寺院，东江古邑龙川建有光孝寺、东山寺、普安寺、正相寺、天宁寺等。历元至明清，佛教在客家地区才出现鼎盛局面。据研究，自唐至清末，大埔、梅县、兴宁、丰顺、蕉岭等县共有寺院、庵堂约200座。梅县僧人传有24代，皆有辈分可稽②；这个县在清乾隆年间有寺庵41座，到光绪年间已增至52所③。龙川在明代设有专管佛教事务的机构"僧会司"，全县有寺庵41座，到清末发展到92所，惟民国以后才日趋式微。④因地缘关系，梅江客家地区佛教主要从福建、江西传入，因而掺杂有岭外佛教的一些特色，如定光佛的各种异闻传说，使佛教在这里更加世俗化，这容后述。

　　道教以追求长生不老为目标，为此必须以名山大川作为修炼之地。客家系地区群山林立，奇岩异洞甚多，风景秀丽，为理想的修炼场所，本应比其他民系地区更有利于道教发展。但因客家系形成较迟，此前道教除在个别地区如罗浮山等颇为兴盛以外，一般地区缺乏起色。迨到明清时期，道教在客家系地区才进入鼎盛时期。清乾隆年间道教传入梅州，在梅城建吕祖坛，清光绪十三年（1887年）建吕祖庙，自此道徒日众。19世纪初，道教一个宗派从福建传入兴宁，在那里发展起来。清初，道教全真派邱处机十二代弟子杜阳栋抵广，居罗浮山冲虚观，又得清廷广东当局支持，以他为代表，道教龙门派遂获得很大发展和传播。全盛时广东全省有道士、道姑千余人，宫观也不在少数，罗浮山作为道教在广东的正宗也获得很高声誉。但道教到底是个多神教，往往与民间崇拜神祇混杂在一起，难以截然分清，而后者有些神祇可能起源很早。如据中山大学人类学系刘昭瑞教授研究，广东始兴县都塘村出土南朝刘宋元嘉十九年（442年）嫽女地券，被认为是道教传入岭南有确切年代的物证，券上书写"玄都鬼律"等语，又反映它与民间信仰相结合。⑤所以说道教在客家系地区传播较晚也是从民系形成和龙门派兴起而言的。

　　天主教传入客家系地区同样较晚，据近年出版地方志资料，个别地区最早是在清康

---

① 余靖：《（曲江）善化院记》，转见蒋祖缘、方志钦主编：《简明广东史》，广东人民出版社，1993年，第134页。
② 胡希张、莫日芬等：《客家风华》，广东人民出版社，1997年，第316页。
③ 乾隆《程乡县志》、光绪《嘉应州志》数字。
④ 新编《龙川县志》，广东人民出版社，1993年，第495页。
⑤ 黄淑娉：《广东族群与区域文化研究》，广东高等教育出版社，1999年，第251页。

熙年间，多数地区是在鸦片战争以后才传入的。如粤北始兴为清康熙六十一年（1722年），翁源在嘉庆末道光初年，龙川在同治九年（1870年），丰顺在嘉庆末年，大埔在光绪三十年（1904年）等。客家地区经济落后，民生困苦，天主教则利用这个特点，以兴办社会福利，慈善事业为手段，获得部分群众信仰而在客家地区迅速传播，大有后来居上之势。与其他宗教相比，天主教在客家地区无论信徒和教堂分布数量都居首位。1941年《广东年鉴·宗教》指出，天主教在内地传播，尤以惠州、潮州之客家地区为盛，教堂较多。近据广东省天主教爱国会估算，全省天主教教堂和教徒约有三分之二分布在粤东，含兴梅和潮汕地区，这是继承天主教在这些地区传播历史的结果。

基督教在广东客家地区的传播几乎同时在粤东和粤北展开，主要为德国和英国差会负责。1859年基督教在宝安蒲角（Pukao，音译）和李朗（Lilong，今属布吉）设立布道总堂。1864年进入五华大田、樟村山区，1883年至梅县，1884年入大埔，此后渐次传至兴宁（1887年）、河源（1901年）、连平（1909年）、和平（1909年）等地设总堂，也在一些重要集镇设总堂，如葵涌、古竹、鹤市下、梅村、罗岗等。分堂则设在总堂附近，另在龙川、紫金、蕉岭等县城也设分堂。1885年在惠州、湖尾、竹塘坳设总堂。继英国差会之后，德国差会势力主要进入粤北宣教，1867年首先在清远，此后在南雄（1893年）、从化（1897年）、始兴、仁化（1902年）、韶关（1903年）等地设总堂，并从南雄越过大庾岭进入江西南安府地区（1903年）。到1920年，广东客家地区大约有33个总堂和300个布道区。① 由于基督都分属不同组织开展活动，互不统属，它们在各地宣教时间早晚差别颇大。但不管怎样，基督教和天主教一样，都是进入客家地区较迟，但传播势头较猛的教派。

三、宗教在潮汕、雷州系地区传播历史悠久

潮汕、雷州系地区海上交通方便，利于外来宗教登陆、传播。但由于本民系区域开发时空差异大，宗教传播也具有类似特点，在具有悠久历史这一点上是共同的。

佛教至迟在唐代已传入潮汕和雷州半岛、海南岛，一些寺院留存至今。唐开元二十六年（738年）敕建潮州开元寺，此前该寺传称"荔峰寺"，想见佛教已在当地立足。唐代宗大历五年（770年）在海康建天宁寺，为雷州半岛历史上第一座禅林。唐天宝七年（748年）鉴真东渡日本未成，漂泊振州（今三亚），应该州别驾冯崇债之邀主持重修州大云寺。后抵崖州（在今岛北），州开元寺被火烧已久，鉴真亦应命重修，"即构佛殿、讲堂、砖塔，（椽）木（有）余；又造释迦丈六佛像。登坛（授）戒、讲律，度人

---

① 中国社科院世界宗教研究所：《中华归主——中国基督教事业统计（1901—1920年）》（中），中国社会科学出版社，1987年，第730页。

已毕，仍别大使去"①。可知唐代海南沿海佛教已相当流行。五代十国时期，割据福建的闽国主王审知"雅重佛法"，后任闽王王延钧一次"度民二万为僧，闽地由是多僧"。②时佛教正在我国南北勃兴，也在闽地大放光明。这不能不影响到地理上一体的潮汕地区，并在这里获得发展。宋余靖《开元寺记》说"潮于岭海为富州，开元浮屠为冠寺"，表明宋代潮州佛教兴盛发达，揭阳双峰寺、海阳（潮安）三娘寺、塔山寺、林姜寺、柘林寺，潮州城里南山寺等先后落成即为例证。潮州佛教分野也备受邻近地区甚至遥远他方影响，如从唐代起潮州佛教就分属江西曹洞宗、福建黄檗宗和河北临济宗，并对以后发展产生深远影响。明中叶潮州府（时含兴梅地区）佛寺仅有47座③，到清乾隆年间已增加到200座，被称为"重巫觋""名僧仙逸"地区④，以后潮州仍保持这种强劲发展势头。而雷州半岛，嘉靖《广东通志·风俗》说其"自梁唐以来，寺观庵堂半民居"，过去仅海康县城就有寺院30多座，是佛教在广东的中心之一。佛教在海南岛自唐宋兴盛以来，明清不减于前。据道光《琼州府志·建置》载，全岛有寺庵86座。岛西北儋县一带，"旧俗尚佛，相袭为佛会。……大村大会，小村小会，各以相类相赛，不可胜数。……乡无老壮，时以佛为事，每村立一庙或二、三庙，最为严整。子弟从幼俱知随父兄从事于佛，虽有明秀之姿，变格于习俗而不知重学"⑤。大抵至民国初，这种尚佛风气没有多大改变。

伊斯兰教也是继广府系之后在海南地区传播的宗教，除今三亚羊栏区回民为宋元从越南占城迁来，信仰伊斯兰教以外，海南沿海其他地区也保存一些伊斯兰教传播的遗迹遗存。如《宋史》指出："雍熙三年（986年）……儋州上言，占城人蒲罗遏为交州所逼，率其族百口来附。"⑥ 这支回民人数很少，居今儋县西北海岸，地名番浦（番浦村，在儋县新英区），到清初，他们已经失去了很多回族的生活习惯。⑦儋县近年还发现峨蔓区蒲姓居民七八百人，族谱记载他们原居番浦村，后徙峨蔓。其先人是回民，宋代由山东迁广东南海，明代经商卜居儋县。⑧ 琼山、海口附近也有回民，系元代征爪哇俘虏，在当地安置，到明初已所剩无几。⑨ 又赵汝适《诸蕃志·志物》说，万安军城东有舶主都纲庙，往来船舶必祭后才离去。后来道光《琼州府志》和道光《万州志》都记万安州东北三十五里莲塘港门有昭应庙，上立番神，并祭祀，这当系信奉伊斯兰教的回民所

---

① （日）真人元开著，汪向荣译：《唐大和上东征传》，中华书局，2000年，第71页。
② 吴任臣：《十国春秋》卷九十一，《闽一、二》，《世家》。
③ 嘉靖《广东通志》卷二十，《风俗》。
④ 乾隆《潮州府志》卷五。
⑤ 民国《儋县志》，《地舆志》十五，《习俗》。
⑥ 《宋史》卷四八九，列传第二四八，外国五，《占城》。
⑦ 康熙《儋州志》卷一。
⑧ 《南海甘蔗蒲氏家谱》，光绪三十三年刻本，第28页。
⑨ 正德《琼台志》卷七，《水利，风俗》。

建。另据日本人陷海南时在三亚调查，在回民公共墓地上，有一些道光、光绪年间从湖南、广西流落来的回民墓碑①，也是伊斯兰教在岛上传播的证据之一。

潮汕作为东西方交往较早地区之一。清嘉庆六年（1801年）有一位从泰国归来的天主教徒（姓名无考）在今陆河县东坑镇墩下村传教，被认为是天主教传入粤东之始。② 嘉庆二十五年（1820年）天主教传入揭西。③ 道光二十五年（1845年）法国传教士马额士抵今陆河上述地区，8个月后全村居民成为教徒。两年后，大溪岽天主堂和其他教堂落成④，在当地被视为新奇。至迟到道光三十年（1850年）前后天主教传入潮州，同治元年（1862年）传入普宁⑤，光绪元年（1875年）传入惠来，光绪二十六年（1900年）传入南澳岛⑥。而早在光绪十一年（1885年）潮州开始兴建城区最大的"圣母进教之佑大堂"，到光绪三十年（1904年）竣工，成为粤东最具特色的教堂之一。1914年天主教汕头教区成立。自此，天主教在潮汕获得长足发展。早在1885年起，很多堂点就散布在一些城镇和农村，如潮州府之庵埠、仙乐、岗山、贾里、玉滘、浮岗等；从1871年起在今汕尾市境内之可塘、东涌、东海、汕尾、大安、海城、公平等地相继兴建一些堂点。据有关方志不完全统计，到中华人民共和国成立前夕，天方教堂点和教徒，在今汕尾有130多处，2000多人；普宁有33处，4000多人；揭西有5处，3871人；揭阳有102处，8862人；潮阳有29处，3200多人。在早期，天主教主要由澳门、广州向汕尾、潮州方向传播，在后期由沿海向内地发展。

天主教传入海南仅稍晚于传入肇庆。明崇祯三年（1630年）葡萄牙传教士彼尼在琼山县城陈氏宗祠设天主堂，为天主教传入海南之始。此后，在定安、海口等地也有教堂之设，到清顺治八年（1651年）全岛已有教徒2253人。法国、意大利、西班牙、葡萄牙等国传教士纷纷进入岛上活动，到康熙二十六年（1687年）岛上教徒增加到5000多人。⑦ 雍正年间实行海禁，传教活动暂告中断，乾隆五十七年（1792年）后才恢复。光绪三十四年（1908年）天主教在海南的活动划归天主教广州教区管辖，1928年又归入北海主教区管辖，说明天主教在岛上势力较弱，1939年全岛教徒近2000人，不及清初教徒人数。但其分布面广，机构设置庞大，先后在琼山、海口、文昌、琼海、定安、临高等地修建了天主堂，成为天主教在岛上势力的标志。

在雷州半岛，明代天主教已在徐闻、海康、遂溪、廉江等地活动。清代这种活动时

---

① 金关丈夫：《海南岛民俗片断》，见广东省民族研究所：《黎族研究资料选译》（第一辑），1963年油印稿，第54页。
② 政协汕尾市委员会文史资料组：《汕尾文史·宗教专辑》第7期，1997年，第3页。
③ 新编《揭西县志》，广东人民出版社，1994年，第628页。
④ 政协汕尾市委员会文史资料组：《汕尾文史·宗教专辑》第7期，1997年，第3页。
⑤ 新编《普宁县志》，广东人民出版社，1995年，第620页。
⑥ 广东省天主教爱国会等编：《广东省天主教史料选辑》第5期，第13页。
⑦ 新编《海南省志·宗教志》，海南出版公司，1994年，第477页。

强时弱，但一直没有中断。在光绪二十五年（1899年）法国租借广州湾后获得较大发展。翌年奠基、光绪二十九年（1903年）竣工的霞山天主堂，是全省仅次于广州石室的哥特式建筑，成为天主教在雷州半岛活动的中心。过去教徒人数未见确切统计，民国时期在广州湾范围内，天主教徒最多时达1549人，有传教点28个；遂溪县有教徒1600多人，分布在乐民、河头、城月、港门、江洪、建新等乡镇，约50条村落。吴川全县有教徒600多人，其中石碇村有300多人，全部入教，为清一色教友村。据1949年统计，雷州半岛有天主教徒12076人，大小教堂22座，海康仍是天主教在雷州半岛最大基地，而雷城又是其中心。到1984年底，湛江天主教区所辖湛江城区、徐闻、海康、遂溪、廉江、吴川等县市，共有教徒约1万人①，显示天主教在当地有较深厚的信仰基础和悠长的传播历史。

基督教于清道光二十七年（1847年）传入汕尾和潮州，并向内地发展，相继兴建一批教堂和其他慈善、教育机构，其势力很快覆盖粤东沿海和内地。1920年基督教在粤东地区有教堂483处，占全省2030处的24%，比广府系、客家系地区都少。②但后来居上，据新编有关方志，到中华人民共和国成立前，普宁有基督教堂点25处，教徒1743人；揭阳有46处，5260人；汕尾有48处，8000人③。其中汕尾市（原海陆丰地区）教徒比1920年增加5.7倍，揭阳县增加0.9倍，普宁县增加0.69倍。基督教教堂也接踵而起，规模比较大的有潮州英国长老会下龙口、奕湖、庵埠、大埕、登塘、官塘、玉滘、彩塘教堂；美国浸信会下的坎下、庵埠、急水、浮洋、枫溪、鹳巢、井头、金砂、韦骆教堂；英国长老会属下基督汕尾堂、陆丰大安堂、东海堂、海丰海城堂、公平堂等。这为潮汕后来发展为基督教和天主教在广东最集中的地区奠定了基础。

基督教势力在鸦片战争以后迅速伸入海南岛。光绪七年（1881年）在琼山县城吴氏宗祠设立第一个布道所，不久又在儋县那大建立福音堂。此后基督教传播到岛内各地，包括文昌、万宁、琼海、临高、琼中、白沙、崖县等。抗战前，岛上教徒仅有1000多人，到中华人民共和国成立前夕已发展到8000多人，堂会、分会47处。④另外，海康、徐闻10个分会也受基督教在海南机构管辖。1925年在湛江所建福音堂，为雷州半岛规模最大的基督教建筑，至今仍为当地教徒做礼拜场所。1985年7月以后，徐闻、吴川、霞山有29所教堂重新开放，宗教活动恢复。1990年，徐闻、海康、吴川和湛江市区，共有教徒11498人，其中徐闻县有11297人，与其他县市形成鲜明对比。这恐与徐闻经济落后、基督教徒传入最早，又深受海口基督徒影响所致。在雷州半岛其他地区，大抵也有与在海南相类似的传播历史过程。

---

① 《湛江市地名志》，广东省地图出版社，1989年，第376页。
② 中国社科院世界宗教研究所：《中华归主——中国基督教事业统计（1901—1920年）》（下）汇总。
③ 政协汕尾市委员会文史资料组：《汕尾文史·宗教专辑》第7期，1997年，第5页。
④ 新编《海南省志·宗教志》，海南出版公司，1994年，第525页。

第二节　宗教在各民系地区分布比较

一、广府系地区为各类宗教在岭南荟萃之区

得地缘、史缘之利，各类宗教在广府系地区都占有自己一席之地，在宗教文化各个层面上有自己的优势地位，并展现一道道崭新的风景线。

如上所述，佛教在岭南立足和传播，除广州是最重要基地外，西江、北江水路交通线所经州县，也是佛教分布、兴盛地区。以佛教在广西历史分布，大致上也显示它在广府系部分地区梗概。据新编《广西通志·宗教志》统计结果，佛寺（庵）在广西晋至隋代共建6座，唐代45座，五代8座，宋代131座，元代22座，明代重要的有106座，清代前期有76座。近代广西战乱多，新建佛寺较少。这些佛寺大都分布在汉区，亦即多在广府系范围。其中全州湘山寺、桂林延龄寺、柳州灵泉寺、宜山西竺寺、南宁乌龙寺、横县寿佛寺、合浦东山寺、梧州光孝寺等，都远近驰名。但经历代变迁，很多佛寺已圮毁，教徒数量也难以统计。1933年《广西年鉴》（第一回）称"本省佛道两家，向均漫无组织，现在全省究有寺观教徒若干，未得普查，无从获悉"①。中华人民共和国成立前夕广西有佛教徒1718人，除桂林市382人以外，比较集中的有梧州、柳州、郁林、北流、合浦、荔浦、桂平、灵川等。1992年底统计，广西全境僧尼仅134人，另有居士8316人，人数分布依次是玉林市（3000人）、柳州市（2500人）、桂林市（550人）、梧州市（450人）、北流县（500人）、阳朔县（210人）、蒙山县（207人）、合浦县（200人）、南宁市（120人）等；同期佛寺34座，较多的有梧州（12座）、桂林（14座）、阳朔（11座）等。② 这都反映出佛教在广西仍以广府系地区占优势。

在广西，道教的分布格局也与佛教相类似。据新编《广西通志·宗教志》载，广西历史上先后建有宫观176座，其中汉代1座，唐代14座，宋代38座，元代14座，明代29座，清代77座，其中今平南有17座，博白有7座，南宁有5座，阳朔、田阳各4座，其他州县各有一二座不等。综合起来，桂东南为19座，桂东为18座，桂东北为14座，桂中为3座，桂北为3座，桂西为8座，桂西南为11座，③ 除去少数民族和其他民系地区，广府系地区至少占清代广西宫观半数以上。它们与广府系在广东地域连成一片，使佛教、道教在广府系地区形成凌驾于其他民系地区之上的分布格局。

在广东，宋元以前有多少寺庵、宫观不易稽考，但明清以来的数量和分布却是清楚

---

① 新编《广西通志·宗教志》，广西人民出版社，1995年，第222页。
② 新编《广西通志·宗教志》，广西人民出版社，1995年，第212页。
③ 新编《广西通志·宗教志》，广西人民出版社，1995年，第260页。

的，如表8-1所示：

表8-1 明代广东佛道建筑物分布

单位：座

府州	寺庵	宫观	小计
广州府	14	5	19
韶州府	20	1	21
南雄府	3	2	5
惠州府	8	5	13
潮州府	6	4	10
肇庆府	12	2	14
高州府	1	3	4
廉州府	3	2	5
雷州府	3	2	5
琼州府	3	4	7
合计	73	30	103

资料来源：嘉靖《广东通志》卷六十五。

基本上可将广州、肇庆、高州、廉州府归入广府系地区，韶州、南雄、惠州划入客家系地区，潮州（时含梅州）、雷州、琼州各自归入潮汕、雷州系地区，则上述建筑物又有以下分布格局（表8-2）：

表8-2 佛道建筑物在明代广东各民系分布

单位：座,%

民系	寺庵		宫观		小计	
	数量	比重	数量	比重	数量	比重
广府系	30	41.0	12	40.0	42	40.8
客家系	31	43.0	8	27.0	39	37.9
潮汕系雷州系	12	16.0	10	33.0	22	21.3
总计	73	100.00	30	100.00	103	100.00

表8-2大致反映佛教在广府系、客家系中较为兴盛且规模相近，潮汕系、雷州系在他们之下；道教发展比较均衡；但无论佛、道，广府系都居优势，客家系次之，潮汕、雷州系居后。这个格局到清代发生很大变化（表8-3）：

表8-3 清代广东佛道教建筑物分布（一）

单位：座

府州（厅）	寺庵	宫观	小计
广州府	74	12	86
韶州府	80	6	86
惠州府	46	12	58
潮州府	47	7	54
肇庆府	78	4	82
高州府	14	5	19
廉州府	7	4	11
雷州府	10	4	14
琼州府	25	9	34
罗定州	7	1	8
连山厅	2	0	2
连州	13	9	22
南雄州	16	7	23
嘉应州	19	1	20
合计	438	81	519

资料来源：道光《广东通志》卷二二九。

清代与明代相比，全省寺庵数量约增加5倍，宫观约增加1.7倍，两都是合算约增加4倍。这与清初以来，广东社会经济渐渐恢复，商品经济在珠江三角洲和沿海地区发展有关。将表8-3的数据归入各民系地区，得到如下分布格局（表8-4）：

表8-4 佛道建筑物在清代广东各民系分布（一）

单位：座，%

民系	寺庵		宫观		小计	
	数量	比重	数量	比重	数量	比重
广府系	180	41.00	26	32.00	206	39.70
客家系	176	40.00	35	43.00	211	40.70
潮汕系雷州系	82	19.00	20	25.00	102	19.60
总计	438	100.00	81	100.00	519	100.00

无论哪个民系地区，清代佛、道建筑物都比明代有数倍增长，但道教增长都明显慢于佛教。就各民系比较而言，广府系与客家系不相上下，而潮汕、雷州系始终居末位。这除了潮汕、雷州系在广东所占地域狭小以外，更重要原因恐在于潮汕、雷州人既重神灵，也重祖宗崇拜，各种祠堂庙宇林立，它们都不列入宫观之列。

以上清代广东佛道建筑物分布，因系省志所载，当为主要寺庵、宫观，与各府州志所记有一定出入。后者记载更详，也最能反映实际情况（表8-5，未算廉州府）：

表8-5 清代广东佛道建筑物分布（二）

单位：座

府州	寺、观	府州	寺、观	府州	寺、观
广州府	280	雷州府	41	嘉应州	50
肇庆府	180	潮州府	200	琼州府	90
南雄州	110	韶州府	180	合计	1330
高州府	109	惠州府	90		

资料来源：光绪《广州府志》，光绪《肇庆府志》，嘉庆《直隶南雄州志》，光绪《高州府志》，嘉庆《雷州府志》，乾隆《潮州府志》，光绪《韶州府志》，光绪《惠州府志》，光绪《直隶嘉应州志》，道光《琼州府志》。

以上府州归入各民系所在地区，则出现如下分布格局（表8-6）：

表8-6 佛道建筑物在清代广东各民系分布（二）

单位：座，%

府州	全省		广府系		客家系		潮汕、雷州系	
	数量	比重	数量	比重	数量	比重	数量	比重
寺观	1330	100.00	569	42.80	430	32.30	331	24.9

虽然各方志记载寺观时代不尽一致，但仍显示广府系佛道建筑在广东的首要地位，加上它们在广西的分布，这个地位在岭南各民系中尤为突出。不仅如此，许多著名的寺观也集中于广府系地区，如广州光孝寺、六榕寺、华林寺、大佛寺，肇庆庆云寺，新兴国恩寺，以及道教广州三元宫、五仙观、纯阳观等。

清末以来，佛道未见起色，中华人民共和国成立后经历次政治运动冲击，每况愈下。1978年改革开放后，宗教政策得到落实，佛道在广东复苏和发展。据新兴县佛教协会介绍，当地在册僧人约500人，信徒达万人以上。据有关资料，从佛教发展可窥见它在各民系分布的差异（表8-7）：

表8-7 佛教在广东各民系分布（1990年）

民系	僧尼			寺庵	
	人数	比重/%	密度/（人/万人①）	座数	比重/%
全省	27205	100.00	3.8	585	100.00
广府系	5804	21.30	1.8	51	8.70
客家系	1658	6.10	0.8	111	19.00
潮汕系雷州系	19743	72.60	10.4	423	72.30

①人/万人，指每万人中僧尼人数，万人为1993年人口数。

资料来源：（1）广东省宗教事务局统计表（1991年）；（2）《广东省政区图册》，广东省地图出版社，1994年版。

表8-7各项指标说明：广府系地区佛教徒人数多于客家系，寺庵少但名刹多，万人指标较低，佛教拥有一定影响力；客家系地区寺庵较多，但多为小寺小庵堂，万人指标最低，佛教势力最弱，这与客家系地区人口密度低有关；潮汕、雷州系每个指标都居首位，是广东最大的佛教中心。

西方宗教在近代不断从沿海深入内地，以兴办社会福利、慈善事业为手段在贫困地区得到广泛传播，但系统历史资料残缺不全，至今尚无全面研究，难以提供它们在各断代的历史剖面。惟基督教在民国初年资料比较详备，据《中华归主——中国基督教事业统计》一书披露，1920年广东境内共有43个基督教差会，它们的活动范围覆盖全省六分之五面积，共设122个差会总堂、957座正式教堂、10735处布道区；教徒61262人，外国传教士648人，中国传教士2676人，创办主日学校学生总数14367人；开办医院或药房47间，拥有病床2722张，还办护士学校1所，小学797所，中学37所，大学1所；广东成为基督教在我国传播最广的省区。按该书所提供各县教徒、教堂、布道区及当时人口资料，可归纳出基督教在各民系分布差异（表8-8）：

表8-8 基督教在广东各系分布（1920年）

民系	总人口		教徒		
	人数/万人	比重/%	人数/人	比重/%	密度/（人/万人）
广府系	2224.99	63.90	36041	58.80	16.2
客家系	610.03	17.30	14684	24.00	24.1
潮汕系雷州系	684.46	19.40	10537	17.20	15.4
合计	3519.48	100.00	61262	100.00	17.4

资料来源：《中华归主——中国基督教事业统计（1901~1920）》，中国社会科学院出版社，1987年，第1090-1100页。

显见，广府系地区集中了全省基督教教徒过半，尤其是珠江三角洲及其附近地区，教徒人数众多，并且主要集中在城镇。民国《香山县续志·海防》记"礼拜之期，附近南（海）、番（禺）、东（莞）、顺（德）、新（会）、香（山）各县赴拜者接踵而至澳（门），间有外省之人，惟顺德紫泥（今属番禺）人最多"。而按每万名居民中教徒人数，以客家系比例最高，说明基督教在那里势力强大。按当时政区，这个指标最高在粤北之岭南道，为 26.7 人/万人；次为粤东潮循道和粤中粤海道，为 18.8 人/万人；最后为琼崖道、高雷道和钦廉道，分别为 8 人/万人、6.3 人/万人和 5.5 人/万人。这与基督教传入时间先后有很大关系，但对已有一定传播历史的地区而言，贫困地区教徒比例较富裕地区要高。以县而论，宝安县这个指标最高，约 156 人/万人；揭阳县次之，约 155 人/万人；曲江县又次之，约 81 人/万人；珠江三角洲一带各县都不高，如台山约 28 人/万人，香山约 23 人/万人，顺德约 8 人万人，南海仅为 5.3 人/万人，皆为人口密度地区差异所致。

基督教需要固定的活动场所，1920 年广东省有基督教教堂 957 座，1073 个布道区（有教徒 10 人以上，或有常任教会职员 1 人者为一布道区），它们在各民系分布如表 8-9 所示：

表 8-9　基督教活动场所在广东各民系分布（1920 年）

民系	教堂		布道区		合计	
	座数	比重/%	个数	比重/%	总数	比重/%
广府系	471	49.00	509	47.00	980	48.00
客家系	256	27.00	311	29.00	567	28.00
潮汕系雷州系	230	24.00	253	24.00	483	24.00
总计	957	100.00	1073	100.00	2030	100.00

表 8-9 仍显示，广府系居民仍是基督教在广东最大的载体，其重心在珠江三角洲。1922 年版《中华归主》一书写道："近二十年来，广州三角洲（时珠江三角洲称广州三角洲）地带及人口众多、村落稠密之地区，宣教事业蒸蒸日上，几乎每镇都有教堂，并且以教堂为中心向附近乡村派遣中国布道者，积极宣传福音，甚至在不少地区中基督教之势力及思想影响几乎达到无处不在之地步。"这种景象，是当时其他民系地区难以见到的，不仅如此，基督教还以办学、办医院等形式来达到传播目的。这些机构分布状况也从侧面反映其势力在各民系地区的强弱，如表 8-10 所示：

表8-10 基督教在广东办小学分布（1920年）

地域	人数	比重/%	地域	人数	比重/%
粤海道	11451	48.60	琼崖道	498	2.10
岭南道	698	3.00	钦廉道	755	3.20
潮循道	9619	40.80	总计	23567	100.00
高雷道	546	2.30			

资料来源：《中华归主——中国基督教事业统计（1901～1920）》，中国社会科学院出版社，1987年，第1090-1100页。

这些基督教办小学归入各民系，则呈以下格局（表8-11）：

表8-11 基督教办小学在广东各民系分布（1920年）

民系	广府系		客家系		潮汕、雷州系		总计	
	人数	比重/%	人数	比重/%	人数	比重/%	人数	比重/%
小学生	13507	57.00	2812	12.00	7428	31.00	23657	100.00

广府系地区仍是基督教办学重心所在，与教徒、教堂分布格局相一致。

此后，西方宗教在岭南历经各种社会动荡，中华人民共和国成立后也有过许多波折，其传播地区也发生许多变化。据20世纪80年代末已开放宗教活动场所，其在广东各地分布状况如表8-12所示：

表8-12 天主教、基督教在广东分布（1990年）

单位：人，座

市别	天主教		基督教		小计	
	教徒	教堂	教徒	教堂	教徒	教堂
广州	2000	3	13000	19	15000	22
深圳	2000	1	3000	6	5000	7
珠海	60	—	200	3	260	3
佛山	1034	9	848	12	1882	21
江门	2469	11	4424	26	6893	37
肇庆	2030	6	2075	11	4105	17
茂名	2700	1	76	1	2776	2
阳江	815	1	1305	1	2120	2
东莞	14	—	865	8	879	8

续上表

市别	天主教		基督教		小计	
	教徒	教堂	教徒	教堂	教徒	教堂
中山	431	2	1562	6	1993	8
韶关	703	2	454	3	1157	5
惠州	3114	6	1230	10	4344	16
河源	3392	8	13031	31	16423	39
梅州	12882	28	26573	72	39455	100
清远	290	1	950	8	1240	9
汕头	53828	114	65754	141	119582	285
潮州	2408	8	3888	16	6296	24
汕尾	27478	48	9167	27	36645	75
湛江	12801	11	9830	22	22631	33
合计	130449	260	158232	423	288681	683

资料来源：广东省宗教事务局统计表，1991年。

按各市所在民系地区划分，整理结果如表8-13：

表8-13　天主教、基督教在广东各民系分布（1990年）

民系	天主教				基督教				小计			
	教徒		教堂		教徒		教堂		教徒		教堂	
	人数/人	比重/%	人数/人	比重/%	人数/人	比重/%	人数/人	比重/%	人数/人	比重/%	人数/人	比重/%
广府系	13553	10.40	34	13.10	27355	17.30	93	22.00	40908	14.20	127	18.60
客家系	20381	15.60	45	17.30	42238	26.70	124	29.30	62619	21.70	169	24.70
潮汕、雷州系	96515	74.00	181	69.60	88639	56.90	206	48.70	185154	64.10	387	56.70
合计	130449	100.00	260	100.00	158232	100.00	423	100.00	288681	100.00	683	100.00

表8-13所示的分布格局表明，无论是天主教还是基督教，它们在广东广府系的地位大为削弱和相对下降。原因是西方宗教传入后期，其传教重点已转向内地或沿海山区，尤为贫困地区群众所接受，在那里发展较快。20世纪初，外国传教士比较过广府人（他们称为"本地人"）和客家人对基督教的态度，认为："'本地人'的宗教心理表现得较重，因此，'本地人'比较坚信他们的异教信仰；而客家人则易于接近基督教训，

甚至还有一部分客家人衷心地接受基督教福音，而在第二、第三代基督教徒中并有不少信心坚笃的教友①。这里说广府人"坚信他们的异教信仰"，当指广府人多神崇拜。这自然会降低广府人对西方宗教的热情，使西方宗教有更大可能在客家系和潮汕、雷州系中发展起来，并在后者中形成更强的势力和影响。根据表8-13，即可得出西方宗教在各民系群体中存在的差异（表8-14）：

表8-14 天主教和基督教在每万名人群中分布（1990年）

单位：人/万人

教别	全省	广府系	客家系	潮汕、雷州系
天主教	18.17	4.18	9.96	50.82
基督教	22.04	8.43	20.64	46.67
合计	40.21	12.61	30.60	97.49

资料来源：广东省宗教事务局统计表，1991年。

说明：人口系1994年人口数。

无论天主教还是基督教都在潮汕、雷州系中拥有最强势力，客家系次之，广府系势力最弱，与它们在各民系整体分布格局相一致。

在广西广府系地区天主教和基督教发展也可媲美于广东广府系地区，据新编《广西通志·宗教志》统计，清光绪四年（1878年）广西教区仅拥有天主教教徒500名，到光绪十七年（1891年）增加到1100多人，宣统三年（1911年）又增加到4500人，遍及24个州县，从最初的桂西北扩展到桂东南。到1949年中华人民共和国成立前夕，广西已建立南宁总主教区、北海教区、梧州教区和桂林监牧区，涵盖39个县市，拥有教徒3.5万人，大部分在广府系地区内。经历"文革"后，20世纪80年代初掀起一股入教高潮，1982年教徒达3.6万人，至1992年底，再上升至6万多人，②达历史巅峰。不过，广西天主教徒以农民为主，女教徒又占多数，一些地方几乎全村信教，如贵港长兴村、北部湾涠洲岛盛塘村等，但后者已属客家系了。

基督教传入广西后，初期主要分布于桂东、桂南、桂中、桂北水陆交通沿线地区，尚未到达偏僻的桂西，亦即主要在广府系地区活动。到1933年35个县市设有77个堂点，有教徒3383人，1947年增加到5570人，以后这个数字变化不大。近年则呈迅猛发展之势，1992年全广西基督教徒已达4万多人，分布在57个县市。③汉壮各族人群都有入教的，职业比较复杂，农民仍占多数。虽难以明确他们各属哪个民系，但同天主教分

---

① 中国社科院世界宗教研究所：《中华归主——中国基督教事业统计（1901—1920年）》（中），中国社会科学出版社，1987年，第729页。

② 新编《广西通志·宗教志》，广西人民出版社，1995年，第50、51页。

③ 新编《广西通志·宗教志》，广西人民出版社，1995年，第121、122页。

布一样,广府系无疑占很大一部分。

二、港澳是中西宗教在中国最大的中心城市

香港和澳门作为中西文化交流、整合中心,不仅自身是多元宗教荟萃的城市,而且对周围地区产生强大的宗教文化辐射。广府系西方宗教历史地位曾居于其他民系之上,港澳的存在和影响是一个重要因素,而这恰是其他民系所欠缺的。

香港被英国实行殖民统治以后,渐渐成为一个介于东西方之间,兼容并蓄的多元社会,其宗教也受到中国传统文化和西方文化的共同影响而呈多元化特征。这里不但有名目繁多的民间信仰和崇拜,而且历史上先后传入佛教、道教、天主教、基督教、伊斯兰教、印度教、犹太教、锡克教、巴哈伊教等,有的长达数百年以至上千年,有的近至数十年才传入香港,甚至近年还有一些新兴宗教传入,使香港成为一座中西宗教共处、宗教景观五光十色的城市。据有关资料,香港民间信仰(姑且算入宗教)和宗教洋洋大观,如表8-15所示:

表8-15 香港主要宗教历史发展(1900~1980年)

教别	1900年		1970年		1980年	
	信徒/人	比重/%	信徒/人	比重/%	信徒/人	比重/%
民间信仰	339900	89.94	2050000	69.15	2145550	54.95
佛教	30400	8.00	630000	21.25	777800	19.93
罗马天主教	3700	1.00	28000	0.94	357200	9.15
基督教新教	3800	1.00	25000	0.84	329350	8.44
中国本土化教会	—	—	60000	2.02	76900	1.97
圣公会	700	0.02	25000	0.84	29000	0.74
新兴宗教		—	110000	3.71	144700	3.71
伊斯兰教	1000	0.03	18000	0.61	20500	0.53
其他宗教	500	0.01	19000	0.64	22550	0.58
合计	380000	100.00	2965000	100.00	3903550	100.00

资料来源:李桂玲:《台港澳宗教概论》,东方出版社,1996年,第200页。

香港各类教徒与同期香港总人口比例,在早期统计不确,1970年和1980年分别为75%和76%,即大部分香港人都是宗教信徒,其中又以信仰中国民间宗教人数最多,说明香港宗教根基与内地一样,次为佛教,再次为天主教和基督教,其他宗教地位一般都很微弱,但随着香港社会的西化,民间宗教和佛教地位在下降,而西方宗教地位不断上升;尽管如此,仍不能改变中国本土宗教在香港的主导地位。香港是个商业竞争十分激烈的社会,个人前途和命运经常处于变化之中,宗教自然大行其道,成为香港多数人的精神寄托和希望所在。这些宗教都在香港占有一席之地，拥有一批著名寺观、教堂及其附属机构与设施，强化了香港宗教的文化氛围和景观。

道教在香港与民间信仰相互混杂，没有什么界限，故西方学者习惯把道教归入中国民间宗教。道教在香港历史很长久，南宋即建有妈祖庙，明清妈祖成为崇拜风俗。现在香港的道教徒难有确切统计数字，估计有10万之众，现存大小宫观有120多处，其中天后庙即有2处，大部分宫观位处闹市，这点与佛教丛林多在郊外有异。历史存留下来的有元朝玄关二帝庙和众圣宫、长洲北帝庙、上环文武庙、屯门青云观、湾仔和红磡北帝庙、大屿山普云仙院等。民国以来兴建的有荃湾圆玄学院、屯门青松观、新界黄大仙祠和蓬瀛仙馆、九龙信善紫阙玄观和信善坛、港岛玉壶仙洞等。实际上香港民间信仰十分庞杂，各行业、阶层、人群都有自己崇拜的神明或偶像，妈祖即天后原为渔民、海员保护神，后为全民崇拜；武神关帝遍及各个店铺、家庭，并为警察崇拜，赌马者称之为"马神"，冀求得好运气；司医药的有黄大仙，管运气的有车公元帅，管建筑业的有鲁班神等。此外，卜卦、看相、测字、看风水等皆可视为民间信仰一部分，新界黄大仙祠即为这些活动集中之地。

佛教在香港也有着悠久的历史，南北朝时即建有青山寺和灵渡寺（宋代重建），明代又建凌云寺。鸦片战争以后，佛教在港一度式微，到20世纪30年代始获得振兴，势头至今未减。据粗略统计，香港历史上保存或新建大小佛寺、精舍400多座（处），另有数百个小佛堂遍及港岛各个角落。[①] 著名的有大屿山宝莲禅寺（上立世界最大的青铜佛像），荃湾芙蓉山竹林禅院、西方寺、上水观宗寺、鹿野苑、屯门青山禅院、沙田万佛寺，葵涌东普陀，元朗灵渡寺等。有些寺院还是国际性的佛教活动场所，经常举办各种活动，如西方寺即设有菩提佛学院，招收海外弟子，影响很大。香港佛教组织也经常进入内地开展教内交流，使香港成为佛教在岭南的一个主要基地。

鸦片战争以后，香港很快发展为天主教在远东的一个传播中心，从1843年第一座教堂"圣母无原罪堂"落成到1989年约一个半世纪期间，香港天主教堂（区）已达55处，准堂（区）5处，拥有教徒约27万人，[②] 是同期广东天主教徒数量的2倍多。著名的有港岛灵顿街的圣母无原罪教堂、湾仔圣方济角小堂（1845年）、花园道圣若瑟堂（哥特式，1872年）、可容4000人的圣母无原罪总堂（哥特式，1888年）、西环圣安多尼教堂（1879年）、九龙玫瑰堂（1900年）、圣玛加利大堂（1923年）、圣德肋教堂（1932年）等，成为香港城市景观的一个个亮点。

基督教差不多与天主教同时传入香港，从1847年建立第一座圣约翰大教堂到1989

---

① 中国社科院世界宗教研究所：《中华归主——中国基督教事业统计（1901—1920年）》（下）汇总，第1090、1100页。

② 李桂玲：《台港澳宗教概论》，东方出版社，1996年，第296页。

年，全港有中英文教堂924座，教徒25.8万人，约占全港人口4.4%。① 教徒主要由白领阶层组成，蓝领阶层占少数。香港著名的基督教教堂有中环圣约翰大教堂、圣士提凡堂（1865年）、宣道会北角堂（1952年）、香港浸信会堂（1901年）、中华基督教会合一堂香港堂（1926年）、中华基督教会公理堂（1901年）、礼贤会香港堂等。

无论天主教还是基督教，除了宗教活动，同时兴办文化教育、医疗、社会福利、宣传出版事业，以推动宗教事业。至1989年天主教在香港兴办各类学校237所，学生31万人，约占同期全港学生的四分之一。而据1979年统计，基督教在港兴办中小学、幼稚园共390所，学生29.7万人，约占同期全港学生的23%。② 按西方宗教模式兴办的学校以及其他事业，进一步使香港笼罩在浓重的西方宗教气氛中。

澳门虽为弹丸之地，但被葡萄牙租占以后，很快成为中西文化交流最早基地，也是佛（中国化佛教）、道等"土教"与天主教、基督教等"洋教"的接合部。葡萄牙人未来之前，澳门半岛上已有妈祖庙，澳门称Macau即由此而来。400多年前天主教传入澳门，19世纪初又传入基督教，使澳门同样成为一座多元宗教汇聚的城市，但澳门毕竟比香港狭小，人口单薄，故宗教文化的历史和现状不及香港复杂多样。如表8-16所示。

表8-16 澳门主要宗教历史发展（1900～1980年）

教别	1900年		1970年		1980年	
	教徒/人	比重/%	教徒/人	比重/%	教徒/人	比重/%
民间信仰	52600	83.50	145830	68.90	158910	67.70
佛教	6400	10.10	37900	17.90	45300	19.30
罗马天主教	4000	6.40	23360	11.00	25700	10.90
基督教新教	—	—	1800	0.90	1600	0.70
其他宗教	—	—	2817	1.30	3360	1.40
合计	63000	100.00	211707	100.00	234870	100.00

资料来源：李桂玲：《台港澳宗教概论》，东方出版社，1996年，第437页。

与1900年、1970年和1980年澳门总人口相比较，主要宗教教徒人数分别占93%、85%和97%，即无论何时，澳门都是一座充满宗教色彩的城市。

澳门民间信仰与香港一样，与道教融为一体，且佛道合流，信众最多。至迟在明成化年间（1465～1487年）已建立妈祖庙，后来相继增建了8座，显示澳门作为东方巨港的历史地位，在澳门除了妈祖，同属海神的还有三婆神和朱大仙，仅为澳门特有。三婆神庙宇建于1845年，今废，而朱大仙则为疍民祀奉。位列仙班受到祀奉的还包括土

---

① 李桂玲：《台港澳宗教概论》，东方出版社，1996年，第348页。
② 李桂玲：《台港澳宗教概论》，东方出版社，1996年，第348页。

地、财帛星灵、鲁班、洪圣爷、哪吒、女娲、包公、谭仙等，他们的庙宇有几十座，其中妈祖阁被视为澳门的象征。著名的宫观有明代莲峰庙，清代康公庙、包公庙、沙梨头土地庙等，已被澳门当局列为重点保护对象。

佛教在澳门也有500多年历史，为信众仅次于民间信仰的第二大宗教。历代遗留下来的大小寺院40多座，信徒4万～5万人，有普济禅院、菩提园、竹林寺、乐山寺、功德林等名刹。

澳门在天主教发展史上有特殊意义，1562年（明嘉靖四十一年）已修建了三座天主教堂，1576年成立澳门教区，自此，澳门成为罗马天主教在远东的传教中心。1644年澳门天主教徒增至4万多人，达到历史巅峰，以后人数逐渐减少。天主教在澳门立足以后，各国传教士纷纷以澳门为基地，伺机进入内地和香港传教。利玛窦、罗明坚、汤若望等在致力于传教同时，也传播了西方文化，在中西文化交流史上做出贡献。而澳门在这方面是起了很大作用的。正如著名学者、北京大学季羡林教授1993年2月为陈炎教授专著未刊稿《海上丝绸之路与中外文化交流》一书所写序言指出："在中国五千多年的历史上，文化交流有过几次高潮。最后一次，也是最重要的一次，是西方文化的传入。这一次传入的起点，从时间上来说，是明末清初；从地域上来说，就是澳门。整个清代将近三百年时间，这种传入时断时续，时强时弱，但一直没有断过（中国文化当然也传入西方，这不是我在这里要谈的问题）；五四运动，不管声势多么大，只是这次文化交流的余绪。可惜的是澳门在中西文化交流中这十分重要的地位，注意之者甚少。我说这话，完全是根据历史事实。明末最初传入西方文化者实为葡人，而据点则在澳门。"[①] 这个评价是公允的。在这个历史过程中，天主教在澳门建立过6个堂区、1个传教区和4个传道中心、20多座教堂，包括建于1638年后被火烧、至今成为名胜的大三巴教堂及主教座堂（1578年）、望德圣母堂（1885年）、圣奥斯定堂（1586年）、三巴仔（1748年）、风顺堂（1569年）、花王堂（1558年）等；出版多种宗教刊物，兴办34所学校，在校学生占全澳学生的一半，另建立了20多所幼儿园，以及其他各项社会福利事业，对当地社会文化生活起了稳定、保障作用。

澳门又是基督教新教最早传入我国之地，首位来华的新教传教士马礼逊即首途于此办教，后才由此进入广州。但基督教新教在澳门的发展一直很缓慢，到1940年前只有3间教会，1980年达到20间，教徒1200人；近年才得到较大发展，兴办13间学校，就读学生逾万人，现有教堂和布道所共40多间，著名的有宣道堂（1956年）、志道堂（1917年）、马礼逊堂（1821年）等，在澳门宗教之林中占有一席之地。

综上所述，宗教在港澳这两座城市传播历史之悠长，教徒人数之众，寺观庙堂之多，对当地社会生活作用之大，对外影响之深广，是内地很多城市难以相比的。这直接

[①] 黄启臣：《澳门通史》，广东教育出版社，1999年，第131、132页。

或间接地加强了宗教在广府系地区的势力，使之在总体上凌驾于客家系和潮汕、雷州系地区之上。

三、西方宗教在客家系地区后来居上

西方宗教在珠江三角洲和沿海中心城市立足之后，即确定客家系地区为传播重点对象，并形成后来居上之势。天主教于1874年传入惠阳，初期教堂仅40多人，数年后扩展到县内各地，教徒达2万多人，包括当时惠州、平山、潭水、稔山、梁化、横沥一条龙、平潭、马安等地。1885年天主教传入紫金山区，首先在县城安良附近腊石、石马角、龙窝、义容，以及柏步的高桥和百子岭、龙窝的高仕坑、洋头的东溪田、多九的榕树岗等地设点，继而全县的重要圩镇和村落都留下了天主教活动的痕迹。东江流域客家地区著名的天主堂有博罗县柏塘镇天主堂，建于清光绪二十四年（1898年）。同年为反抗帝国主义利用传教进行侵略，当地1万多农民冲进该堂，杀死神父，烧毁教堂，遗址现已建其他楼房。另有博罗建于民国初年的石湾镇黄西村天主堂等。

19世纪中叶，天主教传入粤北，首先立足于始兴方洞村，全村300多人，先后入教，成为教友村，所建天主堂、学校、医院等保存至今。此后天主教又传入南雄、曲江、乐昌、连县、连南、阳山等地。中华人民共和国成立前夕，后四县有教徒1300多人。其中乐昌县建有天主堂6座，现仅廊田镇华岭（村）天主堂保存至今。

清道光二十年（1840年）归侨天主教徒吴东在梅县传教，道光三十年（1850年）天主教汕头教区派法国李神父到梅县建立第一个祈祷所，为天主教传入粤东客家地区之滥觞。1850—1925年设嘉应州天主教教会，1925年改设嘉应教区，管辖范围包括梅县、兴宁、五华、蕉岭、大埔、龙川、和平、连平9县，有教徒约4000人，教堂10间，开办中小学48所。此后，天主教在粤东迅速发展，嘉应教区成立后教徒达1.6万人，到20世纪40年代末仍有教徒15693人，教堂29间，祈祷所20多处，以及中小学、织布厂、自行车店等一批。[①] 保存至今的天主堂有梅江区黄塘天主堂（1888年）、圣约瑟教堂、梅县兴福乡叟乐（村）天主堂（1871年）、五华县棉洋镇北斗寨天主堂（1896年）等。

历史的继承性使天主教在受到冲击以后仍能存在和发展，上述1990年广东客家系地区有教徒2万余人，教堂45间，分别占全省总数的15.6%和17.3%，仅次于潮汕、雷州系而高于广府系地区。

基督教按其教派宣教和分布，在广东四大民系地区中，客家系地区是它较早进入的一个区域。清咸丰二年（1852年）基督教崇真会首先传入五华县大田梓树村，被视为基督教传入粤东之始。这个教会主要活动于五华、梅县、兴宁和蕉岭，形成梅江教区。

---

① 胡希张、莫日芬等：《客家风华》，广东人民出版社，1997年，第324，325页。

至1949年，五华已建教堂23间，宣道所3间，有教徒5475人；1877年崇真会进入梅县，在丙村、畲坑、南口、白宫、西阳、莲塘等地开设教堂、宣道所多处，并办乐育中学和小学，培养一些人才；1882～1920年在兴宁建教堂14间，有教徒约1000人，兴办乐育小学7所；1898年在蕉岭建教堂1间和乐育小学1所。继梅江教区之后，崇真会又从五华进入龙川、紫金、连平、和平、河源、博罗等县，形成东江教区，使基督教覆盖区域大为扩展。

基督教浸信会在粤东活动于梅县、丰顺、平远，1890年开始宣教，先后建教堂1间、宣道所7处，有教徒700人，并办广益中学。1914年基督教传入丰顺汤坑，翌年传入平远，皆有设堂办学之举。

基督教长老会于1884年进入大埔，先后建立教堂6间，有教徒1087人；1890年传入丰顺汤坑，共建教堂7间，有教徒319人。梅县也是这个教会的势力范围。

基督教安息会活动也及兴宁、丰顺、梅县，建有4间教堂。

基督教聚会处在粤东活动于兴宁、梅县、丰顺等县，分别建立4个聚会点，有教徒300多人。

基督教耶稣会于1929年在兴宁设立一个聚会点，不过宣教者为印度尼西亚华侨，开始改变以往皆为洋教士控制的局面。

至1949年，基督教以上各教会，在兴梅地区兴建教堂约60座，有教徒11492人。[①]同期，基督教在广东划分为11个教区，有教堂222间[②]，但不包括潮汕、兴梅和海南岛。即使如此，上述兴梅地区教堂相当于这11个教区教堂总数的27%，也是一个较大的比例。此外，基督教在粤北、东江流域也有相当势力和广泛分布，1854年崇真会传教士从香港进入淡水、永湖，进而沿东江传教，施医授徒，渐渐在东江一带立足。第二次鸦片战争后，西方宗教可以公开传播。基督教循道会于1871年进入韶州，开展北江客家地区传教。1932年基督教"两广浸信会联会"定名，为1885年基督教在两广联合组织通称，其下属的北江区联会即负责北江地区传教工作，清远、乐昌、曲江、翁源、英德、南雄、始兴等县市即为该会势力覆盖范围。到1890年循道会在北江地区的基督教教徒从1888年11人增至303人，下辖教堂、布道所20多间；还于1893年在英德创办望埠学院，后又在韶州开设循道医院、爱道书院等。基督教也和天主教一样，尽量使用客家方言传播，这也是它势力范围得以不断拓展的一个重要原因。据统计，到1920年，广东每万名居民中拥有教徒数量，贫困的粤北地区为26.7人，居全省之首，而富裕的珠江三角洲约为18.8人[③]。这反映一个规律：无论天主教还是基督教，它们传入时间先

[①] 胡希张、莫日芬等：《客家风华》，广东人民出版社，1997年，第324、325页。
[②] 中华全国基督教协进会：《订正中华基督教团体调查录》，1950年再版。
[③] 中国社科院世界宗教研究所：《中华归主——中国基督教事业统计（1901—1920年）》（下）汇总，第1090、1100页。

后对教徒在人类群体中的比例高低关系固然很大，但对传播到已有一定历史的地区而言，贫困地区教徒比例较富裕地区更高，客家系地区即属这类地区。《中华归主》一书说有一个叫源坑里的客家人偏僻小山村，即有600个教徒，大家都熟读《圣经》，这在当时中国甚为少见。① 正是这种集体入教方式，促使西方宗教在贫穷落后地区获得广泛传播和分布。

四、潮汕、雷州系地区发展为宗教在岭南分布最集中之地

潮汕、雷州系地区不仅民间崇拜风靡上下，而且宗教信仰在群众中也有很高占有率，尤以佛教和西方宗教为著，并以此区别于广府系和客家系地区。

明清时代，佛教建筑物反映佛教在潮汕、雷州系地区不及广府系和客家系地区发达，但到近现代，这种情况有了很大改变。主要在潮汕和雷州半岛，佛教异军突起，居压倒其他地区之势。据近年出版《潮州市佛教志》统计，今潮州市区即原潮安县境的寺庵分布，唐代为2处，宋代为15处，元代为6处，明代为20处，清代为31处，民国时代为3处，时代不明的为105处，历代共182处；僧尼人数，中华人民共和国成立前为366人，中华人民共和国成立初为241人，1986年为91人，② 但这并不包括在家修持的居士人数，这是一个难以统计的群体。又据新编《潮阳县志·宗教》载，中华人民共和国成立前有寺庵128处、僧尼797人，到1985年下降到99处、298人，另有居士1200多人。但据1990年广东省宗教事务局统计，是年底广东各地级市佛教寺庵和僧尼数量，汕头市为242处、12186人，潮州市为26处、987人，湛江市为148处、6000余人，汕尾市为7处、570人，4市共423处、19743人，约占全省寺庵585处的72.3%，僧尼总数27205人的72.6%。这些数字并不包括海南岛（缺乏统计），即使如此，仍显示广东潮汕、雷州系地区佛教在全省占主要地位，为广府系、客家系地区难以企及。这其中原因，除了历史传统，恐与改革开放以后，新出家僧尼人数上升有关。如1979年以来，全省即有数百名僧尼是新出家的。海康县自1982年恢复佛教活动以后，已登记大小寺庵66所，常住僧191人，尼392人，居士340人。《广东佛教》杂志甚至估计，海康县出家人数占全省僧尼的一半。③ 信佛的人更多，20世纪80年代原海康县博物馆展出资料说约10万人。甚至连北方的一些出家人也选择海康为归宿。当然，徐闻县寺庵、僧尼之多也是出名的。这表明雷州半岛与潮汕一样，是佛教群体高度集中之地。不仅如此，海康还和香港一样，是岭南佛像雕刻制作中心，许多新建或重建寺院的塑像，多半是两地雕刻的。广东现存颇负盛名的寺院，也有不少在潮汕和雷州半岛，如潮州开元

---

① 中国社科院世界宗教研究所：《中华归主——中国基督教事业统计（1901—1920年）》（中），中国社会科学出版社，1987年，第730页。
② 释慧原：《潮州市佛教志》，潮州开元寺，1992年，第45-49页。
③ 广东省佛教协会：《广东佛教》，1990年第6期，第6页。

寺，饶平雷音寺，潮阳灵泉寺，揭阳双峰寺，陆丰清峰寺、元山寺、西定光寺、海丰鸡鸣寺、长庆寺、吴川古龙寺、海康天宁寺，皆以悠久历史和独有文化风格著称。

中华人民共和国成立前夕，天主教在粤东沿海已有相当基础，很多堂点星罗棋布于小城镇和农村。中华人民共和国成立后，西方宗教走上独立发展的道路，到1990年底，汕头、汕尾、潮州三市教堂点达170处，教徒83714人，分别占广东天主教堂点和教徒总数的65.4%和64.2%，成为天主教在广东最集中地带。加上同期湛江市有天主教徒12801人，堂点11处，则以上比例分别达70%和74%[①]；另外至1990年海南省尚有天主教徒1000多人，堂点26处[②]。潮汕、雷州系地区作为天主教在岭南的中心地位是广府系、客家系地区无法比拟的。由于天主教无论在教义还是传播方式上具有保守性特点，故其在人群和地域分布上格局比较稳定，由过去传承至今。中华人民共和国成立前不少地区整村全家集体入教，现在也有这种方式，不过为数不多。近年恢复、重建的天主堂在潮汕一带至为触目，做礼拜者也不限于教徒，有些教堂也成为公共活动场所。潮州市内城区堂、庵埠天主堂、彩塘仙乐堂、汕尾天主堂、捷胜天主堂、东海天主堂、潮前天主堂、大溪辇天主堂、湛江霞山天主堂、海口圣心堂等都是这一民系地区著名的天主堂。

基督教各个差会，早在中华人民共和国成立前就将其势力覆盖粤东，并且发展很快。如据《中华归主》一书所载，1920年各地基督教堂点和教徒，普宁有25处、1743人，揭阳有46处、5260人，另今汕尾有48处、8000多人。[③] 据近年各地新编方志，到1949年各地教徒人数，汕尾比1920年增加5.7倍，揭阳增加90%，普宁增加69%。故到1990年统计，汕头、潮州、汕尾三市基督教堂点达184处，教徒78809人，占全省总数的49.8%和43.5%，跃居为基督教在广东最大的基地，加上同期湛江市有基督教堂点22处，教徒9830人，则如上述，潮汕、雷州系地区占基督教在广东人数和堂点的56.9%和48.7%，居首位分布格局。另外，同期海南有基督教徒10286人，堂点51处[④]，主要分布在沿海地区，进一步提高了潮汕、雷州系地区基督教的地位。

历史上基督教教堂遍布粤东沿海城乡，在潮州有英国长老会下的龙口、奕湖、庵埠、大埔、官塘、玉滘、彩塘教堂；英国浸信会下的坎下、庵埠、急水、浮洋、枫溪、鹳巢、井头、金砂、韦骆等乡镇教堂；在今汕尾市境有英国长老会下的汕尾堂、陆丰大安堂、东海堂、海丰的海城堂、公平堂，湛江市区福音堂、海南省海口堂、儋县（今儋州市）那大堂、临高加来"惠霖堂"、澄迈金江堂、琼海嘉积堂、文昌蛟塘堂、安定龙塘天堂、万宁勤赛堂等。在历经沧桑后，这些教堂今已修饰一新，可满足数百甚至上千名教徒活动需要。

---

① 广东省宗教事务局提供，1991年。
② 新编《海南省志·宗教志》，海南出版公司，1994年，第494、482页。
③ 《汕尾文史》第7辑第5页，1997年。
④ 新编《海南省志·宗教志》，海南出版公司，1994年，第506-524页。

第三节 宗教文化特色在各民系区域比较

一、佛乐在广府系和潮汕、雷州系地区差异

宗教可视的文化景观，包括宗教建筑、活动方式、氛围等在各民系地区之间不会有很大不同，即它们的同一性占了上风。但一些可悟的文化景观，主要受来源的影响，都有显著的地域差异，佛教音乐即属其中一项，在广府系和潮汕、雷州系地区呈现两种文化风格。

广府系地区水陆交通方便，深受外来文化影响，佛教寺院活动采用的音乐，在广州地区的被称为"外江腔"。这种唱腔速度较慢，情调缠绵低沉，以虚远、清淡为特征，广州光孝寺、大佛寺等寺院即采用这种乐调。粤北曲江南华寺，东江地区罗浮山明月寺、延祥寺等也使用"外江腔"。这反映佛乐在广府系和客家系部分地区具有同一渊源和共同的地域特色。

潮汕系地区，佛乐最为多彩多姿，可分三个不同唱腔。一是使用粤方言唱的"禅和板"，亦称善和板。传清乾隆年间由一个长期生活在广州海幢寺、后上罗浮山华首寺的密因和尚传入潮州开元寺而得以流传，以曲调庄严清雅、婉转悠扬见长。禅和板又分赞偈和板名二调，赞偈有25种，板名有30种。主要曲目有《南海赞》《六天母》《无量佛》《挂金锁》等，主要流行于潮安县（今潮安区）境。二是使用潮州方言唱的"香花板"，亦称"本地板"，曲调活泼、昂扬多变，配合多种打击乐器，造成热烈气氛。代表曲目有《金刚宝卷》《五更鼓》《瑜伽焰口》等。其中《金刚经》在全国其他寺院中只有念读，唯潮汕地区有唱又有曲板，并流入民间，成为世俗化、地方化的一种曲板，每为民间做佛事时唱用。香花板历史古老，流行于潮汕和海陆丰各地，且与闽南地区佛曲板腔属同一体系，反映两地深刻的文化渊源关系。三是使用普通话颂唱的"外江板"，主要来自江浙一带寺院，但为少数僧尼采用，影响较弱。潮汕地区过去天灾人祸多，民间善社应运而生，盛时多达160多个，佛事活动频繁，多与各类游神活动相结合，推动庙堂音乐的世俗化和本土化，最终成为地方文化一部分。

雷州半岛的佛乐与潮汕佛乐又分属不同系统。这里佛教属于发祥于江西庐山的净土宗，其使用的佛乐属"内江腔"，即主要产生于内地，与肇庆鼎湖山佛乐相类似，使用桂林官话演唱，节奏较强，速度较快，情调开朗明快，与"外江腔"风格不同。这说明雷州半岛古代交通与湘桂走廊和西江联系紧密，文化往来留下很多共同特质，在某种程度上打破了民系地域界限而自成体系。据1980年调查，仅流行于海康县（今雷州市）

图 8-7 潮州开元寺（作者：张伟雄）

各寺庵的佛乐就有 50 多首，分赞、叹、颂、念、白等多种。[1] 代表作有《戒定真香赞》《万德圆融赞》《佛宝下莲台赞》《祝寿赞》《忏悔文叹》《观世音大悲忏颂》等，都表达了对诸佛菩萨功德、智慧、苦行、法力、慈善的赞叹，充分体现了雷州佛乐的文化内涵和风格。另外，"内江腔"还蕴含着广东民间音乐的风格，有所谓"上六府"音调、"下四府"韵味，同样显示雷州半岛作为南北通道在佛乐上充分吸收各方面养分，成为内江腔的代表。潮汕和雷州半岛在佛乐上风格的差异，在一定意义上反映了潮汕、雷州文化的多样性。

二、潮州成为佛教在岭南的教育基地

潮汕地区不仅是佛教在岭南一个集中分布之地，而且是佛教教育中心，以潮州开元寺为依托所办岭东佛学院，即是现今岭南唯一的佛学人才培养机构，在佛教文化史上占有重要一席之地，也加强了潮汕文化的对外传播和影响。

1933 年秋在潮州开元寺创办岭东佛学院，至 1935 年夏结束；1947 年复办，翌年停止，至 1991 年重办至今。该学院学制二年，招收小学程度以上僧尼为学员。第一届学僧 20 余人，来自全国 7 个省区，包括广东、浙江、江苏、安徽、湖南、河北、北京。开设各类课程 20 门，计有公民、体育、国文、艺术、地理、历史、算术等普通课，佛学

---

[1] 詹南生：《雷州佛教音乐》，《海康文史》1985 年第 2 期，第 59 页。

概论、沙弥律、俱舍、密严、四分律、佛史、自由史观等专业课,均由对佛学有一定造诣的教师主讲。第一届学僧撰写毕业论文 18 篇,内容涉及佛理、佛教与社会、政治、经济生活,以及学习心得等,后结集成《南询集》出版,成为该学院史上第一个里程碑。该集序言称:"学僧多自数千里外负笈南来,大有百城烟水行脚之概"①,可谓盛况空前,显示潮州佛教的崇高地位。此外,还先后出版《人海灯》半月刊杂志、《海沤集》、《静贤全集》三种。其中《人海灯》原为厦门南普陀寺"闽南佛学院"编辑,后转移至汕头佛教协会办为周刊,未几因故结束,改由岭东佛学院续办,共出版 2 卷 38 期。1935 年岭东佛学院结束,该刊迁至香港东莲学苑主办,影响颇大。这个刊物的地域迁移,反映了潮汕文化空间传播及其与广府文化另一中心香港的关系。岭东佛学院复办以来,为各地寺庵培养了大批佛教人才,一些人成为寺庵住持。这个岭南唯一的佛学人才摇篮,正阔步前进在党和政府所指引的宗教发展道路上。此外,潮州开元寺作为岭东名刹,自昔就有由高僧升座讲学的传统,《潮州开元寺志》称这些讲座"大震雷音,遐迩闻风,如云来集,僧俗各界,竞相归崇,盛况空前,叹未曾有"②。近年该寺还与汕头佛教协会开办僧侣培训班,也成绩斐然。1992 年问世的《潮州市佛教志·潮州开元寺志》为广东仅有的佛寺专志之一,也是这个佛教教育基地的一项重要成果。当然,其他民系地区佛教团队也培养了一些佛教人才,但无论办学规模还是影响,岭东佛学院应是首屈一指的。

三、诸神空间共存在潮汕比其他地区明显

除了天主教、基督教活动场所和仪式有严格限定以外,其余诸神崇拜在岭南非宗教化趋向日渐增强,绝大多数信神者很难分清佛、道和民间崇拜的区别。他们对神明参拜,只为求得精神解脱或寄希望而已,当然也有为逃避现实和体力劳动而寄身寺观的,另外也有一些徘徊寺庙附近靠向香客乞讨而生活的非神职人员。佛道合流、诸神共同占用同一个空间现象虽非某一地方所特有,但在潮汕地区,这种混乱现象至为普遍、触目,远非广府系、客家系地区可以匹比,是潮汕人多神崇拜在空间上一种无序组合的表现。

在潮汕一带与粤中等地一样,供奉最多、最受尊敬的是玄(元)天上帝,即真武帝,其庙曰玄武庙。著名的佛山祖庙即为玄武庙,也称真武庙,备受祭祀。在陆丰碣石镇更有闻名海内外的元山寺,供奉释迦牟尼、达摩、观音、玄天上帝等佛道诸神。其香火之盛,庙会、游神规模之大,排场之讲究,延续时间之长,经济收入之巨在岭南绝无仅有。中华人民共和国成立前有一年一度为期三个月的庙会,轰动四方,万人空巷,不

---

① 释慧原:《潮州市佛教志》,潮州开元寺,1992 年,第 312 页。
② 释慧原:《潮州市佛教志》,潮州开元寺,1992 年,第 292 页。

过主要为闽南语系人群赴会，具有鲜明的地域特色。现在，元山寺每年接待香客游人达百万人次，其中约30万为港澳台同胞。按玄武庙祖庭在湖北武当山，佛山祖庙是它在岭南的分庙，继传至罗浮山，经陆丰玄武山到潮汕各地，传播方向恰与佛教从福建传入方向相反，这更使潮汕地区成为诸神崇拜荟萃之地。除了元山寺，近年在汕头又修建了规模宏大的九天娘娘庙（白花尖大庙），供奉天后和骊山老母，是一座典型的女神庙。这是其他地方罕见的。那些身后被请进庙里供奉的历史人物，有三代主管山泽的贤臣伯益，造字的仓颉，治水英雄大禹，政治家兼文学家韩愈，民族英雄文天祥，以及保国为民的忠臣义士，乃至各个行业神等，都无不有庙有祠，受到隆重拜祭。这些庙祠数量之多、分布之广、信仰之深，恐怕是其他地区难以相比的。因潮汕人功利取向明显，诸神崇拜蔚为大观，仅本地神就有数十种，各有地盘。如揭西县棉湖镇云湖庵，就在不同方位上供奉佛教释迦如来、文殊普贤菩萨、观音菩萨，道教注生娘娘、十殿幽冥教主，而壁画又为十八层地狱图和二十四孝图，天后、圣母像也占显著位置，实在难以给这个寺庙定性。在揭东县登岗镇洋淇村，基督教堂、杨氏家庙、竹溪庵、凤翔古庙（三山国王庙）也同坐落于相邻空间。潮汕地区好些寺庙，"文革"期间被摧毁或改造，近年始获恢复，但仍按旧制布局，一如既往，诸神"和平共处"。在这样的空间里，参拜者也没有一个特定祭祀对象，反正其中总有一个灵验的，便达到参拜目的。如原潮州澄海县第二区斗门村，是一个361户、2035人的村子，20世纪30年代，村中有11座庙宇，包括雨仙庙、三山雄镇庙、三山英镇庙、三山国王庙、终南古庙、协天大帝庙、感天大帝庙（2座）、福德庙（2座）、观音堂等，① 供奉各路神仙，平均每33户、185人即有一座，全年节候的祭神活动不知有多少次。这种现象还与潮汕地狭人稠、环境容量有限有不可分割的联系。在雷州半岛和海南岛，那里人少地多，经济落后，人们对神明期望不如潮汕人那样强烈，所以寺庙数量和祭祀次数远不及潮汕，这是诸神崇拜在潮汕、雷州系内部的一个区域差异。

四、佛教在客家系地区从神圣空间到世俗空间

宗教活动场所被视为庄严、肃穆的神圣空间，与一般生产生活的所谓世俗空间不同。但两者是可以转化的，不仅在形式上，而且主要在文化内涵上发生重要变化，即可认为达到了这种转化。佛教在各民系，由于社会环境的改变，都在不同程度上发生上述改变，其中又以客家系地区为著。

佛教从海路传入广府系地区，从闽南传入潮汕系及雷州系地区，而兴梅客家系地区的佛教，主要是从赣南、闽西传入的。其在经过地区已受到一定改造，从而使它在达到新地区后不能不带有自己的文化个性，有别于其他民系地区佛教。在兴梅定光佛的信仰

---

① 陈礼颂：《一九四九前潮州宗族村落社区的研究》，上海古籍出版社，1995年，第71页。

即属其例。黄钊《石窟一征》载:"定光古佛像在武平狮子岩前。按定光佛,福建沙县人,故闽人多奉之。……乡村建醮必迎定光古佛到坛"①。又乾隆《镇平县志》记广福寺云:"古传南岩定光佛,得道建寺运树于此"②。按定光佛在闽、赣、粤客家系地区有很多异闻传说,具有很大的法力,不但能安排人的命运,也能制服自然界的精灵,故为很多人崇拜。如"惠州河源县洲上有巨舰插沙岸,祥符初,南海郡僧造砖塔叩于师,曰:此舰甚济事,然不可取,愿师方便。师曰:此船已属阴府矣。僧再三恳请。师书偈之。僧持往船所,应手拨出"③。又梅州也传说"(师)尝经梅州黄洋峡行,渴求水,土人曰:无之。师微笑以杖遥指溪源,溪遂涸,徙流数里外,至今为干溪"④。可知这是一个客家人共同信仰的佛僧,反映佛教传入客家系地区以后与民间信仰相结合,特别是与道教合流,形成带地方色彩的佛教。

佛教在客家系地区的世俗化还表现在佛乐上,当地称之为"佛曲"。它深受客家山歌、五句板和小调等客家民歌影响,不但曲调结构与它们多有相似,而且唱词也使用客家方言,尤其是客家山歌词汇,故除了寺庵僧尼、信众以外,还深为群众喜闻乐见。人们往往将佛曲当作民歌传唱,也有人将佛曲填上情歌歌词,使其内容更加通俗,赢得更多的世俗百姓喜欢。客家民歌曲词甚多,佛曲曲词也由此变得甚为丰富多彩,仅梅县就有60多首。佛曲当作民歌唱,这种文化风气,在其他民系地区不易见到。再者在客家系地区,至今在梅州,住庵尼姑不削发,与其他地区尼姑不同。据说这是民国以后之事,当地尼姑原拖一条长辫子,辛亥革命后,风气日变,长辫子活动不方便,于是被盘在头顶上,俗称梳头。这些带发尼姑所俗称"斋嫲庵",与其他地区称谓不同。又梅州地区寺庵建筑规模一般不大,不求华堂广殿,多属堂屋式。据1940年统计,时梅县有大小寺庵300多所,僧人200多人,斋姐(嫲)180多人。⑤ 到20世纪80年代,梅州地区恢复、兴修和开展活动的寺庵仍有260多所,信徒约1000人。⑥ 因寺庵小,又分散在各地,自然增加了与当地世俗文化接触、交流的机会,并最终使自己得到改造,从而扩大了从神圣空间走向世俗空间的可能,出现上述佛教在粤东客家系地区的各种变异,这在其他民系地区是不很明显的。

---

① 黄钊:《石窟一征》卷四,《礼俗》。
② 乾隆《镇平县志》卷一,《疆域》。
③ 刘将孙:《养吾斋集》卷二十八。
④ 刘将孙:《养吾斋集》卷二十八。
⑤ 《梅县中山日报》,1940年12月14日。
⑥ 李柏林:《梅州史迹纵览》,广东人民出版社,1989年,第142页。

后 记

本书在修编过程中得到了众多专家、学者及编辑的支持。除了文中脚注部分所列参考书目以外，笔者亦阅读参考了大量其他的书目，现在此后记中补充列出如下：

1. 曾昭璇，黄伟峰．广东自然地理．广东人民出版社，2001．
2. 广东省国土资源厅，广东省发展计划委员会．广东省地图集．广东省地图出版社，2003．
3. 司徒尚纪．广东历史地图集．广东省地图出版社，1995．
4. 罗香林．百越源流与文化．台北中华丛书编审委员会，1995．
5. 李新魁．广东的方言．广东人民出版社，1994．
6. 叶春生，施爱东．广东民俗大典．广东教育出版社，2005．
7. 司徒尚纪．广东文化地理．广东人民出版社，2001．
8. 黄淑娉．广东族群与区域文化研究．广东高等教育出版社，1999．
9. 胡希张，莫日芬等．客家风华．广东人民出版社，1997．
10. 李权时，李明华等．岭南文化．广东人民出版社，1993．
11. 徐松石．徐松石民族学研究著作五种．广东人民出版社，1993．
12. 司徒尚纪．中国地域文化通览·广东卷．中华书局，2014．
13. 刘硕良．中国地域文化通览·广西卷．中华书局，2013．
14. 符和积等．中国地域文化通览·海南卷．中华书局，2014．
15. 吴松弟．中国移民史（第四卷）．福建人民出版社，1997．
16. 中国社会科学院世界宗教研究所校订．中华旧主——中国基督教事业统计（1901～1920年）．中国社会科学出版社，1987．
17. 胡朴安．中华全国风俗志．中州古籍出版社，1990．
18. 陈泽泓．潮汕文化概论．广东人民出版社，2001．
19. 黄启臣．澳门通史．广东教育出版社，1999．
20. 司徒尚纪．雷州文化概论．广东人民出版社，2014．
21. 广东省地方史志办公室．广东通志（嘉靖版）．2003年誊印本．
22. 广东通志（道光版）．道光二年（1822年）刻本．

23. （清）屈大均．广东新语．中华书局，1985.

24. （明）王士性．广志绎．中华书局，1981.

25. （宋）范成大撰，严沛校注．桂海虞衡志．广西人民出版社，1986.

26. （清）郑昌时．韩江闻见录．上海古籍出版社，1995.

27. 黄慈博．珠玑巷民族南迁记．南雄县地方志编纂委员会办公室．1995.

28. 嘉应州志（光绪版）．光绪二十四年（1898年）刻本.

29. （清）顾炎武．天下郡国利病书．中华书局，1984.

30. （宋）王象之．舆地纪胜．中华书局，1992.

31. 陈香白．潮州三阳志辑稿．中山大学出版社，1989.

32. 广东炎黄文化研究会．岭峤春秋——广府文化与阮元论文集．中山大学出版社，2003.

33. 陈泽泓．岭南建筑志．广东人民出版社，1999.

34. 李柏林．梅州史迹纵横．广东人民出版社，1989.

35. 李桂玲．台港澳宗教概论．东方出版社，1996.

36. （日）真人元开著，汪向荣译．唐大和上东征传．中华书局，2000.

37. （宋）周去非．岭外代答．上海远东出版社，1996.

38. 张声震．广西壮语地名选集．广西民族出版社，1988.

39. 张国雄等．五邑文化源流．广东高等教育出版社，1998.

40. 李如龙．地名与语言学论集．福建省地图出版社，1993.

41. 梁方仲．中国历代户口、田地、田赋统计．上海人民出版社，1980.

42. 曾昭璇．广州历史地理．广东人民出版社，1991.

43. 蒋祖缘，方志钦．简明广东史．广东人民出版社，1993.

44. 原佛山地区编．珠江三角洲农业志．1976.

45. 徐俊鸣．岭南历史地理论集．中山大学学报编辑部，1990.

46. 杜经国，黄挺．潮学研究（1—6）．汕头大学出版社，1994.

47. 容闳．西学东渐记．岳麓书社，1985.

48. 覃延欢，廖国一．广西史稿．广西师范大学出版社，1994.

49. 水利部珠江水利委员会．珠江志（1—5卷）．广东科技出版社，1994.

50. 陈代光．广州城市发展史．暨南大学出版社，1995.

51. 陈铭枢．海南岛志．上海神州国光社，1933.

52. 一丁等．中国古代风水与建筑选址．河北科学技术出版社，1996.

53. （唐）刘恂．岭表录异．广东人民出版社，1983.

54. （宋）朱彧．萍洲可谈．上海远东出版社，1996.

55. 陆元鼎，魏彦钧．广东民居．中国建筑工业出版社，1990.

56. （美）H. J. 德伯里著，王民等译．人文地理——文化、社会与空间．北京师范大学出版社，1988.

57. 周宏伟．清代两广农业地理．湖南教育出版社，1989.

58. 范瑞昂．粤中见闻．广东高等教育出版社，1986.

59. 蔡人群，李平日．潮汕平原．广东旅游出版社，1992.

60. （意）利玛窦，金尼阁著；何高济等译．利玛窦中国札记．中华书局，1983.

61. 曾昭璇．岭南史地与民俗．广东人民出版社，1994.

62. 刘沛林．古村落：和谐的人聚空间．上海三联书店，1998.

63. 司徒尚纪．肇庆市地名志．广东省地图出版社，1999.

64. 中山市博物馆．中山历史文物图集．香港大公报，1991.

65. 清朝金鉷等监修．新编广西通志·风俗志．广西人民出版社，1992.

66. 吴建华．雷州传统文化初探．天津古籍出版社，2000.

67. 儋县志（民国版）．海南出版社，2006.

68. （明正德）唐胄．琼台志．海南出版社，2006.

69. 广东省湛江市地名志编纂委员会．湛江市地名志．广东省地图出版社，1989.

最后，在本书付梓之际，笔者敬请广大学者、专家、读者对书中内容予以批评指正，助力岭南民系文化地理的研究和应用。

司徒尚纪
2021年6月20日
定稿于中山大学望江斋